本书是 2016 年国家社会科学基金重点项目（项目编号：16AGJ004）的最终研究成果；

本书受中央财政支持地方高校发展专项项目"福建师范大学综合竞争力与国家发展战略研究院"资助出版；

本书是国家"万人计划"哲学社会科学领军人才（组厅字〔2016〕37 号）、全国文化名家暨"四个一批"人才工程（中宣办发〔2015〕49 号）资助的研究成果；

本书是福建省首批高校特色新型智库——福建师范大学综合竞争力与国家发展战略研究院、福建省社会科学研究基地——福建师范大学竞争力研究中心的年度研究成果

国家社科基金丛书
GUOJIA SHEKE JIJIN CONGSHU

中国在二十国集团中的创新竞争力提升研究

Research on the Enhancement of
China's Innovation Competitiveness in the G20

黄茂兴　著

人民出版社

策划编辑：郑海燕
封面设计：石笑梦
封面制作：姚　菲
版式设计：胡欣欣
责任校对：吴容华

图书在版编目（CIP）数据

中国在二十国集团中的创新竞争力提升研究/黄茂兴 著. —北京：人民出版社，
2020.12
ISBN 978－7－01－022626－2

Ⅰ.①中…　Ⅱ.①黄…　Ⅲ.①国家创新系统-国际竞争力-研究-中国
Ⅳ.①F204②G322.0

中国版本图书馆 CIP 数据核字（2020）第 217044 号

中国在二十国集团中的创新竞争力提升研究
ZHONGGUO ZAI ERSHIGUO JITUAN ZHONG DE CHUANGXIN JINGZHENGLI TISHENG YANJIU

黄茂兴　著

人民出版社 出版发行
（100706　北京市东城区隆福寺街 99 号）

中煤（北京）印务有限公司印刷　新华书店经销

2020 年 12 月第 1 版　2020 年 12 月北京第 1 次印刷
开本：710 毫米×1000 毫米 1/16　印张：21
字数：320 千字

ISBN 978－7－01－022626－2　定价：100.00 元

邮购地址 100706　北京市东城区隆福寺街 99 号
人民东方图书销售中心　电话（010）65250042　65289539

前　言

　　创新是一个国家、一个民族发展的重要力量,也是推动人类社会进步的重要力量,在人类历史发展进程中,一切文明成果都是创新智慧的凝结,一切国家和地区之间的竞争也都以创新为转轴,既以创新为动力源泉,又共同指向创新成果的较量。当前,世界正经历百年未有之大变局,新一轮科技革命和产业变革迅猛发展,创新已然成为当今时代的重大命题,每个国家和地区都是创新的主角,也分享着创新带来的好处。当然,在瞬息万变的创新大潮中,没有一个国家可以成为独立的创新中心,只有强化创新合作才能在优势互补和联合创新中共同推动创新进步,共享创新成果。

　　创新与竞争的有效结合构成了社会经济发展最为重要的要素,创新竞争也成为全球竞争中的重要领域,创新竞争力的提升不仅是一个国家能否在世界经济的激烈竞争中保持领先的基础,也是人类社会经济不断发展的源泉。创新竞争是当前全球竞争的焦点,也是突破经济增长瓶颈,突破单边主义、逆全球化,强化各国合作的契合点,这一问题研究具有站在全球创新大系统的角度来构建创新研究的大视角、大格局,既顺应了创新的规律,又极大拓展了创新研究的空间;运用创新理论、竞争力理论、国际经济理论等诸多学科理论的交叉融合对创新竞争力的内涵及理论渊源进行梳理,进一步明确创新竞争力的理论基础及生成机制,有助于丰富和发展创新理论和竞争力理论。

二十国集团(简称"G20")涵盖了全球最重要的发达国家和发展中国家,经济总量超过了全球经济总量的85%,是全球治理的重要平台,同时也聚集了全球大部分的创新资源和要素,凝聚着全球最强劲的创新动力。中国积极参与二十国集团全球治理,同时作为创新大国也在致力于推动全球经济增长中参与创新竞争与合作,汲取创新资源与要素,不断提升创新竞争力水平。2016年9月4日至5日,中国政府在浙江杭州举办二十国集团领导人第十一次峰会。基于当前世界形势和各方期待,中国把2016年峰会的主题确定为"构建创新、活力、联动、包容的世界经济",其中把"创新"置于四大议题之首,显示了中国政府致力于推动创新以提升世界经济增长潜力的战略思维。中国国家主席习近平在二十国集团杭州峰会期间指出:"中方把创新增长方式设定为杭州峰会重点议题,推动制定《二十国集团创新增长蓝图》,目的就是要向创新要动力,向改革要活力,把握创新、新科技革命和产业变革、数字经济的历史性机遇,提升世界经济中长期增长潜力。"[1]"应该创新发展方式,挖掘增长动能。二十国集团应该调整政策思路,做到短期政策和中长期政策并重,需求侧管理和供给侧改革并重。"[2]可见,在全球经济复苏弱于预期的背景下,创新、新工业革命、数字经济和结构性改革将为全球经济增长带来新的历史性机遇,世界各国特别是二十国集团各成员应把握好这一机遇,不断提升创新竞争力,进而推动全球经济强劲、可持续、平衡和包容增长。

鉴于国际国内科技竞争的新趋势和新要求,2016年8月,由我担任课题负责人申报的"中国在20国集团中的创新竞争力提升研究"获得全国哲学社会科学工作办公室给予2016年度国家社会科学基金重点项目立项资助,在三年多的科研攻关中,我和课题组成员借鉴国内外研究者的相关研究成果,紧密跟踪创新竞争力的前沿研究动态,不断拓展创新竞争力理论和方法创新,提出提升中

---

① 习近平:《中国发展新起点 全球增长新蓝图——在二十国集团工商峰会开幕式上的主旨演讲》(2016年9月3日),《人民日报》2016年9月4日。
② 《习近平谈治国理政》第二卷,外文出版社2017年版,第472页。

国在二十国集团中创新竞争力的战略思路和对策。形成的这份最终研究成果由三大部分组成,共八章,基本框架为:第一部分,理论部分,即第一章至第三章,分别从背景识别、文本梳理、理论提升、规律总结等角度分析了创新竞争力形成的过程及内涵,从马克思主义、西方经济学、管理学等角度系统总结了创新竞争力的理论渊源,并以TAPC模型和钻石模型等为依据深入剖析了创新竞争力的要素结构。第二部分,方法与实证部分,即第四章至第六章,着重探讨了创新竞争力指标体系的构建及评价方法,中国与二十国集团成员中的新兴经济体创新竞争力的评价比较,以及与发达国家创新竞争力的评价比较,根据评价结果深入剖析了影响创新竞争力的主要因素以及中国优势和劣势所在。从正反两面的思维思考中国创新竞争力提升对全球创新的贡献,以及中国参与二十国集团创新合作的价值。第三部分,思考与启示部分。即第七章和第八章,根据评价结果提出提升中国在二十国集团中创新竞争力的战略设计和政策保障,从理论上把握提升中国创新竞争力的逻辑思路,也为相关部门的研究提供了政策建议。

通过上述研究,力图实现以下研究目标,具体如下:

第一,从背景识别和文本梳理的角度探究创新竞争力的理论渊源。系统探讨了马克思、恩格斯有关创新的本质;从西方经济学流派的演变中探讨了不同学派、不同视角下的创新内涵;从管理学的层面剖析了应用层面的创新理念。形成了静态与动态、宏观与微观、总体与个体、思想与实践等多层面、多角度的系统性创新理论,形成了本书研究的理论基础与依据。

第二,从理论融合的角度深入探讨了创新竞争力的理论架构。在对美国乔治亚理工大学技术政策评估中心(TPAC)模型和波特钻石模型进行比较的基础上进行修正和整合,构建了创新竞争力的要素结构体系,把创新竞争力的要素结构具体细化成五个方面的竞争力,既形成了实证研究的理论基础和依据,又推动了理论创新。

第三,从方法论的角度开展创新竞争力的评价与分析。本书力图对创新竞争力评价理论模型、指标体系、评价方法及其应用等内容进行全面梳理,构建创新竞争力评价指标体系和评价方法,力求从更加科学、客观、动态的层面对中国在二十国集团中的创新竞争力的地位和表现进行系统化、立体化的呈现。

第四,从实证的角度对中国在二十国集团中创新竞争力进行评价与比较。运用统计和计量的评价方法,分别对二十国集团中新兴经济体创新竞争力以及中国与发达国家创新竞争力进行评价与比较,把握创新竞争力演化变动的规律和特征,系统总结创新竞争力的主要影响因素,在比较中精准地把握中国创新竞争力的优势和劣势所在。

第五,从战略构想的角度提出提升中国创新竞争力的战略设计。在理论框架与实证分析研究的基础上,构建了包括创新主体系统、创新支撑系统、创新环境系统等创新竞争力战略系统总体框架设计,并着眼于创新竞争的变化趋势提出增强中国在二十国集团成员中的创新竞争力的政策保障。

本书是 2016 年我主持的国家社会科学基金重点项目"中国在 20 国集团中的创新竞争力提升研究"(项目编号:16AGJ004)的最终研究成果,在 2020 年 4 月 30 日全国哲学社会科学工作办公室公布的结项结果中获得"优秀"等级。在此,我衷心感谢全国哲学社会科学工作办公室给予的资助和大力支持。

当然,本书研究是在借鉴国内外前期研究成果的基础上,综合吸收了经济学、管理学、国际问题研究等多学科的理论知识与分析方法,虽然力图在创新竞争力的理论、方法研究和实践评价上尝试做一些创新和突破,但是,这是一项跨越多个学科的研究课题,我和课题组其他成员受到知识结构、研究能力和占有资料有限等主客观因素的制约,在一些方面的认识和研究仍然不够深入和全面,还有许多需要深入研究的问题未及研究。鉴于此,我们将继续深化研究,不断完善理论体系和分析方法,并加强对中国在二十国集团中如何提升创新竞争力的具体对策,作出我们新的探索与思考。我们愿与关注这些问题的政府机构、高等学校和科研机构的研究者一道,继续深化对创新竞争力理论和方法的研究,使创新竞争力的评价更加科学、更加完善,希冀能对中国及世界各国的科技创新发展提供有价值的决策借鉴。

黄茂兴

福建师范大学经济学院院长、全国经济综合竞争力

研究中心福建师范大学分中心常务副主任,教授、

博士生导师

2020 年 5 月 4 日于福建师范大学仓山校区文科楼

目　录

第一章　创新竞争力的形成与内涵

第一节　创新竞争力的社会经济价值

创新指的是新生产方式的形成,是新事物对旧事物的替代,尽管创新的表现形式众多,体现为新发明、新应用、新组织等等,但都为人类社会经济发展带来了重要价值。在人类历史发展的不同阶段,创新都是人类进步的动力,以不同的方式推动着社会前进。从农业社会到工业社会再到信息化社会,人类社会经济的跨越无不体现着创新的作用,每次跨越都是创新带来生产方式改变的结果。创新的过程中也呈现着竞争的身影,人类每次新技术和生产方式的出现基本上都是各国为了竞争社会经济地位的结果。竞争是市场经济的基本元素,是实现资源最优配置的基本条件,是各国推动创新的外在压力。创新与竞争的有效结合构成了社会经济发展最为重要的要素,创新竞争力构成了一国在世界中立足的基本条件。创新竞争力的提升不仅是一个国家能否在世界经济的激烈竞争中保持领先的基础,也是人类社会经济不断发展的源泉。人类社会经济发展的历史规律表明,尽管每次创新竞争都是国家之间出于提升世界地位而展开,但最终都无一例外地改善和增进了人类的整体利益。

一、创新竞争自古以来都是社会经济发展的动力

　　自古以来,社会的发展程度基本上由生产力水平衡量,生产力水平的高低也决定了物质资源能否满足人类的生活需求。生产力是多种因素综合的结果,包括新生产工具的使用、生产者素质技能的提高、新生产要素的发现等等,无论哪种方式都体现着创新的元素。不管是汇集在劳动者身上还是生产对象和工具上,正是各个领域细小的创新汇总成大的创新,从而推动了生产力的提升。比如新大陆的地理大发现和由此形成的国际贸易是由人类对地理的创新认识和航海技术的创新汇集而成;工业革命所带来的蒸汽动力代替人力的生产方式大创新是由之前的科学文化创新不断积累而成;等等。同时,生产力也是国家综合实力的保障,生产力水平越高的国家具有越高的国际地位,这在西方世界军事政治格局的历史变迁中得到了多次验证,也为国家之间的创新竞争提供了动力。工业革命后,西方世界在创新竞争上的领先奠定了西方国家的领先地位,这些创新也通过逐步传播提高了发展中国家的生产力;当今,为了缩小与西方世界的差距,发展中国家也不断投入资源与西方国家展开创新竞争,诞生于发展中国家的新技术不断出现。国家之间在创新上的激烈竞争最终提升了人类整体生产力,成为人类经济社会发展的基本推动力。

　　创新竞争的起伏贯穿于中国社会经济发展从强盛到衰弱再到复兴的整个过程,构成了中国生产力变迁的重要动力。在中国最为强盛的唐宋时期,体现在生产、科技、经济、文化等领域的创新造就了中国在当时世界拥有最为强大的综合国力和财富支撑,一度成为世界先进生产力的代表。人类社会进入工业革命后,正是在工业创新竞争上的落后使中国陷入了被动,综合国力不敌西方列强而进入了百年半殖民地半封建社会阶段,也阻碍了创新能力的提升,社会经济发展陷入停滞。新中国成立后,尤其是改革开放后,凭借在科技上的大力投入和政策支持,中国在世界创新竞争中又占有一席之地,综合国力和社会经济发展水平不断提升。党的十九大以后,在习近平新时代中国特色社会主

义思想的引领下,中国更进一步通过科技和科技合作提升创新竞争力,推动中国社会经济发展的全面复兴。

二、创新竞争是加快生产方式转变发展的根本原因

在人类发展过程中,每种生产方式都对应于当时社会经济的特定需求,适宜的生产方式有利于社会经济稳定,并能促进生产力的发展,改善人类的福利状况。与此同时,随着生活水平的提升,人类对资源配置产生不同的诉求,社会矛盾因此形成并积累,呼吁生产力的跨越式改善和生产方式的转变。旧的生产方式经过长年累月的发展在社会经济中根深蒂固,并形成了既得利益者产生的生产方式绝对控制权,因而一般的生产方式改良难以转变旧生产方式。只有新技术的出现以及掌控新技术的阶级开始掌握足够的社会经济资源,才能对旧生产方式产生冲击。正是创新催生了新的技术,提升了人类的生产能力,从而根本性地改变了生产方式,整个人类历史充斥着这样的进程,每次转变的结果都是人类社会的向前进步。比如,畜牧时期依靠自然的生产方式产生了人类生存矛盾,农耕生产技术的创新与提升稳定了食物生产,形成了新的生产方式稳定人类生活方式;农业社会经过长期发展也形成了土地分配矛盾,工业生产技术的创新产生了新的生产力和生产方式,促进了资本积累,稳定了以资本为主要投入的生产方式。

第二次世界大战以来,资本主义生产方式带来了世界经济的快速发展,尽管在物质上改善了人类的生活福利,但是也产生了诸多社会矛盾。一方面国家内部以及国别之间均出现了收入不平等现象及其引发的部分国家动荡,不仅阻碍了全球经济社会的进一步发展,而且构成了动摇全球稳定的潜在风险。比如,正是因为社会不平等的扩大导致了逆全球化的产生,严重影响了国际贸易和国际投资的发展,对全球价值链分工的深入和细化产生了不利影响。另一方面人类与环境之间的矛盾也开始凸显,生产规模的扩大恶化了地球环境,反过来对人类社会经济也产生了负面影响。比如,生产废气的排放升高了全

球气温,造成温室效应,不仅影响正常的经济活动,甚至可能破坏人类生存环境。这些矛盾的解决需要生产方式的发展与转变,然而在没有外部力量的冲击下难以发生,唯有依托新思维、新管理、新技术等领域的创新才能打破现有生产方式,以全新的生产方式进行替代,缓解现有的社会经济矛盾。

三、创新竞争是将潜在增长转化为实际增长的引擎

在经济增长理论中,潜在经济增长率指的是各国在最大限度地利用各类资源的情况下所能实现的最大经济增长率,代表一个国家经济增长的潜力。然而,在现实经济中,由于资源没有达到有效利用,实际增长率往往低于潜在增长率。世界经济也存在同样的情况,由于资源没有实现最大化利用,世界实际经济增长也慢于潜在经济增长。创新有两种功效:一种是发现新的资源提高潜在增长率,另一种是在现有资源条件下采用新的生产方式和新技术增加生产效率,使实际经济增长接近潜在增长。显然,在资源开发殆尽的情况下,创新的第二种功效对世界经济增长的意义更大。在世界经济发展历史中,无不体现着创新缩小实际经济增长率和潜在经济增长率之间差距的效果。无论在农业社会还是在工业社会抑或信息社会,生产方式的改良都是创新的结果,比如铁犁对木犁的替代、蒸汽机的改良、计算机的更新换代等,都有效地将潜在增长率转化为实际增长率,提升了社会的整体效率。在世界经济中,各国为了提高综合实力占据更高的国际地位,纷纷在现有条件下进行创新竞争,通过使实际经济增长更为接近潜在经济增长而促进生产,从而为军事、科技、政治、外交等领域的综合竞争提供扎实的经济基础。

当今世界,随着人类技术水平的不断提升,可用资源耗竭程度越来越高,发现新资源的难度越来越大,依靠提升潜在竞争力带动世界经济的难度越来越大,需要创新生产组织方式充分利用现在资源提升实际增长率。石油、煤炭等不可再生资源的稀缺程度越来越高,成本也不断提升,高耗能生产方式的竞争力也越来越低。在此背景下,越来越多的国家意识到通过有效利用现有资

源增加经济实力的重要性,创新活动也围绕现有状况展开,成为推动世界经济增长的引擎。高能源使用效率的技术成为世界各国的研发重点,节能生产技术的开发与利用就是最为典型的案例,节能设备的生产开始逐步产业化,在该领域占据领先地位的国家更易于将有限的资源投入到更多的生产领域,有利于生产规模的不断扩大,也将在国际竞争上占据更有利的位置。

第二节　创新竞争力形成的时代背景

创新和竞争是经济学研究中亘古不变的话题,经济学理论的发展无不体现出创新竞争的重要性。早在古典经济学时代,亚当·斯密的绝对优势理论和大卫·李嘉图的比较优势理论已体现出创新竞争的身影,构成了竞争力研究的理论渊源。马克思也强调创新是经济发展与竞争的重要推动力,指出资产阶级只有不断革新生产工具才能生存下去。到了新古典经济学时代,马歇尔从演化和系统角度强调创新是经济体内各种因素共同作用的结果,进一步阐述了创新竞争力形成的推动力量。然而,直到熊彼特提出"破坏性创造"后才真正意味着创新理论在经济学中的形成,经济学家才将创新视为国家、产业以及企业竞争力提升的来源,并视之为经济增长的核心。在此基础上,美国经济学家弗里曼(C.Freeman)和纳尔逊(Nelson)等在20世纪90年代逐步形成国家创新系统理论,开始强调国家在创新竞争力形成过程中的重要作用,指出国家可以通过制订计划和颁布政策引导经济主体提升创新竞争力。

创新和竞争也是贯穿人类经济社会发展的主线之一,人类的每一次进步都是创新和竞争的结果。在人类历史上,国家兴衰交替都是创新竞争力转变的结果。葡萄牙和西班牙正是依靠航海技术的创新成为新大陆的发现者和当时世界经济的引领者;荷兰也是由于造船技术上的创新实现对葡萄牙和西班牙的竞争超越,最终成为贸易大国。第一次工业革命之所以出现在英国并使其成为引领世界经济长达百年的大国,是因为最早实现了蒸汽动力上的创新以及经济制度上的创新;而后,美国替代英国成为世界经济领导者是因为以电气化为代表的第二次工业革命中实现了技术创新的竞争领先。第二次世界大战以后,全球经济格局的变革更是体现着各国技术创新竞争身影,比如"亚洲四小龙"的崛起正是这些国家和地区实行了科技创新政策;中国之所以能实现改革开放至今的经济奇迹是因为坚持了"科技是第一生产力"的发展方针;欧美等发达国家的经济领先地位逐步被发展中国家缩小差距是因为发展中国家技术学习和创新的不断进步;等等。

2008 年全球金融危机爆发后,世界经济格局发生了很大变化,发达国家经济复苏缓慢,新兴经济体开始成为推动全球经济增长的新动力,发达国家的经济领先优势逐步丧失。在这种时代背景下,发达国家为了继续维持经济领先地位开始对发展中国家实行技术限制,发展中国家实现技术进步更加需要自身的创新。同时,发展中国家的经济崛起也形成了与发达国家之间的竞争,开始挑战发达国家的经济地位,各国均开始注重新兴产业国际竞争力的提升,而新兴产业竞争的关键核心就在于创新。因此,在新的国际时代背景下,创新竞争力已成为关乎各国经济地位提升,能否实现可持续发展的主要因素。

一、创新已成为当今经济增长的源泉

在经济增长理论中,推动经济增长的因素有很多,包括劳动力和资本等要素增长,也包括技术和制度等要素的创新。在国际经济发展的不同阶段,经济增长的源泉也存在较大差异。在经济发展阶段较低的农业社会,产出的增长主要依靠耕地和农业人口的增加,此时经济增长的源泉主要来自劳动力,各国竞争力也主要体现在人口上。进入工业时代后,尽管劳动仍是产出增加的重要投入要素,但是机器的投入使用开始逐步替代劳动力,资本形成的重要性开始体现,资本增长开始替代劳动力成为经济增长的源泉,各国提升竞争力的方式也开始转变为吸引资本。然而,在生产过程中,资本投入也存在边际产出递减的规律,随着资本积累的不断增加,资本本身作为经济增长源泉的作用也开始减弱。此时,为了推动经济的进一步增长,需要生产者重新组织生产的方式,即熊彼特强调的创新。

从第一次工业革命至今,工业经济发展相对比较成熟,人类社会也已实现了几百年的资本积累,资本的边际产出作用越来越低。与此同时,技术在当前的工业生产中扮演着越来越重要的作用,技术也逐步演变为重要的生产投入。20世纪80年代以来,以诺贝尔经济学奖获得者罗默为代表的经济学家开始提出新增长理论,强调内生性的技术创新是推动经济增长的重要动力,该理论已成为经济增长的主流观点。不同于劳动力和资本投入,创新不存在边际产生递减的规律,甚至因为正向溢出特征而存在规模经济效应,对经济增长的推动作用大于要素的投入。当前,经济动力越来越依赖新兴产业的出现和崛起,靠劳动力和资本等要素投入增加促进经济增长的空间已越来越小,需要重新组织要素的生产方式。比如,越来越多的国家和组织认为传统制造业发展无法实现全球经济复苏,只有生物、人工智能、新能源等新兴产业所催生的新一轮经济革命才能破解经济低迷的现状,而这些产业只有靠创新才能实现大规模生产。

世界经济发展的周期规律显示,在每次低峰期,都需要创新才能逆转经济发展趋势。2008年全球金融危机爆发后,国际经济已持续十余年未见好转,西方国家穷尽各种调控方式仍无法实现经济复苏,这是因为西方国家的政策大多未推动创新的出现。同时,发展中国家正是依靠创新程度的不断提升实现经济快速增长,比如中国靠高铁、通信产业等技术上的创新推动新的经济增长;印度依靠软件外包等产业上的技术创新形成与发达国家的竞争;等等。这也说明了当前全球经济的破冰只有依靠创新的力量才能实现,历史规律和当前经济特征使我们有充分的理由相信,人类经济发展到当今时代,创新已经成为经济增长的源泉。

二、竞争已成为国际经济关系的主旋律

国家之间的合作与竞争一直是世界经济发展过程中的主旋律,并随着发

展阶段的变化而更迭。第二次世界大战以后,随着国际分工的不断深化和跨国公司的迅猛发展,国际贸易和投资开放逐步成为西方国家推动经济发展的主要手段,各类国际经济组织也不断提倡合作的重要性。在这种背景下,合作主导了西方国家之间的经济关系,也推动了第二次世界大战后国际贸易的蓬勃发展,催生了经济增长的快速期。然而,合作并不是国家经济关系之间的常态,2008年全球金融危机爆发导致西方国家经济出现下滑,尤其是美国难以维系其全球经济的领导者地位,国际经济合作的基础开始动摇。西方各国为了保障国内就业和有效需求,纷纷采取限制贸易和投资的措施,以邻为壑的政策层出不穷,在"囚徒困境"的作用下导致国际经济合作难以成为均衡结果,竞争状态开始逐步替代持续多年的合作状态成为国际经济关系的主旋律。

2016年,以英国脱欧和特朗普当选美国总统为代表的"黑天鹅"事件再次为全球化进程蒙上了阴影,逆全球化态势开始出现,进一步推动了国家经济关系从合作到竞争的转变。逆全球化降低了通过国际合作协调经济发展的可能性,从而降低了各国开展经济合作的意愿,也改变了国家之间经济合作的文化。在此背景下,国际经济秩序发生很大变化,国际经济合作组织的影响力和控制力开始减弱,双边经贸关系在很大程度上替代了多边关系。各国贸易保护和投资保护政策现象频现,均试图在技术、能源等领域培育竞争优势以建立经济领先地位。发达国家为了保障自身的优势不被超越,在专利和技术领域实行严格的保护,限制与发展中国家之间的技术合作,迫使发展中国家更多地依赖自主创新实现技术赶超,进一步增加了国家之间的技术竞争。这种状况也限制了发展中国家依靠与发达国家之间的合作实现可持续发展的空间,唯有通过竞争才能保持在全球经济中占有一席之地,从而促使竞争成为当前国际经济关系的常态。

相比于以往,当前经济多元化已成为国际经济发展的主要特征,各国经济发展程度的差距不断缩小,新兴经济体对发达国家形成的赶超趋势越来越明显,因此国家之间的竞争无论是广度还是深度均愈演愈烈。在广度上,国家竞争已经从军事、政治等领域蔓延至经济发展的各个方面,不仅包括国际投资、国际贸易方面的竞争,还包括新兴技术和产业方面的竞争。在深度上,除硬实力竞争外,国家之间更为注重技术领域的软实力竞争,技术流出限制和知识产权保护越来越严格。这也意味着,在当今世界经济格局下,重现第二次世界大战后国家之间的大范围合作难度较大,世界各国,尤其是发展中国家唯有通过竞争才能获取经济可持续发展的关键要素。

三、创新竞争力是各国提升经济地位的主要方式

在人类历史上,经济地位的提升依靠多种方式,包括人口、土地、资本、技术等等,在这些方面竞争优势的建立均能促使一国成为全球经济的领先者。随着经济增长的源泉从要素投入转化成创新,创新竞争力开始成为各国提升经济地位的主要方式。在众多要素中,随着技术创新开始发挥引领作用,创新竞争力也成为国家竞争力中最重要的核心因素。同时,信息时代的到来也使创新资源的跨国流动更为便捷,哪个国家能获取更多的知识、技术、人才等创新资源,哪个国家就能在全球竞争中获得优势地位,引发了各国对这些战略资源的全方位竞争。发达国家之所以能在国际经济中具有较高的话语权是因为掌握了全球绝大部分的创新资源,创新竞争力遥遥领先于发展中国家。发达国家正是凭借这种创新竞争力上的优势占据了国际规则的制定权,从而使国际规则有利于自身,并借助这些规则形成在科技创新领域的垄断,获取超额利润。

在当今纷杂的世界格局下,各国均试图通过建立创新竞争力优势以提升在全球经济中的地位。进入 21 世纪以来,为了提升经济地位,全球较多国家(地区)纷纷制定创新发展战略,目的在于提升创新竞争力。比如,欧盟于 2000 年提出以科技创新为主线的发展战略;俄罗斯于 2002 年制定了未来科技发展基本国策;欧盟又于 2010 年提出了"欧盟 2020 战略",将以创新为基础的智能经济定为未来发展的三大重点之一;美国政府于 2011 年发布了美国创新战略,旨在确保美国在创新领域充当世界引擎;等等。发展中国家在科技创

新上也不甘示弱,纷纷制定发展规划以实现对发达国家的赶超,比如中国在"十三五"规划中将创新置于核心位置;印度于 2015 年开始全面建设信息基础设施,以此带动全国创新发展;等等。在全球经济形势不明朗的情况下,创新发展战略的制定充分反映出了各国提升创新竞争力的迫切性,唯有创新能力的提升才能确保在经济发展过程中不处于落后位置。

各国对科技创新的重视也增加了创新资源在全球的流动性,在国家关系从合作转向竞争的情况下也加剧了对创新资源的竞争,发达国家一方面鼓励国外各类创新资源的流入,另一方面也制定政策措施防范本国创新资源的外流。发达国家的这种行为增加了发展中国家提升创新竞争力的难度,使其更加依赖自主创新的发展。尽管如此,发达国家的技术限制也意味着其在技术创新上的优势已开始缩小,为发展中国家通过创新竞争力提升实现经济赶超提供了机遇。金融危机爆发后,全球期待新技术、新产业的出现带领经济发展走出低谷,数据经济、人工智能、生物工程等领域的全新技术为发展中国家提供了同等的机会,中国、印度、巴西等新兴经济体均增加了科技研发投入,国家创新程度不断提升,在技术上与发达国家的差距不断缩小,由此带动了国际经济地位的提升。因此,纵观当今时代特征,无论是先发者还是后发者,创新是各国经济地位不断向上攀升的重要手段,创新竞争力是各国必争的战略优势,唯有创新者才能引领全球经济。

第三节　创新竞争力研究的理论和现实意义

工业革命以来,创新都是破解发展困境的主要手段,能通过要素的重新配置突破现有经济的瓶颈,从而促使经济到达更高的均衡水平。在当前世界格局下,经济上一国独强的局面不复存在,多元化发展越发明显,各国均指望通过创新战略抢占国际经济的制高点。比如,2018 年有 12 个国家和地区陆续发布了国家级人工智能战略计划,另有 11 个国家和地区正在制定人工智能国家战略,旨在尽快获取人工智能创新竞争力,以此带动国家经济发展。在这种背景下,研究创新竞争力不仅能全面理解各国经济实力和地位更迭的缘由,阐明经济发展历程的规律;还能评判预测未来全球经济格局的变化趋势,为各国通过创新实现可持续发展提供参考借鉴。在学术界,针对创新的研究较为广泛,大多数研究基于两个维度展开:一是从过去经验阐述创新产生的推动力及作用机理;二是归纳创新的现状与特征并阐明各国当前在全球创新中的地位。事实上,创新是动态变迁过程,各国的创新能力并非一成不变,而是在不同的阶段处在不同的位置上,因此更需要从多个角度对比各国创新竞争力状况,能更为准确地研判未来经济发展状况。

一、创新竞争力研究的理论意义

1. 有助于更为全面理解国家经济发展过程,丰富发展经济学内涵

发展经济学致力于研究各国的经济发展过程,尤其是经济发展程度较低的发展中国家如何实现经济赶超。经济发展过程是动态的、竞争的,国家经济发展过程事实上是赶超与被赶超的竞争替代过程。一国实现经济发展的过程事实上也是创新竞争力不断提升的过程,是旧的经济发展方式被新方式不断取代的过程。在发展经济学框架内,经济发展的推动因素很多,包括要素积累、技术进步、制度变迁等,在不同的阶段,发展经济学侧重不同的因素。在发展中国家经济发展初期,由于资本短缺,资本要素积累被认为是最重要的发展因素;而后,制度变迁和技术进步的重要性开始被提出,尤其是新增长理论内生化了技术进步。由于落后于发达国家,部分发展经济学家也认为相比于自主创新,发展中国家通过技术学习和模仿能更为便捷地实现经济发展。在发展经济学的传统中,创新一直贯穿于经济发展的各个因素中,熊彼特正是通过破坏性创新描述经济发展的过程。从历史的角度看,创新竞争力的研究能够从不同视角解释发达国家经济发展和经济地位的更替过程,包括对工业革命

时代、电气化时代和信息化时代等不同阶段各国创新竞争力变化所产生的经济发展差异表现的理解。更为重要的是,时至今日,发展经济学的经济发展程度已今非昔比,与发达国家的差距越来越小,技术学习的空间也在逐步缩小;发展中国家与发达国家之间也从技术学习关系开始转变成技术竞争关系。在这种背景下,发展中国家的经济发展越来越倚重自主研发创新。创新竞争力的研究正是结合这一新的历史时代背景,聚焦于发展中国家发展阶段的新变化,从创新和竞争角度考察经济发展的过程和推动因素。对于发展经济学而言,创新竞争力研究注入了新的元素,一方面突出了当代创新对经济发展的重要意义;另一方面也开辟了以竞争视角洞察经济发展过程的方式,丰富了发展经济学的研究内涵。

2. 有助于融合创新和竞争之间的相互关系,充实创新经济学研究内容

自熊彼特提出创新思想以来,关于创新的探讨一直是经济学研究的焦点话题。熊彼特从生产函数出发,将创新界定为生产要素和生产条件变化实现的新组合,将创新和企业生产联系在一起,强调企业家的重要作用,建立了创新经济学理论的最初体系,为后人继续研究提供了成熟的理论基础。其追随者把熊彼特的创新经济学理论发展成为当代西方经济学的两个重要理论分支:以技术变革和技术推广为对象的技术创新经济学;以制度变革和制度形成为对象的制度创新经济学。20世纪90年代内生增长理论提出后,对创新的研究开始转向推动因素上,认为企业出于利润最大化的动机进行各个维度的创新,其中竞争所产生的推动作用也开始被加以关注。在此基础上,创新竞争力研究综合经济学和管理学的研究方法,从竞争角度考察创新问题,将研究视域从企业创新扩展至行业、区域乃至国家范围,构建起较为完善的研究体系和框架,并能定量评估价比较创新程度和竞争能力。尤其是创新竞争力研究在宏观上将创新能力和竞争能力进行融合,突出了创新和竞争之间的关系,将创

新经济学的研究内容扩展至宏观领域,有助于全面理解创新的动力和重要意义。在逻辑上,创新竞争力研究强调创新和竞争的有机结合,一方面将创新视为竞争的结果,另一方面也将竞争力提升视为创新的结果,形成了创新和竞争的互动研究范式,更符合当代市场经济发展的规律和趋势。当前,在信息革命和人工智能的冲击下,市场竞争程度越发激烈,无论是微观企业层面还是宏观国家层面,均需要不断进行创新提高竞争力才能在市场上占据一席之地,因此将创新和竞争进行有机融合也能更为明确地理解创新形成的内在和外在动力,不仅能通过新元素丰富创新经济学的研究内容,而且能结合时代背景赋予创新经济学更为强大的解释力。

3. 有助于从创新角度扩充竞争力的来源,增加比较优势概念的覆盖范围

古典经济学被认为是竞争力研究的理论渊源,亚当·斯密的绝对优势理论和大卫·李嘉图的比较优势理论可以看作是竞争力理论的溯源。比较优势理论奠定了国家竞争优势分析的基本格局和框架,经过后续经济学家的扩展,包括要素禀赋、技术水平、制度质量等均被纳入比较优势的范畴,国与国之间通过比较优势确立分工领域展开国际贸易。同时,比较优势也确立了各国的竞争力,由此决定在国际价值链分工中的位置和在国际贸易中获取的收益。在这个分析框架内,各国为了攀升生产价值链和增加贸易附加值,需要不断提升国家竞争力。由于国际贸易理论发展各阶段中比较优势的来源不同,因此在不同阶段中,针对提升国家竞争力的建议也不同,比如改变要素禀赋结构、引进先进技术等均被加以强调。创新竞争力研究将国家创新也视为竞争力来源之一,也构成了一国在国际贸易中的比较优势,意味着通过创新可以使一国在国际贸易中能获得更大的附加值收益。事实上,随着全球格局的日新月异,国际竞争日益激烈,由于存在边际报酬递减规律,通过要素禀赋获取比较优势并攀升价值链的空间越来越小,创新在重塑比较优势中的作用越来越大。当

今,创新体现在全球经济的各个领域,包括设计、生产、销售、金融等等,每个细微领域的创新都能实现国际贸易中新的比较优势,能使一国攀升更高的价值链。同时,大数据和人工智能的出现也使创新更具有颠覆性,创新不仅能塑造新的比较优势,还能对竞争对手的优势产生冲击,比如共享经济的出现形成了生产和分工的全新模式。因此,创新竞争力的提出和深入研究更进一步地形成了关于创新作为竞争优势来源的共识,使创新作为比较优势的来源之一更为深刻地嵌入国际贸易理论和竞争力理论中,增加了比较优势概念的覆盖面,更易于理解当今全球贸易格局的演变过程。

4. 有助于从微观到宏观演绎创新进程,完善竞争力理论的研究体系

创新具有多个层面的含义,小到微观层面上的个人和企业创新,大到宏观层面上的国家和政府创新,从而也形成了各个层面上的竞争力,各个层面上的创新竞争既是独立的又是相互关联的。在微观上,企业创新有助于生产和管理上的效率提升,从而建立在市场竞争中的优势;在宏观上,国家创新有助于制度和组织上的效率提升,从而建立在国际竞争中的优势。在竞争力理论中,波特的《竞争战略》阐述了企业竞争力提升的策略和方式,《国家竞争优势》则研究了建立国家竞争优势的基本要素,形成了从微观到宏观的竞争力理论整体研究框架。在该框架中,正是微观层面企业竞争力的提升汇集成了综合实力的增加,为国家竞争优势的建立奠定了基础;同时,国家层面竞争力的提升保障了制度和组织优势,也为企业竞争力提升提供了外部条件,两者相辅相成、互相促进。创新也是如此,微观层面的企业创新为国家创新提供了基本元素和支撑,大量的企业创新才能汇聚成国家创新;同时,国家创业也为企业创新提供了指引方向和便利环境,有益于降低企业创新成本。竞争力的提升依赖于成本降低和效率增加,这又需要在生产和组织上不断进行创新,创新是竞争力提升不可或缺的推动因素,竞争力理论研究体系需要将创新因素纳入其中才能更为完整地阐述竞争力形成过程,才能更为完整地提出企业和国家竞争力提升的策略举措。因此,为了使竞争力理论研究体系更为完善,需要全面阐述各个层面创新在竞争力提升中所发挥的作用,并形成各个层面创新竞争力的评价方式。创新竞争力研究融合了创新和竞争,从微观到宏观建立起了创新和竞争力之间的逻辑关系,并演绎创新发展进展及其对各个层面竞争力的影响,绘制了创新竞争关系的整套蓝图,赋予了竞争力理论研究更为丰富的内涵,并能对当今世界竞争力提升和演变提供更为符合实际的解释,完善了竞争力理论的研究体系。

二、创新竞争力研究的现实意义

1. 深入研究和提升创新竞争力是后发国家实现经济赶超的基本路径

发展经济学家于 20 世纪 60 年代根据当时的历史背景开始提出发展中国家经济发展的后发优势理论,认为后发国家具备发展阶段上的优势,可以通过学习模仿实现经济快速发展。然而,后发优势理论建立在后发国家与先发国家存在一定差距的基础上,并且基于这种优势的发展战略难以实现对先发国家的超越。在当今发展阶段,以金砖国家为代表的新兴经济体已经到达一定的经济发展程度,虽然与发达国家相比仍是后发国家,但差距已较大幅度缩小,发展程度的缩小使得后发国家技术学习的边际效益越来越小。2008 年全球金融危机爆发至今,发达国家经济发展缓慢,与之对比的是后发新兴经济体的快速发展,全球经济格局也开始从发达国家遥遥领先演变为与后发国家之间的竞争关系。竞争关系的形成使发达国家开始警惕新兴国家形成的赶超,逐步封锁后发国家的技术学习,更甚者设置发展障碍。为了突破发达国家制造的限制,突破发展瓶颈,后发国家必须依靠自身因素寻找新的增长点,利用新增长点创造的红利进一步缩小与发达国家的差距甚至实现赶超。在此背景下,后发国家欲实现对先发国家的经济赶超,必须依赖本国的自主创新,必须在研发生产等多个领域出现新的方式提升竞争力。创新竞争力的研究能厘清创新和竞争之间的逻辑关系,探明创新能力在特定经济发展阶段的特征规律,为后发国家探索适宜的创新方式提供参考借鉴。创新竞争力的提升一方面应遵循经济发展规律,另一方面也应紧扣各国基本国情特征,在理论上深入研究创新竞争力能有效对这两个条件进行结合,为后发国家制定客观的创新发展战略提供切实可靠的依据。

2. 深入研究和提升创新竞争力是重振世界经济发展的迫切需求

自近代以来,可以发现世界经济发展历程和技术进步创新具有相同的演变路径,各国依靠创新引领世界经济的同时也为世界提供了新的增长点。第一次工业革命中,英国利用蒸汽动力的创新建立了规模生产上的竞争优势,在引领世界经济的同时为全球带来了新的工业生产方式;美国和德国正是依靠电气革命上的创新实现了对英国的赶超,并为世界经济普及了电气生产方式;第二次世界大战以后的信息时代也是以同样的方式使美国巩固了领先地位并带领世界进入信息时代。这些历史规律均说明创新能为世界经济寻找新的增长点,甚至能带领世界经济走出低迷区。同时,世界经济发展也具有周期性,在经历技术创新的红利高峰后也会进入低谷期。2008 年的全球金融危机使世界经济周期开始转向下行发展路线,至今仍未见明显复苏。按照经济发展的历史规律,新产业革命的出现是改变经济周期推动经济从低谷走向高峰的重要方式,而新产业革命则是不断创新的结果。当前,西方国家采用了各种调控措施试图振兴经济,但均未能奏效,这也意味着新产业革命是重振当前世界经济不可替代的选择和迫切需求。在这个机遇期,世界各国均有可能成为新产业革命的引领者,成为世界经济振兴的先行者,通过创新能力的竞争也有助于加快新产业革命的出现。深入研究创新竞争力能为全球各国的创新方向提供指引,为寻找世界经济新的助飞点提供理性参考,最终为重振世界经济发展提供切实可行的方针。

3. 深入研究和提升创新竞争力是改善经济发展质量的重要举措

自工业革命以来，人类经济经历了快速的发展，产品种类与数量空前绝后，生活水平大幅度提高。然而，发展也是有代价的，工业化的方式虽然增加了人类的福利，但是也对环境造成了不可逆的破坏，相比于工业革命前，地球生态环境已不可同日而语。在过去，国与国之间的竞争仅考虑生产能力和经济实力，不计环境代价，因此各国通过生产为了维系国际竞争地位而对环境造成了过度破坏，甚至危害到了人类的生存环境。在这种背景下，随着全球生态观念的日益增强，环境保护的意识在全球得到普及，各国也开始注重经济发展的质量，国际经济竞争也开始衡量对生态环境的保护。由于环境破坏具有负外部性，需要全球协力合作进行遏制，国际社会对于粗放型的发展方式设置了较多限制，数量扩张型的竞争力提升方式将遇到越来越多的瓶颈障碍。因此，利用资源投入方式实现的竞争力提升不再具有可持续性，全球对以创新方式提升竞争力的需求越来越大。创新竞争力提倡通过生产效率改善的方式促进经济发展，采用新技术和新组织方式实现既有资源的产出增加，属于资源配置方式的革命，且具有资源节约特征。以创新实现竞争力提升的方式具有环境友善特征，在促进生产的同时不会导致环境状况的恶化，是实现经济高质量发展的重要举措。深入研究创新竞争力正好符合当代全球对环境保护达成的共识，契合经济发展以生态质量为导向的时代需求，有益于人类经济发展和生态环境的和平共处。同时，创新竞争力也体现在环境治理上，在生态环境成为综合国力构成要素的情况下，环境改善型的创新将越来越多，进一步有助于全球经济朝着质量提升的方向发展。

4. 深入研究和提升创新竞争力是增加国际话语权的必由之路

当今世界，国际地位由经济实力决定，国际规则制定的话语权也由经济实力决定。纵观工业革命以来的国际关系历史,影响国际话语权的因素一直处于变化之中。在工业革命早期,英国凭借蒸汽动力的创新控制了全球生产命脉,从而通过殖民扩张形成"日不落帝国",并牢牢控制国际规则的制定;第二次世界大战后,美国借助欧洲的衰弱和电气信息等领域的创新登顶国际生产链最高峰,在国际组织和国际事务中具有绝对话语权和控制权。正是因为以美国为首的发达国家在创新竞争力上具有绝对优势造成了国际话语权的失衡,也使得发展中国家在国际事务中的地位极不公平,导致发展中国家在国际规则上处于劣势。2008 年全球金融危机后,西方发达国家经济的下滑造就世界经济格局发生重大变化,在大数据和人工智能的推动下,全球创新格局也日新月异,创新竞争力的提升将以不同于以往的全新方式呈现,这也必将重塑国际话语权的分配格局。这意味着在新产业革命之际,谁在创新竞争力上具有领先地位,谁便能掌控新的生产方式,同时也可以获得更多的国际话语权。因此,对于发展中国家,尤其是金砖国家而言,提升创新竞争力是当前增加国际话语权和获取更高国际地位的必由之路。在此契机下,发展中国家应努力实现新技术的创新,通过创新竞争力提升实现更为公平的国际话语权配置。因此,深入研究创新竞争力能结合国际形势和历史规律清晰地绘制出创新竞争和国际地位之间的演进关系,为各国创新实践提供明确指引。

第四节　创新竞争力的时代内涵

创新与竞争是人类经济和社会发展的动力,人类经济社会发展也决定了每个时代创新竞争的不同内涵特征。在农业革命时代,由于人类最大的需求是食品,创新竞争的主要内涵是增加农业生产效率;到了工业革命时代,人类的需求开始转向对劳动的替代,创新竞争的主要内涵也开始转变为机器动力的发明和改良;在信息时代,人类满足了基本的物质需求后开始追求便捷的信息传播,创新竞争的主要内涵以提升信息效率为主。相比于以往,当前人类已经进入了全新的时代,技术创新达到了前所未有的高度,人工智能正在全面铺开;与此同时,国与国之间的实力竞争也愈演愈烈,各国均努力抢占科技创新的制高点。对中国而言,习近平总书记在党的十九大报告中指出"经过长期努力,中国特色社会主义进入了新时代,这是我国发展新的历史方位"。① 新时代是要求中国实现更为平衡的经济发展,这需要创新竞争力的不断提升,保障综合国力的均衡发展。新时代意味着中国开始进入强国行列,赋予了创新竞争全新的内涵,创新竞争力的提升不仅着眼于国内需求,更应考虑人类的整体利益;同时,新时代下创新竞争力的提升不应简单地强调综合国力提升,更应以人民生活质量提升为目标。

一、创新竞争已演变为国家竞争的桥头堡

国与国之间的竞争历来已久,随着时代变迁,竞争的重点也发生了转变。在农业时代,土地和人口是国家竞争的重点,土地和人口增加能使一国经济迅速崛起;工业时代,物质资本成为推动经济增长的第一要素,资本竞争也成为国家竞争的主要着手点;同时,工业化和电气化也推动了能源竞争,国家之间冲突的起因较多是为了争夺能源。当今时代,人类经过长时间的经济发展过程后,创新已成为经济增长最为有效的推动因素,创新竞争也已成为各国争相占取的桥头堡。通过占领创新竞争的制高点,一国便可利用创新的正外部性在各个领域建立优势,从而实现比较优势的全面构建。在新技术和新产业即将兴起的背景下,为了争夺创新竞争的桥头堡,发展中国家不断增加科技研发投入,创新能力不断提升;发达国家为了守住创新竞争的桥头堡,在增加科技研发投入的同时不断打压限制发展中国家的创新行为,形成了发达国家对发展中国家高科技企业贸易和投资领域的诸多限制。比如,美国特朗普政府对中国高科技企业华为、中兴等的调查和贸易限制;美国外国投资委员会以技术

---

① 习近平:《决胜全面建成小康社会　夺取新时代中国特色社会主义伟大胜利——在中国共产党第十九次全国代表大会上的报告》,人民出版社 2017 年版,第 10 页。

安全为由对中国高科技企业技术获取型跨国并购的审查和制约等。

在竞争日益激化的背景下,作为技术落后方的发展中国家,通过向发达国家的技术学习提升创新竞争力的难度越来越大,自主研发以及发展中国家内部的科技合作将成为创新竞争力提升的主要方式。作为发展中大国,中国不仅需要通过自主研发提升自身创新竞争力,还需要通过创新合作引领发展中国家创新竞争力的提升。首先,应加大科技创新资源的投入,在产业上倾向于科技产业,以科技快速发展带动整个社会创新竞争能力的提升,培育大国的创新能力。其次,应倡导发展中国家尤其是金砖国家之间的科技合作,形成科技资源的互补利用,推动发展中国家创新竞争能力的共同提升。再次,应缓解与发达国家之间科技合作关系的紧张态势,通过双边对话等方式开发科技合作的共同利益,形成创新竞争之间的正向博弈局面。

二、创新竞争力具有开放共享的鲜明特征

信息技术和互联网是当代经济的主流特征,不仅改变了人类生活方式,而且推动了新经济业态的形成与发展,更造就了新的发展理念。在这种技术背景下,大数据、人工智能、共享经济等蓬勃发展,创新竞争也围绕这些产业展开,呈现出了开放共享的鲜明特征。党的十八届五中全会结合时代特征提出了"创新、协调、绿色、开放、共享"的新发展理念,将创新和开放、共享进行了有效结合。由于数据共享的特征,相比于以往,新时代下的创新既是竞争又是共享的,任何一项新技术的出现不仅能提升创新者的竞争实力,还能作为共享经济的基础资源推动其他技术创新。比如,支付手段的创新极大地推动了线上消费产业的创新与兴起;电子商务的创新不断推动营销模式的创新发展;等等。同时,创新竞争也是开放的,虽然国与国之间存在激烈的竞争,但世界经济的联系也达到了前所未有的高度,开放的发展历史规律仍不可逆转,任何一项创新也都体现着开放与合作的身影。比如,人类协同合作共同致力于环境保护与宇宙探索领域的技术创新;国与国之间共同探索资源开发利用的技术

创新;等等。

新时代创新竞争的鲜明特征既是科技发展的必然规律,也确立了创新的发展方向,未来的创新竞争应以此特征为基础展开。对于中国而言,为了保持综合实力的可持续增长,创新竞争力的提升应以新时代产业发展特征为导向,坚持开放共享的原则。首先,创新竞争力应瞄准面向未来的新兴产业,包括人工智能、大数据、共享经济等,通过创新积累公共科技资源并形成规模经济,为其他行业创新竞争能力的提升创造基础条件,带动更多行业的创新发展。其次,创新竞争力提升应坚持开放包容的理念,摒弃国家之间互相敌对的狭隘思想,充分利用各国在特定领域的技术优势,通过跨国开放合作实现科技资源互补,实现创新效率的提升。再次,创新竞争力提升应以人类整体福利提升为根本,科技创新应不以破坏环境和扩大社会不平等为原则,遵循人类经济社会发展的历史规律,实现创新竞争和人类发展的包容共享。

三、创新竞争力需顺应经济发展的新阶段

科技创新是第一生产力,这在人类经济发展的各个阶段均得到了有效的验证。耕作技术的创新促进了农业社会的经济增长,也推动了人口增加和社会发展;机器生产的创新改变了工业社会的生产方式,推动了资本主义经济的快速增长;电气和通信技术的创新促进了世界各国之间的紧密联系,形成了世界市场并推动了世界经济的共同增长;信息技术的创新加快了知识传播的速度,在世界范围内形成分工,提升了世界分工生产的效率。改革开放以来,中国经济的快速发展也处处可见技术创新的身影,先进技术的引进及自主研发是中国经济增长奇迹的主要推动力之一。在经历快速发展阶段后,当前我国经济发展已经进入新常态,主要特征也发生了变化,主要体现在:增长速度从高速转向中高速,发展方式从规模速度型转向质量效率型,经济结构调整从以增量扩能为主转向调整存量、做优增量并举,发展动力从主要依靠资源和低成本劳动力等要素投入转向创新驱动。总体上,我国经济发展在经历了三十余

年以量为主的快速增长阶段后,开始转向以质为主的结构调整新阶段,符合经济发展的必然规律。创新竞争力服务于经济可持续发展,因此也应顺应我国经济发展的转变,为经济新阶段的质量提升服务。

在这种经济发展阶段背景下,创新竞争力提升的特征和目标也应呈现出特定的变化,应与新阶段的质量优化和结构完善相一致。首先,创新竞争力提升应注重结构性因素,在产业分布上应充分考虑经济结构的平衡,通过多行业创新竞争能力齐头并进的方式增加整体经济的稳定性,以创新带动经济抵抗外部风险的能力。其次,创新竞争力提升应以改善人民生活水平为目标,一方面创新竞争的提升应是劳动互补性的,以创新带动劳动收入增加;另一方面创新竞争的提升应增加消费品的种类和质量,为居民生活质量提供扎实的基础。再次,创新竞争力提升应具有整体性,尽管创新具有破坏特征,但通过各个行业之间创新的协调能保持经济结构的均衡完善和社会稳定,创新投入应考虑不同行业之间的相互作用,充分利用创新的正外部性特征。

四、创新竞争力的基础支撑是人才储备

人才是创新的第一资源,当今时代创新竞争的同时也是人才的竞争力。在经济学中,美国经济学家舒尔茨和贝克尔于 20 世纪 60 年代创立了人力资本理论,为提升人类生产能力开辟了崭新的思路。人力资本指的是蕴含于人身上的各种生产知识、管理技能以及其他素质等的存量总和,与物质资本类似也可以投入生产中,但并不会受制于边际产出递减的限制,甚至呈现出边际产出递增的特征。人力资本的这种优点得到了经济学界的广泛认可,并强调经济和创新的可持续发展必须依赖于人力资本投入的不断增加。人才储备是人力资本的载体,充裕的人才储备才能保证拥有源源不断的人力资本投入。在新时代背景下,依靠物质资本投入推动创新的空间越来越小,人力资本投入已成为创新产出最为重要的要素,人才也成为创新竞争力提升的关键。新时代也是人才跨国流动的时代,人才竞争异常激烈,为了保障创新源泉的顺畅,各

国纷纷制定政策吸引人才流入。习近平总书记也多次强调人才的重要性,指出"要牢固确立人才引领发展的战略地位,全面聚集人才,着力夯实创新发展人才基础"①,为创新竞争力提升指明了人才方向。

近几年来,随着中国人才政策越来越宽松优惠,流回中国的国际留学生和流入中国的外国创新性人才与日俱增。当今,欧美移民政策收紧为中国广纳世界科技创新人才提供了机遇,中国应以此为契机构建更为开放、务实和灵活的制度政策引进国际科技人才,为创新竞争力提升储备人才。首先,应加快创新人才体制改革,创造更为宽容的科技创新人才发展环境,加强人才配套设施环境建设,确保创新性人才研发工作的开展能得到充分的资源保障,增加创新人才流入的吸引力。其次,应加快构建创新人才的人文关怀环境,在住房、教育、医疗等方面保障创新性人才的基本生活需求,增加创新人才的归属感,形成留住人才的优良软环境,保障创新人才队伍的稳定性。再次,应加快国内创新人才教育体系改革,一方面应加大创新人才教育的投入,增加创新人才培养规模;另一方面改革创新人才教育方式,结合时代特征培养适合经济发展阶段的创新人才。

---

① 孙宗鹤:《牢固确立人才引领发展的战略地位——五论学习贯彻习近平总书记两院院士大会重要讲话》,《光明日报》2018 年 6 月 2 日。

第二章　创新竞争力的理论渊源

　　当今,创新已经成为引领时代潮流的一股重要力量,由世界经济论坛(The World Economic Forum, WEF)发布的《全球竞争力报告》(*The Global Competitiveness Report*)和瑞士洛桑国际管理发展学院(International Institute for Management Development, IMD)出版的《世界竞争力年鉴》(*World Competitiveness Yearbook*)中都将创新列为衡量竞争力高低的一项重要指标,甚至是作为一个国家提升竞争力水平的最为关键的要素。关于对创新在国际竞争力、区域竞争力、产业竞争力甚至是企业竞争力中的作用的认识是一个逐步发展和完善的过程。传统的对一个国家比较优势的分析更多的是集中于劳动力、资本、土地等传统的生产要素基础上,通过比较每个单位所需要投入的生产成本或者单位时间内的产出来分析一个国家的比较优势,而到了迈克尔·波特提出的竞争力理论中,融合了先前理论提出的一系列观点,通过构建钻石体系分析了一个国家如何具有竞争优势。而当下的国际竞争已经纳入了创新这一新的要素,探讨了创新对一国比较优势的影响。随着时代的变化,创新的内涵和外延也在不断地深化和拓展,当前的创新已不仅仅是熊彼特时期的技术创新,更多的是一种由技术创新、制度创新、文化创新、商业模式创新、组织创新、人力资本创新、环境创新等所组成的一个复杂综合体,是一种全方位的创新、全面式的创新。因此,本章在探讨创新竞争力的理论渊源时,试图从创新所包含的内容维度出发来分析各种类型的创新如何一步步地影响到生产效率、产业竞争力以及国家竞争力的提升。

第一节 马克思、恩格斯的创新理论

一、时代背景

19世纪中叶,由英国开始的以蒸汽机作为动力标志的第一次工业革命已经基本完成,机器替代了手工劳动,社会劳动生产率大幅度提升。得益于这次工业革命,欧洲在科技创新等方面取得了显著的进步,其中,蒸汽机广泛地运用于交通运输、机械制造、采矿、纺织印染等生产领域,极大地促进了生产效率的提高。在科技创新取得长足进步的基础上,社会制度方面也发生了一系列的变革,资产阶级通过圈地法案、工厂立法、关税条例、生产过程管理等一系列管理方式的改进来推动制度创新的变革,逐步建立起了资产阶级占据主导地位的经济政治体制,最终确立了资产阶级对世界的统治地位,英国因为率先开展工业革命,很快成了世界霸主。这种资本主义的生产方式最初是建立在对无产阶级的赤裸裸剥削的基础上,但是在这个过程中也给人类生产力发展水平带来了进步。在这样的背景下,马克思、恩格斯认为必须辩证地看待资本主义所取得的进步以及所带来的弊端。而其在思考资本主义所取得的进步的过程中则充分肯定了创新在人类社会演进过程中的重大意义。

二、创新的本质

马克思、恩格斯在论著中并没有直接提及创新,但是曾经在多处论著中运用了"创造""发明""新发现"以及"革命的力量"等词语来形容和表示创新。

恩格斯指出"科学是一种在历史上起推动作用的革命的力量"①,在这一命题中,高度强调了科学技术的认识功能、生产力功能以及推动社会变革的功能。马克思认为,创新是一种以人类为主体的,以认识新问题、解决新问题为目标的,在实践中创造具有新价值、新效用的事物的实践活动。创新活动之所以具有较高的价值,是因为它能够比社会平均劳动创造较高级、较复杂的劳动,这种劳动力的培育需要投入更高的教育成本以及花费更多的时间。在这一概念的阐述过程中,我们可以看到马克思高度强调了创新的主体性(以人类为主体)、创新的目的性(认识新问题和解决新问题)、创新的创造性(在实践中创造)以及创新的价值性(新价值、新效用)。

三、主要观点

马克思、恩格斯对创新的认识主要是从技术创新的视角切入的,他的创新理论的观点主要集中在以下几个方面。

1. 充分肯定了科技进步对经济发展的巨大推动作用

马克思的创新思想也是建立在对前人思想成果的基础上继承的。最早关注到创新问题的是亚当·斯密,他在《国富论》中论述国与国之间在绝对优势的比较的时候,指出经济发展的源泉是劳动生产力的提高,而这种劳动生产力提高则来自技术进步。马克思、恩格斯在此基础上进一步指出生产力是推动社会前进最活跃、最革命、最根本的力量,这里的生产力包括劳动者、劳动资料和劳动对象,劳动者要发挥出改造自然的能力,必须通过科学进步和技术推广,从而发挥出对社会发展的巨大推动力。在马克思时代所理解的生产力包括交通工具的运用、征服自然的能力、一些新的机器、机器在产业生产过程中的运用,由于这些方面生产力的变革,使得资本主义社会的生产力取得了前所

① 《马克思恩格斯选集》第3卷,人民出版社1995年版,第777页。

未有的进步。按照马克思的话说"资产阶级在它的不到一百年的阶级统治中所创造的生产力,比过去一切世代创造的全部生产力还要多,还要大"①。在社会生产力中,劳动者发挥着主导作用,劳动者是生产工具的发明者和运用者,是生产工具进行变革的实施者,是生产力构成要素中唯一能动的要素。劳动资料是劳动者和劳动对象直接的媒介,其中,生产工具是劳动资料中最为重要的组成部分,这是生产力作为改造自然的现实物质力量的集中表现。马克思指出"火药、指南针、印刷术——这是预告资产阶级社会到来的三大发明"。② 随着科技进步,劳动对象的范围越来越广泛,形式越来越多样化。

2. 创新应该与现实生产力相互结合

马克思认为,创新主要是满足人类多种的需要而产生的,以"认识新问题,解决新问题"为目的,创新的这种目的性和有计划性要求劳动生产力必须随着科学技术的不断进步而不断发展,如果所有的创新成果仅仅只是停留在发表的论文里或者"实验室"创新阶段,那么这种创新远远达不到马克思所认为的创新的"目的性"和"计划性",创新应该与现实生产力紧密结合,创新应该更多地运用于生产领域,推动社会的进步,才能算是创新取得了"新价值"或者发挥了"新效用"。"任何一项重大发明或迟或早地总会被应用于生产领域,转化为现实的生产力。"③那么怎样才能把一些科技成果或者重大发明转化为现实生产力呢? 马克思认为需要有生产关系在其中起催化作用,当初工业革命之所以发生在英国,其中一个方面的原因是因为英国的贵族阶级也一起参与了工业革命中,把新的科学技术不断地运用于生产领域,他们不像法国贵族阶级那样保守,而是同工业资产阶级一起共同促进社会的进步,使得英国的政治革命总体上也比较顺利。

---

① 《马克思恩格斯选集》第 1 卷,人民出版社 2012 年版,第 405 页。
② 《马克思恩格斯全集》第 37 卷,人民出版社 2019 年版,第 50 页。
③ 汪澄清:《马克思与熊彼特创新思想之比较》,《马克思主义与现实》2001 年第 3 期。

3.在肯定科技创新作用的同时也认同制度创新的作用

马克思认为,科技创新与制度创新之间存在着相互影响相互作用的关系,由于科学和技术在生产领域的广泛运用在客观上也推动了制度的变革,在微观领域主要表现在以工厂制度为载体的劳动组织创新,例如第一次工业革命期间机器大生产代替了手工生产,客观上要求在管理制度方面要做相应的变革,即从单纯的"管人"到"管机器"以及如何协调"人"与"机器"之间关系的变革。在宏观领域主要表现在如何依靠一些信息化手段、技术进步来推动社会治理模式的创新。科技的进步使得人类社会的创新活动主要通过科学创新、技术创新以及制度创新三个方面共同体现。而实施这三个方面的创新主体是现实的人,马克思认为,这里的创新主体不仅仅包括资本家、企业家,还包括工人,甚至是国家等各类型的创新主体,这是马克思创新思想在对创新主体认识上的伟大创新,对当代中国所提出的全面创新思想也具有很强的指导意义。当然,这些创新主体在实施创新过程中的关注点不一样,例如,资本家和企业家主要是为了获取更多的剩余价值,关注的是一些新机器、新方法以及新技术如何运用的问题,而雇佣工人的创新主要是通过"干中学"的方式进行积累,国家的创新则主要体现在制度、管理模式上的创新。马克思的管理创新侧重体现在管理劳动、管理性质、管理职能等方面的论述中,通过分析管理的"二重性"来体现资本家在管理活动中的指挥、监督职能,进一步地对提高企业的生产效率给出相应的意见。在《资本论》中他则是通过"社会分工制度""工场制度""信用制度"等阐述了制度的创立、变革和创新。①

4.创新不能脱离现实基础

马克思认为,创新的本质是一种实践活动,要完成好创新实践活动,就需

---

① 李天芳:《〈资本论〉中的创新思想及其当代价值》,《马克思主义哲学论丛》2015 年第4 期。

要有破旧立新的意识,也就是要坚持解放思想、实事求是的原则。任何脱离于现实物质基础来谈创新,就好比闭门造车,是不符合客观发展规律的,因此这种创新也不切合实际。马克思比较了几种社会制度的差别,他认为在传统社会、封建社会里,整个社会的经济发展长期停滞不前,主要是因为缺乏创新的基础和动力,而在资本主义社会,资本家为了获取更多的剩余价值,对创新给予了高度的关注,客观上推动了科学和技术的进步。马克思还指出,人类在进行创新时,既需要借鉴前人的经验成果,又可以最大限度地节约成本和实现资源优化配置,当然,在创新的过程中更需要投入更多的知识与智慧,只有将两者紧密结合起来才能更好地实现创新发展。实践证明,任何创新活动均非一朝一夕可以成功,它是无数人倾注心血凝成的成果,它是最为高级的实践活动。

第二节　熊彼特的创新理论

一、熊彼特创新的背景

在马克思创新思想的基础上,熊彼特以资本主义生产过程中的创新活动作为考察对象,提出了西方经济学的创新理论,因此被称为是西方经济学创新理论的起点。早期,熊彼特在分析经济均衡状态的时候运用的是静态分析方法,在分析过程中,熊彼特发现这种经济活动不应该是一个静止的过程,而应该是一个动态变化的过程。于是,熊彼特把创新和资本主义的产生、发展以及灭亡紧密地结合起来,认为创新是一种"生产要素的重新组合",即创新活动应该是经济实体内部的一种"自我革新",通过该要素的组合使得企业获得更多的商业利益。熊彼特认为资本主义经济具有周期性的变动规律,而这种周期可长可短,有些周期可以长达 40—60 年,被称为康德拉季耶夫周期,有些周期则只有 40 个月,被称为基钦周期,之所以会出现不同的周期,与创新的活动密切相关,如果企业家减少创新活动,那么资本主义将不能再存在下去,唯有创新才是资本主义经济增长和发展的动力。

二、熊彼特创新理论的内涵

熊彼特的创新理论体系是在其发表的一系列著作的基础上逐步完善的,这些著作包括《经济发展理论》《经济周期循环论》以及《资本主义、社会主义和民主主义》等,他将"创新"分成了五种情况,通过这五种情况来解释他所理解的创新:(1)推出新的产品;(2)采用新的生产(工艺)方法;(3)开辟新的市场;(4)获得新的原材料;(5)建立企业新的组织等(Schumpeter,1912)。可以看出,熊彼特对创新的认识仍然是在马克思的科学创新、技术创新以及制度创新的基础上进行拓展,这种创新是经济体内部的"自我革新"的方式。结合熊彼特给出的创新的五种情况,可以看出其对创新的理解也是多方面的,其中第一种创新强调的是产品创新,第二种创新强调的是技术创新,第三种创新强调的是市场创新,第四种创新强调的是资源配置创新,第五种创新强调的是组织创新。

三、熊彼特创新理论的基本观点

1. 创新具有"内生性"

熊彼特提出经济活动就是一个投入产出的过程,其中投入的部分主要是外部的因素所带动的,包括劳动力、资本、土地等传统的生产要素。一方面,在传统的生产函数中所投入的劳动力、资本或者土地等生产要素会带来经济产出的变化,但是这种"投入"的变化是外部所带动的;另一方面,生产函数中还可以投入一些"内在"的因素,这种内在的因素更多强调的是一种体系的变化,也就是"创新"。熊彼特认为通过"创新"的行为,其会影响到传统的生产函数的生产效率,例如通过技术、组织上的创新可以提高对投入的资源的利用效率,进而提高其产出的效率。因此,相比较于其他生产要素而言,创新在生产过程中的"内生性"更加明显,通过创新可以使得整个生产过程发生质的变化。

2. 创新具有"动态性"

创新过程是相当复杂的,一方面,在创新的过程中可能会由于出现一些工艺性的问题、结构性的问题、组织上的问题、产品本身的问题甚至核心技术的问题,而导致创新过程间断;另一方面,创新的外部环境是相当复杂的,在创新的过程中可能会碰到一些突发意外状况而影响到创新的进展和成效,例如国家宏观政策环境的变化、来自竞争对手的压力、外部市场的变动等等。因此,在经济发展过程中,必须坚持动态性的思维对经济发展以及创新进行分析,创新不是数据上的简单累积增长,而应该侧重于经济结构的根本性变革。

3. 创新具有"破坏性"

熊彼特指出,创新是一种力量,这种力量在观察到市面上出现一种更新的产品或者技术时,创新就会加速这种创造性破坏的能力,会加速旧产品被淘汰的概率,从而使得掌握新产品的市场进入者可以获得更多的利润和市场机会,但这个过程并不是一劳永逸的,如果企业不坚持内部的"自我革新",也很有可能在不远的将来会被更为先进的技术所打败。所以,企业的创新必须坚持"自我革新"的原则,这种破坏式的创新对于企业来说可能是"毁灭式"的,比如摩托罗拉和诺基亚在手机行业领域曾经是数一数二的领军品牌,但是在互联网思维大背景下,两家企业没能跟上市场变化的节奏,而导致了发展的没落,这就很好地证明了这一点。当然,从整个社会来说,这种破坏性的创新意味着社会更大层面的技术进步和社会发展,是可以给社会和消费者带来福利的。

4. 创新必须创造"新的价值"

熊彼特认为发明和创新具有实质性的区别,他将发明定义为尚未得以实际运用新工具(方法)的发现,也就是这种发明还停留在"实验室"阶段,而创新则是可以创造出新价值的新工具(方法)的实际运用,创新应该具备把这种"实验室"的产品转化为现实生产力的能力。他强调创新应创造出新的价值,这也成为判断创新与否的标准。这一点基本上是集成了马克思的创新思想,强调了创新必须发挥出现实生产力的作用。

5. 创新是经济发展的"本质"

熊彼特指出经济发展可以分为"增长"与"发展"两种情况,这两个名词的含义不一样,"增长"主要强调"量"上的变化,是"发展"的一个组成部分,"发展"除了强调"量"的增长外,更加强调"结构"的优化,社会的进步以及环境的治理等方面,因此,要实现经济的发展必须依托于创新,这是发展的本质规定。例如在环境治理领域,可以依托于技术创新、概念创新、体制创新等方面来实现环境的可持续发展,这是社会发展非常核心的一个组成部分。

6. 创新的主体是"企业家"

与马克思所提出的创新的实施主体是人所不一样的地方在于,熊彼特认为普通的工人不是创新的主体,真正的创新主体应该是"企业家"。首先,在资本主义生产过程中,企业家是企业的所有者,所以他们比起普通的工人来说拥有更大的创新积极性以及主动性。因此,他们会尝试任何一个机会,包括新的技术、新机器的投入使用来实现劳动力和生产过程的有效结合从而在更大程度上实现资本主义社会的剩余价值。其次,相比较于一般的工人来说,资本家往往具有专业的知识、冒险的精神、敏锐的视角、自信的品质、顽强的意志力以及长远的目光,因此他们对市场可以有足够的了解和充分的判断,使得他们的创新能力高于一般的劳动者,由于具备这样的特质,而成了创新的主体。再次,发明者不一定是创新者,发明者可能仅仅停留于"实验室"过程,但是企业家可以把生产要素的新组合引入到生产体系中,从而使得发明创造发挥出其应有的价值。

四、熊彼特创新理论的延伸与发展

在熊彼特创新理论的基础上,创新的内涵和外延不断地得到拓展,不仅仅包括传统的技术创新还包括机制创新、制度创新以及同时包含技术创新和制度创新的双螺旋体系,创新理论逐步丰富。尤其是第二次世界大战以后,随着新技术革命的兴起,技术创新在经济增长中的作用日益增强,于是熊彼特创新理论再次引起学者们的广泛关注,创新理论从而出现了演化与分支:一是以索洛(Solow)为代表的新古典学派;二是以曼斯菲尔德为代表的技术创新学派;三是以诺斯为代表的新制度创新学派;四是以弗里曼为代表的国家创新系统学派,他们从不同的视角解释了创新对经济增长的作用,这些理论在当代中国的经济发展过程中仍然得到广泛的运用。

第三节 以索洛为代表的新古典学派

一、早期的索洛经济增长模型

在柯布—道格拉斯生产函数的基础上,索洛经济增长模型假定资本和劳动力可以相互替代,市场是完全竞争的,同时将技术进步纳入经济增长模型中,他将人均产出增长中除去资本作用的增长后未被解释的部分归因于科技进步的作用,即技术进步率,也就是"索洛余值",从而得出了经济增长率是由资本以及劳动增长率及其边际生产力来决定的模型。

$$Y = A \times F(K,L) = K^\alpha \times (AL)^{1-\alpha} \tag{2.1}$$

$$\frac{Y}{L} = \left(\frac{K}{L}\right)^\alpha \tag{2.2}$$

$$y = k^\alpha = f(k) \tag{2.3}$$

$$s \times f(k) = (\delta + n + g) \times k \tag{2.4}$$

$$s \times f(k) - (\delta + n + g) \times k = 0 \tag{2.5}$$

其中,K 表示资本,L 表示劳动力,A 表示技术发展水平,k 表示有效劳动投入之上的资本密度,s 表示边际储蓄率,n 表示人口增长率,g 表示技术进步率,y 表示有效劳动投入之上的人均国内生产总值,δ 表示资本增长率。

从索洛经济增长模型给定的公式中可以看出,他在柯布—道格拉斯生产函数的基础上引入了技术发展水平 A,但是在该公式中,技术发展水平是外生给定的,未能寻找到经济长期增长的根源。在后期,该模型得到了进一步的修正。

二、修正后的索洛经济增长模型

1. 劳动力和技术进步共同决定了经济增长

在索洛经济增长模型的基础上,索洛和米德对其进行了修正,提出了"索洛—米德模型",和索洛经济增长模型最大的不同是,这一模型将技术进步视为内生变量,认为劳动力和技术进步共同决定了经济增长。这里的劳动力既包括"劳动者"数量的增加,也包括"劳动者"劳动效率的提升,那么劳动者凭借什么来提升劳动生产率呢?修正后的索洛经济增长模型认为管理部门可以通过对劳动者进行教育和培训,从而在经济增长过程中引入了技术进步、教育以及训练水平这样的一些基本要素。一个国家竞争力的培育可以通过技术创新获得,但是如何才能有源源不断的创新能力呢?这就需要对劳动力进行教育或者培训,从而提高劳动者的创新思维,同时也是提高劳动者技能以及创新能力的行之有效的方式。

2. 政府在技术创新中起到积极的作用

在论述技术创新对经济增长作用的过程中,索洛还特别强调了政府部门在技术创新中所起到的作用,他指出,政府可以对技术创新活动进行调节和干预,而调节和干预的手段可以通过税收、法律以及金融等来实现。例如:政府可以通过税收优惠的政策,降低企业的纳税负担,从而鼓励企业将更多的精力资源投入到创新中;政府还可以通过颁布相关法律文件,例如出台相关的知识产权保护的文件,从而激发企业的创新创业创造热情;政府还可以通过出台相关的金融政策支持企业进行科技创新,尤其是在信贷方面,通过相应的金融工具的创新帮助广大中小企业解决融资难和融资贵的问题,从而鼓励他们进行创新。这一观点对当代国家创新竞争力的培育意义重大,很多新兴经济体都积极地通过政府制定相应的政策来促进技术创新,从而促进一个国家竞争力的总体提升。党的十八大以来,中央和地方政府在创新驱动发展战略的引领下,制定出台了一系列鼓励"大众创业、万众创新"的政策文件,这正是充分发挥了政府在技术创新中的政策制定者的角色。除了政策制定者之外,政府在技术创新过程中还充当了环境营造者的角色,鼓励创新、宽容失败的创新创业文化氛围的打造对科技创新工作者来说意义重大。因此,政府还可以通过营造良好的创新创业氛围来推动社会的科技创新。

第四节　以诺斯为代表的制度创新理论

一、制度创新的内涵

在探讨经济发展过程中,传统经济学主要是在要素禀赋、技术创新以及需求偏好的基础上,但是随着经济的发展,越来越多的学者注意到这三者不足以解释经济发展的全部。制度已经被认定为是一种越来越重要的要素投入而融入经济增长分析框架中。制度经济学派的典型代表人物是兰斯·戴维斯(Lance E.Davis)和道格拉斯·诺斯(D.North),他们在 1971 年出版的《制度变迁与美国经济增长》中,将制度环境定义为"一系列用来建立生产、交换和分配基础的基本的政治、社会和法律规则"。由于企业在创新的过程中会碰到各种各样的障碍,例如技术可能被窃取模仿等,影响了创新的积极性,迫切需要从管理层面解决,尤其是中央和地方政府所制定的政策、法规将会影响科技创新活动,从这一层面来看,索洛在经济增长模型所隐含的政府在创新中的作用正是制度创新学派强调的重点。制度能够更好地规范人们的行为,制约各种机会主义行为的产生,从而使得经济交往的活动过程变得有章可循,人与人之间的信任程度得以提升。良好的制度还可以降低交易过程中的信用风险以及成本,为企业家制定良好的行为规范,使得企业可以将更多的精力投入到创新过程中,从而带来生产率水平的提升。这种制度创新既包括政府的法律制度、企业的组织制度,还包括社会和企业的文化制度等等,从宏观的角度来说,制度创新是一个国家组织机制的良性运作,需要具备对各种要素进行整合和协调的能力。

二、制度创新理论的基本观点

1. 制度创新在很多方面与技术创新有着相似之处

戴维斯和诺斯认为,制度创新是经济社会发展的推动力,制度创新在很多方面与技术创新有着相似之处。例如,制度创新可以认为是制度上的一种发明,因此,组织在制度变革过程中可能会有好几种方案,同技术创新一样,制度创新也是在几种方案中进行选择。如同技术创新会引起行业变革一样,当一个行业出现制度创新时会引起其他行业的制度变革。制度创新和技术创新有着紧密的联系,技术创新越来越受到社会制度、文化环境以及国家所特有的一系列因素的影响。弗里曼认为,资本主义市场经济体制以及股份制等的确立,促进了资本主义社会的技术创新。

2. 制度创新的主体具有多元化的特征

在制度创新理论中所强调的创新主体更加多元化,包括国家、团体和个人。其中,国家在制度创新中的作用主要体现在提供政治制度以及法律规则,这是经济增长的根本动力,一个国家的政治越稳定,政府的公信力越好,腐败程度越低,法律制度越健全,这个国家的经济增长往往也越好。在世界银行所发布的全球治理指数中,一般情况下,这些指标排名越靠前的国家,例如新加坡等,其总体的经济增长情况也越好。因此,越来越多的国家和政府开始高度关注创新活动,给予创新活动一系列的政策支持。从团体或者企业的角度来看,合理的制度安排是企业有效运转的保障,更是提升企业核心竞争力的关键。因此,团体或者企业内部也可以通过组织或者管理制度方面的变革来促进企业的发展,例如,企业会随时根据市场的变化在制度层面上作出相应的调整,由此可以看出,良好的制度创新也是一种竞争力。

3. 制度创新的阶段性划分

戴维斯和诺斯认为制度创新可以分为五个阶段:第一个阶段是"潜在利益团体"的形成,即对制度创新起主要作用的决策的单位,也称之为"第一行动集团",也就是创新的主体;第二个阶段是利益集团提出制度创新方案,并且根据一定的原则对方案进行比较、评估与选择;第三个阶段是根据最大利润的原则对方案进行比较,从而选择最佳方案的过程,第四个阶段是形成制度创新团队,即对制度创新起次要作用的集团,也称之为"第二行动集团";第五个阶段是"第一行动集团"与"第二行动集团"共同努力,从而实现制度创新。

三、制度创新的演进

制度创新实际上强调的是一种资源整合的能力,但是制度创新不是永久不变的。随着生产技术的变化,法律环境和社会政治环境的变化,制度均衡也会被打破,正所谓,制度实际上是经济发展的内生变量,它会随着社会的变化而出现动态变化的过程,最终在新旧制度之间达到一种均衡,但是这种均衡又很快会被打破,从而处于不断地运动变化和发展的过程中。在制度创新理论的基础上,越来越多的学者强调了创新对资源有效整合和配置的作用,之后弗里曼在此基础上提出了区域创新体系以及国家创新体系。

第五节　技术创新学派

第二次世界大战以后,随着新技术革命的兴起,技术创新在经济增长中的作用日益增强,于是熊彼特创新理论再次引起学者们的广泛关注。技术创新学派主要是在熊彼特理论的基础上,强调技术变化的动态性、周期性以及跨国转移性,越来越多的学者将技术创新理论运用于解释国与国之间的贸易、市场结构的变动等等。

一、门施长波理论

门施也认为技术创新是经济增长的长期动力,他在熊彼特长波理论的基础上将创新分为三种类型,分别是基础创新、改进型创新以及虚假创新,当经济陷入危机时,基础创新可以帮助产业部门走出危机,缺乏创新往往是导致经济萧条的主要原因。在熊彼特创新理论的基础上,门施还充分肯定了创新的外部环境对创新的巨大推动作用,例如,危机会使得企业迫于竞争和生存的压力而不断地寻求新的技术(即萧条触发创新的观点),这种新技术的出现奠定了经济周期从衰退期重新过渡到发展期的基础。

二、技术创新扩散理论

技术创新扩散理论认为技术具有溢出效应,先进的技术通过扩散到企业组织,可以使得新技术得到推广,从而提升整个产业的竞争力和社会的经济发展,"没有扩散,创新便不可能对经济产生影响"。罗杰(Roger,1963)将创新扩散分为四个要素,分别是创新、时间、传播渠道与社会系统。创新扩散有个周期性,这个周期与产品的特性、外部环境等有关,创新的扩散需要一定的传播渠道,例如政府的推动,同时在创新扩散的过程中不能独立于社会系统而存在。当然,在创新扩散过程中也会产生成本,因此必须考虑成本与收益问题,企业也会考虑在模仿的基础上进行技术创新来降低成本。曼斯菲尔德的创新扩散理论假定市场是完全竞争的从而使得新的技术并不会被垄断,而是可以被模仿者所掌握,同时新技术的专利对模仿者的影响小。因此,新技术可以被扩散,从而形成了新技术推广说,技术创新扩散理论延长了产业技术的生命周期,通过技术扩散有效地促进了科技成果产业化,从而提升了产业的自主创新能力,一定程度上弥补了熊彼特创新理论的不足。曼斯菲尔德还将技术创新扩散形容为"S"形曲线(见图2-1),创新性地将"传染原理"以及"逻辑斯蒂"成长曲线运用于技术扩散的研究过程中。在技术扩散的初期,由于采用者较少,进展速度也比较慢,随着技术的扩散,采用该技术的企业大量增加,从而合适的技术创新的速度也在不断地上升,随着该技术的普及率大大提高,最后仅剩下少数落后的企业没有采用,技术扩散的速度又慢慢降低。

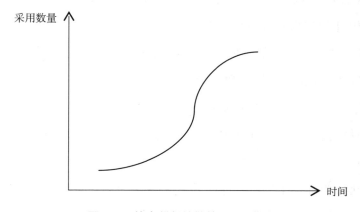

图 2-1 技术创新扩散的"S"形曲线

三、市场规模、市场结构与技术创新

在探讨技术创新的时候传统经济学均假定市场是完全竞争的,但事实上市场组织结构更多时候是一种垄断竞争市场,因此,还有学者将技术创新与市场结构、市场规模等结合起来探讨。在不同的市场组织结构下,市场进入的门槛、竞争者数量的多少、竞争者规模、市场集中度等都会影响到技术创新。谢勒尔(F.Scherer)认为不同规模企业在技术创新过程中均有不同的表现,在这个过程中还会受到创新的时期、创新的行业或者产业等的影响。卡曼(M.Kamien)、施瓦茨(N.Schwartz)、阿罗(K.Arrow)分析了市场结构对技术创新的影响,认为垄断竞争市场结构对技术创新的影响作用最大。垄断竞争相比较于完全竞争和完全垄断来说有其自身的优势,比起完全竞争来说更有利于创新活动的开展。

第六节　国家创新系统理论

一、国家创新系统产生的背景

20世纪70年代以来,连续爆发了多次的石油危机(1973年第一次石油危机、1979年第二次石油危机、1990年第三次石油危机),受到石油危机的影响,油价大幅度上涨,很多依附于石油的行业其发展纷纷受到影响,西方工业国家经济出现衰退的现象。而在战后,日本通过实施经济民主化,在70年代进入了经济发展的繁荣期,对于日本战后的繁荣,很多学者给出了不同的解释,包括日本人自身的价值观、外部发展环境、经济体制以及管理模式等等。英国学者弗里曼在著作《技术政策与经济绩效:日本国家创新系统的经验》中提出了"国家创新系统说",认为创新系统的构建对一个国家的经济发展非常重要,一个国家经济的增长应该是取决于多种创新要素共同作用的结果,除了技术创新之外,还包括知识创新、管理创新、服务创新以及组织创新。

二、国家创新系统的内涵

在弗里曼提出的国家创新系统中,其所认为的创新的主体是国家,他认为政府的科学技术政策对技术创新起到重要的作用，这与索洛的经济增长理论有很多相似的地方。弗里曼认为创新成为国家发展的关键动力系统，国家创新系统是"由公共部门和私营部门中的各种机构组成的网络，这些机构的活动和相互作用促进了新技术的开发、引进、改进和扩散"①。他在国家创新系统中还高度强调了政府政策、教育培训、产业结构以及企业研究与发展在国家创新系统中的作用（见图2-2），认为政府应该根据技术创新的需求变化情况，及时调整经济社会发展范式并且推进企业与企业之间相互学习，从而提升创新的能力以及国家竞争力②。之后国家创新系统理论取得了一系列的重大成果，包括纳尔逊的《国家创新系统：一个比较研究》（1993）、伦德威尔主编的《国家创新系统：一种走向创新和交互性学习的理论》（1992）、波特的《国家竞争优势》（1990），创立了国家创新体系学派。

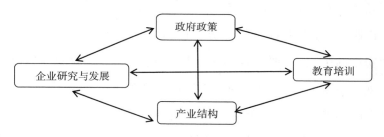

图2-2　弗里曼的国家创新系统结构

三、国家创新系统的构成要素

1. 创新活动的主体

在国家创新系统中，构成创新活动的主体包括政府、企业、高校、科研机

---

①　Freeman C., *Technology Policy and Economic Performance：Lessons from Japan*, London Pinter, 1987, p.155.

②　Freeman C., *Technology Policy and Economic Performance：Lessons from Japan*, London Pinter, 1987. p.155.

构等等,各个主体在国家创新系统中的功能定位和角色不一样,其中,政府是各类型政策的制定者,企业是创新的主体,主要从事研究与开发工作,高校和科研机构属于教育机构,可以为创新人才创新能力的提升提供各类型的培训,产业结构是企业与企业之间的相互竞争或者协作关系的表现。他们相互联系构成一个协调统一的系统,它们之间的关系会在很大程度上影响到创新系统的运作效率。各个国家在创新系统中对企业重视程度的差异化会影响该国家创新政策的倾向性,从而影响创新系统的实施效果。

2.创新系统的运作机制

在国家创新系统中,各个创新活动的主体紧密相连,为了保证提升国家创新系统的整体效率,需要各个主体之间有效地协调起来,搭建起协调发展的机制,充分发挥各自的优势。创新系统的效用受到创新体系内部的制度安排的影响,例如产权制度、专利制度等等,好的制度安排可以使得国家创新系统产生倍增效应,进而提升整个国家的总体竞争力水平。越来越多的学者开始关注于对一些发达国家和地区,例如美国、日本、韩国、巴西等的创新系统进行研究,总结出创新系统运作的机制以及发展的模式。

3.各类型创新政策会影响国家创新系统的运行

在国家创新系统中,政府作为创新政策的制定者会通过制定科技政策、财税政策、知识产权政策、法律政策、教育政策等影响创新活动的开展。例如,政府可以通过采取补贴、减税等方式来激励创新主体的创造性活动,同时,政府为了让自己所制定的政策更加落地实施,在制定相关产业政策的过程中要加强与企业内部研发人员、高校以及科研院所的交流。

4. 国家创新系统的开放性

一个国家的创新系统也和国际上的创新系统、其他国家的创新系统产生一些关联性，即创新系统具有开放性的特征，尤其是随着国际竞争的加剧，一个国家更是可以充分借鉴其他国家在创新系统构建中的先进经验来提升和优化本国的创新生态系统。

5. 创新包含多种类型

在国家创新系统中，包含了各种类型的创新，既包括技术创新、产品创新、观念创新、组织创新，也包括管理创新、制度创新、战略创新，还包括竞争力创新、可持续发展能力创新、文化创新、服务创新以及知识创新，等等（宋养琰和刘肖，2002[①]；金锡万，2003[②]）。

四、国家创新系统理论的发展

在弗里曼国家创新系统的基础上，很多学者对其进行拓展和深化，纳尔逊（1993）将制度因素纳入到了国家创新系统中，认为创新的制度是实现创新资源优化配置以及创新活动整体协调的有效保障。这一理论的完善再次突出强调了对制度创新的认识，引起了强烈的反响。波特（1990）在《国家竞争优势》中从国家竞争优势的角度出发，将一国经济发展分成要素驱动、投资驱动、财富驱动以及创新驱动四个阶段，并且构建了钻石模型（见图2-3），指出创新是提升企业生产力以及国家竞争力的动力。除此之外，还有学者将创新系统拓展到更为微观的层面，例如区域创新系统、产业创新系统以及企业创新系统等等，同时试图借助于一些生态学方面的工具来分析创新生态系统的构建以及优化等问题。

[①]　宋养琰、刘肖：《企业创新论》，上海财经大学出版社2002年版，第1—5页。
[②]　金锡万主编：《管理创新与应用》，经济管理出版社2003年版，第1—50页。

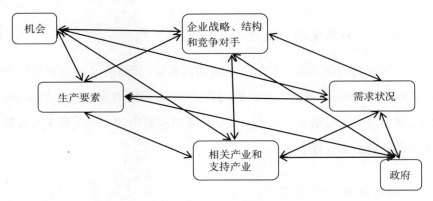

图 2-3　波特的钻石模型

第七节　动态竞争能力理论

一、动态竞争能力理论的产生背景

20 世纪 80 年代初期,全球科技进步的发展面临着很大的易变性(Volatility)、不确定性(Uncertainty)、复杂性(Complexity)以及模糊性(Ambiguity)等特征,在动态变化的环境下,顾客的需求越来越多样化,企业原有的核心能力很可能随着时代的发展而不再适应企业发展的需要,因此要求企业要不断持续地进行创新以保持竞争优势,并且要能够适应环境的变化不断地去整合内外部的组织资源以及技术资源的能力。正如德鲁克所提出的"创新是市场或者社会的一项变化,能为用户带来更大收益……"。动态竞争能力理论同传统的创新理论最大的不同在于强调竞争优势的动态化,这种动态化的变化对企业的创新提出了更高的要求,要求"可持续性"的创新,同时这一创新竞争力更多的是从微观企业的视角来切入。

二、动态竞争能力理论的内涵

所谓的动态竞争能力是指企业整合、构建和重新配置内外部基础能力以迅速应对不断变化环境的能力（Teece，1997）。他将企业资源分为四大类，分别是公共资源、专有资源、组织管理能力以及创新能力。尤其是创新能力方面，动态竞争能力理论认为，随着科技产业的迅猛发展要求企业必须具备创新的能力，这是企业发展的最为关键的能力。动态竞争能力理论包括吸收能力和创新能力，吸收能力实际上是强调企业充分利用外部资源来产生商业绩效的能力。[①] 创新能力是一种内部协调的能力，包括公司内部各个职能部门在充分协调的基础上所进行的战略创新、流程创新以及产品创新等等。动态竞争能力理论强调企业间的竞争是动态变化的，企业要通过全面系统地分析来预测自身未来可能存在的竞争优势，识别企业的资源动态变化情况，企业要获得持续性的竞争优势，必须通过动态能力的不断创新来完成。

三、动态竞争能力理论的分析框架

　　企业如何才能获得动态竞争能力呢？动态竞争能力理论的代表学者认为企业可以通过源源不断地学习知识来为企业创造竞争优势。美国学者保罗·罗默认为知识是推动经济增长的重要生产要素，"尤其是那些能变成化学分子式、能更好组织生产线、能变成计算机软件的知识和技术发明，这种知识的传播以及它无止境的变化和提炼，是经济增长的关键"。动态竞争能力理论背后真正强调的本质是企业要不断地学习，要追逐新的知识以适应外部环境变化的能力。在图2-4中给出了企业获取动态竞争能力与市场机会的分析框架，包含四个维度，这四个维度相互影响、相互制约。首先，在特定的市场机会下，企业会形成一定的资源和能力，这些资源和能力构成企业发展的基础。但是由于外部环境是不断变化的，因此，要求要不断地学习和创新，这种学习和创新可以通过两个渠道来完成：一方面是通过内部的资源重组与学习，另一方面是通过外部的企业网络学习的方式，只有在这样的条件下企业才能

---

① Cohen W., Levinthal D., "Absorptive Capacity: A New Perspective on Learning and Innovation", *Administration Science Quarterly*, Vol.35, No.1, 1990, pp.128-152.

不断地开发出新的市场机会从而拥有更多的资源以及能力。

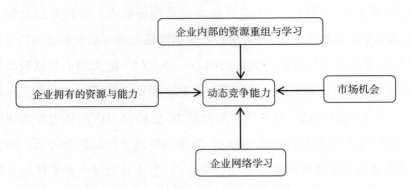

图 2-4 企业获取动态竞争能力与市场机会

第八节 商业模式创新

一、商业模式创新的源起

现代管理之父彼得·德鲁克曾经指出："未来企业的竞争是商业模式的竞争。"尤其是随着商业环境的迅速变化和不确定性的加剧,企业必须适应环境的不断变化,商业模式创新已经成为企业获得持久竞争优势的重要手段。[①]在互联网时代下兴起了一批新的互联网公司,例如雅虎(Yahoo)、易贝(eBay)等,它们的赚钱方式与传统的企业有很大的不一样,显现出强大的竞争力,这里的"赚钱方式"就是商业模式创新中的一个方面表现。在各类型的创新创业大赛中,评委们最为关注的一个话题也是企业的商业模式是什么? 只有把这个问题解决了,才是企业拥有竞争力的根本。一个有竞争力的商业模式比起技术来得更加重要(张瑞敏,2016),这里的商业模式应该是系统的、全局的和复杂的,模仿门槛比较高,企业可以通过建立一个具有竞争力的商业模式以

---

① 郭毅夫、赵晓康:《资源基础论视角下的商业模式创新与竞争优势》,《贵州社会科学》2009 年第 6 期。

及将其与技术创新相结合来赢得竞争优势。

二、商业模式创新的构成要素

不同的学者给出了不同的定义和构成要素,保罗(Pual,1998)、阿密特和卓德(Amit 和 Zott,2001)认为,商业模式是由资金流、信息流、产品流构成的有机系统,是企业与利益相关者所形成的网络关系及其运作方式。哈默尔(Hamel,2000)认为,商业模式具体包括顾客、核心战略、战略资源、价值网络四个部分,其中顾客强调的是企业如何进行客户关系管理,如何对客户回应作出处理,如何识别顾客的需求以及如何针对不同的顾客进行定价;核心战略强调的是企业发展的战略,例如是走低成本战略还是差异化战略,企业经营的产品或者服务包括哪些等等;战略资源强调的是企业相比较于其竞争对手来说的核心能力、战略资产、核心流程等等;价值网络强调的是企业的利益相关者,例如上游供应商、合作伙伴等等(见图2-5)。这四个要素相互联系形成了以顾客价值、资源配置、企业边界为连接点的三个交界面,形成一个相互统一的体系。因此,商业模式创新通过提供新的产品、新的服务等方式深刻洞察市

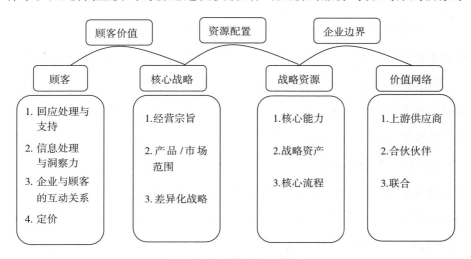

图 2-5　哈默尔商业模式

场,以消费者需求为导向,降低顾客成本,增加顾客体验以及满足顾客多样化的需求。从这一定义可以看出,商业模式创新是以顾客需求为导向,以降低顾客成本和增加顾客的体验感和价值为目标,从而为企业创造更大的市场机会。

三、商业模式创新的特征

1. 在商业模式创新中更加强调客户思维

在商业模式创新中提到的第一个模块的内容就是关于客户的需求,即我们为谁创造价值,这是商业模式创新的出发点,这与传统的根据产品用途然后再去寻找市场的套路完全不一样。客户思维更加强调市场对创新的拉动作用,根据不同类型的客户的需求再去为其创造适合其所需要的产品或者服务,这是商业模式创新具有竞争力的最为根本的表现。和以往的创新模式不一样的地方在于,商业模式创新尤其关注客户和用户的需求,注重产品或者服务在消费者心目中的价值体验。

2. 商业模式创新是一种全面的系统式、集成式的创新

商业模式创新要解决的问题实际上都是围绕着"5W1H"而展开的,例如在商业创新中提到的其他八个维度分别是关键业务、关键合作伙伴、价值主张、渠道通路、核心资源、客户关系、收入来源、成本结构。其中,关键业务重点解决的是企业的产品或者服务的价值主张,以及企业所从事的活动是属于制造产品类型的还是属于服务型的或者说是网络型的。关键合作伙伴是指任何一个企业的发展都必须要充分考虑其上下游企业,例如我的供应商是谁,我的渠道商是谁,我们之间是通过怎样的合作机制建立起来的。价值主张强调的是企业必须以客户需求为导向,要思考清楚企业究竟能够为客户创造什么样的价值,能够帮助客户解决哪些问题,提供什么样的产品或者服务。渠道通路强调的是企业的产品或者服务是如何传递到客户的,他们通过什么样的渠道

可以买到我们公司的产品或者服务,如何来设计优化这些渠道以降低成本和提高客户对产品的认识率。核心资源强调的是企业需要投入哪些优势资源,比如厂房、设备、专利、品牌、人力资源、资本等来实现企业的核心价值主张。客户关系强调的是企业如何维护客户关系,通过什么样的手段可以维持客户关系,由于在维持客户关系过程中也会产生成本,如何降低维护客户关系的成本。收入来源强调的是客户愿意为什么样的价值而付费,客户在付费方式的选择上有什么样的偏好等等。成本结构强调的是采用此种商业模式中所有的成本有哪些,哪些资源是成本最高的。这些都是商业模式创新重点要解决的问题,围绕着商业模式创新,实际上背后包含着产品创新、工艺创新或者说组织创新。

3. 商业模式创新难以被竞争对手所模仿

商业模式创新是一个复杂的过程,在这个过程中集成了技术、经济以及文化等各种要素,商业模式创新带来的绝不仅仅是企业内部效率的提升,更多的是企业整体竞争优势的跃升以及持久竞争能力的维持,因此比起其他的创新模式而言更难以被竞争对手所模仿。

第九节　开放式创新理论

一、开放式创新的产生原由

20 世纪 80 年代之前,很多企业采取的是单打独斗式的生产模式,即封闭式创新,认为企业必须样样精通,不仅仅包括研发、设计、生产,还包括销售、售后、财务等等。这种封闭式创新的理念在促进技术的保密、独享以及垄断的同时,也带来一系列的竞争劣势,例如,企业必须承担高额的研发经费投入,研发时间过长导致企业难以适应外部市场的快速变化,等企业把产品研发出来以后可能已经时过境迁,产品已经不是市面上所流行的产品。随着国际分工的持续深化,原来的国与国之间的产业间分工已经过渡到产业内分工甚至往产品内分工转化,一个产品的生产越来越多地被分布到不同的国家完成,即形成产品内国际分工的全球生产范式,一些原来看起来"无用"的成果,在全球化背景下可以更好地流动,从而发挥出其更大的价值,越来越多的企业发现仅仅依靠内部的资源进行创新往往会带来高成本以及耗时间。在供应商和消费者可以获得越来越多知识渠道的情况下,如果还坚持封闭式发展,势必会被淘汰,因此,需促使企业与企业之间逐步加强合作,要重视创新的开放性以及国际合作,研究表明,企业可以通过合作开发、创新网络、战略联盟、技术合伙、风险投资以及研发外包等开放式创新的模式充分利用外部互补性资源来提高创新能力和效率。

二、开放式创新的内涵

与传统的封闭式创新相对而言,开放式创新强调企业要有全球化、开放性的视野,要以学习的心态深入学习国内外的技术资源,懂得充分利用全球的优势资源来提升自身的创新能力和竞争能力。从这个层面来说,开放式创新理论与企业动态竞争能力理论有一定的类似之处,均突出强调了对外部资源的整合能力。在开放式创新模式下,各类型的企业构成一个利益共享的共同体,这一共同体不仅仅包括传统的消费者、供应商、合作商等利益相关者,甚至还包括竞争对手。尤其要提到的一点是,在开放式创新理念下,竞争对手不仅仅是单纯的竞争关系,企业还可以与竞争对手开展基础研究方面的合作。开放式创新已经成为越来越多的大企业获取竞争优势的主要手段。例如英特尔在与软硬件供应商开展合作的过程中主要是通过成立"英特尔平台应用创新同盟"来实现的,宝洁在选择创新服务供应商的过程中启动了"技术型企业家"计划,美的在开放式创新过程中选取了向消费者征询新产品创意的方式来实现,海尔建立了线上线下融合的开放式创新平台来实现企业的可持续性竞争优势的保持。

三、开放式创新的路径

1. 开放式创新通过外部资源的选择从而获得竞争优势

在开放式创新过程中,任何企业都不是万能的,企业的发展需要借力于外部资源来完成,尤其是在一些创新活动方面,企业可以充分利用外部资源来完成。例如,企业可以通过各种渠道来获取外部的信息,包括识别消费者需求的变化、经销商的销售信息等等,通过这种方式将资源转化成为企业的核心竞争力。

2. 开放式创新通过降低成本获得竞争优势

一般情况下,企业通过向外部市场(高校、科研院所、上游供应商、消费者等)寻求创新构想或者科研成果,有助于企业降低生产研发成本的投入。同时,由于研发过程中需要耗费大量的时间和精力进行论证,而市场又是瞬息万变的,往往产品研发出来了,但这个时候的市场需求可能已经发生了转变,导致企业巨额的研发投入付之东流。宝洁旗下曾经花了三年的时间进行广泛的市场调查论证而研发出来的一款叫作润妍的洗发水产品,就是因为前期市场调研和研发占据太长的时间,等产品真正投向市场的时候,并没有收到很好的成效,原因就在于市场的需求偏好已经发生了转向。因此,通过开放式创新可以缩短从发现市场机会到获得收益之间的时间,降低企业创新活动的成本和风险。[①] 例如,小米手机通过邀请用户参与 MIUI 操作系统的设计开发,与客户建立良好的互动交流平台,将研发端和消费端直接连接起来,极大地缩短了产品对市场的反馈时间。

3. 开放式创新通过内部的价值链创新从而获得竞争优势

波特认为,企业的价值创造是由研发、设计、采购、人力资源管理、生产、营

---

① 李永锋:《开放式创新与企业竞争优势》,《科学与管理》2011 年第 1 期。

销、物流配送、销售和售后服务等一系列活动构成,这些活动分成两大类:一类是属于基础性的活动,另一类是属于辅助性的活动,两类活动在企业价值创造过程中的作用不一样(见图2-6)。波特认为,在价值创造中每个环节所产生的成本不一样,企业若想在市场竞争中取得竞争优势,需要比其竞争对手创造更多的价值。因此,要求企业要熟悉内部的价值创造,并将各个活动紧密联系起来,深入分析各个活动之间的相互影响、相互制约的关系,即内部的价值链创新活动。所谓的价值链分析就是要对价值链上各个活动所创造的价值活动进行分析,灵活地运用竞争对手无法效仿的差异化的环节,进而构筑企业核心的竞争优势。根据价值链理论,企业要关注整个价值链的优化以及总体竞争力的提升,企业还要会识别价值链中真正创造价值的核心环节。例如,利用新的销售渠道、新的营销方法,采用新的供应源、开发新的技术,以及组织结构的调整与创新,都是价值量优化以及创新的重要组成部分。

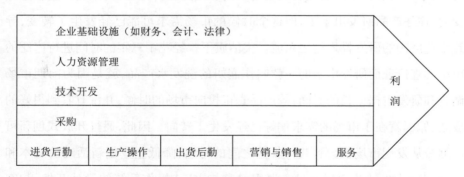

图2-6 波特价值链分析

第三章　创新竞争力的要素结构

　　自熊彼特的创新理论提出以来,创新的重要性受到国内外学者的广泛关注。熊彼特认为,创新发展了资本主义,创造性破坏构成了资本主义的本质。熊彼特之后,罗默等人提出的经济增长理论主要关注技术、知识和人力资本对经济增长的作用。但这些主要因素与创新之间并不是割裂的,更不是对立的,而是互为因果的。也就是说,罗默等人提出的经济增长理论间接地肯定了创新的重要性。在现实经济中,三次工业革命带来了新产品、新技术、新产业。这是颠覆式创新,极大地提高了劳动生产率,也让全球经济发展实现了质的飞跃。进一步,随着大数据、人工智能等新一轮科技革命的兴起,创新对经济发展的作用日益凸显,并已经渗透到人类社会物质文化生活的方方面面。总的来说,理论和现实都表明,创新是一国经济发展可持续的根本动力,更是第一动力,也是实现现代化的根本途径。因此,衡量一国在国际上是否具有竞争力时,创新是主要的考察因素。这也引申出了创新竞争力的概念。

　　创新竞争力是国家竞争力的核心,既可以反映一个国家的创新能力和创新潜力,又能体现出该国家的创新扩张力和影响力(即该国家对世界范围内经济社会发展的带动力、辐射力及其对创新资源的吸引力等等)。因此,相较于创新能力,创新竞争力的内涵和外延更加广泛、更加丰富。当然,关于创新竞争力的概念,学术界仍然没有给出明确的界定。而且,在过去的几十年,有大量研究是围绕如何衡量科技的进步、如何预测科技的发展趋势、评估国家商业环境以及如何维持国家竞争力等问题展开的。关于创新竞争力的研究仍然是不充分的。因此，为进一步剖析创新竞争力的本质，参照美国乔治亚理工大学技术政策评估中心（TPAC）模型和波特钻石模型，本书拟对创新竞争力的要素结构进行深入探讨。

第一节　创新竞争力的要素结构分析模型比较

一、TPAC 模型

TPAC 是美国乔治亚理工大学技术政策评估中心（Technology Policy and Assessment Center at Georgia Institute of Technology）的简称，主要受美国国家科学基金会（U.S.National Science Foundation，NSF）资助，自 1987 年以来，该中心长期致力于构建国家技术竞争力的高技术指标库（High Tech Indicators，HTI）。最初，研究人员仅对在高技术产业领域的一套国家层面的国际竞争力指标体系进行了探讨。这套指标体系包含四个输入（input）指标和三个输出（output）指标。逐渐地，研究人员将目标国家范围扩大，并详细地检测指标体系的可靠性和有效性。最终，经过发展、修正和检验，七个指标有了可以量化的公式，形成了一套成熟的指标体系（见图 3-1）。从 1990 年开始，美国乔治亚理工大学技术政策评估中心开始收集相应数据以及问卷调查①，进而编纂高技术指标库，并定期发布相应的报告（每三年）。报告也已经被美国国家科

---

① 调查问卷总共包含 16 个问题（从 A 到 P）。其中，问题 A 表明一个国家的位置；问题 B 是专家基于自己的了解，对一个国家技术密集型发展的自我评估；问题 C 到问题 P 是和七个竞争力指标相关的，比如，问题 C（战略）、问题 D（文化价值）、问题 E（有影响的群体）和问题 F（企业家精神）属于国家导向；问题 G（资本流动性）和问题 L（对外国公司的鼓励）属于社会经济基础设施；类似地，其他问题也都反映了相应指标的某一个方面（这个方面是不能通过统计方法来解决的）。

学委员会(U.S.National Science Board)采用。相关指标的具体定义如下①:

国家导向(National Orientation,NO)。国家导向指的是一个国家在多个维度倾向于以技术为基础的发展。比如,政府政策、政治稳定、企业家精神以及观点的认同都应该是以科技为基础的。国家导向的评分由两部分构成:一部分是专家对4个问题表明观点,并打分,最后将各个分值进行加权;另一部分是一定比例的投资风险评估值。

社会经济基础设施(Socioeconomic Infrastructure,SI)。社会经济基础设施指的是一个国家在教育系统、资本的流动性和鼓励外商投资等方面的优势。新加坡、韩国的社会经济基础设施水平与欧美国家非常接近。这表明良好的社会经济基础设施并不局限于欧美国家。

技术基础设施(Technological Infrastructure,TI)。技术基础设施指的是一个国家的科学与工程的人力资源、电子数据处理的购买、研发投入和工业应用的联系以及有效使用科技知识的能力等方面的优势。技术基础设施的评分由三部分构成:一部分是专家对4个问题表明观点,并打分,最后将各个分值进行加权(同国家导向);另一部分是衡量电子数据处理设备的购买情况,并打分;最后一部分是汇总研发投入中科学家和工程师的数量,并打分。美国在电子数据处理的购买方面遥遥领先其他国家。这直接导致美国技术基础设施的评分最高。

生产能力(Productive Capacity,PC)。生产能力指的是一个国家生产技术密集型产品的能力。生产能力的评分主要是就3个问题对电子产品的价值进行打分。其中,这3个问题都与制造和管理能力有关。而且,电子产品的价值产生很大的影响。

---

① 考虑到有效性和完整性,TPAC模型采用的输出指标包含了高技术现状(High Tech Standing,HTS)、技术重视程度(Technological Emphasis,TE)和技术变化率(Rate of Technological Change,RTC)。但在实际应用中,后两个指标并未纳入评价体系,仅围绕高技术现状展开。因此,这里也没有对技术重视程度和技术变化率展开论述。

高技术现状(High Tech Standing,HTS)。高技术现状衡量的是高技术生产和出口的现状。高技术现状的评分主要包括三个部分:一部分是专家对1个问题表明观点(这个问题是技术密集型产品的等级评定),并打分;另一部分是所有的高技术出口;最后一部分是电子出口的价值。

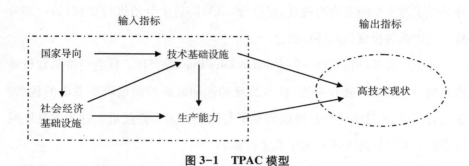

图 3-1 TPAC 模型

1. 高技术指标库与创新竞争力指数的比较

创新竞争力指数(Competitiveness Innovation Index)反映了一个国家生产创新性产品的相对能力。该指数的构造是通过对8种方法的识别和加权(比如统计数据、调查等)。而对8种方法的识别是基于它们对一个国家创新产出的预测能力。高技术指标库与创新竞争力指数既有共同点也有不同点。第一,高技术指标库与创新竞争力指数都包含了相关指标的当前值和预测值。这使得一个国家的当前排名和未来排名可以进行比较。第二,高技术指标库与创新竞争力指数都表明,在目标国家中,美国领先于其他国家。第三,高技术指标库中高技术现状指标的数值符合我们对经济竞争的预期,而创新竞争力指数反映的是高技术专利多于出口潜力。第四,高技术指标库描绘了竞争更加广泛的基础。比如说,高技术指标库显示中国、印度和马来西亚都是强有力的科技竞争者,而创新竞争力指数却显示这三个国家滞后于大多数的经济合作与发展组织(OECD)国家。第五,创新竞争力指数指出,相对于其他国家,美国的创新性优势正在逐渐丧失,而高技术指标库认为美国仍然维持着技术领先优势,但其他国家的技术也在大幅提高。第六,高技术指标库对新加坡、马来西亚的评分显著高于创新竞争力指数。这正体现出创新竞争力指数的评分更加依赖于专利。

2. 高技术指标库与《世界竞争力年鉴》的比较

《世界竞争力年鉴》(*World Competitiveness Yearbook*)是全球领先的关于国家竞争力的年度报告。自 1989 年以来,该报告由瑞士洛桑国际管理发展学院(International Institute of Management Development,IMD)在每年的 4 月定期发布。《世界竞争力年鉴》给出了对国家竞争力最全面的评估。该年鉴基于一些评判准则对所有的经济合作与发展组织国家、新兴工业化国家以及新兴经济体进行分析和排名。其中,这些评判准则既有量化的数值(比如经济增长、计算机的使用、人力监管等),也有专家调查①。为限制调查数据的波动性,国际管理发展学院赋予调研数据 1/3 的权重、统计数据 2/3 的权重。对比国际管理发展学院和高技术指标 1999 年的排名,可以发现:第一,国际管理发展学院给出的排名和高技术指标库是一致的。2000 年《世界竞争力年鉴》显示,在世界最具竞争的国家中,美国处于领先地位;大多数的欧洲国家排名有所上升;亚洲国家的排名略有变化;拉丁美洲国家的排名仍然比较滞后。第二,国际管理发展学院和高技术指标库对某几个国家的相对位置具有显著区别。比如,中国、印度、法国、日本、德国以及韩国,高技术指标库给出的排名要高于国际管理发展学院;对澳大利亚和新西兰,高技术指标库给出的排名要低于国际管理发展学院。

二、波特钻石模型

波特钻石模型又称为钻石理论、菱形理论及国家竞争优势理论,是由美国

---

① 评判准则大体可以划分为 8 类竞争力投入因素,分别为国内经济(domestic economy)、国际化(international)、政府(government)、金融(finance)、基础设施(infrastructure)、管理(management)、科技(science & technology)和人口(people)。

哈佛商学院著名的战略管理学家迈克尔·波特(Michael Porter)于 1990 年在其著作《国家竞争优势》(*The Competitive Advantage of Nations*)中提出的。该模型的分析框架是钻石形状,所以称之为钻石模型(见图 2-3)。波特钻石模型主要专注于解释两个问题:第一,为什么在一个特定的国家某些产业是具有国际竞争力的,而其他产业没有;第二,某些国家的某些企业可以产生持续性创新,而其他的企业没有。其中心思想是一国兴衰的根本在于国际竞争中是否赢得优势,它强调不仅一国所有的产业和产品参与国际竞争,并且要形成国家整体的竞争优势。波特认为,任何有能力在国际舞台上竞争的企业,主要是基于一套相互关联的区位优势,即生产要素(Factor Conditions),需求状况(Demand Conditions),相关及支持产业(Related and Supporting Industries),企业战略、结构和竞争对手(Firm Strategy,Structure and Rivalry)。这也是四个基本要素。如果这四个基本要素是有利的,那么它将推动企业持续创新和升级。而且,企业要想进入国际市场,并与竞争对手进行竞争,这四个基本要素是必备的。此外,政府和机会作为辅助因素也会影响一国产业的国际竞争力。这四个基本要素和两个辅助要素的整合作用,形成良好的国家环境(要素之间的相互关系见图 2-3)。进一步,良好的国家环境又会孕育出新的企业,并让其学会如何竞争,提升国际竞争力。关于波特钻石模型六个要素的具体含义见表 3-1。

表 3-1　波特钻石模型的要素结构

生产要素	自然资源;人力资源;资本资源;基础设施;科学知识;科技创新
需求状况	国内市场规模;复杂的、挑剔的国内消费者; 消费者需求,且可以预测其他地方的消费者需求
相关及支持产业	存在有竞争力的相关及支持产业; 国内供应商,且是强大的全球玩家(global players)
企业战略、结构和竞争对手	企业战略;组织结构;管理体制;当地竞争者之间竞争激烈
政府	政府政策;产业规制;政府的角色是"催化剂和挑战者"
机会	随机事件;自然灾害;科学突破;恐怖袭击

1. 生产要素

生产要素指的是一个国家的自然资源和人力资源。某些国家拥有丰富的自然资源。比如,沙特阿拉伯具有丰富的石油资源,使其成为全球最大的石油输出国之一。而人力资源是创造的生产要素,如熟练的劳动力、良好的基础设施和科技创新。波特认为,创造的生产要素要比自然存在的生产要素更加重要。而且,通过技术发展和新知识的产生带动创造的生产要素持续升级是非常重要的。世界级的机构首次创造出专业化要素并持续努力升级,进而产生竞争优势。工业发展相对成功的国家往往很擅长生产要素创造。

2. 需求状况

国内需求会在很大程度上影响一个国家工业的竞争力。对于一个企业而言,庞大的国内市场意味着更多的挑战,但同时也会创造出更多的成长机会,并使之变得更加强大。本地消费者挑剔的、复杂的需求会促使企业成长、创新、提高质量。努力满足国内市场需求会推动企业达到新的高度,甚至有可能提前洞悉国外消费者未来的需求。因此,可以说,一个国家可以在工业领域获得竞争优势,一方面是因为本地消费者为企业描绘了一幅更早、更清晰的新兴买家需求的蓝图;另一方面是挑剔的消费者迫使企业比他们的国外竞争对手创新更快,实现更加可持续的竞争优势。

3. 相关及支持产业

相关及支持产业可以为重点产业提供超出竞争对手的基础。就像价值网一样,企业通常依赖和其他相关企业的同盟关系和伙伴关系,以其为消费者创造更多的附加值,并获取更多的竞争力。尤其是对致力于通过更有效率和更高质量的投入、及时的反馈以及简短的沟通渠道来加强创新的企业来说,供应商至关重要。当供应商本身是全球竞争者时,企业会受益更多。实际上,通常需要花费数年甚至数十年的努力工作和投资才会形成较强的相关和支持产业。这些产业也有助于企业获得全球竞争力。而且,如果这些产业的区位合理,将会使整个地区或国家受益,比如硅谷①。

4. 企业战略、结构和竞争对手

国家背景很大程度上决定了企业如何成立、如何组织和如何管理,即影响着它们的策略和结构。而国内的竞争对手有利于提高国际竞争力。因为它会促使企业形成独特的、可持续的优势和能力。国内的竞争对手越多,就会有越多的企业去创新、去改变,从而维持其自身的竞争优势。这也会帮助它们步入国际舞台。比较典型的就是日本的汽车产业,有着众多强有力的竞争对手,如尼桑、本田、丰田、铃木、三菱、斯巴鲁。也正是因为激烈的国内竞争,日本的汽车产业在国际市场上更具有竞争力。

5. 政府

在波特钻石模型中,政府的角色被描述为一个"催化剂和挑战者"。一个完全自由的市场是没有政府参与的,即政府将所有的事情都留给市场。市场会像"一只看不见的手"进行资源配置。波特并不相信自由市场,但他也不认为政府是产业的必要帮助者和支持者。政府不能创造出具有竞争力的产业,只有企业可以。政府应该鼓励和推动企业提高愿景,达到更高的竞争力水平。这主要通过四个方面来实现:刺激对先进产品的早期需求;侧重于基础设施、教育系统、卫生部门等专业要素的创造;通过执行反垄断法促进国内竞争;鼓励变革。政府可以通过有利于产业的方式助力上述四个方面的发展。

6. 机会

虽然波特最初并没有在他的论文中给出关于机会或者运气的论述。但通

---

① 硅谷聚集了各种技术巨头和技术初创企业,以便分享想法并激发创新。

常情况下,机会是包含在钻石模型中的。因为战争、自然灾害等外部不确定性因素可能会对一个国家或产业产生负面影响或受益。这些事件完全超出了国家或单个企业的控制范围。比如,由于"9·11"恐怖袭击事件的发生,美国加强边境安全,而削减了从墨西哥的进口,对墨西哥的出口商产生了巨大影响。这种偶然产生的不连续性可能会为一些企业带来优势,而为另一些企业带来劣势。一些公司可能获得竞争地位,而其他公司可能丢失。虽然这些不确定的因素无法改变,但至少应该对其进行监控,以便根据不断变化的市场条件作出必要的决策。

三、TPAC 模型和波特钻石模型的比较

1. 共同点

TPAC 模型和波特钻石模型都专注于国际竞争力的研究,有很多要素分析或指标分析是一致的。第一,TPAC 模型强调社会经济基础设施和技术基础设施等对产业国际竞争力的重要性。波特钻石模型并没有直接对基础设施展开论述,而是对生产要素进行分析。但是,波特钻石模型中的生产要素是包含基础设施的。因此,两个模型都关注了基础设施的影响。第二,TPAC 模型强调国家导向对产业国际竞争力的影响,而波特钻石模型认为政府是一个重要因素。实际上,两个模型都在强调国家或政府对产业发展的干预作用。最后,波特钻石模型分析了企业战略、结构和竞争对手对国际竞争力的影响。其中,企业战略和结构是与企业生产力能力有直接联系的。企业战略越完善、结构越合理,企业的生产能力必然越强。因此,TPAC 模型关于生产能力的分析与波特钻石模型也是一致的。

2. 不同点

从研究对象、研究方法、研究视角等方面来看,TPAC 模型和波特钻石模

型是有区别的。第一,TPAC 模型的研究对象是国家,采用的主要是宏观指标,偏重于宏观层面的分析。而波特钻石模型的研究对象主要是产业和企业,偏重于中观和微观层面的分析,政府政策等宏观层面分析仅仅是辅助。第二,虽然 TPAC 模型和波特钻石模型对国际竞争力的研究都属于实证分析,但研究方法是不同的。TPAC 模型是在一定的理论框架下,阐述了七个指标对国际竞争力的作用机理,并采用相关的硬指标和软指标来构造指标体系,对目标国家的国际竞争力展开分析。① 也就是说,TPAC 模型采用的主要是统计调研的方法,操作性较强。而且,TPAC 模型的输入指标在设计中构想了 15 年的滞后期,意味着输入指标中技术吸收能力和制度化能力将在 10 年到 20 年之后形成竞争力。而波特钻石模型侧重于六大要素对国际竞争力的作用机理,并采用相关的案例来佐证,最后就企业战略和政府政策等提出建议。也就是说,波特钻石模型主要采用的是案例分析法,理论性较强。第三,TPAC 模型采用的四个输入指标和三个输出指标都是与供给者有关的,并没有考虑需求者的影响,即 TPAC 模型侧重于供给侧分析。而波特钻石模型涉及的四个基本要素和两个辅助要素,涵盖了供给者和需求者两个方面的影响,即波特钻石模型是从供给侧和需求侧同时展开分析。

第二节　创新竞争力的要素结构分析

TPAC 模型和波特钻石模型提出较早,且分析框架已经很成熟。因此,在探讨不同国家或不同领域的国际竞争力时,国内外学者也主要借鉴或直接采用这两个模型。但不可否认的是,随着经济社会的发展,当前的竞争力问题变得更复杂、更细化,继续固定地沿用 TPAC 模型和波特钻石模型显然是不科学

①　硬指标指的是统计数据来源于国际的、区域的或国家的统计资料,比如 GDP、人均 GDP、研发支出、研发人员、货物或服务出口额、教育基础设施等;软指标指的是统计数据来源于专家调查、访问调查或案例研究。

的,尤其是针对中国竞争力问题的研究。中国的经济社会体制与西方国家具有很大的差异。这必然导致 TPAC 模型和波特钻石模型中的指标或因素对国际竞争力的影响是不同的,比如国家导向或政府的影响。本书拟基于 TPAC 模型和波特钻石模型的分析框架,探讨创新竞争力的要素结构(见图 3-2)。因此,需要结合中国实际情况,对 TPAC 模型和波特钻石模型作进一步调整和完善。

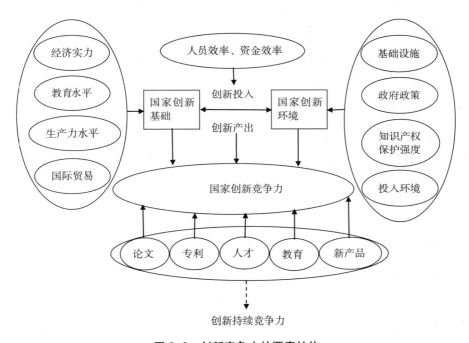

图 3-2　创新竞争力的要素结构

具体地,本书主要参照 TPAC 模型,从三个方面对波特钻石模型进行修正和整合:第一,将基础设施从生产要素中单列出来,作为一项独立要素;第二,将空泛的相关性和支持性要素扩充为涵盖四方面内容的创新网络体系要素;第三,将政府政策作为内生要素纳入要素结构中。基于此,创新竞争力的要素结构可归纳为五个方面,即创新基础竞争力、创新环境竞争力、创新投入竞争力、创新产出竞争力和创新持续竞争力。进一步,这五大要素也可以具体细化,如图 3-2 所示。

一、创新竞争力的构成要素

1. 创新基础竞争力

创新基础竞争力是创新竞争力最基本的构成要素,也是创新竞争力的评价基础。因此,要提高创新竞争力首先要提高创新基础竞争力。而提高创新基础竞争力的关键是提升创新基础。综观国内外的发展经验,不难看出,一国的创新基础主要取决于本国经济社会的发展水平和内在需求。首先,经济社会的发展水平指的是经济水平、教育水平、生产力水平等,是创新基础的重要保障。在新中国成立初期,中国面临着百废待兴的局面,经济社会的发展水平非常落后,创新基础也非常薄弱。这主要是因为当时中国的首要任务是恢复国民经济发展,解决百姓温饱,对创新基础有心无力。虽然中国也曾发出"向科学进军"的伟大口号,并初步建立了由政府主导和布局的科技体系,甚至迅速涌现出了一批追赶世界水平的重大科技成果。[①] 但不可否认的是,中国的创新水平与发达国家相比仍然是有很大差距的。这就表明,新中国成立初期,中国创新基础较弱,创新基础竞争力明显不足。尤其是"文化大革命"的爆发,中国的经济社会发展遭受重创,让非常薄弱的创新基础雪上加霜。改革开放以后,中国的经济社会发展逐渐迈入正轨,经济水平、生产力水平等都实现了稳步提高,创新基础也得到了大幅改善。因此,总的来说,经济社会发展水平与创新基础息息相关,即经济社会发展水平的高低直接决定了创新基础的强弱。其次,内在需求指的是潜在因素或间接因素,如国际贸易。内在需求并不会像经济社会发展水平一样直接对创新基础产生影响,而是创新基础的间

---

① 1958 年,我国第一台电子管计算机试制成功。随后,半导体三极管、二极管相继研制成功;1959 年,李四光等人提出"陆相生油"理论,打破了西方学者的"中国贫油"说;1960 年,王淦昌等人发现反西格玛负超子;1964 年,第一颗原子弹装置爆炸成功,第一枚自行设计制造的运载火箭发射成功;1965 年,在世界上首次人工合成牛胰岛素;1967 年,第一颗氢弹空爆成功;1970 年,"东方红一号"人造地球卫星发射成功;等等。

接体现。内在需求越大,创新基础越强。以国际贸易为例,国际贸易是跨越国境的货品或服务交易。但这种交易的达成取决于货品或服务的国际竞争力。货品或服务的国际竞争力越高,交易的达成率越高①。可以说,货品或服务的国际竞争力直接决定着国际贸易的成败。而改善创新基础又是提高国际竞争力的有效手段之一。因此,总的来说,国际贸易是国际竞争力的直接体现,也是创新基础的间接体现,即国际贸易是创新基础的内在需求。

2. 创新环境竞争力

创新环境竞争力是创新竞争力形成的原始驱动力,也是创新竞争力的必要条件。良好的创新环境不仅能够有效聚集创新资源,而且能够培育出具有较强竞争力的创新载体(企业、大学、研究机构)。同时,优越的创新环境又能够促进创新成果的市场化,进而提高创新绩效、积蓄创新成长能力。提高创新环境竞争力的关键是创新环境的改善。而一国的创新环境是指创新主体所处空间范围内各种要素结合形成的关系总和,涉及该国的基础设施、政府政策、知识产权保护强度、投入环境等。也就是说,良好的创新环境应包括良好的政策环境、完善的市场环境、开放的合作环境、有效的投融资环境和有利的社会文化环境②。具体内容如下:

首先,基础设施。基础设施是创新的物质条件,为创新提供了硬件支撑,尤其是那些可以对创新产生直接影响的基础设施,比如重大科技基础设施③。

①　中国的高铁产业走的是自主科技创新的发展道路,经历了从无到有、从追跑者到领跑者的巨大转变。当前,中国的高铁产业创新基础雄厚,开创了一项又一项的新技术、新方法,拥有完全自主知识产权。因此,在设计能力、生产能力和输出能力上,中国高铁都具有很强的国际竞争力。这直接推动了中国高铁"走出去"。目前,中国已经与世界多个国家建立了高铁合作关系。可以说,"中国高铁"已经成为中国代名词,并积极有效地推动了国际间的合作与交流。

②　黄茂兴:《全面认识全球创新环境的新变化新特征》,《福建日报》2017 年 11 月 6 日。

③　《国家重大科技基础设施建设中长期规划(2012—2030 年)》指出:"重大科技基础设施是为探索未知世界、发现自然规律、实现技术变革提供极限研究手段的大型复杂科学研究系统,是突破科学前沿、解决经济社会发展和国家安全重大科技问题的物质技术基础。"

重大科技基础设施对于提升原始创新能力和重大科技突破就显得尤为重要。一方面,现代科学研究在微观、宏观、复杂性等方面不断深入,学科分化与交叉融合加快,科学研究目标日益综合,导致科学领域越来越多的研究活动需要重大科技基础设施的支撑;另一方面,重大科技基础设施的建设和运行,越来越注重科学探索和技术变革的融合,可以衍生大量新技术、新工艺和新装备,加快高新技术的孕育、转化和应用①。因此,发达国家和新兴工业化国家纷纷加大重大科技基础设施建设投入,扩大建设规模和覆盖领域,抢占未来科技发展制高点。总的来说,完善的基础设施是创新的牵引和依托,既可以为创新提供支撑能力,又可以提供强大动力。因此,前瞻谋划和系统部署基础设施建设对改善创新环境具有重要意义。

其次,政府政策。政府是营造创新环境的主体,在推动创新发展中扮演着重要角色。而政府政策是政府营造创新环境的有效手段,是创新的制度保障,为创新提供软件支撑,包括了科技政策、财政政策、税收政策、金融政策、知识产权、产业政策、竞争政策、教育政策等。政府政策对创新环境的影响,可以归结为三个方面:第一,培养创新理念。培养创新理念就是要在全社会倡导崇尚创新、尊重创新、热爱创新、学习创新、支持创新、保护创新、参与创新的价值理念。而政府是国家进行统治和社会管理的机关,本身就具有强大的动员和宣传教育能力。因此,辅以有效政策的实施,政府能够促进创新理念的培育与普及,从而为创新发展营造有利的社会氛围。第二,激发创新动机。激发创新动机就是鼓励创新积极性。有许多创新动机是潜在的,并没有显现出来。政府可以通过完备的法制体系、利好的政策导向(税收优惠等)、宽松的社会环境等来激发潜在的创新动机,从而充分调动创新发展的积极性。第三,整合创新资源。创新不仅仅是人才、资金、技术等要素的投入,更需要资源的合理配置。资源配置不合理,不仅会导致资源浪费,而且会导致创新效率低下。政府可以

---

① 国务院:《国家重大科技基础设施建设中长期规划(2012—2030年)》,中央政府门户网站,http://www.gov.cn/zwgk/2013-03/04/content_2344891.htm。

通过相关政策的制定对资源配置进行适当干预,对创新投入要素进行整合,从而提高创新资源的配置效率。

3.创新投入竞争力

创新投入竞争力是创新竞争力形成的基石和有效保障。没有创新投入,创新竞争力无从谈起。可以说,创新投入竞争力既可以体现对创新发展的投入和贡献,又可以体现国家对创新竞争力的重视程度。提高创新投入竞争力的关键是增加创新投入。而创新投入最直接、最简单,也是最重要的方式就是资金投入,比如研究与开发(Research and Development,R&D)经费。研发经费主要流向科研机构、高校、企业、中介机构等各类创新主体,覆盖从基础研究、技术开发、技术转移到产业化等创新链条的各个环节。因此,研发经费占GDP的比重不仅是反映一个国家或地区创新投入的指标,也是衡量其创新投入竞争力、创新实力和潜力的指标。① 当然,增加创新投入并不仅仅意味着创新资源投入规模的增加,还要注重创新资源质量的提高和结构的优化。也就是说,既要发展壮大研发队伍,也要不断优化人员素质,提高人员效率;既要增加国家科技经费投入,也要提高资金效率。

创新投入决定着创新产出的多少和创新效率的高低。世界科技强国都非常注重创新投入,尤其是基础研究的投入。因为基础研究是科研之本,是科技创新的源头,决定着一个国家科技创新的深度和广度。比如,第二次世界大战后,美国在科研领域的投入占全世界总投入的40%左右,其中50%—70%用于支持基础研究,推动其取得一批基础科学前沿的重大突破,涌现出一批对世界科技产生重大影响的科学巨匠。而且,美国的基础研究投入经费不仅来自联邦政府和地方政府,而且也有来自企业和社会力量。这说明,美国对基础研究的重视是自上而下的,具有广泛性的。对中国来说,基础研究能力和产出仍

---

① 据统计,世界主要创新型国家这一指标长期保持在2%以上,其中多数国家保持在2.5%以上,而发展中国家多在1%以下。

然是短板。而且,目前中国的基础研究投入并不高,结构也不合理。① 只有加大基础研究和应用研究投入,才能产生更多的基础研究成果,进而可以为中国成为世界科技强国提供有力支撑。

加大创新投入不仅需要资金、科研队伍等直接的投入,也依赖间接方式的支持,比如减税降费。减税降费有利于降低企业的生产成本,增加企业的利润,进而促进企业加大创新投入。当然,这取决于减税降费政策的有效实施。一方面,减税降费要转向稳预期。对企业来说,不确定性会带来风险和成本。但企业要想对未来作出准确的预判,形成明确的预期,又是比较困难的。这就需要发挥减税降费引导预期的作用。一般来说,减税降费最简单、最直接的作用就是扩大内需、降低成本,很难实现稳预期。但是,在内外各种不确定性叠加的情形下,仅靠内需降成本对企业来说是不够的。只有将减税降费转向稳预期,增强企业的信心,从长期上提高企业收入,才能实现创新投入的提高。另一方面,减税降费的落实要改善。减税降费为企业降低成本、减轻负担,同时也降低了财政收入,为中央政府和地方政府带来了较大的财政压力,尤其是地方政府。因此,在推行减税降费时,地方政府的积极性并不高,会产生落实不力的问题。而且,有些地方政府部门也会出现不作为、不尽责的现象,让地方财政资金"趴窝",也会导致减税降费落不到实处。只有真正改善落实,才能让减税降费看得见、摸得着,达到长期效果。

4. 创新产出竞争力

创新产出竞争力是创新竞争力形成的重要载体。同时,创新产出竞争力也综合反映了创新行为的执行能力,是创新竞争力的主要内容。提高创新产出竞争力的关键是增加创新产出数量、提高创新产出质量。而创新产出依赖

---

① 基础研究投入结构不合理主要体现在中国地方政府和企业对于基础研究的投入严重不足。

创新投入,并且需要经过一系列复杂和艰难的环节才能得到体现。但是,创新投入和创新产出是不能直接画等号的。也就是说,创新投入竞争力高,并不一定表明该国的创新产出竞争力也高。这主要是因为创新产出是创新成果的转化和产业化,比如技术的转化应用、科研项目的产业化等。而创新成果转移机制不健全、工程化和系统集成能力薄弱、产业化资金难以筹措、配套政策措施不到位等问题,都会对创新成果的转化和产业化形成瓶颈,进而影响创新产出。因此,增加创新产出数量、提高创新产出质量的关键就是要探索如何打通"基础研究—科技创新—产业转化"的各个环节,实现创新成果的转化和产业化。具体内容如下:

首先,加强合作意识,推进产学研合作。亚当·斯密在《国富论》中指出,"在人类社会,人在任何时候都需要别人的合作与帮助……"。创新成果转化和产业化亦是如此,合理而科学的分工合作至关重要。科研院校是创新成果的主要供给方,而企业是主要需求方,但科研院校和企业缺少交流和合作、市场机制不健全等,导致创新成果供需失调或不匹配。破除这一困境的首要途径,就是要加强合作意识,推进产学研合作。应该支持和鼓励企业与科研院所、高等院校联合共建研发中心,建立健全专家咨询、技术转让,共同创办高科技实体等优势互补、风险共担、利益共享、共同发展的产学研合作模式,促进高等院校和科研院所的科技成果的转化、科研项目的产业化。在这个协同创新体系中,政府既要发挥主导作用,营造良好的发展环境,也要发挥引领作用,探索建立创新成果转化和产业化的市场机制。同时,政府要适时推出重要举措,为创新成果的转化和产业化提供制度保障,比如《促进科技成果转移转化行动方案》《中华人民共和国促进科技成果转化法》《关于促进自主创新成果产业化的若干政策》《中国科学院关于新时期加快促进科技成果转移转化指导意见》等。企业要发挥主体作用,一方面加大研发投入,搭建研发平台,与科研院校加强合作和对接;另一方面提高对创新成果的主动承接能力,大力推广创新成果的转化和产业化。科研机构、高等院校既要注重学术积累和基础研究,持续加大创新能力建设,也要积极向企业转移创新成果,鼓励科研人员开展创新成果转化和产业化活动。

其次,加大税收政策扶持和投融资支持。税收政策和投融资机制在引导和激励企业、科研机构、高等院校推进创新成果转化和产业化方面发挥着重要作用。因此,创新成果的转化和产业化离不开政府部门、银行、基金等第三方的帮助。一方面,对于企业在创新成果转化和产业化方面的研发投入,政府部门要给予相应的税收优惠,允许其在纳税所得额中扣除。[①] 尤其是按照《当前优先发展的高技术产业化重点领域指南》实施的创新成果转化和产业化项目,以及符合《产业结构调整指导目录》鼓励条件的投入,都应享受税收优惠。另一方面,对于创新成果的转化和产业化,政府要加大投入力度,鼓励设立转化和产业化基金或风险投资基金,而银行要积极加大信贷支持力度。具体地,政府可以通过无偿援助、贷款贴息、补助(引导)资金、保费补贴和创业风险投资等方式加大对创新成果转化和产业化项目的投入;转化和产业化基金或风险投资基金的设立应按照市场机制,引导社会资金流向,形成对创新成果转化和产业化项目的持续投资支持;商业银行根据国家产业政策和信贷政策,并结合自身实际,积极加大对创新成果转化和产业化项目的信贷支持。

5.创新持续竞争力

创新持续竞争力反映了创新竞争力的可持续性。而且,在创新活动的直接推动下,创新持续竞争力不仅会影响本国的创新竞争力,还会通过扩散、波及、辐射等影响其他国家的创新竞争力,从而产生更为广阔、效益更佳的创新效应。创新持续竞争力既包括创新对国家生产生活的持续性影响,也包括国家对创新行为或活动的持续性影响;既包括创新能力的现状评价,也包括创新

---

① 比如,科研机构、高等院校的技术转让收入免征营业税;科研单位、高等院校服务于各业的技术成果转让、技术培训、技术咨询、技术承包所取得的技术性服务收入暂免征收所得税。

的潜在发展。因此,创新成果输出不断增加或持续稳定,是一国具有创新持续竞争力的直接体现。也就是说,提高创新持续竞争力的关键是持续提升创新能力。而创新能力主要取决于创新环境的优化、创新成果的保护、科技人员的培育等。具体内容如下:

第一,优化创新环境。创新环境是影响创新能力的重要因素。可以说,创新环境越好,创新能力越强。因此,持续提升创新能力的首要任务是进一步优化创新环境。首先,要营造"既鼓励创新,又宽容失败"的创新环境,为科技人员解放思想,释放创新创造活力。创新是一种探索性的实践,是啃"硬骨头"、闯"无人区",意味着更高的风险、更多的失败。如果对创新失败缺少包容,对创新失败的代价缺少"买单"的机制,就会导致科技人员的压力增大,甚至丧失创新的勇气,对创新望而却步。只有善待挫折,宽容失败,让良好的创新氛围成为创新主体的强大依托,才能带动创新,永葆创新活力。其次,要深化创新体制机制改革,激发创新活力。创新不是一蹴而就,是长期的坚持和投入,需要完善的体制机制提供保障。如果创新体制机制不顺畅,不能适应创新的要求,就会成为制约创新的思想障碍和制度藩篱。只有在结合经济发展实际,遵循创新的一般规律的基础上,构建创新体制机制,才能真正服务于创新、推动创新。

第二,保护创新成果。创新成果是专利,不是具有非排他性的公共产品。创新主体的利益理应受到严格保护。如果知识产权保护制度缺失,必定会导致创新成果被模仿、抄袭、滥用,进而大大降低创新主体的创新积极性。因此,政府应积极制定相关政策、法律,对侵犯知识产权的行为要严厉打击,对创新成果要加以界定和保护,对创新主体要进行奖励和补偿①。其中,知识产权保护制度是保护创新成果的有效手段。完善并严格实施知识产权制度,可以为各方面创新提供更加牢靠的保护。当然,在保护创新成果的同时,也要兼顾开

---

① 2014年,在夏季达沃斯论坛开幕式上,李克强总理强调,"保护知识产权实际上是保护创新的火种,是激发创新的热情"。

放的原则。保护创新成果的真正目的是推广创新成果,进而推动进一步创新。一味地限制扩散、追求严格保护,会对创新成果的传播和使用以及创新的转化和产业化形成制约。尤其是对于发展中国家而言,"总体政策应倾向于较少的知识产权限制,因为,比较严格的知识产权制度会导致更多财富以专利费的形式从发展中国家转移到发达国家"①。总的来说,对创新成果,要在保护和开放之间权衡。尤其是知识产权制度的具体设计,要结合国家当前发展阶段的需要,要有利于创新和经济发展。

第三,大力培育科技人员。当前,借助利用外资、引进技术等途径来实现技术进步的空间正在逐步缩小。而科技人员可以持续推动科技进步,实现创新发展。可以说,创新发展离不开科技,科技发展离不开科技人员,科技人员的创造活力和创新活力是创新发展的重要支撑。因此,大力培育科技人员是推动创新的重要举措。一方面,要不断壮大科技人才队伍,优化科技人才队伍年龄结构。培养科技人才需要增加教育投入,注重人力资本积累。既要支持普通高等院校的发展,又要鼓励民办教育的发展,从而实现多角度、多层次、全方位的培养。而且,壮大科技人才队伍不应局限于本国人才的培养,还可以引进国外人才。比如,通过实行更加积极、开放、有效的人才政策,吸引国外留学生回到中国、外国留学生留在中国、外国学生来到中国。当然,在壮大科技人才队伍的同时,还应注重年龄结构的优化。要对中青年科技人才的培养实施针对性、特殊性政策,避免人才老化、青黄不接的问题。另一方面,要培育科技人员的"战斗精神"。创新是一场"寂寞的长跑",更有激烈的竞争,不仅需要科技人员一心一意、心无旁骛,而且需要敢打敢拼的"战斗精神"。科技人员缺乏"战斗精神",就会安于现状、因循守旧。总之,培育科技人员,既要注重数量,也要注重质量,真正打造一支有能力、有活力的科技人才队伍。

---

① 周建军:《在保护和开放之间权衡的知识产权制度》,《光明日报》2019年9月10日。

二、创新竞争力构成要素之间的内在联系

创新基础竞争力和创新环境竞争力以"要素—结构"的方式,综合反映创新活动的吸引力和扩张力。二者是创新投入竞争力、创新产出竞争力以及创新持续竞争力的基础和保障。也就是说,提高创新投入竞争力、创新产出竞争力以及创新持续竞争力的前提,是提高创新基础竞争力和创新环境竞争力。离开创新主体所必需的基础条件和创新环境,创新思想、创新行为就得不到有效支持,对重大科技攻关、发明、创造和利用也就无从谈起。创新投入竞争力和创新产出竞争力以组织—功能的方式,综合反映创新活动的带动力和影响力。二者是创新基础竞争力和创新环境竞争力的直接体现,同时也会"反哺"创新基础竞争力和创新环境竞争力。各种国家行政的、经济的政策以及创新机制体制可以对创新活动进行强化和推动。而创新投入竞争力和创新产出竞争力会直接反馈其过程和效果。据此,国家政府部门可以对相关政策和体制机制不断进行调整和完善。创新持续竞争力以优化的方式,反映创新活动的辐射力。创新持续竞争力是创新竞争力其他四种要素的补充和完善。而且,创新竞争力提升的最终目的是提高劳动生产率,转变生产方式,推动经济社会又好又快发展,不断改善人民生活的迫切需要,同时也着力增强公众认识自然和改造自然的能力。这也是创新持续竞争力的根本体现,是国家竞争优势的关键所在。总的来说,创新基础竞争力、创新环境竞争力、创新投入竞争力、创新产出竞争力、创新持续竞争力并非相互独立的单独个体,而是以"要素—结构—组织—功能—优化"为主线的相互作用的统一整体。创新基础竞争力、创新环境竞争力、创新投入竞争力、创新产出竞争力、创新持续竞争力的适当比例的增长及协调能够推动创新竞争力的全面提升(见图3-3)。

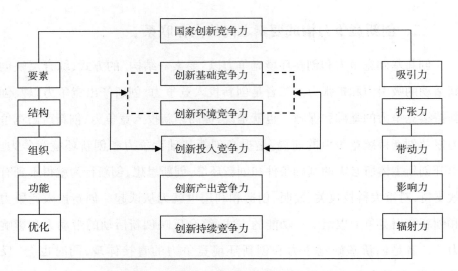

图 3-3　创新竞争力构成要素及其内在联系

第四章 创新竞争力指标体系与评价方法

    本书聚焦中国与二十国集团其他成员的创新竞争力比较问题,是基于国与国之间的创新竞争力比较,因此,本书所阐述的创新竞争力主要是指国家创新竞争力。国家创新竞争力是一个体系,内容丰富,包含经济、科技、教育等多个方面内容,其形成过程也是一个复杂的过程,为了客观公正地评价各个国家的创新竞争力、全面掌握国家创新竞争力的特征和变化规律,需要对国家创新竞争力进行综合评价,能够进行定量分析。由于国家创新竞争力涉及多个方面内容,要求建立一套能够客观、准确地反映国家创新竞争力所涉及的各个方面,又考虑到它的内在结构特征的指标体系,并能运用科学、合理的数学评价模型对其进行评估、分析。由于创新系统复杂多样,在经济发展和科技教育等领域无处不在发挥作用,蕴藏于各个国家的产业、企业等各个部门,它已经成为决定国家竞争力的一个重要因素,是保持一个国家具有竞争优势的基础和源泉。当然,创新系统受到经济基础、产业结构、国家战略、基础设施、环境、投入等各方面因素的影响,具有独特的内在作用机理,因此要建立一套能够对国家创新竞争力进行综合评价、分析和研究的指标体系及数学模型是一项非常复杂的工作,从不同角度进行分析,对其的理解也有所差距,构建的指标体系自然也是不同的。本章拟基于国家创新竞争力的内在作用机理,从国家的创新能力、状况和水平等方面出发,探索建立一套内容丰富、逻辑合理、视野开阔、具有科学性和前瞻性的国家创新竞争力评价指标体系及数学评价模型。

第一节　创新竞争力指标体系的
特点和建立原则

在本书中,我们将对创新竞争力进行综合评价,而评价方法既可以用定性评价方法,也可以用定量评价方法,由于定性评价的主观随意性较大,评价结果也较为模糊,对各国的创新竞争力水平无法作出恰当、准确的评估和定位,不容易被广泛接受,评价结果的政策参考价值受到影响。而采用定量评价方法将克服主观性问题,由于评价过程中的指标、数据、模型都是客观的,不容易受到人为主观性的影响。但客观评价方法需要运用科学的标准,选择和确定有代表性的重要指标组成创新竞争力的评价指标体系,并采用合理的数学模型来测量和评价各国的创新竞争力水平,从而把创新竞争力转化为易判别的、可分解和可操作的具体标准。从得到的评价结果中,我们可以及时发现制约和影响各国创新竞争力水平的主要指标、薄弱环节及其根源所在,从而提出相应的对策措施,为各国提升创新竞争力水平提供决策依据和参考。

定量评价中最重要的一个环节就是要建立一套能够客观、准确地反映创新竞争力水平的评价指标体系,这个指标体系的综合评价的基础,可以说指标体系是否合理,决定了评价结果是否合理。同时,综合评价还需要建立一个科学、合理的数学评价模型,这是对创新竞争力进行综合评价、分析和研究的基础和关键。构建指标体系有很大的灵活性,不同的人从不同的角度来构建指标体系,得到的结果会有很大的不同,因此科学的创新竞争力指标体系及数学模型必须要在遵循创新竞争力的内在作用机理的基础上,遵循一定原则才能建立起来,这就需要探讨国际创新竞争力的内在作用机理,为科学构建综合评价指标体系奠定理论基础和科学依据。

一、创新竞争力的内在作用机理

历史的发展客观证明了创新是推动历史前进的动力,是人类进步的必然,是一个国家持续发展的动力源,任何一个民族和国家都必须十分重视和保护创新,提供优良的创新能力和环境。当前,从全球范围看,科学技术越来越成为推动经济社会发展的主要力量,创新驱动是大势所趋。新一轮科技革命和产业变革正在孕育兴起,一些重要科学问题和关键核心技术已经呈现出革命性突破的先兆。一个国家只有在创新上持续保持着竞争优势,才能在激烈的国际竞争中立于不败之地,这是创新规律使然。

从有关国家创新能力的研究文献可知,国家创新能力的影响因素有人力资源的质量、公共政策的效率和作为创新导向的公共投资(OECD,1991—1998),公共创新基础设施、产业集群的创新环境以及这两者之间的联系(Jeffrey L.Furman,Michael E.Porter,Scott Stern,2002),支撑创新的资源、制度,以及创新的持续性(Mei-Chih Hu,John A.Mathews,2005,2007)。从这些研究的成果可以看出来,影响国家创新能力的因素主要有三个方面:支撑国家创新的基础设施、创新环境、创新投入,其中创新投入包括人力资源的投入和资金的投入。

基于这些基本认识,我们认为创新竞争力受到创新的基础设施、创新环境、创新投入三个方面的影响,除此之外,还应该强调创新的产出水平和可持续性对创新竞争力的重要性,因为创新产生是创新的结果,也是创新的目的。另外,创新还需要有可持续发展能力,只有保持创新的可持续性,才能保证创新的潜力,创新才能够在长期内有效推进。因此,创新竞争力应该包括五个方面内容,即创新基础竞争力、创新环境竞争力、创新投入竞争力、创新产出竞争力和创新持续竞争力。因此,创新竞争力有其自身特点,需要加以深入研究。

1.创新竞争力涉及内容多,覆盖面广

创新竞争力涵盖了创新基础竞争力、创新环境竞争力、创新投入竞争力、创新产出竞争力和创新持续竞争力五个方面的内容,是创新竞争力所有影响因素的综合体现。因此,在构建创新竞争力指标体系的过程中,应该充分考虑创新竞争力涉及的所有内容和因素,合理确定、分布各个要素的评价指标,形成结构完整、逻辑严密、分布合理的指标体系,使之能够全面、系统、准确地反映创新竞争力的真实状况,也就是说,所选择的指标必须要能够反映上述五个方面的内容。

2.创新竞争力内部各因素是一个有机联系的整体

创新竞争力涉及的创新基础、创新环境、创新投入、创新产出、创新可持续发展五个方面是一个相辅相成、有机联系的整体,在一个国家的经济体系和创新系统中,这些内容是相互影响的,一个方面的因素发生变化,会影响另外一些因素的变化,这也说明,创新竞争力是一个完整的系统,不单独由某一个方面来决定。

创新基础是国家科技创新的载体,是支撑整个国家创新活动的公共平台和提升创新竞争力的重要基础,具有基础性、连续性、公共性等特点。创新基础竞争力是创新竞争力最基本的构成要素,它既反映了一个国家经济与社会发展的基础和水平,又体现国家对创新发展的投入和贡献,还体现国家对创新能力提升的重视程度,是创新竞争力的基础,在创新竞争力体系中发挥基础性作用。

创新环境是提高创新竞争力水平的重要保证。良好的创新环境不仅能够有效聚集创新资源,有利于调动各方面的积极因素促进创新发展,加快创新步伐,提高创新能力和水平,而且能够培育出具有较强竞争力的创新载体(企业、大学、研究机构),同时优越的创新环境又能够促进创新成果的市场化实

现,进而提高创新绩效、积蓄创新成长能力。创新环境竞争力是创新竞争力形成的重要保障,也是创新竞争力的必要条件。

创新投入是支撑创新活动开展和创新体系有效运转的根本保障。要想提高创新竞争力,需要有雄厚的创新投入做保障。创新投入竞争力是创新竞争力形成的基石和有效保障,综合体现了国家对创新投入的贡献力,没有创新资源的投入,创新竞争力将失去物质基础。

创新产出是衡量创新竞争力水平的重要标准,创新产出的结果和质量直接决定了创新竞争力的高低,体现了创新活动顺利开展和执行的力度。较高的创新竞争力水平,必然要求有良好的创新产出。创新产出竞争力综合反映了国家创新行为的执行能力,是创新竞争力形成的实现载体,是提升创新竞争力的主要内容。

创新可持续发展是创新竞争力追求的重要目标。只有创新实现了可持续发展,保持了活力,才能实现创新竞争力的持续提升。创新持续竞争力是创新竞争力形成的重要体现。创新持续竞争力既包括创新对国家生产生活的影响,也包括国家对创新行为或活动的影响。它不仅影响了本国的创新竞争力,还会通过扩散、波及、辐射等效应影响其他国家的创新竞争力,从而产生更为广阔、效益更佳的影响结果。

创新基础竞争力、创新环境竞争力、创新投入竞争力、创新产出竞争力、创新持续竞争力并非相互独立的单独个体,而是一个以"要素—结构—组织—功能—优化"为主线的相互作用的有机联系整体。因此,在构建指标体系的过程中,我们必须要注意这五者之间的协调和作用关系,将它们的相互作用关系充分反映到指标体系当中去,但同时,又要注意五类要素之间的相互独立型,如果不考虑各自的独立型,就没有办法体现各自的特点。

二、创新竞争力指标体系的建立原则

科技创新涉及的内容非常广泛,需要各方面的因素,而且各方面因素之间的关系非常复杂,对创新竞争力进行系统的综合评价和分析不是一件容易的事,必须要建立起一套科学合理的评价指标体系。而建立评价指标体系必须要遵循一定的原则,以保证指标体系中的指标必须具有科学性、典型性、代表性和系统性,必须是一个统一整体的一部分,同时相互之间又存在着有机的联系,绝不是一些指标的简单组合,而是保证选择的指标既有独立性又有联系,使之成为一个有机整体。总的来说,构建创新竞争力评价指标体系必须要遵循以下几项重要指导原则,这些原则既有构建一般评价指标体系需要考虑的,也有关于创新竞争力指标体系的特殊性。

1. 系统性和层次性相结合的原则

国家创新系统是一个复杂的系统,包括很多方面的内容,而且各方面内容之间相互联系,有机结合在一起,因此创新竞争力指标体系也应该是一个有机的整体,要能全面、科学、准确地描述反映整个创新系统的水平和特征,应该遵循系统性原则。

而创新系统作为一个总系统,可以进一步将其分为若干个、多层次的子系统,共同影响创新竞争力水平的高低,并且将评价目标与指标连成了一个有机整体。而且从人们认识复杂系统问题的方法角度来看,需要将复杂的总系统分解为多个层次、多个子系统,由全局到局部、由抽象到具体、由表及里逐步深入,即采用分层递阶方法,遵循层次性原则。

系统性与层次性相结合的原则就是要既考虑复杂性系统的特征,又能将该系统分成几个层次,便于分析,使各评价指标表达了不同层次评价指标的从属关系和相互作用。上层指标是下层指标的综合,指导下层指标的建立,下层指标是上层指标的分解,从而构成一个有序、系统的层次结构,也便于具体分析时的操作和应用。

2. 完备性和独立性相结合的原则

创新竞争力指标体系作为一个有机整体,所选择的指标及模型既要尽量从各个不同角度、全面完整地反映各个国家整个创新系统的全部特征和综合状况,又要反映系统的主要信息,力求精简和指标的相对独立性,同一层次的各项指标要能各自说明该层次系统的某一方面,尽可能不互相重叠或成为相互包含的因果关系,以尽可能少的指标体现出系统的整体发展状况。

3. 一般性和可比性相结合的原则

创新竞争力指标体系中的指标应该能够为大多数人所理解和接受,要具有一般性,能够充分反映各国的特征,真实、准确、直接地反映各国创新竞争力的状况。而在考虑指标一般性的同时,也必然要考虑指标的可比性,确保指标能够在时间和空间上进行比较,对于不同的评价个体而言,需要具有公平性和可比性。既要能够同自己的过去和将来对比,又要能够同其他国家的相应指标进行比较,这样才能保证创新竞争力得到全面正确的评价,也易于利用评价结果对创新竞争力进行时间和空间的比较和分析,找出影响创新竞争力的真正因素。

4. 科学性和可操作性相结合的原则

在构建创新竞争力指标体系的过程中,选择的具体指标应该建立在充分认识、研究创新系统的科学基础上,要能够科学、客观地反映出创新竞争力的内涵、要求、内在作用关系和现实状况,逻辑严谨,经得起不同观点和意见的质疑、推敲和论证,经得起事实和历史的检验。在满足科学性的基础上,又要注意指标体系的可操作性,特别是要考虑现有统计体系指标发布的局限性和指标范围,不能随心所欲地选择指标。所选取的指标应该概念明确,尽可能采用国际上通用的名称、概念,并避免内容的相互交叉和重复。指标的统计口径要一致,数据也要容易采集,有权威、可靠的数据来源。虽然可能某些指标能较好地反映创新竞争力的某个方面,但如果无法找到数据,也只能舍弃这些指标,用一些能找到数据的合理指标来替代它们。此外,指标和数学模型的统计、计算、比较和分析要方便易懂,以保证评价工作能够顺利进行,并有足够的评价可信度。

5. 动态性和稳定性相结合的原则

创新系统是一个历史的、动态的、连续的、发展的系统,同时在某一个时段上又是静态的,具有一定的稳定性,是动态和静态的统一。一方面,对创新竞争力的评价必须要反映创新系统的动态特点,必须要随创新系统的发展、变化,及时对指标体系进行补充、完善和修订,只有这样才能连续地、动态地反映创新竞争力的变化状况和新特征;另一方面,指标体系一旦建立,其内容不宜频繁变动,在一定时期内,应该保持其相对的稳定性,这样才能有效比较和分析系统的发展过程。

上述指标构建的基本原则既具有相对的独立性,又是一个相互联系、相互影响的有机整体,不能简单地将之割裂开来,而必须从整体着眼统筹协调它们之间的关系,并且要贯穿于创新竞争力评价的整个过程,始终坚持和落实这些原则。只有这样它们才能真正指导创新竞争力指标体系的构建,才能成为正确、有效地评价、分析和研究创新竞争力的重要保证。

第二节　创新竞争力指标体系的建立

结合理论研究和文献参考,以创新竞争力的内在机理为依据,并根据建立指标体系基本原则,本书结合课题组前期在《二十国集团(G20)国家创新竞争力发展报告》黄皮书中所构建的创新竞争力评价指标体系,并在构建的过程中参考了大量有关科技竞争力、创新能力等方面的文献,也参照了罗伯特·哈金斯协会的《世界知识竞争力指数》及世界经济论坛(WEF)《全球竞争力报告》和洛桑国际管理发展学院(IMD)《世界竞争力年鉴》。在此基础上,根据本书对创新竞争力的定义、内涵,构建了包含1个一级指标、5个二级指标、30个三级指标的创新竞争力指标体系。

一、构建创新竞争力评价指标体系的基本思路

本书根据创新竞争力的定义、内涵和内在作用机理,遵循构建指标体系的基本原则,运用系统论、控制论的基本原理,采取自上而下、逐层分解的方法,把指标体系分为系统层、要素层和基础层三个层次(分别为一级、二级、三级指标),构建了一套分类别、多要素、多层次的创新竞争力指标体系。具体思路见图4-1。

第一,基于技术经济学、竞争力经济学等方面的理论分析,根据创新竞争力的内涵、内在作用机理,明确创新竞争力评价的目的、意义和系统层次,吸收已有的关于科技竞争力、创新能力等评价指标的精华,仔细分析、比较,并考虑指标数据的可获得性,选出有代表性、有针对性、可操作性的评价指标,构筑起创新竞争力评价指标体系的分析框架和层级指标,并拟定各级指标的内涵和测量方法。

第二,采取频度统计法、德尔菲法进一步优化评价指标体系,确保指标的科学性和权威性。具体来说,对目前有关科技创新能力、科技创新竞争力等研究的报告、论文进行频度统计,选择那些使用频度较高的指标,研发资金投入、人员投入、科技专利产出等指标。这些指标的特征能够体现创新竞争力的内涵,并且数据大多是可以获得的。在此基础上,邀请高等院校、科研机构、政府机关等科技创新领域的专家学者50多位组成专家工作组,采用专家会议法和德尔菲法进一步对评价指标体系进行反复的讨论、增删和改进。

第三,根据上一步确立的指标体系,确定量化的数学模型和各具体指标的权重,明确各具体指标的量化方法和数量的计算方法,以及各个指标涉及的具

体过程,编制计算机运行程序。

第四,输入部分国家的指标数据模拟系统运行,检验运行结果。如果检验结果合理,则最终确定出创新竞争力的评价指标体系;如果检验结果不合理,课题组进一步修改指标体系,修改后再进行系统模拟运行。

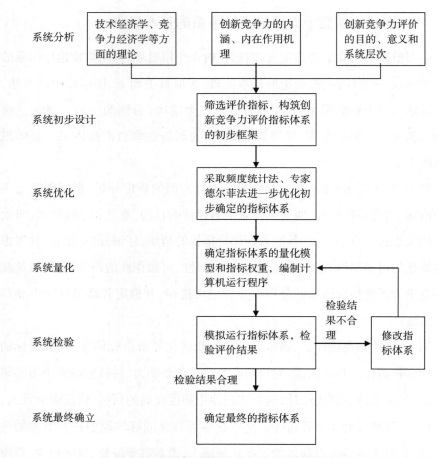

图4-1　创新竞争力评价指标体系构建思路

二、系统层和要素层指标的选定

创新竞争力评价指标体系中系统层指标(即一级指标)只有 1 个,也就是创新竞争力（A1）。这是评价一个国家的创新竞争力的综合性、系统性的指标，涵盖整个创新系统的各个方面，起到总纲的作用，总体反映国家的创新竞争力水平，也是整个指标体系所需评判的总目标。

系统层的下面是要素层，这一层指标主要由影响创新系统的各个要素构成，反映了各个要素对整个创新系统的支撑作用。根据创新竞争力的内涵、内在作用机理，要素层主要从创新竞争力的主要构成部分——创新基础、创新环境、创新投入、创新产出、创新持续五个方面来设计指标，共设立了5个二级指标，构成了创新竞争力的主要方面和主要框架，如图4-2所示。

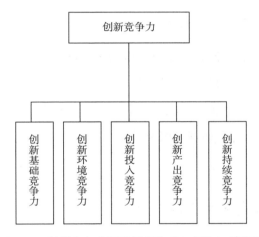

图4-2　创新竞争力评价指标体系一级和二级指标

1. 创新基础竞争力（B1）

创新基础竞争力是创新竞争力最基本的构成要素。创新基础是反映国家科技投入、知识的创造和技术的转化应用的主要因素，也是影响创新竞争力的重要因素。创新基础竞争力一方面考察国家经济社会发展基础和水平对创新能力的推动作用；另一方面则考察国家创新能力的内在需求。创新基础竞争力既反映一个国家经济与社会发展的基础和水平，又体现国家对创新发展的投入和贡献，还体现国家对创新能力提升的重视程度，是国家创新竞争力的评价基础,是衡量创新竞争力强弱的基础性指标。

2. 创新环境竞争力(B2)

创新环境竞争力是创新竞争力形成的原始驱动力,也是创新竞争力的必要条件。良好的创新环境不仅能够有效聚集创新资源,而且能够培育出具有较强竞争力的创新载体(企业、大学、研究机构),同时优越的创新环境又能够促进创新成果的市场化实现,进而提高创新绩效、积蓄创新成长能力,是衡量创新竞争力强弱的重要标志。

3. 创新投入竞争力(B3)

创新投入竞争力是创新竞争力形成的基石和有效保障,没有创新资源的投入,创新竞争力就失去物质基础。创新资源投入的规模、质量和结构优化程度又决定着创新产出的多少和创新效率的高低。创新投入竞争力是创新竞争力形成的必要保障,综合体现了国家对创新投入的贡献力,是衡量创新竞争力强弱的关键指标。

4. 创新产出竞争力(B4)

创新产出竞争力是创新竞争力形成的实现载体,创新产出的结果和质量直接决定了创新能力的高低,体现了创新活动顺利开展和执行力度。创新产出竞争力综合反映了国家行为的执行能力,是提升创新竞争力的主要内容,是衡量创新竞争力强弱的重要指标。

5. 创新持续竞争力(B5)

创新持续竞争力是创新竞争力形成的重要体现。创新持续竞争力既包括创新对国家生产、生活的影响,也包括国家对创新行为或活动的影响,既包括国家创新能力的现状评价,也包括创新发展的潜在影响。在创新活动的直接推动下,创新持续竞争力不仅影响了本国的创新竞争力,还会通过扩散、波及、辐射等效应影响其他国家的创新竞争力,从而产生更为广阔、效益更佳的影响结果,也是衡量创新竞争力强弱的重要指标之一。

三、基础层指标的选定

要素层指标是影响创新系统的主要因素,由各个要素的内涵、特点决定。根据创新基础、创新环境、创新投入、创新产出、创新持续五个要素的内涵、构成及特点,进一步细分各要素,设立基础层指标。

基础层指标由可直接度量的指标构成,是要素层指标的直接衡量,也是整个创新竞争力指标体系的最基本层面和操作层面,整个指标体系的评价都落实在这个层面上。根据三级指标的范围界定,共设立了三级指标 30 个,每个要素层指标均有 6 个基础层指标,见表 4-1。

表 4-1　创新竞争力指标体系二级、三级指标

二级指标	三级指标	个数
B1 创新基础竞争力	GDP、人均 GDP、财政收入、外国直接投资、受高等教育人员比重、全社会劳动生产率	6
B2 创新环境竞争力	宽带用户比例、手机用户比例、企业开业程序、企业平均税负水平、在线公共服务指数、ISO 9001 质量体系认证数	6
B3 创新投入竞争力	研发经费支出总额、研发经费支出占 GDP 比重、人均研发经费支出、研发人员、研究人员占从业人员比重、企业研发投入比重	6
B4 创新产出竞争力	专利授权数、科技论文发表数、专利和许可收入、高技术产品出口额、高技术产品出口比重、注册商标数	6
B5 创新持续竞争力	公共教育经费支出总额、公共教育经费支出占 GDP 比重、人均公共教育支出额、高等教育毛入学率、科技人员增长率、科技经费增长率	6

四、创新竞争力指标体系的设计概述和说明

创新竞争力评价指标体系由系统层、要素层、基础层三层指标构成,这三层指标分别对应为 1 个一级指标、5 个二级指标、30 个三级指标,其中一级、二

级指标属于合成性的间接指标,三级指标属于客观性的直接可测量的指标,在指标体系中居于基础性地位,在评价过程中都使用世界银行、联合国等国际机构权威发布的指标数据。由于我们是对二十国集团成员创新竞争力进行评价,涉及 19 个国家,范围很广,有些指标的数据不好获得,因此对于一些不太重要的三级指标,本书在构建指标体系的过程中就已经予以删除。创新竞争力评价指标体系的建立,将对二十国集团成员创新竞争力的评价提供一个比较合理、客观的评价标准。

第三节　创新竞争力评价模型的建立

构建了创新竞争力的评价指标体系后,下一步就是构建创新竞争力评价模型,这也是整个创新竞争力评价过程中非常重要的一环,因为评价模型是如何将指标数据汇总在一起的方法,对评价结果有重要影响。创新竞争力评价模型建立后,将使创新竞争力的评价非常简单,只需要将收集到的数据输入评价模型就可以得到相应的评判结果。本书分三个步骤来构建创新竞争力评价模型:首先,对评价指标进行无量纲化处理;其次,确定评价指标的权重;最后,建立数学模型。

一、指标的无量纲化处理

由于评价指标体系中基础层指标(第三级指标)的计量单位和量纲不同,而且往往数值相差也较大,不具有可比性,因此不能直接进行汇总计算,必须先对各指标进行无量纲化处理,将其变换为无量纲的指数化数值或分值后,才能进行综合计算。

无量纲化,也叫数据的标准化,是通过数学变换来消除原始变量(指标)量纲影响的方法。无量纲化的方法比较多,但一般来说较常用的方法主要有四种:总和标准化、标准差标准化、极大值标准化、级差标准化。本书采用常用的功效系数方法对指标进行无量纲化处理。

当指标为正向指标(越大越好的指标)时,第 i 个指标的无量纲化值 X_i 为:

$$X_i = \frac{x_i - x_{\min}}{x_{\max} - x_{\min}} \times 100\% \qquad (4.1)$$

当指标为逆向指标(越小越好的指标)时,第 i 个指标的无量纲化值 X_i 为:

$$X_i = \frac{x_{\max} - x_i}{x_{\max} - x_{\min}} \times 100\% \qquad (4.2)$$

其中,X_i 代表第 i 个指标无量纲化处理后所得值,简称第 i 个指标的无量纲化值;x_i 为该指标的原始值,$x_{\max}$ 和 $x_{\min}$ 分别代表参加比较的同类指标中的最大原始值和最小原始值。

无量纲化后,每个指标的数值都在 0—100 之间,并且极性一致。

二、指标的权重确定

指标权重是各指标在指标体系中对评价目标所起作用的大小程度。指标权重值的确定直接影响创新竞争力综合评价的结果,权重值的变动可能引起被评价对象排位的改变。所以,科学、合理地确定创新竞争力指标体系中各指标的权重,是进行综合评价能否成功的关键问题。考虑到创新竞争力评价的特殊性,本书采用国际上经常使用的平均权重方法来确定各指标的权重,也就是说,在要素层,每个二级指标的权重都是一样的,均为 0.2,而在基础层,每个三级指标的权重也是一样的,均为 1/6。

三、创新竞争力模型的建立

权重确定后,下一步就是构建创新竞争力模型,用于计算各国创新竞争力的评价分值。评价分值越高,说明该国的整体创新竞争力越强。具体创新竞争力模型为：

$$Y = \sum \sum x_{ij}w_{ij} \tag{4.3}$$

$$Y_i = \sum x_{ij}w_{ij} \tag{4.4}$$

上式中，Y 为创新竞争力的综合评价分值，Y_i 为第 i 个要素指标的评价分值，x_{ij} 为第 i 要素第 j 项基础指标的无量纲化后的数据值，w_{ij} 为该基础指标的权重。

创新竞争力评价模型建立后，对某个国家进行创新竞争力评价时，由于各指标的权重固定，因此，只需要输入该国的基础层指标的无量纲数据值就可以得到该国的创新竞争力评价分值，以及各个要素层、基础层指标的评价分值。根据创新竞争力评价模型，可以对二十国集团成员的创新竞争力进行综合评价，根据得到的各国创新竞争力的综合评价分值就可以对所有二十国集团成员的创新竞争力进行排序、比较和分析。

四、创新竞争力动态预测模型的建立

1. 创新竞争力是一个动态变化发展的过程

随着经济社会的发展、科学技术的发展，各国的创新竞争力也在不断地发展，是一个持续动态发展的过程，不仅要从纵向的历史角度进行考虑，也要从横向的角度进行考虑，这样才能更全面客观、深入地了解创新竞争力，才能提出有针对性的创新竞争力提升策略。

此外，创新竞争力是一个相对的概念，除了要考虑本国自身的内部因素外，也要考虑到其他国家发展的外部因素。一方面，一个国家自身的发展、科技的进步、创新能力的提高等都将使本国创新竞争力指标体系中一些指标的得分及排位发生变化，从而使得整体的创新竞争力得分和排位发生变化；另一方面，其他国家的发展、科技的进步、创新能力的提高等也会使其创新竞争力的得分和排位发生变化。同时，本国的创新竞争力受其影响也会发生得分和排位的变化。因此,如果要更全面、更具体、更深入地了解创新竞争力的变化状况,必须对创新竞争力进行横向的动态分析。

2. 创新竞争力的变化类型及界定

从创新竞争力研究和发展的实践看,指标体系中各类指标的变化发展态势主要有以下 6 种类型。

(1)持续上升型。即那些处于持续上升状态的指标。这些指标不仅在本国发展变化中处于持续上升状态,而且在与其他国家的比较中也始终具有竞争优势,它们是提升创新竞争力的关键性因素。持续上升型指标越多,创新竞争力越强。

(2)波动上升型。即在评价期内,那些在总体趋势上是上升的,但是在中间过程中有下降或不变情况,呈不连续上升状态的指标。也就是说,在评价期内,不管这类指标的排位曾经发生过多大变化,在评价期末它的排位肯定高于评价期初的排位。这类指标也是提升创新竞争力的重要因素。

(3)持续保持型。即排位始终保持不变的指标。这并不是说这类指标的数值或得分没有发生变化,它的数值和得分很可能会有上升或下降的变化,但在外部因素的作用下,它的排位没有出现变化,持续保持原来的位次。

(4)波动保持型。即在评价期内,那些总体趋势上保持排位不变,而在中间过程中排位会发生变化,呈波动变化状态的指标。也就是说,在评价期内,不管这类指标的排位曾经发生过多大变化,在评价期末它的排位肯定与评价期初的排位保持不变。

(5)波动下降型。即在评价期内,那些在总体趋势上是下降,但是在中间过程中有上升或不变情况,呈不连续下降状态的指标。也就是说,在评价期内,不管这类指标的排位曾经发生过多大变化,在评价期末它的排位肯定低于评价期初的排位。这类指标是拉低创新竞争力的重要因素。

(6)持续下降型。即那些处于持续下降状态的指标。这些指标不仅在本国发展变化中处于持续下降状态,而且在与其他国家的比较中也始终处于劣势地位,它们是拉低创新竞争力的最主要因素。

3. 创新竞争力动态模型

根据创新竞争力指标体系及其变化类型,拟采取三维百分比堆积面积图、变化曲线图和综合评价表等技术手段,建立创新竞争力动态模型,对创新竞争力的动态变化趋势进行全面评价。而具体的创新竞争力指标体系中一级、二级和三级指标的评价分值计算公式在前面已列出,分别为:

$$Y = \sum \sum x_{ij} w_{ij} \tag{4.5}$$

$$Y_i = \sum x_{ij} w_{ij} \tag{4.6}$$

根据以上公式测度结果,采取百分比堆积面积图对创新竞争力动态变化进行直观展现。除了用百分比堆积面积图对创新竞争力动态变化进行直观展现外,在分析过程中,还将用变化曲线图和综合评价表来描述评价期内指标的各年度排位变化情况。

第四节　创新竞争力的判定方法

一、评价时段和范围的界定

在进行创新竞争力评价时,受各种因素的制约,不可能对所有国家、任何时间段内的创新竞争力进行评价,从而需要对评价时段和范围进行界定。

1. 评价时段

以世界银行、联合国等权威国际机构公开发布的统计数据为依据,以2000 年为起点,到 2017 年年底终止,时间跨度为 18 年。

2. 国家评价范围

以世界上主要发达国家和新兴经济体作为评价对象,其中由于欧盟涉及27个成员国,而且欧盟中的某些成员国(如英国、法国、德国)已经是世界上主要发达国家,如果再进行评价的话,会出现重复评价的问题,因此本书没有将欧盟单独作为一个集体纳入评价范围。

3. 区域评价范围

分别把中国与世界上主要发达国家、新兴经济体作为区域评价对象进行对比分析。

二、指标的排位区段和优劣势的判定

根据已确定的指标体系,本书采用趋势图等技术手段,对创新竞争力的各级指标进行分年度和阶段性评价、比较分析。为方便对分析结果进行评价,设定了两项评价标准。

1. 排位区段的划分标准

为判明一个国家的创新竞争力在发达国家行列或新兴经济体中处于何种状态,将排位为 1—5 位的位置定为第一方阵、6—10 位为第二方阵、11—15 位为第三方阵、16—19 位为第四方阵。

2. 优劣势的评价标准

分别用强势、优势、中势、劣势来评价指标的优劣度,凡是排位为 1—5 位的指标,均属强势指标;排位为 6—10 位的指标,均属优势指标;排位为 11—15 位的指标,均属中势指标;排位为 16—19 位的指标,均属劣势指标。对各级指标的评价均采用这一标准。

三、指标动态变化趋势的判定

根据前面界定的创新竞争力动态变化类型,本书在各指标评价结果前分别用"持续↑""波动↑""持续→""波动→""持续↓""波动↓"符号表示指标的持续上升、波动上升、持续保持、波动保持、持续下降、波动下降等六种变化状态,简明扼要地描述指标的具体变化情况。

第五章 中国与二十国集团其他成员创新竞争力评价与比较分析

第一节 新兴经济体创新竞争力评价与比较分析

数十年来,新兴经济体(Emerging Economy)在世界舞台上扮演着越来越重要的角色。特别是2008年全球金融危机爆发后,与发达经济体受金融危机困扰相比,新兴经济体相对快速的复苏与发展备受瞩目,越来越多的人认识到新兴经济体正成为"世界经济稳定的来源",它们在全球经济治理中的地位也得到相应提升。

我们将二十国集团中的10个发展中国家作为新兴经济体的代表。根据世界银行统计数据,2017年,这10个新兴经济体的GDP总量合计为61.75万亿美元(以2010年为不变价美元),约占世界的27.3%,其中,中国是全球第二大经济体,GDP仅次于美国。

本部分拟通过分析2000—2017年新兴经济体的创新竞争力以及创新竞争力中各要素的得分及排名变化情况,找出新兴经济体创新竞争力的推动点及关键影响因素。

一、新兴经济体创新竞争力总体比较分析

1. 新兴经济体创新竞争力得分比较

根据创新竞争力的指标体系和数学模型,对2000—2017年二十国集团创新竞争力进行了评价。表5-1列出了2000—2017年二十国集团中10个新兴经济体的创新竞争力得分及其变化情况;图5-1和图5-2则更直观地展现了2000年和2017年10个新兴经济体创新竞争力的得分情况,便于对它们进行比较。

表5-1　2000—2017年新兴经济体创新竞争力得分及其变化

（单位：分）

国家\年份	中国	阿根廷	巴西	印度	印度尼西亚	墨西哥	俄罗斯	沙特阿拉伯	南非	土耳其	最高分	最低分	平均分	标准差
2000	23.2	13.2	15.7	13.1	6.5	19.5	23.9	14.5	15.7	12.3	23.9	6.5	15.8	5.3
2001	27.6	12.6	15.8	13.3	6.1	20.7	24.9	14.8	14.6	12.4	27.6	6.1	16.3	6.4
2002	31.4	9.7	16.0	14.2	10.4	24.5	25.8	16.2	15.4	15.2	31.4	9.7	17.9	7.0
2003	30.6	12.7	14.3	11.5	8.3	19.0	24.4	14.7	16.4	16.1	30.6	8.3	16.8	6.5
2004	34.1	15.6	16.5	12.3	7.8	21.7	25.3	14.3	20.3	17.7	34.1	7.8	18.6	7.3
2005	38.1	17.1	18.8	16.0	8.3	22.4	26.1	15.6	16.6	20.8	38.1	8.3	20.0	7.9
2006	39.9	20.2	20.8	14.7	11.5	19.2	30.3	19.7	18.4	19.4	39.9	11.5	21.4	8.1
2007	40.8	18.9	19.9	13.6	7.7	21.0	28.6	20.4	15.2	22.9	40.8	7.7	20.9	9.0
2008	44.7	22.6	23.9	13.6	10.1	21.7	29.7	24.6	15.7	20.4	44.7	10.1	22.7	9.6
2009	43.8	21.7	22.3	16.0	10.9	22.7	30.6	21.8	17.3	19.5	43.8	10.9	22.6	9.0
2010	44.0	19.8	23.0	16.0	8.3	18.9	28.9	26.8	14.7	18.9	44.0	8.3	21.9	9.8
2011	43.0	22.8	25.5	14.8	10.3	20.3	30.2	27.3	17.5	20.3	43.0	10.3	23.2	9.1
2012	44.4	22.9	23.8	15.0	11.4	18.4	31.1	25.3	17.7	23.5	44.4	11.4	23.3	9.3
2013	45.5	20.4	26.1	14.8	10.3	21.3	29.9	24.4	19.2	24.5	45.5	10.3	23.6	9.5
2014	46.3	20.5	28.1	18.0	12.0	21.5	30.2	25.3	19.1	23.4	46.3	12.0	24.4	9.3
2015	43.7	23.2	22.4	17.3	13.0	18.5	26.2	23.8	18.4	21.7	43.7	13.0	22.8	8.3
2016	44.7	20.4	24.1	16.7	16.7	17.2	27.5	23.7	19.0	24.8	44.7	16.7	23.6	8.2
2017	43.9	25.9	26.6	15.6	15.3	17.2	29.0	20.7	18.9	23.0	43.9	15.3	23.6	8.6
分值变化	20.7	12.7	10.9	2.5	8.8	-2.3	5.1	6.2	3.2	10.7	20.0	-2.3	7.8	3.3

　　由表 5-1 可知,2000—2017 年,新兴经济体的创新竞争力水平呈波动上升趋势,平均分从 15.8 分波动上升到 23.6 分。此外,各国的创新竞争力水平差异很大。中国的创新竞争力得分遥遥领先于其他国家,除了 2000 年,其余各年一直排在新兴经济体的第一位;而印度尼西亚的创新竞争力得分远远低于其他国家,除了 2002 年,其余各年一直排在新兴经济体的最后一位。2000年,俄罗斯的创新竞争力得分最高为 23.9 分,其次是中国,得分为 23.2 分,分别是最后一名印度尼西亚的 3.7 倍和 3.6 倍;2017 年,中国的创新竞争力得分为 43.9 分,是第二名俄罗斯的 1.5 倍,是最后一名印度尼西亚的 2.9 倍。2000—2017 年,新兴经济体之间的创新竞争力的差距在不断扩大,标准差从5.3 上升到 8.6。同时,中国远远地将其他国家甩在后面,逐渐拉开与其他国家的距离。

　　从得分变化情况来看,2000—2017 年,中国的创新竞争力得分上升最快,上升了 20.7 分,阿根廷、巴西、土耳其的创新竞争力得分也上升得比较快,上升幅度均超过 10 分。与此相反的是,墨西哥的创新竞争力得分出现了下降,下降了 2.3 分。需要指出的是,2000—2008 年,中国的创新竞争力得分上升

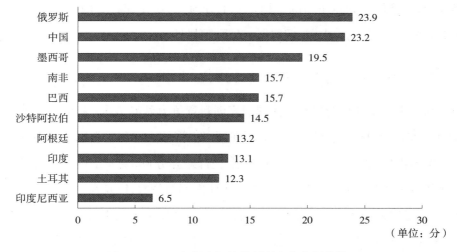

图 5-1　2000 年新兴经济体创新竞争力得分情况

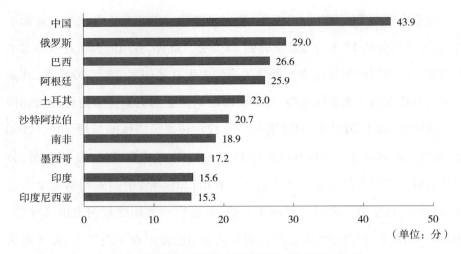

图 5-2 2017 年新兴经济体创新竞争力得分情况

非常迅速,从 23.2 分上升到 44.7 分,但在 2009 年后增速放缓。2000 年,中国的得分比俄罗斯略低,处于第二位,但中国创新竞争力水平上升迅速,一年后就超过了俄罗斯,并且一直处于新兴经济体的首位,且差距逐年拉大。

由图 5-1 和图 5-2 可知,2000 年,新兴经济体创新竞争力的平均得分为 15.8 分,得分高于平均分的国家仅有 3 个,分别为俄罗斯、中国、墨西哥;2017 年,新兴经济体创新竞争力的平均得分上升为 23.6 分,得分高于平均分的国家上升为 4 个,分别为中国、俄罗斯、巴西、阿根廷。

2. 新兴经济体创新竞争力排名比较

为了进一步分析新兴经济体的国家创新竞争力差异情况,表 5-2 列出了 2000—2017 年 10 个新兴经济体分别在新兴经济体内部和二十国集团中的创新竞争力排位情况。这里用各国排位来进行差异分析,主要是考虑到通过排位比较,可以清楚地看到各国在新兴经济体内部的位次,以及在二十国集团中的位次,可以从新兴经济体和二十国集团两个维度来分析差异,这样会更全面、客观。同时,结合表 5-1,可以更好地分析中国与其他新兴经济体之间的差异情况。

表 5-2 2000—2017 年新兴经济体创新竞争力排位比较

（单位：位）

项目 / 国家 / 年份	中国	阿根廷	巴西	印度	印度尼西亚	墨西哥	俄罗斯	沙特阿拉伯	南非	土耳其
2000	2	7	5	8	10	3	1	6	4	9
2001	1	8	4	7	10	3	2	5	6	9
2002	1	10	5	8	9	3	2	4	6	7
2003	1	8	7	9	10	3	2	6	4	5
2004	1	7	6	9	10	3	2	8	4	5
2005	1	6	5	8	10	3	2	9	7	4
2006	1	4	3	9	10	7	2	5	8	6
2007	1	7	6	9	10	4	2	5	8	3
2008	1	5	4	9	10	6	2	3	8	7
2009	1	6	4	9	10	3	2	5	8	7
2010	1	5	4	8	10	7	2	3	9	6
2011	1	5	4	9	10	7	2	3	8	6
2012	1	6	4	9	10	7	2	3	8	5
2013	1	7	3	9	10	6	2	5	8	4
2014	1	7	3	9	10	6	2	4	8	5
2015	1	4	5	9	10	7	2	3	8	6
2016	1	6	4	8	10	9	2	5	7	3
2017	1	4	3	9	10	8	2	6	7	5
排位变化	1	3	2	-1	0	-5	-1	0	-3	4

注：左侧纵向合并单元格标注"新兴经济体排位"。

项目	年份 \ 国家	中国	阿根廷	巴西	印度	印度尼西亚	墨西哥	俄罗斯	沙特阿拉伯	南非	土耳其
二十国集团排位	2000	11	16	14	17	19	12	10	15	13	18
	2001	10	17	13	16	19	12	11	14	15	18
	2002	10	19	14	17	18	12	11	13	15	16
	2003	10	17	16	18	19	12	11	15	13	14
	2004	10	16	15	18	19	12	11	17	13	14
	2005	9	15	14	17	19	12	11	18	16	13
	2006	9	13	12	18	19	16	11	14	17	15
	2007	9	16	15	18	19	13	11	14	17	12
	2008	8	14	13	18	19	15	11	12	17	16
	2009	8	15	13	18	19	12	11	14	17	16
	2010	9	14	13	17	19	16	11	12	18	15
	2011	7	14	13	18	19	16	11	12	17	15
	2012	7	15	13	18	19	16	11	12	17	14
	2013	8	16	12	18	19	15	11	14	17	13
	2014	7	16	12	18	19	15	11	13	17	14
	2015	8	13	14	18	19	16	11	12	17	15
	2016	7	15	13	17	19	18	11	14	16	12
	2017	7	13	12	18	19	17	11	15	16	14
	排位变化	4	3	2	-1	0	-5	-1	0	-3	4

从新兴经济体内部各国创新竞争力的排位情况来看,2000—2017 年,中国的创新竞争力基本上一直处于新兴经济体的首位,印度尼西亚则基本上一直处于最末位。排位保持不变的国家有印度尼西亚和沙特阿拉伯。土耳其的创新竞争力排位上升最快,上升了 4 位,其次是阿根廷、巴西、中国。墨西哥、南非、印度、俄罗斯的排位均下降,分别下降了 5 位、3 位、1 位、1 位。

从新兴经济体创新竞争力在二十国集团中的排位来看,2000—2017 年,中国的创新竞争力比较靠前,且处于波动上升状态,由第 11 位上升为第 7 位,是唯一处于第二方阵(排名从第 6 位至第 10 位)的发展中国家;印度尼西亚和印度的创新竞争力一直处于二十国集团的最后两位。排位保持不变的国家有印度尼西亚和沙特阿拉伯。中国和土耳其的创新竞争力排位上升最快,均上升了 4 位,其次是阿根廷、巴西。墨西哥、南非、印度、俄罗斯的排位均下降,分别下降了 5 位、3 位、1 位、1 位。

二十国集团中新兴经济体之间的排位差距比较大,横跨了 3 个方阵。2017 年,中国处于第二方阵,阿根廷、巴西、俄罗斯、沙特阿拉伯、土耳其处于第三方阵(排名从第 11 位至第 15 位),印度、印度尼西亚、墨西哥、南非处于第四方阵(排名从第 16 位至第 19 位)。排在第 19 位的印度尼西亚与排在第 7 位的中国相差了 12 位。

3. 新兴经济体创新竞争力下属二级指标的得分及排名比较

表 5-3 列出了 2000—2017 年新兴经济体创新竞争力的得分和排位变化情况及其下属 5 个二级指标的得分和排名及其波动情况,图 5-3、图 5-4 直观地表示出了 2000 年和 2017 年新兴经济体创新竞争力下属二级指标的排位及其变化情况。

表 5-3　2000—2017 年新兴经济体创新竞争力评价比较表

（单位：分；位）

项目＼国家	中国	阿根廷	巴西	印度	印度尼西亚	墨西哥	俄罗斯	沙特阿拉伯	南非	土耳其	最高分	最低分	平均分
2000—2017 年创新竞争力的综合变化	20.7	12.7	10.9	2.5	8.8	-2.4	5.1	6.3	3.1	10.7	20.7	-2.4	7.8
	4	3	2	-1	0	-5	-1	0	-3	4	—	—	—
2000年 创新竞争力	23.2	13.2	15.7	13.1	6.5	19.5	23.9	14.5	15.7	12.3	23.9	6.5	15.8
	11	16	14	17	19	12	10	15	13	18	—	—	—
创新基础竞争力	6.0	10.0	7.7	1.4	1.0	10.7	18.6	15.7	3.1	6.0	18.6	1.0	8.0
	15	13	14	18	19	12	10	11	17	16	—	—	—
创新环境竞争力	28.0	15.8	17.4	22.4	18.8	36.3	28.7	19.2	28.5	31.2	36.3	15.8	24.6
	14	19	18	15	17	10	12	16	13	11	—	—	—
创新投入竞争力	30.0	5.3	15.9	10.7	1.7	4.6	29.9	0.2	16.2	11.0	30.0	0.2	12.5
	9	16	13	15	18	17	10	19	12	14	—	—	—
创新产出竞争力	30.2	7.5	16.2	8.7	9.8	16.8	13.0	0.1	4.4	3.8	30.2	0.1	11.1
	5	16	10	15	14	8	11	19	17	18	—	—	—
创新持续竞争力	22.0	27.3	21.3	22.2	1.1	29.2	29.2	37.2	26.4	9.4	37.2	1.1	22.5
	16	13	17	15	19	11	12	9	14	18	—	—	—
2001年 创新竞争力	27.6	12.6	15.8	13.3	6.1	20.7	24.9	14.8	14.6	12.4	27.6	6.1	16.3
	10	17	13	16	19	12	11	14	15	18	—	—	—
创新基础竞争力	9.7	9.4	7.7	2.0	1.0	13.5	19.4	15.3	3.5	4.8	19.4	1.0	8.6
	13	14	15	18	19	12	9	11	17	16	—	—	—
创新环境竞争力	36.4	14.9	18.1	22.3	18.8	37.1	29.3	19.9	28.7	31.3	37.1	14.9	25.7
	11	19	18	15	17	10	13	16	14	12	—	—	—
创新投入竞争力	31.5	6.8	17.1	12.2	0.7	7.1	32.7	0.3	16.8	13.2	32.7	0.3	13.8
	10	17	12	15	18	16	9	19	13	14	—	—	—
创新产出竞争力	37.7	6.9	18.3	11.2	9.4	18.2	13.4	0.1	4.1	3.7	37.7	0.1	12.3
	3	16	8	14	15	9	11	19	17	18	—	—	—
创新持续竞争力	22.6	25.1	17.8	18.7	0.7	27.7	29.7	38.4	20.0	9.1	38.4	0.7	21.0
	14	13	17	16	19	12	11	6	15	18	—	—	—

续表

项目 \ 国家		中国	阿根廷	巴西	印度	印度尼西亚	墨西哥	俄罗斯	沙特阿拉伯	南非	土耳其	最高分	最低分	平均分
2002年	创新竞争力	31.4	9.7	16.0	14.2	10.4	24.5	25.8	16.2	15.4	15.2	31.4	9.7	17.9
		10	19	14	17	18	12	11	13	15	16	—	—	—
	创新基础竞争力	14.6	4.5	7.6	2.3	1.6	14.2	19.9	14.6	2.7	5.3	19.9	1.6	8.7
		12	16	14	18	19	13	10	11	17	15	—	—	—
	创新环境竞争力	39.5	14.6	18.0	22.7	19.2	37.7	30.4	21.7	29.4	32.1	39.5	14.6	26.5
		10	19	18	15	17	11	13	16	14	12	—	—	—
	创新投入竞争力	32.9	6.8	16.9	12.0	0.7	9.2	32.4	0.3	16.6	12.1	32.9	0.3	14.0
		9	17	12	15	18	16	10	19	13	14	—	—	—
	创新产出竞争力	42.9	6.6	17.1	11.5	10.7	18.6	16.3	0.1	3.8	3.4	42.9	0.1	13.1
		3	16	9	14	15	8	10	19	17	18	—	—	—
	创新持续竞争力	27.1	15.9	20.6	22.3	19.8	42.9	30.1	44.4	24.3	23.4	44.4	15.9	27.1
		13	19	17	16	18	6	12	5	14	15	—	—	—
2003年	创新竞争力	30.6	12.7	14.3	11.5	8.3	19.0	24.4	14.7	16.4	16.1	30.6	8.3	16.8
		10	17	16	18	19	12	11	15	13	14	—	—	—
	创新基础竞争力	15.3	4.9	6.5	2.0	1.5	12.0	21.0	15.1	3.9	6.5	21.0	1.5	8.9
		11	16	14	18	19	12	10	17	15	—	—	—	—
	创新环境竞争力	40.3	14.8	17.7	22.5	19.3	37.8	32.3	23.0	30.0	32.7	40.3	14.8	27.0
		10	19	18	16	17	11	13	15	14	12	—	—	—
	创新投入竞争力	33.9	7.9	17.5	11.8	0.7	9.2	30.7	0.3	16.5	11.2	33.9	0.3	14.0
		9	17	12	14	18	16	10	19	13	15	—	—	—
	创新产出竞争力	50.1	10.1	14.0	10.8	9.9	17.9	15.9	0.1	3.7	3.4	50.1	0.1	13.6
		3	15	11	14	16	8	9	19	17	18	—	—	—
	创新持续竞争力	13.5	25.9	15.5	10.4	9.9	17.9	22.3	34.9	27.7	26.9	34.9	9.9	20.5
		17	13	16	18	19	15	14	5	11	12	—	—	—

续表

项目 \ 国家		中国	阿根廷	巴西	印度	印度尼西亚	墨西哥	俄罗斯	沙特阿拉伯	南非	土耳其	最高分	最低分	平均分
2004年	创新竞争力	34.1	15.6	16.5	12.3	7.8	21.7	25.3	14.3	20.3	17.7	34.1	7.8	18.6
		10	16	15	18	19	12	11	17	13	14	—	—	—
	创新基础竞争力	13.6	6.9	8.2	3.9	3.0	12.3	23.4	17.9	6.2	9.1	23.4	3.0	10.5
		12	16	15	18	19	13	9	11	17	14	—	—	—
	创新环境竞争力	40.6	24.1	20.1	21.6	17.7	38.4	37.2	23.6	28.7	38.3	40.6	17.7	29.0
		10	15	18	17	19	11	13	16	14	12	—	—	—
	创新投入竞争力	37.5	9.3	18.1	12.1	0.7	10.5	29.8	0.2	15.6	12.0	37.5	0.2	14.6
		9	17	12	14	18	16	10	19	13	15	—	—	—
	创新产出竞争力	59.3	8.5	13.1	9.3	11.4	18.1	12.7	0.1	3.8	4.0	59.3	0.1	14.0
		2	16	10	15	14	8	11	19	18	17	—	—	—
	创新持续竞争力	19.4	29.4	23.0	14.8	6.1	29.4	23.4	29.6	47.4	25.3	47.4	6.1	24.8
		17	11	16	18	19	12	15	10	3	14	—	—	—
2005年	创新竞争力	38.1	17.1	18.8	16.0	8.3	22.4	26.1	15.6	16.6	20.8	38.1	8.3	20.0
		9	15	14	17	19	12	11	18	16	13	—	—	—
	创新基础竞争力	15.8	7.4	9.1	4.1	3.4	12.4	24.5	21.1	6.7	10.6	24.5	3.4	11.5
		12	16	15	18	19	13	10	11	17	14	—	—	—
	创新环境竞争力	43.5	27.5	22.0	23.5	18.0	39.4	42.3	27.7	32.9	40.8	43.5	18.0	31.8
		10	16	18	17	19	13	11	15	14	12	—	—	—
	创新投入竞争力	41.3	9.5	18.4	12.7	0.6	11.3	27.7	0.1	14.0	14.0	41.3	0.1	15.0
		9	17	12	15	18	16	10	19	13	14	—	—	—
	创新产出竞争力	62.6	7.9	13.8	9.7	10.8	16.9	10.6	0.1	4.5	4.3	62.6	0.1	14.1
		2	16	10	15	13	8	14	19	17	18	—	—	—
	创新持续竞争力	27.5	33.1	30.7	30.3	8.7	32.1	25.5	29.1	24.8	34.1	34.1	8.7	27.6
		16	9	13	14	19	11	17	15	18	8	—	—	—

续表

项目＼国家		中国	阿根廷	巴西	印度	印度尼西亚	墨西哥	俄罗斯	沙特阿拉伯	南非	土耳其	最高分	最低分	平均分
2006年	创新竞争力	39.9	20.2	20.8	14.7	11.5	19.2	30.3	19.7	18.4	19.4	39.9	11.5	21.4
		9	13	12	18	19	16	11	14	17	15	—	—	—
	创新基础竞争力	15.9	6.3	8.6	3.2	1.9	10.7	25.6	20.6	4.8	10.0	25.6	1.9	10.7
		12	16	15	18	19	13	9	11	17	14	—	—	—
	创新环境竞争力	44.6	30.3	22.7	25.8	18.0	39.6	45.6	36.2	32.9	41.9	45.6	18.0	33.8
		11	16	18	17	19	13	10	14	15	12	—	—	—
	创新投入竞争力	42.2	9.4	17.6	12.3	0.6	11.4	26.8	0.2	14.3	14.8	42.2	0.2	15.0
		9	17	12	15	20	16	10	19	14	13	—	—	—
	创新产出竞争力	62.1	7.6	12.7	10.8	9.2	16.0	9.4	0.1	4.2	4.6	62.1	0.1	13.7
		2	16	9	12	8	14	9	20	18	17	—	—	—
	创新持续竞争力	34.6	47.5	42.3	21.3	27.9	18.2	44.3	41.4	35.7	25.7	47.5	18.2	33.9
		14	8	11	18	16	19	10	12	13	17	—	—	—
2007年	创新竞争力	40.8	18.9	19.9	13.6	7.7	21.0	28.6	20.4	15.2	22.9	40.8	7.7	20.9
		9	16	15	18	19	13	11	14	17	12	—	—	—
	创新基础竞争力	18.4	7.1	10.3	3.0	1.4	10.3	27.4	19.6	4.5	10.3	27.4	1.4	11.2
		12	16	15	18	19	14	9	11	17	13	—	—	—
	创新环境竞争力	45.9	32.7	24.4	25.8	18.6	39.8	47.6	45.1	32.0	43.4	47.6	18.6	35.5
		11	15	18	17	19	14	10	12	16	13	—	—	—
	创新投入竞争力	43.2	9.7	17.6	11.9	0.5	10.0	26.6	0.2	13.6	16.8	43.2	0.2	15.0
		9	17	12	15	18	16	10	19	14	13	—	—	—
	创新产出竞争力	64.0	7.1	13.4	13.2	7.8	16.3	9.7	0.1	4.3	4.9	64.0	0.1	14.1
		2	16	10	11	15	8	14	19	18	17	—	—	—
	创新持续竞争力	32.6	38.1	33.9	14.0	10.1	28.3	31.6	37.2	21.5	39.0	39.0	10.1	28.6
		13	10	12	18	19	15	14	11	17	8	—	—	—

中国在二十国集团中的创新竞争力提升研究

续表

项目 \ 国家		中国	阿根廷	巴西	印度	印度尼西亚	墨西哥	俄罗斯	沙特阿拉伯	南非	土耳其	最高分	最低分	平均分
2008年	创新竞争力	44.7	22.6	23.9	13.6	10.1	21.7	29.7	24.6	15.7	20.4	44.7	10.1	22.7
		8	14	13	18	19	15	11	12	17	16	—	—	—
	创新基础竞争力	23.7	9.6	13.2	5.4	2.7	11.4	31.7	25.2	5.0	12.2	31.7	2.7	14.0
		11	16	13	17	19	15	9	10	18	14	—	—	—
	创新环境竞争力	44.1	34.4	23.9	22.7	21.2	41.4	49.0	49.1	34.7	43.7	49.1	21.2	36.4
		12	16	17	18	19	14	11	10	15	13			
	创新投入竞争力	45.0	9.5	18.6	12.0	0.4	8.7	25.4	0.2	13.4	16.7	45.0	0.2	15.0
		8	16	12	15	18	17	11	19	14	13			
	创新产出竞争力	68.3	10.0	15.4	14.6	8.6	16.4	10.3	0.1	4.1	5.0	68.3	0.1	15.3
		2	15	10	11	16	8	13	19	14	17			
	创新持续竞争力	42.4	49.7	48.3	13.6	17.3	30.5	32.4	48.3	21.2	24.6	49.7	13.6	32.8
		11	5	7	19	18	15	13	6	17	16			
2009年	创新竞争力	43.8	21.7	22.3	16.0	10.9	22.7	30.6	21.8	17.3	19.5	43.8	10.9	22.7
		8	15	13	18	19	12	11	14	17	16	—	—	—
	创新基础竞争力	33.8	8.3	14.0	6.9	2.1	10.9	28.2	23.4	4.9	10.2	33.8	2.1	14.3
		9	16	13	17	19	14	10	11	18	15	—	—	—
	创新环境竞争力	43.5	34.6	22.4	22.3	20.7	39.8	53.3	52.1	32.3	41.5	53.3	20.7	36.3
		12	15	17	18	19	14	10	11	16	13	—	—	—
	创新投入竞争力	45.4	10.5	19.1	12.8	0.1	9.7	26.8	0.3	13.7	16.5	45.4	0.1	15.5
		7	16	12	15	19	17	11	18	14	13	—	—	—
	创新产出竞争力	72.5	9.6	16.1	16.6	9.4	17.6	11.6	0.1	3.8	5.1	72.5	0.1	16.2
		2	15	11	10	16	8	13	19	18	17			
	创新持续竞争力	23.6	45.4	39.9	21.2	22.3	35.4	33.1	33.0	31.9	24.0	45.4	21.2	31.0
		17	9	11	19	18	12	13	14	15	16			

续表

项目 / 国家		中国	阿根廷	巴西	印度	印度尼西亚	墨西哥	俄罗斯	沙特阿拉伯	南非	土耳其	最高分	最低分	平均分
2010年	创新竞争力	44.0	19.8	23.0	16.0	8.3	18.9	28.9	26.8	14.7	18.9	44.0	8.3	21.9
		9	14	13	17	19	16	11	12	18	15	—	—	—
	创新基础竞争力	37.6	9.9	18.7	4.5	3.4	10.7	28.4	22.8	5.4	10.9	37.6	3.4	15.2
		8	16	13	18	19	15	10	11	17	14	—	—	—
	创新环境竞争力	42.4	33.2	21.9	22.1	21.0	37.0	52.9	52.8	29.7	38.6	52.9	21.0	35.1
		12	15	18	17	19	14	10	11	16	13	—	—	—
	创新投入竞争力	47.3	10.4	20.2	13.1	0.0	9.1	25.3	12.2	12.2	17.5	47.3	0.0	16.7
		7	17	12	14	19	18	11	15	16	13	—	—	—
	创新产出竞争力	72.0	9.0	15.9	18.8	8.0	19.4	11.5	0.1	4.0	6.2	72.0	0.1	16.5
		2	15	14	9	16	8	13	19	18	17	—	—	—
	创新持续竞争力	20.5	36.8	38.4	21.4	9.0	18.1	26.5	46.2	22.0	21.1	46.2	9.0	26.0
		17	10	9	15	19	18	13	5	14	16	—	—	—
2011年	创新竞争力	43.0	22.8	25.5	14.8	10.3	20.3	30.2	27.3	17.5	20.3	43.0	10.3	23.2
		7	14	13	18	19	16	11	12	17	15	—	—	—
	创新基础竞争力	41.9	10.5	20.0	5.6	4.2	10.6	31.2	22.5	5.1	10.5	41.9	4.2	16.2
		7	15	13	17	19	14	11	12	18	16	—	—	—
	创新环境竞争力	43.5	34.3	25.3	21.8	22.5	37.2	49.0	54.8	32.1	38.7	54.8	21.8	35.9
		12	15	17	19	18	14	11	10	16	13	—	—	—
	创新投入竞争力	48.8	10.2	19.4	12.6	0.0	8.6	24.1	12.3	11.5	17.3	48.8	0.0	16.5
		7	17	12	14	19	18	11	15	16	13	—	—	—
	创新产出竞争力	75.2	8.3	16.6	19.1	7.9	20.3	11.3	0.1	4.8	7.8	75.2	0.1	17.1
		2	15	11	9	16	8	14	19	18	17	—	—	—
	创新持续竞争力	43.1	50.6	46.3	14.8	16.8	24.8	35.3	46.8	34.1	27.2	50.6	14.8	34.0
		9	4	6	19	18	17	12	5	13	16	—	—	—

项目 \ 国家		中国	阿根廷	巴西	印度	印度尼西亚	墨西哥	俄罗斯	沙特阿拉伯	南非	土耳其	最高分	最低分	平均分
2012年	创新竞争力	44.4	22.9	23.8	15.0	11.4	18.4	31.1	25.3	17.7	23.5	44.4	11.4	23.4
		7	15	13	18	19	16	11	12	17	14	—	—	—
	创新基础竞争力	42.9	10.5	17.7	4.7	4.3	10.2	31.4	21.6	4.3	10.1	42.9	4.3	15.8
		5	14	13	17	19	15	9	12	18	16	—	—	—
	创新环境竞争力	46.1	37.3	28.1	21.7	25.9	39.7	53.9	57.8	34.4	39.5	57.8	21.7	38.4
		12	15	17	19	18	13	11	10	16	14	—	—	—
	创新投入竞争力	50.1	10.3	18.2	12.1	0.0	5.6	22.9	11.8	11.1	17.9	50.1	0.0	16.0
		6	17	12	14	19	18	11	15	16	13	—	—	—
	创新产出竞争力	76.1	6.7	16.8	18.2	7.5	20.3	11.6	0.2	5.0	7.3	76.1	0.2	17.0
		2	17	11	9	15	8	13	19	18	16	—	—	—
	创新持续竞争力	44.7	49.6	38.0	18.4	19.2	16.3	35.6	34.9	33.5	42.8	49.6	16.3	33.3
		8	4	11	18	17	19	12	13	16	10	—	—	—
2013年	创新竞争力	45.5	20.4	26.1	14.8	10.3	21.3	29.9	24.4	19.2	24.5	45.5	10.3	23.6
		8	16	12	18	19	15	11	14	17	13	—	—	—
	创新基础竞争力	44.6	10.4	15.3	4.0	3.7	12.2	31.6	20.1	3.5	10.2	44.6	3.5	15.6
		3	15	13	17	18	14	9	12	19	16	—	—	—
	创新环境竞争力	48.7	39.6	30.7	23.3	27.6	39.8	56.4	58.2	38.0	40.8	58.2	23.3	40.3
		12	15	17	19	18	14	11	10	16	13	—	—	—
	创新投入竞争力	51.7	10.1	18.0	11.9	0.0	4.8	22.8	10.9	11.9	18.7	51.7	0.0	16.1
		6	17	13	14	19	18	11	16	15	12	—	—	—
	创新产出竞争力	76.4	6.7	16.4	19.8	7.0	19.3	12.6	0.2	4.9	7.0	76.4	0.2	17.0
		2	17	11	8	16	9	13	19	18	15	—	—	—
	创新持续竞争力	44.3	34.9	50.0	15.2	13.2	30.7	25.9	32.6	38.0	45.6	50.0	13.2	33.0
		8	13	4	18	19	15	16	14	12	7	—	—	—

续表

项目 \ 国家	中国	阿根廷	巴西	印度	印度尼西亚	墨西哥	俄罗斯	沙特阿拉伯	南非	土耳其	最高分	最低分	平均分
2014年 创新竞争力	46.3	20.5	28.1	18.0	12.0	21.5	30.2	25.3	19.1	23.4	46.3	12.0	24.4
	7	16	12	18	19	15	11	13	17	14	—	—	—
创新基础竞争力	45.6	10.4	17.4	5.3	3.5	12.0	28.1	21.2	3.5	10.5	45.6	3.5	15.8
	3	16	13	17	18	14	10	12	19	15	—	—	—
创新环境竞争力	50.8	37.4	32.4	23.3	32.3	38.9	58.1	58.2	38.7	41.1	58.2	23.3	41.1
	12	16	17	19	18	14	11	10	15	13	—	—	—
创新投入竞争力	51.8	9.6	19.4	11.6	0.0	4.3	21.9	10.1	11.5	18.7	51.8	0.0	15.9
	5	17	12	14	19	18	11	16	15	13	—	—	—
创新产出竞争力	77.0	6.6	16.3	21.2	6.1	19.6	13.5	0.2	5.2	7.0	77.0	0.2	17.3
	2	16	11	8	17	9	14	19	18	15	—	—	—
创新持续竞争力	44.5	38.5	55.1	28.4	17.9	32.5	29.5	36.9	36.8	39.8	55.1	17.9	36.0
	9	12	6	18	19	16	17	13	14	11	—	—	—
2015年 创新竞争力	43.7	23.2	22.4	17.3	13.0	18.5	26.2	23.8	18.4	21.7	43.7	13.0	22.8
	8	13	14	18	19	16	11	12	17	15	—	—	—
创新基础竞争力	35.4	11.3	10.6	4.6	2.2	10.1	19.4	18.4	3.0	9.5	35.4	2.2	12.5
	6	13	14	17	19	15	11	12	18	16	—	—	—
创新环境竞争力	53.0	38.5	30.7	24.1	33.5	39.0	59.8	58.7	41.7	40.8	59.8	24.1	42.0
	12	16	18	19	17	15	10	11	13	14	—	—	—
创新投入竞争力	52.0	8.6	18.5	10.7	8.4	2.8	19.6	8.8	10.3	17.8	52.0	2.8	15.8
	5	17	12	14	18	19	11	16	15	13	—	—	—
创新产出竞争力	82.0	7.8	16.8	21.9	5.6	18.6	14.9	0.2	5.0	6.5	82.0	0.2	17.9
	2	15	10	8	17	9	12	19	18	16	—	—	—
创新持续竞争力	37.2	49.9	35.2	25.4	15.5	22.3	17.4	32.7	32.1	33.9	49.9	15.5	30.2
	9	3	10	15	19	17	18	12	13	11	—	—	—

项目＼国家		中国	阿根廷	巴西	印度	印度尼西亚	墨西哥	俄罗斯	沙特阿拉伯	南非	土耳其	最高分	最低分	平均分
2016年	创新竞争力	44.7	20.4	24.1	18.2	16.7	17.2	27.5	23.7	19.0	24.8	44.7	16.7	23.6
		7	15	13	17	19	18	11	14	16	12	—	—	—
	创新基础竞争力	32.5	10.0	10.6	4.9	1.9	9.2	19.3	17.3	2.5	9.2	32.5	1.9	11.7
		8	14	13	17	19	15	11	12	18	16	—	—	—
	创新环境竞争力	52.2	40.6	27.1	22.6	40.3	36.7	59.3	55.8	40.1	39.1	59.3	22.6	41.4
		12	13	18	19	14	17	10	11	15	16	—	—	—
	创新投入竞争力	52.8	6.1	18.2	11.0	8.6	3.1	19.5	8.0	10.8	19.2	52.8	3.1	15.7
		5	18	13	14	16	19	11	17	15	12	—	—	—
	创新产出竞争力	82.5	7.1	17.2	21.5	4.9	18.6	12.4	0.7	3.5	5.2	82.5	0.7	17.4
		2	15	10	8	17	9	13	19	18	16	—	—	—
	创新持续竞争力	44.8	38.3	47.4	30.9	28.0	18.2	26.8	36.6	38.2	51.4	51.4	18.2	36.1
		10	12	9	16	17	19	18	14	13	7	—	—	—
2017年	创新竞争力	43.9	25.9	26.6	15.6	15.3	17.2	29.0	20.7	18.9	23.0	43.9	15.3	23.6
		7	13	12	18	19	17	11	15	16	14	—	—	—
	创新基础竞争力	35.3	11.5	12.0	5.7	2.7	9.5	20.9	17.0	3.0	8.5	35.3	2.7	12.6
		7	14	13	17	19	15	11	12	18	16	—	—	—
	创新环境竞争力	57.1	39.0	27.8	23.4	43.5	37.4	60.8	48.2	43.0	42.6	60.8	23.4	42.3
		11	16	18	19	13	17	9	12	14	15	—	—	—
	创新投入竞争力	53.3	12.7	25.0	11.6	9.1	2.4	20.2	8.1	11.4	19.9	53.3	2.4	17.4
		5	14	11	15	17	19	12	18	16	13	—	—	—
	创新产出竞争力	84.0	7.5	17.4	19.1	4.6	20.2	13.4	0.5	2.6	5.3	84.0	0.5	17.5
		2	15	10	9	17	8	13	19	18	16	—	—	—
	创新持续竞争力	35.8	59.0	50.9	17.9	16.7	16.4	29.5	29.8	34.3	38.8	59.0	16.4	32.9
		11	2	4	17	18	19	15	14	13	10	—	—	—

注:各国家对应的两行数列中,上一行为指标得分,下一行为指标在二十国集团中的排名。这里的最高分和最低分分别是指新兴经济体中的最高得分和最低得分。

（单位：位）

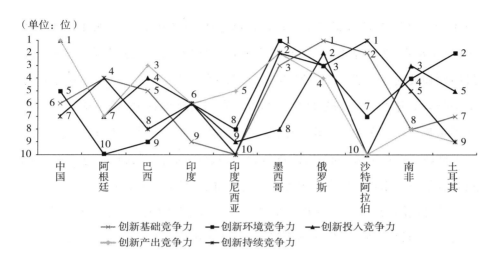

图 5-3　2000 年新兴经济体创新竞争力二级指标排名比较

（单位：位）

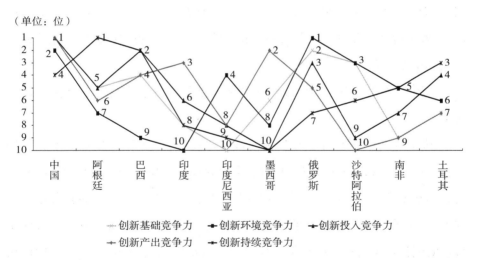

图 5-4　2017 年新兴经济体创新竞争力二级指标排名比较

由表 5-3 可以看出,2000—2017 年,新兴经济体创新竞争力的平均分提高了 7.9 分,最高分提高了 20.1 分,最低分提高了 8.8 分,说明新兴经济体的创新竞争力有一定程度的提高。反映在二级指标上,则是 5 个二级指标的平均得分都有所上升,其中,创新环境竞争力的得分上升最快,平均分从 2000 年的 24.6 分上升到 2017 年的 42.3 分,上升了 17.7 分,最低分从 2000 年的

15.8 分上升到 2017 年的 23.4 分,但最高分从 2000 年的 36.3 分上升到 2017年的 60.8 分;创新持续竞争力得分上升得也比较快,平均分上升了 10.4 分,最高分和最低分分别上升了 21.8 分和 15.3 分;创新基础竞争力上升得最慢,平均分只上升了 4.6 分;创新投入竞争力和创新产出竞争力的平均分分别上升了 4.8 分和 6.3 分。由此可见,新兴经济体创新竞争力的快速提高主要来源于创新环境竞争力、创新持续竞争力的快速提高,而创新基础竞争力、创新投入竞争力和创新产出竞争力也有一定的贡献,只是贡献相对较小。

从各国的情况来看,2000—2017 年的 18 年间,中国基本上每年都有 3 个二级指标的得分是新兴经济体中最高的,使得中国的创新竞争力得分基本上都是最高的。与中国形成鲜明对比的是印度尼西亚,2000—2017 年的 18 年间,印度尼西亚在很多年份都有 2 个二级指标甚至 3 个二级指标排在最后一位,一般来说是创新基础竞争力和创新持续竞争力,使得整体的创新竞争力基本上都排在最后一位。

由图 5-3 和图 5-4 则可以更直观地看出创新竞争力与其二级指标之间的关系。

2000 年,印度尼西亚二级指标的排位比较低,有 2 个二级指标排在第 10位,另外 3 个二级指标的排位也不高,分别排在第 9 位、第 8 位和第 5 位,使得它的创新竞争力排在最后一位。而沙特阿拉伯虽然也有 2 个二级指标排在第10 位,但它有 2 个二级指标的排名非常靠前,分别排在第 1 位和第 2 位,这使得它的创新竞争力排在第 6 位。与之相反的是中国,它有 2 个二级指标排在第 1 位,另外 3 个二级指标分别排在第 5 位、第 6 位和第 7 位,使得它的创新竞争力排在第 2 位。俄罗斯二级指标的排位也比较靠前,分别有 1 个指标排在第 1 位,1 个指标排在第 2 位,2 个指标排在第 3 位,还有 1 个指标排在第 4位,使得俄罗斯的创新竞争力排在第 1 位。

2017 年的情况与 2000 年类似,有较多二级指标排位靠前的国家其创新竞争力排位也比较靠前,比如中国、俄罗斯、巴西。

通过以上分析可知,2000—2017 年,新兴经济体创新竞争力的整体水平呈上升趋势,这主要是由创新环境竞争力、创新持续竞争力的提高推动的,创新基础竞争力、创新投入竞争力和创新产出竞争力的贡献相对较小。但从各国的情况来看,要想有较高的创新竞争力,这五个方面都应该有较好的表现,需要协调发展,某个方面的"短板"将极大地拖累整体创新竞争力的得分和排名。因此,在今后的创新活动中,新兴经济体应该继续加强创新环境竞争力、创新持续竞争力方面的工作,但同时也要注意加大对创新基础竞争力、创新投入竞争力和创新产出竞争力方面的关注,寻找突破点,不断努力,实现创新基础竞争力、创新环境竞争力、创新投入竞争力、创新产出竞争力和创新持续竞争力五个方面的协调进步,这样才能实现创新竞争力的有效、快速提升。

二、新兴经济体创新基础竞争力比较分析

1.新兴经济体创新基础竞争力得分比较

根据创新竞争力的指标体系和数学模型,对 2000—2017 年二十国集团创新基础竞争力进行了评价。表 5-4 列出了 2000—2017 年二十国集团中 10 个新兴经济体的创新基础竞争力得分及其变化情况;图 5-5 和图 5-6 则更直观地展现了 2000 年和 2017 年 10 个新兴经济体创新基础竞争力的得分情况,便于对它们进行比较。

由表 5-4 可知,2000—2017 年,新兴经济体的创新基础竞争力水平呈波动上升趋势,平均分从 8.0 分波动上升到 12.6 分。此外,各国的创新基础竞争力水平差异很大。俄罗斯和中国的创新基础竞争力得分遥遥领先于其他国家,2009 年之前俄罗斯的创新基础竞争力一直排在新兴经济体的第 1 位,2009 年之后中国的创新基础竞争力一直排在新兴经济体的第 1 位;而印度尼西亚的创新基础竞争力得分远远低于其他国家,除 2013 年外,一直排在新兴经济体的最后一位。2000 年,俄罗斯的创新基础竞争力得分为 18.6 分,是第二

名沙特阿拉伯的 1.2 倍,是最后一名印度尼西亚的 18.6 倍;2017 年,中国的创新基础竞争力得分为 35.3 分,是第二名俄罗斯的 1.7 倍,是最后一名印度尼西亚的 13.1 倍。其他新兴经济体与中国创新基础竞争力的差距不断扩大。

从得分变化情况来看,2000—2017 年,中国的创新基础竞争力得分上升最快,上升了 29.3 分,其余各国的得分上升均低于 5 分。而墨西哥和南非的创新基础竞争力得分甚至下降了 1.2 分和 0.1 分。

由图 5-5 和图 5-6 可知,2000 年,新兴经济体的创新基础竞争力的平均得分为 8.0 分,得分高于平均分的国家有 4 个,分别为俄罗斯、沙特阿拉伯、墨西哥、阿根廷;2017 年,新兴经济体创新基础竞争力的平均得分上升为 12.6 分,得分高于平均分的国家只有 3 个,分别为中国、俄罗斯、沙特阿拉伯。

表 5-4　2000—2017 年新兴经济体创新基础竞争力得分及其变化

(单位:分)

国家\年份	中国	阿根廷	巴西	印度	印度尼西亚	墨西哥	俄罗斯	沙特阿拉伯	南非	土耳其	最高分	最低分	平均分	标准差
2000	6.0	10.0	7.7	1.4	1.0	10.7	18.6	15.7	3.1	6.0	18.6	1.0	8.0	5.8
2001	9.7	9.4	7.7	2.0	1.0	13.5	19.4	15.3	3.5	4.8	19.4	1.0	8.6	6.1
2002	14.6	4.5	7.6	2.3	1.6	14.2	19.9	14.6	2.7	5.3	19.9	1.6	8.7	6.5
2003	15.3	4.9	6.5	2.0	1.5	12.0	21.0	15.1	3.9	6.5	21.0	1.5	8.9	6.6
2004	13.6	6.9	8.2	3.9	3.0	12.3	23.4	17.9	6.2	9.1	23.4	3.0	10.5	6.4
2005	15.8	7.4	9.1	4.1	3.4	12.4	24.5	21.1	6.7	10.6	24.5	3,4	11.5	7.0
2006	15.9	6.3	8.6	3.2	1.9	10.7	25.6	20.6	4.8	10.0	25.6	1.9	10.7	7.7
2007	18.4	7.1	10.3	1.4	1.4	10.3	27.4	19.6	4.5	10.3	27.4	1.4	11.2	8.3
2008	23.7	9.6	13.2	5.4	2.7	11.4	31.7	25.2	5.0	12.2	31.7	2.7	14.0	9.7
2009	33.8	8.3	14.0	6.9	2.1	10.7	28.2	23.4	4.9	10.9	33.8	2.1	14.3	10.6
2010	37.6	9.9	18.7	4.5	3.4	10.7	28.4	22.8	5.4	10.9	37.6	3.4	15.2	11.4
2011	41.9	10.5	20.0	5.6	4.2	10.6	31.2	22.5	5.1	10.5	41.9	4.2	16.2	12.5
2012	42.9	10.5	17.7	4.7	4.3	10.2	31.4	21.6	4.3	10.1	42.9	4.3	15.8	12.9
2013	44.6	10.4	15.3	4.0	3.7	12.2	31.6	20.1	3.5	10.2	44.6	3.5	15.6	13.4
2014	45.6	10.4	17.4	5.3	3.5	12.0	28.1	21.2	3.5	10.5	45.6	3.5	15.8	13.2
2015	35.4	11.3	10.6	4.6	3.0	10.1	19.4	18.4	3.0	9.5	35.4	3.0	12.5	9.9

续表

年份\国家	中国	阿根廷	巴西	印度	印度尼西亚	墨西哥	俄罗斯	沙特阿拉伯	南非	土耳其	最高分	最低分	平均分	标准差
2016	32.5	10.0	10.6	4.9	1.9	9.2	19.3	17.3	2.5	9.2	32.5	1.9	11.7	9.2
2017	35.3	11.5	12.0	5.7	2.7	9.5	20.9	17.0	3.0	8.5	35.3	2.7	12.6	9.8
分值变化	29.3	1.5	4.3	4.3	1.7	-1.2	2.3	1.3	-0.1	2.5	16.7	1.7	4.6	4.0

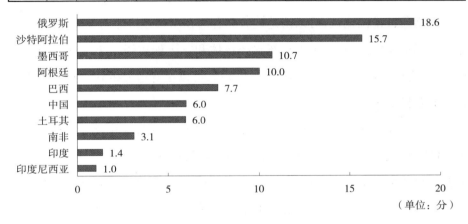

图 5-5　2000 年新兴经济体创新基础竞争力得分情况

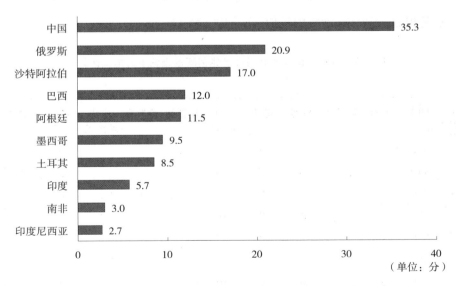

图 5-6　2017 年新兴经济体创新基础竞争力得分情况

2. 新兴经济体创新基础竞争力排名比较

为了进一步分析新兴经济体内部各国的创新基础竞争力差异情况,表5-5列出了2000—2017年10个新兴经济体分别在新兴经济体内部和二十国集团中的创新基础竞争力排位情况。这里用各国排位来进行差异分析,主要是考虑到通过排位比较,可以清楚地看到各国在新兴经济体内部的位次,以及在二十国集团中的位次,可以从新兴经济体和二十国集团两个维度来分析差异,这样会更全面、客观。同时,结合表5-4,可以更好地分析新兴经济体内部各国的差异情况。

从新兴经济体内部各国创新基础竞争力的排位情况来看,2000—2008年,俄罗斯的创新基础竞争力一直处于新兴经济体的首位,2009—2017年,中国的创新基础竞争力一直处于新兴经济体的首位;2000—2017年,印度尼西亚则基本上一直处于最末位,排位保持不变的国家有印度尼西亚和土耳其。排位上升最快的是中国,上升了5位,巴西、印度均上升了1位,墨西哥下降了3位,阿根廷、俄罗斯、沙特阿拉伯、南非均下降了1位。

表5-5　2000—2017年新兴经济体创新基础竞争力排位比较

(单位:位)

项目\年份	国家	中国	阿根廷	巴西	印度	印度尼西亚	墨西哥	俄罗斯	沙特阿拉伯	南非	土耳其
新兴经济体排位	2000	6	4	5	9	10	3	1	2	8	7
	2001	4	5	6	9	10	3	1	2	8	7
	2002	3	7	5	9	10	4	1	2	8	6
	2003	2	7	5	9	10	4	1	2	8	6
	2004	3	7	6	9	10	4	1	2	8	5
	2005	3	7	6	9	10	4	1	2	8	5
	2006	3	7	6	9	10	4	1	2	8	5
	2007	3	7	6	9	10	5	1	2	8	4

项目	年份	中国	阿根廷	巴西	印度	印度尼西亚	墨西哥	俄罗斯	沙特阿拉伯	南非	土耳其
新兴经济体排位	2008	3	7	4	8	10	6	1	2	9	5
	2009	1	7	4	8	10	5	2	3	9	6
	2010	1	7	4	9	10	6	2	3	8	5
	2011	1	6	4	8	10	5	2	3	9	7
	2012	1	5	4	8	10	6	2	3	9	7
	2013	1	6	4	8	9	5	2	3	10	7
	2014	1	7	4	8	9	5	2	3	10	6
	2015	1	4	5	8	10	6	2	3	9	7
	2016	1	5	4	8	10	6	2	3	9	7
	2017	1	5	4	8	10	6	2	3	9	7
	排位变化	5	−1	1	1	0	−3	−1	−1	−1	0
二十国集团排位	2000	15	13	14	18	19	12	10	11	17	16
	2001	13	14	15	18	19	12	9	11	17	16
	2002	12	16	14	18	19	13	10	11	17	15
	2003	11	16	14	18	19	13	10	12	17	15
	2004	12	16	15	18	19	13	9	11	17	14
	2005	12	16	15	18	19	13	10	11	17	14
	2006	12	16	15	18	19	13	9	11	17	14
	2007	12	16	15	18	19	14	9	11	17	13
	2008	11	16	13	17	19	15	9	10	18	14
	2009	9	16	13	17	19	14	10	11	18	15
	2010	8	16	13	18	19	15	10	11	17	14

续表

项目 \ 年份 \ 国家	中国	阿根廷	巴西	印度	印度尼西亚	墨西哥	俄罗斯	沙特阿拉伯	南非	土耳其
二十国集团排位 2011	7	15	13	17	19	14	10	12	18	16
2012	5	14	13	17	19	15	9	12	18	16
2013	3	15	13	17	18	14	9	12	19	16
2014	3	16	13	17	18	14	10	12	19	15
2015	6	13	14	17	19	15	11	12	18	16
2016	8	14	13	17	19	15	11	12	18	16
2017	7	14	13	17	19	15	11	12	18	16
排位变化	8	-1	1	1	0	-3	-1	-1	-1	0

从新兴经济体创新基础竞争力在二十国集团中的排位来看,2000—2017年,中国的创新基础竞争力比较靠前,且处于波动上升状态,由第15位上升至第7位,是唯一处于第二方阵(排名从第6位至第10位)的发展中国家,在2012—2014年甚至处于第一方阵(排名从第1位至第5位);印度尼西亚和南非的创新基础竞争力一直处于二十国集团的最后两位。排位保持不变的国家有印度尼西亚和土耳其。中国的创新基础竞争力排位上升最快,上升了8位,其次是巴西和印度,均上升了1位。墨西哥的排位下降了3位,阿根廷、俄罗斯、沙特阿拉伯、南非的排位均下降了1位。

3. 新兴经济体创新基础竞争力三级指标的得分及排名比较

表5-6列出了2000—2017年新兴经济体创新基础竞争力的排位和排位变化情况及其下属6个三级指标的得分和排名及其波动情况,图5-7、图5-8直观地表示出了2000年和2017年新兴经济体创新基础竞争力下属三级指标的排位及其变化情况。

表 5-6　2000—2017 年新兴经济体创新基础竞争力评价比较表

（单位：分；位）

项目 ＼ 国家	中国	阿根廷	巴西	印度	印度尼西亚	墨西哥	俄罗斯	沙特阿拉伯	南非	土耳其	最高分	最低分	平均分
创新基础竞争力的综合变化	29.3	1.4	4.2	4.3	1.6	-1.3	2.4	1.4	-0.2	2.6	29.3	-1.3	4.6
	8	-1	1	1	0	-3	-1	-1	-1	0	—	—	—
2000年 创新基础竞争力	6.0	10.0	7.7	1.4	1.0	10.7	18.6	15.7	3.1	6.0	18.6	1.0	8.0
	15	13	14	18	19	12	10	11	17	16	—	—	—
GDP	10.6	1.5	5.1	3.3	0.3	5.6	1.2	0.5	0.0	1.3	10.6	0.0	2.9
	6	14	10	12	18	9	16	17	19	15	—	—	—
人均 GDP	1.4	19.0	8.6	0.0	0.0	17.1	3.5	22.8	6.7	10.2	22.8	0.0	9.0
	17	11	14	19	18	12	16	10	15	13	—	—	—
财政收入	4.2	0.6	5.4	—	0.0	3.7	1.3	—	1.0	1.3	5.4	0.0	2.2
	11	16	9	0	17	12	14	0	15	13	—	—	—
外国直接投资净值	13.2	4.2	10.6	2.3	0.0	6.5	2.0	0.8	1.6	1.6	13.2	0.0	4.3
	5	13	7	14	19	8	15	18	17	16	—	—	—
受高等教育人员比重	—	12.5	6.6	—	4.3	8.4	100.0	14.4	—	5.1	100.0	0.0	18.9
	0	9	12	0	14	11	1	8	15	13	—	—	—
全社会劳动生产率	0.7	22.4	10.1	0.0	0.7	23.0	3.3	40.0	9.6	16.3	40.0	0.0	12.6
	18	12	14	19	17	11	16	9	15	13	—	—	—
2001年 创新基础竞争力	9.7	9.4	7.7	2.0	1.0	13.5	19.4	15.3	3.5	4.8	19.4	1.0	8.6
	13	14	15	18	19	12	9	11	17	16	—	—	—
GDP	11.6	1.4	4.2	3.5	0.4	6.0	1.8	0.6	0.0	0.7	11.6	0.0	3.0
	6	15	10	12	18	9	14	17	19	16	—	—	—
人均 GDP	1.6	18.2	7.3	0.0	0.8	18.7	4.5	22.2	5.9	7.2	22.2	0.0	8.6
	17	12	13	18	19	11	16	10	15	14	—	—	—
财政收入	5.7	0.5	5.1	—	0.0	4.4	2.4	—	0.9	0.7	5.7	0.0	2.5
	9	16	10	0	17	12	14	0	14	15	—	—	—
外国直接投资净值	28.7	2.9	15.0	4.6	0.0	18.9	3.3	1.7	5.9	3.6	28.7	0.0	8.5
	5	17	8	13	19	6	16	18	11	15	—	—	—

项目	国家	中国	阿根廷	巴西	印度	印度尼西亚	墨西哥	俄罗斯	沙特阿拉伯	南非	土耳其	最高分	最低分	平均分
2001年	受高等教育人员比重	—	12.5	6.6	—	4.3	8.4	100.0	14.4	0.0	5.1	100.0	0.0	18.9
		0	9	12	0	14	11	1	8	15	13	—	—	—
	全社会劳动生产率	0.9	20.9	8.1	0.0	0.6	24.6	4.3	37.7	8.2	11.3	37.7	0.0	11.7
		17	12	15	19	18	11	16	9	14	13	—	—	—
2002年	创新基础竞争力	14.6	4.5	7.6	2.3	1.6	14.2	19.9	14.6	2.7	5.3	19.9	1.6	8.7
		12	16	14	18	19	13	10	11	17	15	—	—	—
	GDP	12.6	0.0	3.8	3.8	0.9	6.2	2.3	0.8	0.2	1.3	12.6	0.0	3.2
		6	19	12	11	16	8	14	17	18	15	—	—	—
	人均GDP	1.8	5.6	6.2	0.0	1.1	18.4	5.1	21.7	5.3	8.5	21.7	0.0	7.4
		17	14	13	19	18	11	15	10	16	12	—	—	—
	财政收入	8.9	0.0	6.6		1.3	6.0	3.5	—	1.6	2.3	8.9	0.0	3.8
		7	17	11	0	16	12	13	0	15	14	—	—	—
	外国直接投资净值	48.8	2.5	15.6	5.3	0.7	22.4	3.7	0.0	1.9	1.5	48.8	0.0	10.2
		3	15	9	13	18	7	14	19	16	17	—	—	—
	受高等教育人员比重	—	12.5	6.6	—	4.3	8.4	100.0	14.4	0.0	5.1	100.0	0.0	18.9
		0	9	12	0	14	11	1	8	15	13	—	—	—
	全社会劳动生产率	1.0	6.3	6.7	0.0	1.0	23.9	4.8	36.2	7.3	13.2	36.2	0.0	10.0
		18	15	14	19	17	11	16	9	13	12	—	—	—
2003年	创新基础竞争力	15.3	4.9	6.5	2.0	1.5	12.0	21.0	15.1	3.9	6.5	21.0	1.5	8.9
		11	16	14	18	19	13	10	12	17	15	—	—	—
	GDP	13.5	0.0	3.8	4.2	0.9	5.3	2.7	0.8	0.4	1.6	13.5	0.0	3.3
		6	19	12	11	16	9	14	17	18	15	—	—	—
	人均GDP	1.9	7.1	6.4	0.0	1.3	16.2	6.2	23.0	8.0	10.7	23.0	0.0	8.1
		17	14	15	19	18	11	16	10	13	12	—	—	—
	财政收入	10.4	0.0	6.5	—	1.2	5.1	3.9		2.3	2.9	10.4	0.0	4.0
		7	17	11	0	16	12	13	0	15	14	—	—	—

续表

项目＼国家		中国	阿根廷	巴西	印度	印度尼西亚	墨西哥	俄罗斯	沙特阿拉伯	南非	土耳其	最高分	最低分	平均分
2003年	外国直接投资净值	49.7	1.9	9.1	3.6	0.0	16.0	7.2	0.0	1.2	2.0	49.7	0.0	9.1
		3	16	8	14	19	7	11	18	17	15	—	—	—
	受高等教育人员比重	—	12.5	6.6	—	4.3	8.4	100.0	14.4	0.0	5.1	100.0	0.0	18.9
		0	9	12	0	14	11	1	8	15	13	—	—	—
	全社会劳动生产率	1.0	7.9	6.8	0.0	1.2	21.1	5.9	37.5	11.3	16.9	37.5	0.0	11.0
		18	14	15	19	17	11	16	9	13	12	—	—	—
2004年	创新基础竞争力	13.6	6.9	8.2	3.9	3.0	12.3	23.4	17.9	6.2	9.1	23.4	3.0	10.5
		12	16	15	18	19	13	9	11	17	14	—	—	—
	GDP	14.8	0.0	4.2	4.5	0.8	5.1	3.5	0.8	0.5	2.0	14.8	0.0	3.6
		6	19	12	11	17	9	14	16	18	15	—	—	—
	人均GDP	2.1	8.8	7.2	0.0	1.3	16.2	8.4	25.5	10.0	13.1	25.5	0.0	9.3
		17	14	16	19	18	11	15	9	13	12	—	—	—
	财政收入	11.9	0.0	7.3	—	0.9	4.7	5.0	—	3.0	3.6	11.9	0.0	4.5
		7	17	10	0	16	13	12	0	15	14	—	—	—
	外国直接投资净值	37.8	10.5	16.5	11.1	9.5	19.4	15.3	8.6	9.0	9.9	37.8	8.6	14.8
		3	13	8	12	15	6	9	18	17	14	—	—	—
	受高等教育人员比重	—	12.5	6.6	—	4.3	8.4	100.0	14.4	0.0	5.1	100.0	0.0	18.9
		0	9	12	0	14	11	1	8	15	13	—	—	—
	全社会劳动生产率	1.2	9.7	7.5	0.0	1.1	20.3	8.0	40.5	14.5	21.1	40.5	0.0	12.4
		17	14	16	19	18	12	15	9	13	11	—	—	—
2005年	创新基础竞争力	15.8	7.4	9.1	4.1	3.4	12.4	24.5	21.1	6.7	10.6	24.5	3.4	11.5
		12	16	15	18	19	13	10	11	17	14	—	—	—
	GDP	16.2	0.0	5.4	4.8	0.7	5.3	4.4	1.0	0.5	2.3	16.2	0.0	4.1
		5	19	10	12	17	9	13	16	18	15	—	—	—
	人均GDP	2.4	10.0	9.3	0.0	1.2	16.9	10.6	29.9	10.5	15.3	29.9	0.0	10.6
		17	15	16	19	18	11	13	10	14	12	—	—	—

续表

项目	国家	中国	阿根廷	巴西	印度	印度尼西亚	墨西哥	俄罗斯	沙特阿拉伯	南非	土耳其	最高分	最低分	平均分
2005年	财政收入	12.4	0.0	8.9	—	0.7	4.2	7.4	—	2.9	4.0	12.4	0.0	5.1
		7	17	10	0	16	13	11	0	15	14	—	—	—
	外国直接投资净值	46.5	10.9	14.6	11.7	12.0	18.4	14.6	13.4	11.4	12.6	46.5	10.9	16.6
		3	18	10	15	14	7	9	12	16	13	—	—	—
	受高等教育人员比重	—	12.5	6.6	—	4.3	8.4	100.0	14.4	0.0	5.1	100.0	0.0	18.9
		0	9	12	0	14	11	1	8	15	13	—	—	—
	全社会劳动生产率	1.4	11.1	9.6	0.0	1.2	21.1	10.1	46.7	14.7	24.5	46.7	0.0	14.0
		17	14	16	19	18	12	15	9	13	11	—	—	—
2006年	创新基础竞争力	15.9	6.3	8.6	3.2	1.9	10.7	25.6	20.6	4.8	10.0	25.6	1.9	10.8
		12	16	15	18	19	13	9	11	17	14	—	—	—
	GDP	18.5	0.0	6.4	5.2	1.0	5.5	5.6	1.1	0.3	2.3	18.5	0.0	4.6
		4	19	9	13	17	12	11	16	18	15	—	—	—
	人均GDP	2.8	11.1	11.1	0.0	1.7	17.6	13.4	31.8	10.3	15.8	31.8	0.0	11.6
		17	14	15	19	18	11	13	10	16	12	—	—	—
	财政收入	14.3	0.0	9.2	—	1.0	4.1	8.7	—	2.9	4.0	14.3	0.0	5.5
		7	17	10	0	16	13	11	0	15	14	—	—	—
	外国直接投资净值	42.0	2.6	7.2	7.5	2.4	7.7	13.3	6.9	1.0	7.5	42.0	1.0	9.8
		3	16	13	12	17	10	8	14	18	11	—	—	—
	受高等教育人员比重	—	11.9	6.0	—	3.6	7.8	100.0	13.8	0.0	4.4	100.0	0.0	18.4
		0	9	12	0	14	11	1	8	15	13	—	—	—
	全社会劳动生产率	1.7	12.3	11.5	0.0	1.6	21.5	12.7	49.2	14.1	25.9	49.2	0.0	15.1
		17	15	16	19	18	12	14	9	13	11	—	—	—
2007年	创新基础竞争力	18.4	7.1	10.3	3.0	1.4	10.3	27.4	19.6	4.5	10.3	27.4	1.4	11.2
		12	16	15	18	19	14	9	11	17	13	—	—	—
	GDP	23.0	0.0	7.8	6.5	1.0	5.4	7.1	0.9	0.1	2.7	23.0	0.0	5.5
		3	19	9	11	16	13	10	17	18	15	—	—	—

续表

项目 \ 国家		中国	阿根廷	巴西	印度	印度尼西亚	墨西哥	俄罗斯	沙特阿拉伯	南非	土耳其	最高分	最低分	平均分
2007年	人均GDP	3.4	12.5	12.8	0.0	1.7	17.1	16.4	31.4	10.1	17.7	31.4	0.0	12.3
		17	15	14	19	18	12	13	10	16	11	—	—	—
	财政收入	19.5	0.0	11.6	—	1.1	4.1	11.2	—	2.9	5.0	19.5	0.0	6.9
		7	17	8	0	16	14	9	0	15	13	—	—	—
	外国直接投资净值	44.0	0.0	11.2	5.5	0.1	7.8	14.5	5.3	0.0	4.6	44.0	0.0	9.3
		3	19	9	12	17	11	7	13	18	14	—	—	—
	受高等教育人员比重	—	16.4	5.3	—	2.9	7.1	100.0	13.1	0.0	3.7	100.0	0.0	18.6
		0	8	12	0	14	11	1	9	15	13	—	—	—
	全社会劳动生产率	2.0	13.8	13.0	0.0	1.4	20.3	15.2	47.4	13.8	28.4	47.4	0.0	15.5
		17	15	16	19	18	12	13	9	14	11	—	—	—
2008年	创新基础竞争力	23.7	9.6	13.2	5.4	2.7	11.4	31.7	25.2	5.0	12.2	31.7	2.7	14.0
		11	16	13	17	19	15	9	10	18	14	—	—	—
	GDP	29.9	0.5	9.8	6.3	1.5	5.7	9.5	1.6	0.0	3.3	29.9	0.0	6.8
		3	18	8	11	17	12	9	16	19	15	—	—	—
	人均GDP	5.1	16.4	16.0	0.0	2.4	18.1	21.9	39.2	9.7	20.3	39.2	0.0	14.9
		17	14	15	19	18	13	11	10	16	12	—	—	—
	财政收入	28.3	0.0	14.6	—	1.3	4.3	14.6	—	2.0	5.9	28.3	0.0	8.9
		5	17	8	0	16	14	9	0	15	13	—	—	—
	外国直接投资净值	51.6	5.5	17.2	15.1	5.4	11.9	24.0	14.0	5.5	8.4	51.6	5.4	15.9
		3	17	7	9	18	11	5	10	16	14	—	—	—
	受高等教育人员比重	—	16.9	5.8	—	3.5	7.6	100.0	13.6	0.0	4.3	100.0	0.0	19.0
		0	8	12	0	14	11	1	9	15	13	—	—	—
	全社会劳动生产率	3.4	18.0	16.0	0.0	2.0	21.1	20.0	57.5	12.6	31.3	57.5	0.0	18.2
		17	14	15	19	18	12	13	9	16	11	—	—	—

续表

项目\国家		中国	阿根廷	巴西	印度	印度尼西亚	墨西哥	俄罗斯	沙特阿拉伯	南非	土耳其	最高分	最低分	平均分
2009年	创新基础竞争力	33.8	8.3	14.0	6.9	2.1	10.9	28.2	23.4	4.9	10.2	33.8	2.1	14.3
		9	16	13	17	19	14	10	11	18	15	—	—	—
	GDP	34.1	0.3	9.7	7.4	1.7	4.3	6.6	0.9	0.0	2.5	34.1	0.0	6.7
		3	18	8	10	16	14	11	17	19	15	—	—	—
	人均GDP	6.0	15.4	16.2	0.0	2.5	14.6	16.2	32.7	10.2	17.3	32.7	0.0	13.1
		17	14	13	19	18	15	12	10	16	11	—	—	—
	财政收入	43.9	0.0	18.1	—	1.7	4.2	10.6	—	2.8	6.9	43.9	0.0	11.0
		4	17	8	0	16	14	11	0	15	13	—	—	—
	外国直接投资净值	80.9	0.0	17.5	20.1	0.5	9.8	20.7	20.7	2.3	2.9	80.9	0.0	17.5
		2	19	7	6	18	10	4	5	17	16	—	—	—
	受高等教育人员比重	—	17.4	6.4	—	4.0	15.1	100.0	14.1	0.0	4.8	100.0	0.0	20.2
		0	8	12	0	14	9	1	10	15	13	—	—	—
	全社会劳动生产率	4.1	17.0	16.3	0.0	2.1	17.2	14.8	48.7	14.2	26.7	48.7	0.0	16.1
		17	13	14	19	18	12	15	9	16	11	—	—	—
2010年	创新基础竞争力	37.6	9.9	18.7	4.5	3.4	10.7	28.4	22.8	5.4	10.9	37.6	3.4	15.2
		8	16	13	18	19	15	10	11	17	14	—	—	—
	GDP	39.2	0.3	12.5	8.9	2.6	4.7	7.9	1.0	0.0	2.7	39.2	0.0	8.0
		2	18	7	9	16	14	11	17	19	15	—	—	—
	人均GDP	6.3	17.6	19.5	0.0	3.5	15.1	18.4	35.4	11.7	18.4	35.4	0.0	14.6
		17	14	11	19	18	15	12	10	16	13	—	—	—
	财政收入	46.0	0.0	20.0	—	2.0	4.3	11.7	—	3.2	7.7	46.0	0.0	11.9
		3	17	8	0	16	14	10	0	15	13	—	—	—
	外国直接投资净值	92.2	2.9	32.6	9.1	4.5	6.6	15.2	9.8	0.0	2.1	92.2	0.0	17.5
		2	14	3	11	13	12	6	10	19	17	—	—	—
	受高等教育人员比重	—	18.0	7.0	—	4.7	15.3	100.0	14.7	0.0	6.1	100.0	0.0	20.7
		0	8	12	0	14	9	1	10	15	13	—	—	—
	全社会劳动生产率	4.4	20.4	20.6	0.0	3.1	18.4	17.4	53.1	17.3	28.6	53.1	0.0	18.3
		17	13	12	19	18	14	15	9	16	11	—	—	—

续表

项目＼国家	中国	阿根廷	巴西	印度	印度尼西亚	墨西哥	俄罗斯	沙特阿拉伯	南非	土耳其	最高分	最低分	平均分
2011年 创新基础竞争力	41.9	10.5	20.0	5.6	4.2	10.6	31.2	22.5	5.1	10.5	41.9	4.2	16.2
	7	15	13	17	19	14	10	12	18	16	—	—	—
GDP	47.3	0.8	14.5	9.3	3.2	5.1	10.8	1.7	0.0	2.8	47.3	0.0	9.6
	2	18	7	10	15	14	9	17	19	16	—	—	—
人均GDP	6.8	18.5	19.2	0.0	3.6	13.9	21.1	36.6	10.7	16.2	36.6	0.0	14.7
	17	13	12	19	18	15	11	10	16	14	—	—	—
财政收入	50.1	0.0	21.5	—	2.3	3.6	15.4	—	2.7	6.3	50.1	0.0	12.7
	2	17	8	0	16	14	9		15	13	—	—	—
外国直接投资净值	100.0	4.2	36.3	13.3	7.6	9.0	19.9	6.1	1.8	6.1	100.0	1.8	20.4
	1	16	3	9	13	12	6	14	18	15	—	—	—
受高等教育人员比重	—	18.5	7.7	—	5.4	15.5	100.0	15.3	0.0	7.3	100.0	0.0	21.2
	0	8	12	0	14	9	1	10	15	13	—	—	—
全社会劳动生产率	5.0	21.3	20.6	0.0	3.2	16.6	20.2	52.9	15.7	24.4	52.9	0.0	18.0
	17	12	13	19	18	15	14	9	16	11	—	—	—
2012年 创新基础竞争力	42.9	10.5	17.7	4.7	4.3	10.2	31.4	21.6	4.3	10.1	42.9	4.3	15.8
	5	14	13	17	19	15	9	12	18	16	—	—	—
GDP	51.7	0.9	13.1	9.1	3.3	5.1	11.5	2.1	0.0	3.0	51.7	0.0	10.0
	2	18	7	10	15	14	8	17	19	16	—	—	—
人均GDP	7.4	17.3	16.3	0.0	3.4	12.8	21.1	35.9	9.1	15.5	35.9	0.0	13.9
	17	12	13	19	18	15	11	9	16	14	—	—	—
财政收入	53.4	0.0	17.5	—	2.2	3.1	15.4	—	2.0	5.9	53.4	0.0	12.4
	2	17	8	0	15	14	9		16	13	—	—	—
外国直接投资净值	96.4	6.1	34.6	9.6	8.5	7.1	20.2	4.9	1.8	5.5	96.4	1.8	19.5
	2	13	3	10	11	12	6	15	17	14	—	—	—
受高等教育人员比重	—	18.5	7.7	—	5.4	18.2	100.0	15.3	0.0	7.9	100.0	0.0	21.6
	0	8	13	0	14	9	1	10	15	12	—	—	—
全社会劳动生产率	5.6	19.9	17.0	0.0	2.9	14.9	20.2	49.6	13.1	23.1	49.6	0.0	16.6
	17	13	14	19	18	15	12	9	16	11	—	—	—

项目＼国家		中国	阿根廷	巴西	印度	印度尼西亚	墨西哥	俄罗斯	沙特阿拉伯	南非	土耳其	最高分	最低分	平均分
2013年	创新基础竞争力	44.6	10.4	15.3	4.0	3.7	12.2	31.6	20.1	3.5	10.2	44.6	3.5	15.6
		3	15	13	17	18	14	9	12	19	16	—	—	—
	GDP	56.3	1.1	12.8	9.1	3.3	5.5	11.8	2.3	0.0	3.6	56.3	0.0	10.6
		2	18	7	10	16	14	8	17	19	15	—	—	—
	人均GDP	8.4	17.3	16.2	0.0	3.3	13.4	21.9	35.3	8.1	16.7	35.3	0.0	14.1
		16	12	14	19	18	15	11	10	17	13	—	—	—
	财政收入	51.8	0.0	15.5	—	2.0	3.7	13.4	—	1.6	6.3	51.8	0.0	11.8
		2	17	9	0	15	14	10	0	16	13	—	—	—
	外国直接投资净值	100.0	0.6	21.7	7.0	5.3	13.9	21.6	0.2	0.0	1.9	100.0	0.0	17.2
		1	17	3	11	12	9	4	18	19	14	—	—	—
	受高等教育人员比重	—	23.5	8.7	—	5.4	21.0	100.0	15.4	0.0	8.5	100.0	0.0	22.8
		0	8	12		14	9	1	10	15	13	—	—	—
	全社会劳动生产率	6.6	19.9	16.7	0.0	2.9	15.6	21.2	47.2	11.4	24.2	47.2	0.0	16.6
		17	13	14	19	18	15	12	9	16	11	—	—	—
2014年	创新基础竞争力	45.6	10.4	17.4	5.3	3.5	12.0	28.1	21.2	3.5	10.5	45.6	3.5	15.8
		3	16	13	17	18	14	10	12	19	15	—	—	—
	GDP	59.0	1.0	12.3	9.8	3.1	5.6	10.0	2.4	0.0	3.4	59.0	0.0	10.7
		2	18	7	10	16	14	9	17	19	15	—	—	—
	人均GDP	10.0	17.5	17.2	0.0	3.1	14.8	20.6	37.8	8.0	17.3	37.8	0.0	14.6
		16	12	14	19	18	15	11	10	17	13	—	—	—
	财政收入	51.1	0.0	13.3	—	1.6	4.0	11.2	—	1.4	5.5	51.1	0.0	11.0
		2	17	9	0	15	14	10	0	16	13	—	—	—
	外国直接投资净值	100.0	0.0	35.0	11.2	7.6	9.8	6.5	1.1	0.3	3.1	100.0	0.0	17.5
		1	19	3	7	9	8	10	16	18	14	—	—	—
	受高等教育人员比重	—	23.3	9.2	—	2.8	20.3	100.0	15.2	0.0	8.7	100.0	0.0	22.4
		0	8	12		14	9	1	10	15	13	—	—	—
	全社会劳动生产率	7.9	20.2	17.6	0.0	2.6	17.2	20.2	49.6	11.2	24.8	49.6	0.0	17.1
		17	12	14	19	18	15	13	9	16	11	—	—	—

续表

项目＼国家		中国	阿根廷	巴西	印度	印度尼西亚	墨西哥	俄罗斯	沙特阿拉伯	南非	土耳其	最高分	最低分	平均分
2015年	创新基础竞争力	35.4	11.3	10.6	4.6	2.2	10.1	19.4	18.4	3.0	9.5	35.4	2.2	12.5
		6	13	14	17	19	15	11	12	18	16	—	—	—
	GDP	60.0	1.5	8.3	10.0	3.0	4.8	5.8	1.9	0.0	3.0	60.0	0.0	9.8
		2	18	9	7	15	14	12	17	19	16	—	—	—
	人均GDP	11.7	21.9	12.9	0.0	3.1	13.9	14.0	34.7	7.5	17.0	34.7	0.0	13.7
		16	11	15	19	18	14	13	10	17	12	—	—	—
	财政收入	49.0	0.0	8.0	—	1.0	3.9	3.6	—	0.7	4.2	49.0	0.0	8.8
		2	17	9	0	15	13	14	0	16	12	—	—	—
	外国直接投资净值	47.5	2.0	14.4	8.4	3.6	6.9	1.1	1.3	0.0	3.2	47.5	0.0	8.8
		2	14	3	8	11	10	16	15	19	12	—	—	—
	受高等教育人员比重	—	18.4	7.7	—	0.2	15.6	79.3	11.9	0.0	7.1	79.3	0.0	17.5
		0	9	13	0	15	10	2	11		14	—	—	—
	全社会劳动生产率	8.9	24.0	12.2	0.0	2.4	15.2	12.7	42.2	9.7	22.6	42.2	0.0	15.0
		17	11	15	19	18	13	14	10	16	12	—	—	—
2016年	创新基础竞争力	32.5	10.0	10.6	4.9	1.9	9.2	19.3	17.3	2.5	9.2	32.5	1.9	11.7
		8	14	13	17	19	15	11	12	18	16	—	—	—
	GDP	59.2	1.4	8.1	10.8	3.5	4.2	5.4	1.9	0.0	3.1	59.2	0.0	9.8
		2	18	9	7	15	14	12	17	19	16	—	—	—
	人均GDP	11.4	19.4	12.3	0.0	3.3	12.0	12.5	32.5	6.3	16.3	32.5	0.0	12.6
		16	11	14	19	18	15	13	10	17	12	—	—	—
	财政收入	48.2	0.0	8.2	—	1.5	4.0	2.5	—	0.6	4.6	48.2	0.0	8.7
		2	17	9	0	15	13	14	0	16	12	—	—	—
	外国直接投资净值	35.1	0.2	15.4	8.6	0.5	6.7	6.2	1.1	0.0	2.3	35.1	0.0	7.6
		3	18	4	7	17	10	12	16	19	14	—	—	—
	受高等教育人员比重	—	18.1	8.1	—	0.0	15.4	78.2	11.7	0.2	7.6	78.2	0.0	17.4
		0	9	13	0	16	10	2	11		14	—	—	—
	全社会劳动生产率	8.7	21.1	11.6	0.0	2.5	12.9	11.3	39.3	8.2	21.3	39.3	0.0	13.7
		16	12	14	19	18	13	15	10	17	11	—	—	—

续表

项目 \ 国家		中国	阿根廷	巴西	印度	印度尼西亚	墨西哥	俄罗斯	沙特阿拉伯	南非	土耳其	最高分	最低分	平均分
2017年	创新基础竞争力	35.3	11.5	12.0	5.7	2.7	9.5	20.9	17.0	3.0	8.5	35.3	2.7	12.6
		7	14	13	17	19	15	11	12	18	16	—	—	—
	GDP	62.1	1.5	8.9	12.0	3.5	4.2	6.4	1.8	0.0	2.6	62.1	0.0	10.3
		2	18	8	5	15	14	11	17	19	16	—	—	—
	人均GDP	11.8	21.4	13.5	0.0	3.2	12.0	15.1	32.6	7.2	14.8	32.6	0.0	13.2
		16	11	14	19	18	15	12	10	17	13	—	—	—
	财政收入	46.5	0.0	8.4	—	1.3	3.6	4.1	—	1.0	3.6	46.5	0.0	8.6
		2	17	9	0	15	14	12	0	16	13	—	—	—
	外国直接投资净值	47.2	2.9	19.6	10.9	5.7	8.7	7.7	0.0	0.0	2.7	47.2	0.0	10.5
		2	15	4	8	12	9	0	18	19	16	—	—	—
	受高等教育人员比重	—	19.8	8.7	—	0.0	15.5	78.2	11.8	0.0	8.5	78.2	0.0	17.9
		0	9	13	0	16	10	2	11	15	14	—	—	—
	全社会劳动生产率	9.0	23.2	12.6	0.0	2.3	12.9	14.1	39.0	9.1	18.9	39.0	0.0	14.1
		17	11	5	19	18	7	6	1	16	12	—	—	—

注：各国家对应的两行数列中，上一行为指标得分，下一行为指标在二十国集团中的排名。这里的最高分和最低分分别是指新兴经济体中的最高得分和最低得分。由于评价得分是基于二十国集团中19个国家进行评价得到的，因此有时候最高分并不一定是100分，最低分也不一定是0分。如果出现最高分不为100分或最低分不为0分的情况，则说明发达国家中还有得分更高或更低的国家。

　　由表5-6可以看出，2000—2017年，新兴经济体创新基础竞争力的平均分提高了4.6分，最高分提高了16.8分，最低分提高了1.6分，说明新兴经济体的创新基础竞争力有一定程度的提高。反映在三级指标上，除了受高等教育人员比重外，其余5个三级指标的平均得分均上升，其中，GDP的得分上升最快，平均分上升了7.4分，最高分上升了51.5分，最低分则没有发生变化，仍然是0分；财政收入、外国直接投资净值的得分上升得也比较快，平均分分别上升了6.4分和6.2分；全社会劳动生产率的得分上升得最慢，平均分只上

（单位：位）

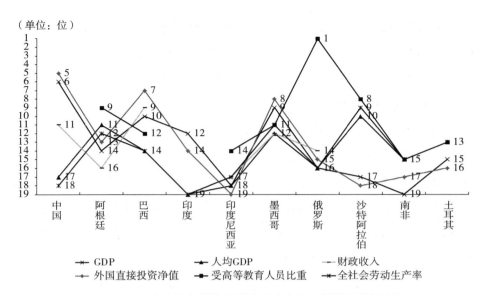

图 5-7　2000 年新兴经济体创新基础竞争力三级指标排名比较

（单位：位）

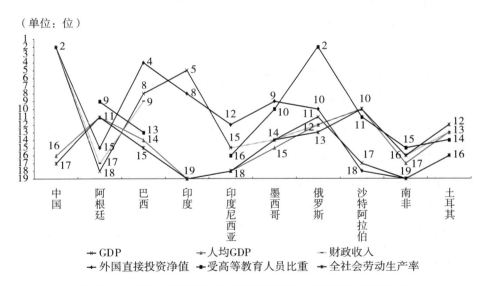

图 5-8　2017 年新兴经济体创新基础竞争力三级指标排名比较

升了 1.5 分。而受高等教育人员比重的平均分下降了 1.0 分。由此可见,新兴经济体创新基础竞争力得分的提高主要来源于 GDP、财政收入、外国直接投资净值得分的提高,而其余指标的贡献较小。

从各国的情况来看,2000—2017 年的 18 年间,中国基本上每年都有 3 个三级指标的得分是新兴经济体中最高的,使得 2009 年后中国的创新基础竞争力得分基本上都是最高的,而这主要是由于 GDP、财政收入、外国直接投资净值等指标得分较高导致的。

由图 5-7 和图 5-8 则可以更直观地看出创新基础竞争力与其三级指标之间的关系。2017 年,印度尼西亚和南非三级指标的排位都比较低,印度尼西亚有 2 个三级指标排在第 18 位,2 个三级指标排在第 15 位,1 个三级指标排在第 16 位,还有 1 个三级指标排在第 12 位;而南非则有 2 个三级指标排在第 19 位,2 个三级指标排在第 16 位,另外 2 个指标分别排在第 17 位和第 15 位。正是由于三级指标排名比较靠后,才使得它们整体的创新基础竞争力排位也比较靠后。与之相反的是中国,它有 3 个三级指标均排在第 2 位,另外 2 个三级指标分别排在第 16 位和第 17 位,使得它的创新基础竞争力排在第 7 位。

2000 年的情况与 2017 年类似,有较多二级指标排位靠前的国家其创新竞争力排位也比较靠前。

通过以上分析可知,2000—2017 年,新兴经济体创新基础竞争力的整体水平呈上升趋势,这主要是由 GDP、财政收入、外国直接投资净值的提高推动的,其余指标的贡献较小。但从各国的情况来看,要想有较高的创新基础竞争力,各个方面都应该有较好的表现,需要协调发展,某个方面的"短板"将极大地拖累整体创新基础竞争力的得分和排名。因此,在今后的发展过程中,新兴经济体应该继续加强优势领域的工作,但同时也要注意加大对薄弱领域的关注,寻找突破点,不断努力,实现各个方面的协调发展,共同进步,这样才能实现创新基础竞争力的有效、快速提升。

三、新兴经济体创新环境竞争力比较分析

1. 新兴经济体创新环境竞争力得分比较

根据创新竞争力的指标体系和数学模型,对 2000—2017 年二十国集团创

新环境竞争力进行了评价。表5-7列出了2000—2017年二十国集团中10个新兴经济体的创新环境竞争力得分及其变化情况;图5-9和图5-10则更直观地展现了2000年和2017年10个新兴经济体创新环境竞争力的得分情况,便于对它们进行比较。

表5-7　2000—2017年新兴经济体创新环境竞争力得分及其变化

(单位:分)

国家 年份	中国	阿根廷	巴西	印度	印度 尼西亚	墨西哥	俄罗斯	沙特 阿拉伯	南非	土耳其	最高分	最低分	平均分	标准差
2000	28.0	15.8	17.4	22.4	18.8	36.3	28.7	19.2	28.5	31.2	36.3	15.8	24.6	6.8
2001	36.4	14.9	18.1	22.3	18.8	37.1	29.3	19.9	28.7	31.3	37.1	14.9	25.7	7.9
2002	39.5	14.6	18.0	22.7	19.2	37.7	30.4	21.7	29.4	32.1	39.5	14.6	26.5	8.5
2003	40.3	14.8	17.7	22.5	19.3	37.8	32.3	23.0	30.0	32.7	40.3	14.8	27.0	8.8
2004	40.6	24.1	20.1	21.6	17.7	38.4	37.2	23.6	28.7	38.3	40.6	17.7	29.0	8.8
2005	43.5	27.5	22.0	23.5	18.0	39.4	42.3	27.7	32.9	40.8	43.5	18.0	31.8	9.3
2006	44.6	30.3	22.7	25.8	18.0	39.6	45.6	36.2	32.9	41.9	45.6	18.0	33.8	9.5
2007	45.9	32.7	24.4	25.8	18.6	39.8	47.6	45.1	32.0	43.4	47.6	18.6	35.5	10.3
2008	44.1	34.4	23.9	22.7	21.2	41.4	49.0	49.1	34.7	43.7	49.1	21.2	36.4	10.7
2009	43.5	34.6	22.4	22.3	20.7	39.8	53.3	52.1	32.3	41.5	53.3	20.7	36.3	11.9
2010	42.4	33.2	21.9	22.1	21.0	37.0	52.9	52.8	29.7	38.6	52.9	21.0	35.1	11.9
2011	43.5	34.3	25.3	21.8	22.5	37.2	49.0	54.8	32.1	38.7	54.8	21.8	35.9	11.1
2012	46.1	37.3	28.1	21.7	25.9	39.7	53.9	57.8	34.4	39.5	57.8	21.7	38.4	11.7
2013	48.7	39.6	30.7	23.3	27.6	39.8	56.4	58.2	38.0	40.8	58.2	23.3	40.3	11.5
2014	50.8	37.4	32.4	23.3	32.3	38.9	58.1	58.2	38.7	41.1	58.2	23.3	41.1	11.4
2015	53.0	38.5	30.7	24.1	33.5	39.0	59.8	58.7	41.7	40.8	59.8	24.1	42.0	11.8
2016	52.2	40.6	27.1	22.6	40.3	36.7	59.3	55.8	40.1	39.1	59.3	22.6	41.4	11.7
2017	57.1	39.0	27.8	23.4	43.5	37.4	60.8	48.2	43.0	42.6	60.8	23.4	42.3	11.5
分值变化	29.1	23.2	10.4	1.0	24.7	1.1	32.1	29.0	14.5	11.4	24.5	7.6	17.7	4.7

由表 5-7 可知,2000—2017 年,新兴经济体的创新环境竞争力水平呈波动上升趋势,平均分从 24.6 分波动上升到 42.3 分。此外,各国的创新环境竞争力水平差异很大。2000—2017 年的 18 年间,墨西哥、俄罗斯、中国、沙特阿拉伯各有几年的创新环境竞争力得分处于新兴经济体的第 1 位,而印度和印度尼西亚各有 7 年的时间处于新兴经济体的最末位。标准差由 6.8 上升到 11.5,表明各国的得分差异在变大。2000 年,墨西哥的创新环境竞争力得分为 36.3 分,是第二名俄罗斯的 1.3 倍,是最后一名阿根廷的 2.3 倍;2017 年,俄罗斯的创新环境竞争力得分为 60.8 分,排在第 1 位,是第 2 位中国的 1.1 倍,是最后一名印度的 2.6 倍。

从得分变化情况来看,2000—2017 年,所有国家的创新环境竞争力得分均上升,其中,俄罗斯上升最快,上升了 32.1 分,中国、阿根廷、印度尼西亚、沙特阿拉伯的得分也上升得比较快,上升幅度都在 20 分以上。

由图 5-9 和图 5-10 可知,2000 年,新兴经济体创新环境竞争力的平均得分为 24.6 分,得分高于平均分的国家有 5 个,分别为墨西哥、土耳其、俄罗斯、南非、中国;2017 年,新兴经济体创新环境竞争力的平均得分上升为 42.3 分,得分高于平均分的国家有 6 个,分别为俄罗斯、中国、沙特阿拉伯、印度尼西亚、南非、土耳其。

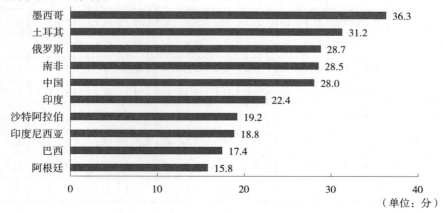

图 5-9 2000 年新兴经济体创新环境竞争力得分情况

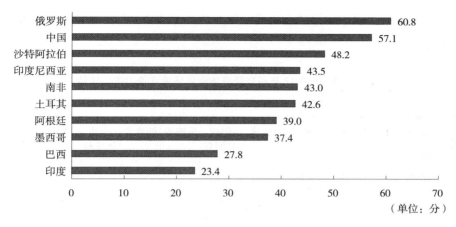

（单位：分）

图 5-10　2017 年新兴经济体创新环境竞争力得分情况

2.新兴经济体创新环境竞争力排名比较

为了进一步分析新兴经济体内部各国的创新环境竞争力差异情况,表 5-8 列出了 2000—2017 年 10 个新兴经济体分别在新兴经济体内部和二十国集团中的创新环境竞争力排位情况。这里用各国排位来进行差异分析,主要是考虑到通过排位比较,可以清楚地看到各国在新兴经济体内部的位次,以及在二十国集团中的位次,可以从新兴经济体和二十国集团两个维度来分析差异,这样会更全面、客观。同时,结合表 5-7,可以更好地分析新兴经济体内部各国的差异情况。

从新兴经济体内部各国创新环境竞争力的排位情况来看,2000—2017 年,墨西哥、俄罗斯、中国、沙特阿拉伯的创新环境竞争力的排位比较靠前,而巴西、印度的排位相对比较靠后。排位上升最快的是印度尼西亚和沙特阿拉伯,均上升了 4 位,中国和阿根廷均上升了 3 位,俄罗斯上升了 2 位,而墨西哥、印度、土耳其、南非分别下降了 7 位、4 位、4 位和 1 位。

从新兴经济体创新环境竞争力在二十国集团中的排位来看,2000 年,墨西哥的创新环境竞争力排在第 10 位,处于第二方阵,其余各国均处于第三方阵和第四方阵。2017 年,俄罗斯排在第 9 位,成为唯一处于第二方阵的国家。

各国在二十国集团中的排位变化情况与在新兴经济体内部的排位变化情况基本保持一致。

表5-8 2000—2017年新兴经济体创新环境竞争力排位比较

(单位:位)

项目 \ 年份		中国	阿根廷	巴西	印度	印度尼西亚	墨西哥	俄罗斯	沙特阿拉伯	南非	土耳其
新兴经济体排位	2000	5	10	9	6	8	1	3	7	4	2
	2001	2	10	9	6	8	1	4	7	5	3
	2002	1	10	9	6	8	2	4	7	5	3
	2003	1	10	9	7	8	2	4	6	5	3
	2004	1	6	9	8	10	2	4	7	5	3
	2005	1	7	9	8	10	4	2	6	5	3
	2006	2	7	9	8	10	4	1	5	6	3
	2007	2	6	9	8	10	5	1	3	7	4
	2008	3	7	8	9	10	5	2	1	6	4
	2009	3	6	8	9	10	5	1	2	7	4
	2010	3	6	8	9	10	5	1	2	7	4
	2011	3	6	8	10	9	5	2	1	7	4
	2012	3	6	8	10	9	4	2	1	7	5
	2013	3	6	8	10	9	5	2	1	7	4
	2014	3	7	8	10	9	5	2	1	6	4
	2015	3	7	9	10	8	6	1	2	4	5
	2016	3	4	9	10	5	8	1	2	6	7
	2017	2	7	9	10	4	8	1	3	5	6
	排位变化	3	3	0	−4	4	−7	2	4	−1	−4

续表

项目	国家 年份	中国	阿根廷	巴西	印度	印度尼西亚	墨西哥	俄罗斯	沙特阿拉伯	南非	土耳其
二十国集团排位	2000	14	19	18	15	17	10	12	16	13	11
	2001	11	19	18	15	17	10	13	16	14	12
	2002	10	19	18	15	17	11	13	16	14	12
	2003	10	19	18	16	17	11	13	15	14	12
	2004	10	15	18	17	19	11	13	16	14	12
	2005	10	16	18	17	19	13	11	15	14	12
	2006	11	15	18	17	19	13	10	14	15	12
	2007	11	15	18	17	19	14	10	12	16	13
	2008	12	16	17	18	19	14	11	10	15	13
	2009	12	15	17	18	19	14	10	11	16	13
	2010	12	15	18	17	19	14	10	11	16	13
	2011	12	15	17	19	18	14	11	10	16	13
	2012	12	15	17	19	18	13	11	10	16	14
	2013	12	15	17	19	18	14	11	10	16	13
	2014	12	16	17	19	18	14	11	10	15	13
	2015	12	16	18	19	17	15	11	10	13	14
	2016	12	13	18	19	14	17	10	11	15	16
	2017	11	16	18	19	13	17	9	12	14	15
	排位变化	3	3	0	-4	4	-7	3	4	-1	-4

3. 新兴经济体创新环境竞争力三级指标的得分及排名比较

表5-9列出了2000—2017年新兴经济体创新环境竞争力的得分和排位变化情况及其下属6个三级指标的得分和排名及其波动情况,图5-11、图5-12直观地表示出了2000年和2017年新兴经济体创新环境竞争力下属三级指标的排位及其变化情况。

表 5-9 2000—2017 年新兴经济体创新环境竞争力评价比较表

（单位：分；位）

项目	国家	中国	阿根廷	巴西	印度	印度尼西亚	墨西哥	俄罗斯	沙特阿拉伯	南非	土耳其	最高分	最低分	平均分
	创新环境竞争力的综合变化	29.1	23.2	10.4	1.0	24.7	1.1	32.1	29.0	14.5	11.4	32.1	1.0	17.7
		3	3	0	-4	4	-7	3	4	-1	-4	—	—	—
2000年	创新环境竞争力	28.0	15.8	17.4	22.4	18.8	36.3	28.7	19.2	28.5	31.2	36.3	15.8	24.6
		14	19	18	15	17	10	12	16	13	11	—	—	—
	宽带用户比例	0.0	3.1	0.7	0.0	0.0	0.2	0.0	0.0	0.0	0.0	3.1	0.0	0.4
		14	8	11	15	13	12	15	15	15	15	—	—	—
	手机用户比例	8.6	23.4	17.6	0.0	1.9	18.4	2.6	8.6	24.4	34.3	34.3	0.0	14.0
		15	12	14	19	18	13	17	16	11	10	—	—	—
	企业开业程序	64.8	25.2	0.0	64.5	13.3	93.5	87.8	6.3	36.6	55.7	93.5	0.0	44.8
		10	16	19	11	17	4	7	18	15	12	—	—	—
	企业平均税负水平	41.7	0.0	44.6	55.8	81.3	60.2	63.4	100.0	76.0	66.2	100.0	0.0	58.9
		17	19	15	14	2	12	10	1	5	7	—	—	—
	在线公共服务指数	13.3	40.6	32.1	6.0	14.4	43.4	17.8	0.0	30.1	28.5	43.4	0.0	22.6
		17	11	12	18	16	10	15	19	13	14	—	—	—
	ISO9001 质量体系认证数	39.7	2.3	9.7	2.6	4.8	1.4	1.3	0.0	4.0	2.6	39.7	0.0	7.1
		5	15	11	12	16	17	18	19	13	14	—	—	—
2001年	创新环境竞争力	36.4	14.9	18.1	22.3	18.8	37.1	29.3	19.9	28.7	31.3	37.1	14.9	25.7
		11	19	18	15	17	9	13	16	14	12	—	—	—
	宽带用户比例	0.2	1.5	1.1	0.0	0.0	0.3	0.0	0.4	0.0	0.1	1.5	0.0	0.4
		14	10	11	17	16	13	18	12	18	15	—	—	—
	手机用户比例	12.0	19.6	17.6	0.0	2.7	23.2	5.3	12.7	25.6	33.8	33.8	0.0	15.3
		16	13	14	19	18	12	15	11	10	—	—	—	—
	企业开业程序	64.8	25.2	0.0	64.5	13.3	93.5	87.8	6.3	36.6	55.7	93.5	0.0	44.8
		10	16	19	11	17	4	7	18	15	12	—	—	—
	企业平均税负水平	41.7	0.0	44.6	55.8	81.3	60.2	63.4	100.0	76.0	66.2	100.0	0.0	58.9
		17	19	15	14	2	12	10	1	5	7	—	—	—
	在线公共服务指数	13.3	40.6	32.1	6.0	14.4	43.4	17.8	0.0	30.1	28.5	43.4	0.0	22.6
		17	11	12	18	16	10	15	19	13	14	—	—	—
	ISO9001 质量体系认证数	86.4	2.5	13.3	7.3	1.0	2.3	1.2	0.0	3.7	3.4	86.4	0.0	12.1
		2	15	11	12	18	16	17	19	13	14	—	—	—

续表

项目	国家	中国	阿根廷	巴西	印度	印度尼西亚	墨西哥	俄罗斯	沙特阿拉伯	南非	土耳其	最高分	最低分	平均分
2002年	创新环境竞争力	39.5	14.6	18.0	22.7	19.2	37.7	30.4	21.7	29.4	32.1	39.5	14.6	26.5
		10	19	18	15	17	11	13	16	14	12	—	—	—
	宽带用户比例	1.1	1.8	1.8	0.0	0.1	1.0	0.0	0.7	0.0	0.1	1.8	0.0	0.7
		12	11	10	18	16	13	17	14	19	15	—	—	—
	手机用户比例	15.8	17.4	19.6	0.0	4.5	25.6	11.8	23.4	30.2	37.4	37.4	0.0	18.6
		16	15	14	19	18	12	17	13	11	9	—	—	—
	企业开业程序	64.8	25.2	0.0	64.5	13.3	93.5	87.8	6.3	36.6	55.7	93.5	0.0	44.8
		10	16	19	11	17	4	7	18	15	12	—	—	—
	企业平均税负水平	41.7	0.0	44.6	55.8	81.3	60.2	63.4	100.0	76.0	66.2	100.0	0.0	58.9
		17	19	15	14	2	12	10	1	5	7	—	—	—
	在线公共服务指数	13.3	40.6	32.1	6.0	14.4	43.4	17.8	0.0	30.1	28.5	43.4	0.0	22.6
		17	11	12	18	16	10	15	19	13	14	—	—	—
	ISO9001质量体系认证数	100.0	2.3	9.8	10.0	1.8	2.6	1.5	0.0	3.5	4.5	100.0	0.0	13.6
		1	16	12	11	17	15	18	19	14	13	—	—	—
2003年	创新环境竞争力	40.3	14.8	17.7	22.5	19.3	37.8	32.3	23.0	30.0	32.7	40.3	14.8	27.0
		10	19	18	16	17	11	13	15	14	12	—	—	—
	宽带用户比例	3.7	2.9	2.2	0.0	0.1	1.7	1.0	0.8	0.1	1.2	3.7	0.0	1.4
		10	11	12	19	18	13	15	16	17	14	—	—	—
	手机用户比例	18.6	18.4	23.7	0.0	5.7	26.9	23.2	30.7	34.2	41.4	41.4	0.0	22.3
		16	17	14	19	18	13	15	12	11	9	—	—	—
	企业开业程序	64.8	25.2	0.0	64.5	13.3	93.5	87.8	6.3	36.6	55.7	93.5	0.0	44.8
		10	16	19	11	17	4	7	18	15	12	—	—	—
	企业平均税负水平	41.7	0.0	44.6	55.8	81.3	60.2	63.4	100.0	76.0	66.2	100.0	0.0	58.9
		17	19	15	14	2	12	10	1	5	7	—	—	—
	在线公共服务指数	13.3	40.6	32.1	6.0	14.4	43.4	17.8	0.0	30.1	28.5	43.4	0.0	22.6
		17	11	12	18	16	10	15	19	13	14	—	—	—
	ISO9001质量体系认证数	100.0	1.6	3.9	8.4	1.1	1.2	0.7	0.0	3.0	3.1	100.0	0.0	12.3
		1	15	12	11	17	16	18	19	14	13	—	—	—

续表

项目 \ 国家		中国	阿根廷	巴西	印度	印度尼西亚	墨西哥	俄罗斯	沙特阿拉伯	南非	土耳其	最高分	最低分	平均分
2004年	创新环境竞争力	40.6	24.1	20.1	21.6	17.7	38.4	37.2	23.6	28.7	38.3	40.6	17.7	29.0
		10	15	18	17	19	11	13	16	14	12	—	—	—
	宽带用户比例	7.6	5.6	6.9	0.0	0.1	3.9	1.8	1.1	0.4	3.4	7.6	0.0	3.1
		10	12	11	19	18	13	15	16	17	14	—	—	—
	手机用户比例	20.3	29.5	30.1	0.0	8.7	30.5	45.3	34.0	37.6	45.9	45.9	0.0	28.2
		17	16	15	19	18	14	10	13	12	9	—	—	—
	企业开业程序	64.8	68.3	0.0	64.5	13.3	93.5	87.8	6.3	36.6	91.0	93.5	0.0	52.6
		13	12	19	14	17	5	10	18	16	6	—	—	—
	企业平均税负水平	41.7	0.0	44.6	55.8	81.3	60.2	63.4	100.0	76.0	66.2	100.0	0.0	58.9
		17	19	15	14	2	12	10	1	5	7	—	—	—
	在线公共服务指数	9.4	38.2	34.4	0.4	1.0	39.8	22.0	0.0	19.8	19.6	39.8	0.0	18.5
		16	11	12	18	17	10	13	19	14	15	—	—	—
	ISO9001质量体系认证数	100.0	2.8	4.3	9.2	2.1	2.3	2.6	0.0	2.1	3.5	100.0	0.0	12.9
		1	14	12	9	18	15	11	19	17	13	—	—	—
2005年	创新环境竞争力	43.5	27.5	22.0	23.5	18.0	39.4	42.3	27.7	32.9	40.8	43.5	18.0	31.8
		10	16	18	17	19	13	11	15	14	12	—	—	—
	宽带用户比例	11.1	9.3	6.7	0.3	0.0	6.9	4.2	0.9	1.2	9.2	11.1	0.0	5.0
		10	11	14	18	19	13	15	17	16	12	—	—	—
	手机用户比例	19.3	42.9	33.6	0.0	11.3	31.3	66.6	45.2	54.2	49.6	66.6	0.0	35.4
		17	13	15	19	18	16	5	12	9	11	—	—	—
	企业开业程序	64.8	68.3	0.0	64.5	13.3	93.5	87.8	14.7	40.2	91.0	93.5	0.0	53.8
		14	13	19	15	17	5	10	17	16	6	—	—	—
	企业平均税负水平	41.7	0.0	44.6	55.8	81.3	60.2	63.4	100.0	76.0	66.2	100.0	0.0	58.9
		17	19	15	14	2	12	10	1	5	7	—	—	—
	在线公共服务指数	24.0	41.1	41.2	3.5	0.0	42.8	28.8	5.5	24.0	21.8	42.8	0.0	23.3
		14	12	11	18	19	10	13	17	15	16	—	—	—
	ISO9001质量体系认证数	100.0	3.4	5.5	16.8	2.4	1.6	3.0	0.0	1.8	7.2	100.0	0.0	14.2
		1	14	13	7	16	18	15	19	17	12	—	—	—

续表

项目＼国家		中国	阿根廷	巴西	印度	印度尼西亚	墨西哥	俄罗斯	沙特阿拉伯	南非	土耳其	最高分	最低分	平均分
2006年	创新环境竞争力	44.6	30.3	22.7	25.8	18.0	39.6	45.6	36.2	32.9	41.9	45.6	18.0	33.8
		11	16	18	17	19	13	10	14	15	12	—	—	—
	宽带用户比例	13.1	13.7	8.5	0.4	0.0	9.3	6.8	2.8	2.1	13.8	13.8	0.0	7.0
		12	11	14	18	19	13	15	16	17	10	—	—	—
	手机用户比例	16.7	53.7	31.7	0.0	11.1	29.6	74.6	54.1	54.2	51.1	74.6	0.0	37.7
		17	10	15	19	18	16	3	9	8	13	—	—	—
	企业开业程序	64.8	68.3	0.0	64.5	13.3	93.5	87.8	44.6	40.2	91.0	93.5	0.0	56.8
		14	13	19	15	18	5	10	16	17	6	—	—	—
	企业平均税负水平	41.5	0.0	44.4	55.7	81.0	60.0	63.2	100.0	76.3	66.5	100.0	0.0	58.9
		17	19	15	14	2	13	10	1	5	8	—	—	—
	在线公共服务指数	31.4	41.9	46.6	9.4	0.0	42.5	37.8	15.6	23.3	21.7	46.6	0.0	27.0
		14	12	10	18	19	11	13	17	15	16	—	—	—
	ISO9001 质量体系认证数	100.0	4.5	5.1	24.9	2.5	2.4	3.5	0.0	1.6	7.2	100.0	0.0	15.2
		1	14	13	6	16	17	15	19	18	11	—	—	—
2007年	创新环境竞争力	45.9	32.7	24.4	25.8	18.6	39.8	47.6	45.1	32.0	43.4	47.6	18.6	35.5
		11	15	18	17	19	14	10	12	16	13	—	—	—
	宽带用户比例	15.8	21.0	12.5	0.0	0.2	12.7	10.6	7.4	1.7	22.1	22.1	0.0	10.4
		12	11	14	19	18	13	15	16	17	10	—	—	—
	手机用户比例	16.1	61.8	33.1	0.0	15.4	30.2	75.8	70.4	49.4	52.6	75.8	0.0	40.5
		17	7	14	19	18	16	3	5	11	10	—	—	—
	企业开业程序	64.8	68.3	0.0	64.5	13.3	93.5	87.8	70.9	40.2	91.0	93.5	0.0	59.4
		15	14	19	16	18	5	10	13	17	6	—	—	—
	企业平均税负水平	41.5	0.0	44.4	55.7	81.0	60.0	63.2	100.0	76.8	67.3	100.0	0.0	59.0
		17	19	15	14	3	13	9	1	5	8	—	—	—
	在线公共服务指数	37.2	41.1	49.1	13.2	0.0	41.2	42.7	22.0	22.9	21.3	49.1	0.0	29.1
		14	13	9	18	19	12	11	16	15	17	—	—	—
	ISO9001 质量体系认证数	100.0	3.9	7.0	21.6	1.8	1.6	5.2	0.0	1.3	5.8	100.0	0.0	14.8
		1	13	10	4	16	17	12	19	18	11	—	—	—

续表

项目 \ 国家		中国	阿根廷	巴西	印度	印度尼西亚	墨西哥	俄罗斯	沙特阿拉伯	南非	土耳其	最高分	最低分	平均分
2008年	创新环境竞争力	44.1	34.4	23.9	22.7	21.2	41.4	49.0	49.1	34.7	43.7	49.1	21.2	36.4
		12	16	17	18	19	14	11	10	15	13	—	—	—
	宽带用户比例	18.5	23.5	15.4	0.1	0.0	20.0	19.6	11.7	1.4	25.0	25.0	0.0	13.5
		14	11	15	18	19	12	13	16	17	10	—	—	—
	手机用户比例	15.2	70.2	40.0	0.0	24.9	30.3	89.9	89.4	49.1	52.5	89.9	0.0	46.1
		18	6	14	19	17	15	2	3	11	8	—	—	—
	企业开业程序	64.4	67.3	0.0	64.1	13.2	93.0	87.3	70.5	49.5	90.5	93.0	0.0	60.0
		15	14	19	16	18	5	10	13	17	7	—	—	—
	企业平均税负水平	41.5	0.0	44.4	55.7	81.0	60.0	63.2	100.0	79.8	67.6	100.0	0.0	59.3
		17	19	15	14	2	13	9	1	3	8	—	—	—
	在线公共服务指数	24.9	42.0	38.6	0.0	6.1	43.0	27.0	23.2	26.9	21.1	43.0	0.0	25.3
		15	11	12	19	18	10	13	16	14	17	—	—	—
	ISO9001质量体系认证数	100.0	3.5	5.0	16.6	2.2	1.8	6.8	0.0	1.3	5.5	100.0	0.0	14.3
		1	14	13	6	16	17	10	19	18	11	—	—	—
2009年	创新环境竞争力	43.5	34.6	22.4	22.3	20.7	39.8	53.3	52.1	32.3	41.5	53.3	20.7	36.3
		12	15	17	18	19	14	10	11	16	13	—	—	—
	宽带用户比例	21.7	24.5	16.6	0.0	0.4	23.7	25.8	14.6	0.9	25.9	25.9	0.0	15.4
		14	12	15	19	18	13	11	16	17	10	—	—	—
	手机用户比例	9.6	68.3	34.9	0.0	20.1	23.0	94.0	100.0	38.3	35.8	100.0	0.0	42.4
		18	5	14	19	17	15	2	1	10	13	—	—	—
	企业开业程序	64.4	73.2	0.0	64.1	13.2	93.0	87.3	70.5	49.5	90.5	93.0	0.0	60.6
		15	13	19	16	18	5	10	14	17	6	—	—	—
	企业平均税负水平	41.6	0.0	44.5	55.7	81.1	60.0	63.3	100.0	83.5	68.9	100.0	0.0	59.9
		18	19	15	14	3	13	11	1	2	7	—	—	—
	在线公共服务指数	23.9	40.2	33.8	0.0	7.7	37.5	29.4	27.6	20.9	22.8	40.2	0.0	24.4
		15	10	12	19	18	11	13	14	16	17	—	—	—
	ISO9001质量体系认证数	100.0	1.3	4.8	14.2	1.7	1.5	20.3	0.0	0.9	4.9	100.0	0.0	15.0
		1	17	12	7	15	16	4	19	18	11	—	—	—

续表

项目 ＼ 国家		中国	阿根廷	巴西	印度	印度尼西亚	墨西哥	俄罗斯	沙特阿拉伯	南非	土耳其	最高分	最低分	平均分
2010年	创新环境竞争力	42.4	33.2	21.9	22.1	21.0	37.0	52.9	52.8	29.7	38.6	52.9	21.0	35.1
		12	15	18	17	19	14	10	11	16	13	—	—	—
	宽带用户比例	24.8	26.3	18.6	0.0	0.1	24.0	29.8	15.8	1.6	26.4	29.8	0.0	16.7
		13	12	15	19	18	14	10	16	17	11	—	—	—
	手机用户比例	1.6	61.0	30.7	0.0	20.5	13.2	82.7	100.0	28.8	19.1	100.0	0.0	35.8
		18	4	9	19	14	16	2	1	10	15	—	—	—
	企业开业程序	64.4	73.8	0.0	64.1	13.2	93.0	87.3	70.5	49.5	90.5	93.0	0.0	60.6
		15	13	19	16	18	6	10	14	17	7	—	—	—
	企业平均税负水平	41.6	0.0	44.6	55.8	81.1	60.1	63.3	100.0	83.3	68.9	100.0	0.0	59.9
		18	19	15	14	5	13	11	1	3	7	—	—	—
	在线公共服务指数	21.7	36.4	27.6	0.0	8.8	30.3	30.1	30.2	14.2	23.2	36.4	0.0	22.3
		16	10	14	19	18	11	13	12	17	15	—	—	—
	ISO9001 质量体系认证数	100.0	1.5	10.0	12.8	2.0	1.2	24.0	0.0	3.7	—	100.0	0.0	15.6
		1	16	9	7	15	17	3	19	18	12	—	—	—
2011年	创新环境竞争力	43.5	34.3	25.3	21.8	22.5	37.2	49.0	54.8	32.1	38.7	54.8	21.8	35.9
		12	15	17	19	18	14	11	10	16	13	—	—	—
	宽带用户比例	29.8	28.4	22.7	0.0	0.1	24.8	32.3	16.8	1.9	26.6	32.3	0.0	18.3
		11	12	15	19	18	14	10	16	17	13	—	—	—
	手机用户比例	0.4	62.0	38.7	0.0	25.1	6.5	59.0	100.0	42.5	14.5	100.0	0.0	34.9
		18	3	7	19	14	16	4	1	5	15	—	—	—
	企业开业程序	64.4	73.8	0.0	64.1	13.2	93.0	87.3	70.5	49.5	90.5	93.0	0.0	60.6
		15	13	19	16	18	7	11	14	17	8	—	—	—
	企业平均税负水平	41.6	0.0	44.6	55.8	81.1	60.1	63.3	100.0	81.6	72.6	100.0	0.0	60.1
		18	19	15	14	4	13	11	1	3	7	—	—	—
	在线公共服务指数	24.9	40.3	35.4	0.0	14.8	37.4	47.6	41.3	16.7	25.0	47.6	0.0	28.3
		16	12	14	19	18	13	11	10	17	15	—	—	—
	ISO9001 质量体系认证数	100.0	1.2	10.4	10.9	0.9	1.2	4.5	0.0	0.7	3.0	100.0	0.0	13.3
		1	15	8	6	17	16	11	19	18	13	—	—	—

续表

项目	国家	中国	阿根廷	巴西	印度	印度尼西亚	墨西哥	俄罗斯	沙特阿拉伯	南非	土耳其	最高分	最低分	平均分
2012年	创新环境竞争力	46.1	37.3	28.1	21.7	25.9	39.7	53.9	57.8	34.4	39.5	57.8	21.7	38.4
		12	15	17	19	18	13	11	10	16	14	—	—	—
	宽带用户比例	31.7	30.3	22.9	0.0	0.0	26.4	36.7	20.7	2.5	25.7	36.7	0.0	19.7
		11	12	15	19	18	13	10	16	17	14	—	—	—
	手机用户比例	10.9	74.1	48.7	0.0	39.4	13.1	67.3	100.0	53.3	19.6	100.0	0.0	42.6
		17	3	6	19	9	16	4	1	5	15	—	—	—
	企业开业程序	64.4	73.8	0.0	64.1	13.2	93.0	87.3	74.1	49.5	90.5	93.0	0.0	61.0
		15	14	19	16	18	7	11	13	17	8	—	—	—
	企业平均税负水平	41.7	0.0	44.6	55.8	81.1	60.1	63.4	100.0	81.4	72.5	100.0	0.0	60.1
		17	19	15	14	4	13	11	1	3	7	—	—	—
	在线公共服务指数	28.1	44.0	42.9	0.0	20.5	44.2	64.5	51.9	19.1	26.6	64.5	0.0	34.2
		15	13	14	19	17	12	9	11	18	16	—	—	—
	ISO9001质量体系认证数	100.0	1.8	9.4	10.5	1.3	1.3	4.1	0.0	0.7	2.2	100.0	0.0	13.1
		1	15	10	7	18	16	11	19	18	13	—	—	—
2013年	创新环境竞争力	48.7	39.6	30.7	23.3	27.6	39.8	56.4	58.2	38.0	40.8	58.2	23.3	40.3
		12	15	17	19	18	14	11	10	16	13	—	—	—
	宽带用户比例	33.0	35.7	24.8	0.0	0.3	24.4	40.6	22.7	4.9	27.9	40.6	0.0	21.4
		12	11	14	19	18	15	10	16	17	13	—	—	—
	手机用户比例	18.1	82.4	59.8	0.0	50.9	16.5	76.6	100.0	68.2	20.9	100.0	0.0	49.3
		16	3	6	19	7	17	4	1	5	15	—	—	—
	企业开业程序	64.4	73.8	0.0	64.1	13.2	93.0	87.3	73.5	49.5	90.5	93.0	0.0	60.9
		15	13	19	16	18	7	11	14	17	8	—	—	—
	企业平均税负水平	48.3	0.0	50.9	60.8	83.2	64.6	67.5	100.0	86.5	75.9	100.0	0.0	63.8
		17	19	16	14	4	13	10	1	3	7	—	—	—
	在线公共服务指数	28.4	44.0	40.7	0.0	16.0	38.9	63.0	53.2	18.7	27.6	63.0	0.0	33.1
		15	12	13	19	18	14	9	10	11	17	16	—	—
	ISO9001质量体系认证数	100.0	1.7	7.8	15.1	2.2	1.2	3.7	0.0	0.5	1.9	100.0	0.0	13.4
		1	16	9	6	14	17	11	19	18	15	—	—	—

续表

项目	国家	中国	阿根廷	巴西	印度	印度尼西亚	墨西哥	俄罗斯	沙特阿拉伯	南非	土耳其	最高分	最低分	平均分
2014年	创新环境竞争力	50.8	37.4	32.4	23.3	32.3	38.9	58.1	58.2	38.7	41.1	58.2	23.3	41.1
		12	16	17	19	18	14	11	10	15	13	—	—	—
	宽带用户比例	33.7	35.6	26.8	0.0	0.3	23.6	41.1	22.0	4.9	26.2	41.1	0.0	21.4
		12	11	13	19	18	15	10	16	17	14	—	—	—
	手机用户比例	19.9	70.6	65.6	0.0	55.5	11.7	82.1	100.0	73.6	20.7	100.0	0.0	50.0
		16	5	6	19	7	17	2	1	4	15	—	—	—
	企业开业程序	66.8	72.9	0.0	59.9	38.3	92.7	88.9	72.5	46.4	89.5	92.7	0.0	62.8
		15	13	19	16	18	8	11	14	17	9	—	—	—
	企业平均税负水平	56.0	0.0	58.1	66.7	86.3	69.7	72.1	100.0	88.4	79.2	100.0	0.0	67.7
		17	19	16	14	4	13	11	1	3	7	—	—	—
	在线公共服务指数	28.7	43.9	38.6	0.0	11.6	33.7	61.5	54.5	18.4	28.6	61.5	0.0	32.0
		15	12	13	19	18	14	10	11	17	16	—	—	—
	ISO9001质量体系认证数	100.0	1.4	5.4	13.2	1.5	1.6	3.0	0.0	0.4	2.2	100.0	0.0	12.9
		1	16	9	5	15	14	12	19	18	13	—	—	—
2015年	创新环境竞争力	53.0	38.5	30.7	24.1	33.5	39.0	59.8	58.7	41.7	40.8	59.8	24.1	42.0
		12	16	18	19	17	15	10	11	13	14	—	—	—
	宽带用户比例	45.9	35.9	27.4	0.0	0.6	25.8	43.1	24.8	3.1	26.9	45.9	0.0	23.3
		10	12	13	19	18	15	11	16	17	14	—	—	—
	手机用户比例	17.6	72.6	53.6	0.0	60.4	10.0	89.7	100.0	91.0	19.4	100.0	0.0	51.4
		16	5	8	19	6	17	3	1	2	15	—	—	—
	企业开业程序	67.0	72.8	0.0	66.3	45.2	91.8	89.0	74.2	47.3	88.8	91.8	0.0	64.2
		15	14	19	16	18	8	10	13	17	11	—	—	—
	企业平均税负水平	56.9	0.0	58.7	67.0	88.0	69.9	73.9	100.0	88.7	79.1	100.0	0.0	68.2
		18	19	17	14	4	13	9	1	3	7	—	—	—
	在线公共服务指数	30.8	48.6	39.5	0.0	5.0	34.9	61.0	53.0	19.6	29.0	61.0	0.0	32.1
		15	12	13	19	18	14	10	11	17	16	—	—	—
	ISO9001质量体系认证数	100.0	1.4	5.0	11.5	1.9	1.5	2.1	0.0	0.5	1.9	100.0	0.0	12.6
		1	16	9	6	13	15	12	19	18	14	—	—	—

续表

项目 \ 国家		中国	阿根廷	巴西	印度	印度尼西亚	墨西哥	俄罗斯	沙特阿拉伯	南非	土耳其	最高分	最低分	平均分
2016年	创新环境竞争力	52.2	40.6	27.1	22.6	40.3	36.7	59.3	55.8	40.1	39.1	59.3	22.6	41.4
		12	13	18	19	14	17	10	11	15	16	—	—	—
	宽带用户比例	52.2	36.4	27.8	0.0	1.4	27.1	42.8	21.2	1.6	28.5	52.2	0.0	23.9
		10	12	14	19	18	15	11	16	17	13	—	—	—
	手机用户比例	16.8	81.4	44.1	0.6	84.6	3.8	100.0	85.7	83.8	13.0	100.0	0.6	51.4
		15	5	12	18	3	17	1	2	4	16	—	—	—
	企业开业程序	68.6	71.6	0.0	66.7	71.1	91.5	89.4	78.0	46.3	89.5	91.5	0.0	67.3
		16	14	19	17	15	9	11	13	18	10	—	—	—
	企业平均税负水平	41.9	0.0	45.1	55.1	83.5	59.8	64.9	100.0	85.5	72.0	100.0	0.0	60.8
		18	19	17	14	4	13	9	1	3	7	—	—	—
	在线公共服务指数	33.8	53.0	40.3	3.4	0.0	36.4	58.0	49.7	22.7	30.1	58.0	0.0	32.7
		15	11	13	18	19	14	10	12	17	16	—	—	—
	ISO9001质量体系认证数	100.0	1.4	5.3	10.0	1.5	1.3	0.8	0.0	0.7	1.3	100.0	0.0	12.2
		1	13	9	6	12	14	17	19	18	15	—	—	—
2017年	创新环境竞争力	57.1	39.0	27.8	23.4	43.5	37.4	60.8	48.2	43.0	42.6	60.8	23.4	42.3
		11	16	18	19	13	17	9	12	14	15	—	—	—
	宽带用户比例	62.8	38.6	29.4	0.0	2.4	28.2	47.8	14.8	1.5	31.7	62.8	0.0	25.7
		9	12	14	19	17	15	11	16	18	13	—	—	—
	手机用户比例	22.7	68.0	33.8	1.0	100.0	2.5	91.1	45.4	88.7	12.5	100.0	1.0	46.6
		15	5	12	18	1	17	2	9	3	16	—	—	—
	企业开业程序	73.6	71.6	0.0	65.1	73.3	91.5	89.4	79.9	46.3	89.5	91.5	0.0	68.0
		14	16	19	17	15	9	11	13	18	10	—	—	—
	企业平均税负水平	42.9	0.0	45.3	55.1	84.2	59.7	64.8	100.0	85.4	72.1	100.0	0.0	61.0
		18	19	17	15	4	14	10	1	3	7	—	—	—
	在线公共服务指数	40.9	54.7	54.5	10.8	0.0	41.1	71.4	49.0	35.8	48.9	71.4	0.0	40.7
		16	11	12	18	19	15	10	13	17	14	—	—	—
	ISO9001质量体系认证数	100.0	1.1	3.8	8.7	1.3	1.3	0.3	0.0	0.5	1.0	100.0	0.0	11.8
		1	14	9	6	13	13	18	19	17	15	—	—	—

注:各国家对应的两行数列中,上一行为指标得分,下一行为指标在二十国集团中的排名。这里的最高分和最低分分别是指新兴经济体中的最高得分和最低得分。由于评价得分是基于二十国集团中19个国家进行评价得到的,因此有时候最高分并不一定是100分,最低分也不一定是0分。如果出现最高分不为100分或最低分不为0分的情况,则说明发达国家中还有得分更高或更低的国家。

（单位：位）

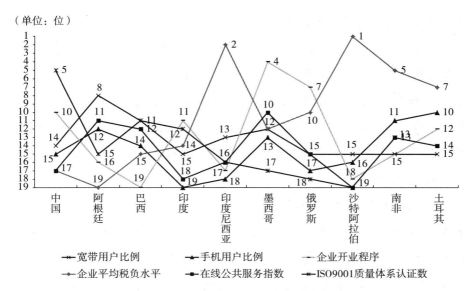

图 5-11　2000 年新兴经济体创新环境竞争力三级指标排名比较

（单位：位）

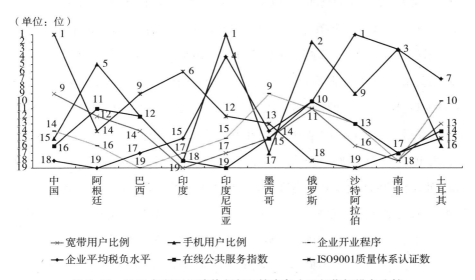

图 5-12　2017 年新兴经济体创新环境竞争力三级指标排名比较

由表 5-9 可以看出，2000—2017 年，新兴经济体创新环境竞争力的平均分提高了 17.7 分，最高分提高了 24.5 分，最低分提高了 7.7 分，说明新兴经济体的创新环境竞争力有较大幅度的提高。反映在三级指标上，则是 6 个三级指标的平均得分都有所上升,其中手机用户比例的得分上升最快,平均分上升了 32.6 分;宽带用户比例、企业开业程序、在线公共服务指数的得分上升得也比较快,平均分分别上升了 25.3 分、23.2 分和 18.1 分;企业平均税负水平、ISO9001 质量体系认证数的得分上升得比较慢,平均分分别上升了 2.0 分和 4.7 分。由此可见,新兴经济体创新环境竞争力的提高主要来源于手机用户比例、宽带用户比例、企业开业程序、在线公共服务指数四个方面的提高,而其余指标的贡献较小。

从各国的情况来看,2000 年,在 10 个新兴经济体中,墨西哥创新环境竞争力 6 个三级指标中有 2 个指标的得分是最高的,其他指标得分也不低,使得它的创新环境竞争力得分在新兴经济体中最高。2017 年,俄罗斯的 5 个三级指标得分都比较高,使得它的创新环境竞争力得分达到 60.8 分,在新兴经济体中最高。与它们形成鲜明对比的是印度,2017 年,6 个三级指标中,有 4 个指标排在最末 3 位,虽然有 1 个指标排在第 6 位,但创新环境竞争力仍然排在最末位。

由图 5-11 和图 5-12 则可以更直观地看出创新环境竞争力与其三级指标之间的关系。2000 年,阿根廷、巴西、印度、印度尼西亚、沙特阿拉伯的多个三级指标的排位比较靠后,使得它们整体的创新环境竞争力在新兴经济体中的排位也比较靠后。与之相反的是墨西哥,有 1 个三级指标排在第 4 位,1 个三级指标排在第 10 位,2 个三级指标排在第 12 位,1 个三级指标排在第 13 位,排名相对靠前,使得它的创新环境竞争力排在新兴经济体的第 1 位。2017 年的情况与 2000 年类似,有较多三级指标排位靠前的国家其创新环境竞争力排位也比较靠前。

通过以上分析可知,2000—2017 年新兴经济体创新环境竞争力的整体水平呈快速上升趋势,这主要是由手机用户比例、宽带用户比例、企业开业程序、在线公共服务指数四个方面的提高推动的,其余指标的贡献较小。但从各国的情况来看,要想有较高的创新环境竞争力,各个方面都应该有较好的表现,需要协调发展,某个方面的"短板"将极大地拖累整体创新环境竞争力的得分和排名。因此,在今后的发展过程中,新兴经济体应该继续加强优势领域的工作,但同时也要注意加大对薄弱领域的关注,寻找突破点,不断努力,实现各个方面的协调发展,共同进步,这样才能实现创新环境竞争力的有效、快速提升。

四、新兴经济体创新投入竞争力比较分析

1. 新兴经济体创新投入竞争力得分比较

根据创新竞争力的指标体系和数学模型,对 2000—2017 年二十国集团创新投入竞争力进行了评价。表 5-10 列出了 2000—2017 年二十国集团中 10 个新兴经济体的创新投入竞争力得分及其变化情况;图 5-13 和图 5-14 则更直观地展现了 2000 年和 2017 年 10 个新兴经济体创新投入竞争力的得分情况,便于对它们进行比较。

表 5-10 2000—2017 年新兴经济体创新投入竞争力得分及其变化

(单位:分)

国家\年份	中国	阿根廷	巴西	印度	印度尼西亚	墨西哥	俄罗斯	沙特阿拉伯	南非	土耳其	最高分	最低分	平均分	标准差
2000	30.0	5.3	15.9	10.7	1.7	4.6	29.9	0.2	16.2	11.0	30.0	0.2	12.5	10.7
2001	31.5	6.8	17.1	12.2	0.7	7.1	32.7	0.3	16.8	13.2	32.7	0.3	13.8	11.2
2002	32.9	6.8	16.9	12.0	0.7	9.2	32.4	0.3	16.6	12.1	32.9	0.3	14.0	11.3
2003	33.9	7.9	17.5	11.8	0.7	9.2	30.7	0.3	16.5	11.2	33.9	0.3	14.0	11.2
2004	37.5	9.3	18.1	12.1	0.7	10.5	29.8	0.2	15.6	12.0	37.5	0.2	14.6	11.7
2005	41.3	9.5	18.4	12.7	0.6	11.3	27.7	0.1	14.0	14.0	41.3	0.1	15.0	12.2
2006	42.2	9.4	17.6	12.3	0.6	11.4	26.8	0.2	14.3	14.8	42.2	0.2	14.9	12.3
2007	43.2	9.7	17.6	11.9	0.5	10.0	26.6	0.2	13.6	16.8	43.2	0.2	15.0	12.6
2008	45.0	9.5	18.6	12.0	0.4	8.7	25.4	0.3	13.4	16.7	45.0	0.3	15.0	13.1
2009	45.4	10.5	19.1	12.8	0.1	9.7	26.8	0.3	13.7	16.5	45.4	0.1	15.5	13.2
2010	47.3	10.4	20.2	13.1	0.0	9.1	25.3	12.2	12.2	17.5	47.3	0.0	16.7	12.7
2011	48.8	10.2	19.4	12.6	0.0	8.6	24.1	12.3	11.5	17.3	48.8	0.0	16.5	13.1
2012	50.1	10.3	18.2	12.1	0.0	5.6	22.9	11.8	11.1	17.9	50.1	0.0	16.0	13.6
2013	51.7	10.1	18.0	11.9	0.0	4.8	22.8	10.9	11.1	18.7	51.7	0.0	16.1	14.2

国家 年份	中国	阿根廷	巴西	印度	印度 尼西亚	墨西哥	俄罗斯	沙特 阿拉伯	南非	土耳其	最高分	最低分	平均分	标准差
2014	51.8	9.6	19.4	11.6	0.0	4.3	21.9	10.1	11.5	18.7	51.8	0.0	15.9	14.3
2015	52.0	8.6	18.5	10.8	8.4	2.8	19.6	8.8	10.3	17.8	52.0	2.8	15.8	13.8
2016	52.8	6.1	18.2	11.0	8.6	3.1	19.5	8.0	10.8	19.2	52.8	3.1	15.7	14.2
2017	53.3	12.7	25.0	11.6	9.1	2.4	20.2	8.1	11.4	19.9	53.3	2.4	17.4	14.3
分值变化	23.3	7.4	9.1	0.9	7.4	-2.2	-9.7	7.9	-4.8	8.9	23.3	2.2	4.8	3.6

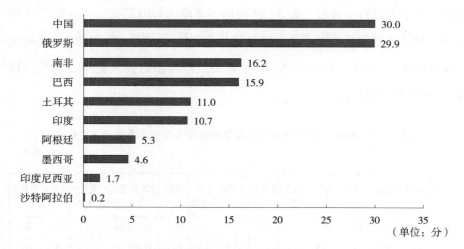

图 5-13　2000 年新兴经济体创新投入竞争力得分情况

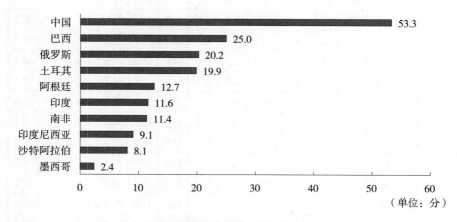

图 5-14　2017 年新兴经济体创新投入竞争力得分情况

由表 5-10 可知,2000—2017 年,新兴经济体的创新投入竞争力水平呈波动上升趋势,平均分从 12.5 分波动上升到 17.3 分,上升了 4.8 分。此外,各国的创新投入竞争力水平差异很大。中国的创新投入竞争力得分遥遥领先于其他国家,除了 2001 年外,其余各年均排在新兴经济体的第 1 位;而印度尼西亚和沙特阿拉伯的创新投入竞争力得分远远低于其他国家,基本上一直排在新兴经济体的最末两位。2000 年,中国的创新投入竞争力得分为 30.0 分,是最后一名印度尼西亚的 17.6 倍;2017 年,中国的创新投入竞争力得分为 53.3 分,是第 2 位巴西的 2.1 倍,是最后一名墨西哥的 22.2 倍。各国创新投入竞争力的差距有所扩大,标准差由 10.7 上升到 14.3。

从得分变化情况来看,2000—2017 年,中国的创新投入竞争力得分上升最快,得分上升了 23.3 分,其余各国上升的幅度都在 10 分以下,而墨西哥、俄罗斯、南非的得分出现了下降,其中俄罗斯下降得最快,下降了 9.7 分。

由图 5-13 和图 5-14 可知,2000 年,新兴经济体创新投入竞争力的平均得分为 12.5 分,得分高于平均分的国家有 4 个,分别为中国、俄罗斯、南非、巴西;2017 年,新兴经济体创新投入竞争力的平均得分上升为 17.3 分,得分高于平均分的国家有 4 个,分别为中国、巴西、俄罗斯、土耳其。

2. 新兴经济体创新投入竞争力排名比较

为了进一步分析新兴经济体内部各国的创新投入竞争力差异情况,表 5-11 列出了 2000—2017 年 10 个新兴经济体分别在新兴经济体内部和二十国集团中的创新投入竞争力排位情况。这里用各国排位来进行差异分析,主要是考虑到通过排位比较,可以清楚地看到各国在新兴经济体内部的位次,以及在二十国集团中的位次,可以从新兴经济体和二十国集团两个维度来分析差异,这样会更全面、客观。同时,结合表 5-10,可以更好地分析新兴经济体内部各国的差异情况。

从新兴经济体内部各国创新投入竞争力的排位情况来看,2000—2017

年,中国的创新投入竞争力基本上一直处于新兴经济体的首位,印度尼西亚、墨西哥、沙特阿拉伯则基本上一直处于最后三位,排位保持不变的国家有中国和印度。排位上升最快的是阿根廷和巴西,均上升了 2 位,印度尼西亚、沙特阿拉伯、土耳其均上升了 1 位,而南非、墨西哥、俄罗斯的排位分别下降了 4位、2 位和 1 位。

从新兴经济体创新投入竞争力在二十国集团中的排位来看,2000—2013年,中国的创新投入竞争力均排在第二方阵,之后一直排在第一方阵,比一些发达国家的排名还更靠前。印度尼西亚、墨西哥、沙特阿拉伯的创新投入竞争力则一直处于二十国集团的最后三位。排位保持不变的国家只有印度。中国的创新投入竞争力排位上升最快,上升了 4 位,阿根廷、巴西的排位均上升了2 位,印度尼西亚、沙特阿拉伯、土耳其均上升了 1 位,而墨西哥、俄罗斯、南非分别下降了 2 位、2 位和 4 位。

表 5-11　2000—2017 年新兴经济体创新投入竞争力排位比较

（单位:分）

项目	国家 年份	中国	阿根廷	巴西	印度	印度尼西亚	墨西哥	俄罗斯	沙特阿拉伯	南非	土耳其
新兴经济体排位	2000	1	7	4	6	9	8	2	10	3	5
	2001	2	8	3	6	9	7	1	10	4	5
	2002	1	8	3	6	9	7	2	10	4	5
	2003	1	8	3	5	9	7	2	10	4	6
	2004	1	8	3	5	9	7	2	10	4	6
	2005	1	8	3	6	9	7	2	10	4	5
	2006	1	8	3	6	9	7	2	10	5	4
	2007	1	8	3	6	9	7	2	10	5	4

续表

项目　年份　国家	中国	阿根廷	巴西	印度	印度尼西亚	墨西哥	俄罗斯	沙特阿拉伯	南非	土耳其
新兴经济体排位 2008	1	7	3	6	9	8	2	10	5	4
2009	1	7	3	6	10	8	2	9	5	4
2010	1	8	3	5	10	9	2	6	7	4
2011	1	8	3	5	10	9	2	6	7	4
2012	1	8	3	5	10	9	2	6	7	4
2013	1	8	4	5	10	9	2	7	6	3
2014	1	8	3	5	10	9	2	7	6	4
2015	1	8	3	5	9	10	2	7	6	4
2016	1	9	4	5	7	10	2	8	6	3
2017	1	5	2	6	8	10	3	9	7	4
排位变化	0	2	2	0	1	-2	-1	1	-4	1
二十国集团排位 2000	9	16	13	15	18	17	10	19	12	14
2001	10	17	12	15	18	16	9	19	13	14
2002	9	17	12	15	18	16	10	19	13	14
2003	9	17	12	14	18	16	10	19	13	15
2004	9	17	12	14	18	16	10	19	13	15
2005	9	17	12	15	18	16	10	19	13	14
2006	9	17	12	15	18	16	10	19	14	13
2007	9	17	12	15	18	16	10	19	14	13

续表

项目 / 国家 / 年份	中国	阿根廷	巴西	印度	印度尼西亚	墨西哥	俄罗斯	沙特阿拉伯	南非	土耳其
2008	8	16	12	15	18	17	11	19	14	13
2009	7	16	12	15	19	17	11	18	14	13
2010	7	17	12	14	19	18	11	15	16	13
2011	7	17	12	14	19	18	11	15	16	13
2012	6	17	12	14	19	18	11	15	16	13
2013	6	17	13	14	19	18	11	16	15	12
2014	5	17	12	14	19	18	11	16	15	13
2015	5	17	12	14	18	19	11	16	15	13
2016	5	18	13	14	16	19	11	17	15	12
2017	5	14	11	15	17	19	12	18	16	13
排位变化	4	2	2	0	1	-2	-2	1	-4	1

（注：二十国集团排位）

3. 新兴经济体创新投入竞争力三级指标的得分及排名比较

表5-12列出了2000—2017年新兴经济体创新投入竞争力的得分和排位变化情况及其下属6个三级指标的得分和排名及其波动情况，图5-15、图5-16直观地表示出了2000年和2017年新兴经济体创新投入竞争力下属三级指标的排位及其变化情况。

表 5-12　2000—2017 年新兴经济体创新投入竞争力评价比较表

（单位：分）

项目 / 国家	中国	阿根廷	巴西	印度	印度尼西亚	墨西哥	俄罗斯	沙特阿拉伯	南非	土耳其	最高分	最低分	平均分
创新投入竞争力的综合变化	23.3	7.3	9.1	0.9	7.4	-2.2	-9.6	7.9	-4.8	8.9	23.3	-9.6	4.8
	4	2	2	0	1	-2	-2	1	-4	1	—	—	—
2000年 创新投入竞争力	30.0	5.3	15.9	10.7	1.7	4.6	29.9	0.2	16.2	11.0	30.0	0.2	12.6
	9	16	13	15	18	17	10	19	12	14			
R&D 经费支出总额	4.0	0.4	2.4	1.3	0.0	0.8	1.0	0.0	0.3	0.4	4.0	0.0	1.1
	9	16	10	12	19	14	13	18	17	15			
R&D 经费支出占 GDP 比重	29.2	13.2	33.0	24.8	0.2	8.6	34.7	0.0	23.0	14.3	34.7	0.0	18.1
	12	16	11	13	18	15	10	19	14	17			
人均 R&D 经费支出	0.7	3.0	3.3	0.3	0.0	1.9	1.6	0.5	1.9	1.8	3.3	0.0	1.5
	16	11	10	18	19	13	15	17	12	14			
R&D 人员	69.1	1.3	6.2	10.5	3.2	0.9	50.8	—	0.0	0.9	69.1	0.0	15.9
	2	15	11	8	12	17	4	0	18	16			
研究人员占从业人员比重	6.9	14.0	7.0	0.0	1.8	2.8	71.6	—	5.7	8.5	71.6	0.0	13.2
	14	11	13	18	17	16	3	0	15	12			
企业研发投入比重	69.8	0.0	43.7	27.1	4.9	12.7	19.5	—	66.2	40.0	69.8	0.0	31.5
	5	18	11	13	17	16	14	0	6	12			
2001年 创新投入竞争力	31.5	6.8	17.1	12.2	0.7	7.1	32.7	0.3	16.8	13.2	32.7	0.3	13.8
	10	17	12	15	18	16	9	19	13	14			
R&D 经费支出总额	4.5	0.4	2.0	1.3	0.0	0.8	1.3	0.0	0.3	0.3	4.5	0.0	1.1
	7	15	11	12	19	14	13	18	17	16			
R&D 经费支出占 GDP 比重	30.5	12.9	33.7	23.9	0.0	9.5	38.6	0.5	22.9	16.4	38.6	0.0	18.9
	12	16	11	13	18	17	9	14	15				
人均 R&D 经费支出	0.9	3.0	3.2	0.3	0.0	2.3	2.4	0.5	1.8	1.6	3.2	0.0	1.6
	16	11	10	18	19	13	12	17	14	15			
R&D 人员	71.8	1.1	6.4	10.4	2.9	0.9	49.2	—	0.0	0.9	71.8	0.0	16.0
	2	15	11	9	14	16	4	0	18	17			
研究人员占从业人员比重	7.5	13.2	7.3	0.0	1.5	3.0	72.1	—	5.6	8.1	72.1	0.0	13.1
	13	11	14	18	17	16	3	0	15	12			
企业研发投入比重	73.5	10.4	49.9	37.5	0.0	26.0	32.4	—	70.5	51.7	73.5	0.0	39.1
	5	17	12	13	18	16	15	0	6	11			

续表

项目 \ 国家		中国	阿根廷	巴西	印度	印度尼西亚	墨西哥	俄罗斯	沙特阿拉伯	南非	土耳其	最高分	最低分	平均分
2002年	创新投入竞争力	32.9	6.8	16.9	12.0	0.7	9.2	32.4	0.3	16.6	12.1	32.9	0.3	14.0
		9	17	12	15	18	16	10	19	13	14	—	—	—
	R&D 经费支出总额	5.5	0.1	1.7	1.3	0.0	1.0	1.5	0.0	0.3	0.4	5.5	0.0	1.2
		6	17	11	13	19	14	12	18	16	15	—	—	—
	R&D 经费支出占 GDP 比重	34.1	11.5	31.3	23.2	0.0	10.8	40.5	0.5	23.3	15.7	40.5	0.0	19.1
		11	16	12	14	19	17	9	18	13	15	—	—	—
	人均 R&D 经费支出	1.2	1.0	2.8	0.3	0.0	2.7	3.0	0.5	1.8	1.9	3.0	0.0	1.5
		15	16	11	18	19	12	10	17	14	13	—	—	—
	R&D 人员	75.9	1.2	6.6	10.2	2.8	1.6	46.3	—	0.0	1.0	75.9	0.0	16.2
		2	16	11	9	14	15	4	0	18	17	—	—	—
	研究人员占从业人员比重	8.7	14.0	7.8	0.0	1.7	5.1	72.0	—	5.7	8.9	72.0	0.0	13.8
		13	11	14	0	17	16	6	0	15	12	—	—	—
	企业研发投入比重	72.2	13.2	51.1	36.9	0.0	33.7	31.0	—	68.4	44.8	72.2	0.0	39.0
		5	17	10	13	18	15	16	0	6	12	—	—	—
2003年	创新投入竞争力	33.9	7.9	17.5	11.8	0.7	9.2	30.7	0.3	16.5	11.2	33.9	0.3	14.0
		9	17	12	14	18	16	10	19	13	15	—	—	—
	R&D 经费支出总额	6.3	0.1	1.9	1.5	0.0	0.9	1.8	0.0	0.4	0.5	6.3	0.0	1.3
		6	17	11	13	19	14	12	18	16	15	—	—	—
	R&D 经费支出占 GDP 比重	35.8	12.1	31.8	22.7	0.0	11.1	41.3	0.5	23.8	14.1	41.3	0.0	19.3
		10	16	12	14	19	17	9	18	13	15	—	—	—
	人均 R&D 经费支出	1.3	1.2	2.8	0.3	0.0	2.4	3.6	0.5	2.6	2.0	3.6	0.0	1.7
		15	16	11	18	19	13	10	17	12	14	—	—	—
	R&D 人员	75.2	1.2	6.8	9.7	2.7	1.7	42.6	—	0.0	1.7	75.2	0.0	15.7
		2	17	11	10	14	15	4	0	18	16	—	—	—
	研究人员占从业人员比重	8.9	13.8	8.2	0.0	1.6	5.5	68.0	—	5.5	12.8	68.0	0.0	13.8
		13	11	14	0	17	16	7	0	15	12	—	—	—
	企业研发投入比重	75.7	19.1	53.4	36.5	0.0	33.4	26.8	—	66.8	35.9	75.7	0.0	38.6
		5	17	10	13	18	15	16	0	6	14	—	—	—

续表

项目 / 国家		中国	阿根廷	巴西	印度	印度尼西亚	墨西哥	俄罗斯	沙特阿拉伯	南非	土耳其	最高分	最低分	平均分
2004年	创新投入竞争力	37.5	9.3	18.1	12.1	0.7	10.5	29.8	0.2	15.6	12.0	37.5	0.2	14.6
		9	17	12	14	18	16	10	19	13	15	—	—	—
	R&D 经费支出总额	7.7	0.2	2.1	1.7	0.0	1.0	2.2	0.0	0.6	0.6	7.7	0.0	1.6
		6	17	12	13	19	14	11	18	16	15	—	—	—
	R&D 经费支出占 GDP 比重	39.1	11.9	30.7	24.1	0.0	11.4	37.0	0.2	25.7	15.2	39.1	0.0	19.5
		9	16	12	14	19	17	10	18	13	15	—	—	—
	人均 R&D 经费支出	1.6	1.5	3.0	0.4	0.0	2.4	4.1	0.5	3.3	2.6	4.1	0.0	1.9
		15	16	12	18	19	14	10	17	11	13	—	—	—
	R&D 人员	82.3	1.1	7.6	9.7	2.4	2.0	42.3	—	0.0	1.5	82.3	0.0	16.5
		2	17	11	10	14	15	4	0	18	16	—	—	—
	研究人员占从业人员比重	9.7	14.7	9.1	0.0	1.6	6.6	65.4	—	7.9	13.4	65.4	0.0	14.3
		13	11	14	18	17	16	2	0	15	12	—	—	—
	企业研发投入比重	84.6	26.6	56.3	36.3	0.0	39.7	27.7	—	56.3	38.5	84.6	0.0	40.7
		4	17	10	15	18	12	16	—	9	14	—	—	—
2005年	创新投入竞争力	41.3	9.5	18.4	12.7	0.6	11.3	27.7	0.1	14.0	14.0	41.3	0.1	15.0
		9	17	12	15	18	16	10	19	13	14	—	—	—
	R&D 经费支出总额	9.1	0.2	2.7	2.0	0.0	2.4	2.4	0.0	0.6	0.8	9.1	0.0	1.9
		6	17	11	13	19	14	12	18	16	15	—	—	—
	R&D 经费支出占 GDP 比重	40.3	12.1	30.6	25.3	0.2	11.3	32.7	0.0	26.2	16.8	40.3	0.0	19.6
		9	16	12	14	18	17	10	19	13	15	—	—	—
	人均 R&D 经费支出	1.9	1.8	4.0	0.5	0.0	2.7	4.8	0.4	3.8	3.5	4.8	0.0	2.3
		15	16	11	17	19	14	10	18	12	13	—	—	—
	R&D 人员	100.0	1.3	7.3	12.7	2.6	2.5	41.1	—	0.0	2.0	100.0	0.0	18.8
		1	17	11	9	14	15	4	0	18	16	—	—	—
	研究人员占从业人员比重	11.2	14.8	7.5	0.0	1.0	6.5	60.3	—	6.2	14.4	60.3	0.0	13.5
		13	11	14	18	17	15	2	9	16	12	—	—	—
	企业研发投入比重	85.2	26.6	58.2	35.7	0.0	43.7	24.9	—	47.5	46.6	85.2	0.0	40.9
		4	16	8	15	18	13	17	0	10	11	—	—	—

续表

项目 \ 国家		中国	阿根廷	巴西	印度	印度尼西亚	墨西哥	俄罗斯	沙特阿拉伯	南非	土耳其	最高分	最低分	平均分
2006年	创新投入竞争力	42.2	9.4	17.6	12.3	0.6	11.4	26.8	0.2	14.3	14.8	42.2	0.2	15.0
		9	17	12	15	18	16	10	19	14	13	—	—	—
	R&D 经费支出总额	10.6	0.3	3.1	2.1	0.0	1.0	3.0	0.0	0.6	0.8	10.6	0.0	2.2
		6	17	11	13	18	14	12	19	16	15	—	—	—
	R&D 经费支出占 GDP 比重	41.0	12.7	29.2	24.1	0.2	10.1	31.8	0.0	26.4	15.9	41.0	0.0	19.1
		9	16	12	14	18	17	11	19	13	15	—	—	—
	人均 R&D 经费支出	2.4	2.2	4.8	0.5	0.0	2.7	6.2	0.5	4.1	3.7	6.2	0.0	2.7
		15	16	11	17	19	14	10	18	12	13	—	—	—
	R&D 人员	100.0	1.4	7.0	11.7	2.3	1.5	37.4	—	0.0	2.0	100.0	0.0	18.1
		1	17	11	9	14	16	4	0	18	15	—	—	—
	研究人员占从业人员比重	12.4	16.1	7.8	0.0		4.4	59.6		6.5	15.9	59.6	0.0	13.7
		13	11	14	18	17	16	9		15	12	—	—	—
	企业研发投入比重	87.1	23.5	53.4	35.1	0.0	48.9	22.6	—	48.3	50.3	87.1	0.0	41.0
		3	16	9	15	18	11	17	0	13	10	—	—	—
2007年	创新投入竞争力	43.2	9.7	17.6	11.9	0.5	10.0	26.6	0.2	13.6	16.8	43.2	0.2	15.0
		9	17	12	15	18	16	10	19	14	13	—	—	—
	R&D 经费支出总额	12.8	0.3	3.9	2.6	0.0	1.1	3.8	0.0	0.6	1.2	12.8	0.0	2.6
		6	17	11	13	18	15	12	19	16	14	—	—	—
	R&D 经费支出占 GDP 比重	40.3	12.6	31.5	23.4	0.1	11.6	32.5	0.0	25.4	19.6	40.3	0.0	19.7
		9	16	12	14	18	17	11	19	13	15	—	—	—
	人均 R&D 经费支出	2.9	2.6	6.2	0.6	0.0	3.1	8.0	0.5	4.1	5.3	8.0	0.0	3.3
		15	16	11	17	19	14	10	18	13	12	—	—	—
	R&D 人员	100.0	1.4	6.2	10.1	2.0	1.3	32.4	—	0.0	2.2	100.0	0.0	17.3
		1	16	11	9	15	17	4	0	18	14	—	—	—
	研究人员占从业人员比重	14.9	18.2	8.1	0.0	0.8	4.5	59.6	—	6.9	18.8	59.6	0.0	14.6
		13	12	14	18	17	16	9		15	11	—	—	—
	企业研发投入比重	88.4	23.1	49.8	34.8	0.0	38.3	23.4	—	44.4	53.6	88.4	0.0	39.5
		3	17	10	15	18	14	16	0	12	9	—	—	—

续表

项目	国家	中国	阿根廷	巴西	印度	印度尼西亚	墨西哥	俄罗斯	沙特阿拉伯	南非	土耳其	最高分	最低分	平均分
2008年	创新投入竞争力	45.0	9.5	18.6	12.0	0.4	8.7	25.4	0.2	13.4	16.7	45.0	0.2	15.0
		8	16	12	15	18	17	11	19	14	13	—	—	—
	R&D 经费支出总额	16.3	0.4	4.6	2.5	0.0	1.2	4.2	0.0	0.6	1.2	16.3	0.0	3.1
		4	17	11	13	19	15	12	18	16	14	—	—	—
	R&D 经费支出占 GDP 比重	42.5	12.9	32.9	24.9	0.0	12.9	30.3	0.0	25.6	19.6	42.5	0.0	20.2
		9	17	11	14	19	16	12	18	13	15	—	—	—
	人均 R&D 经费支出	3.7	3.1	7.3	0.6	0.0	3.4	9.0	0.7	3.7	5.5	9.0	0.0	3.7
		14	16	11	18	19	15	10	17	13	12	—	—	—
	R&D 人员	100.0	1.4	6.1	9.2	1.8	1.2	27.8	—	0.0	2.2	100.0	0.0	16.6
		1	16	11	9	15	17	4	0	18	14	—	—	—
	研究人员占从业人员比重	17.7	20.6	9.1	0.0	0.7	4.5	59.2	—	6.8	20.3	59.2	0.0	15.4
		13	11	14	18	17	16	9	0	15	12	—	—	—
	企业研发投入比重	89.9	18.6	51.7	34.5	0.0	29.0	22.1	—	44.0	51.3	89.9	0.0	37.9
		3	17	9	14	18	15	16	0	13	10	—	—	—
2009年	创新投入竞争力	45.4	10.5	19.1	12.8	0.1	9.7	26.8	0.3	13.7	16.5	45.4	0.1	15.5
		7	16	12	15	19	17	11	18	14	13	—	—	—
	R&D 经费支出总额	20.8	0.4	4.5	2.7	0.0	1.1	3.7	0.0	0.5	1.2	20.8	0.0	3.5
		4	17	11	13	18	15	12	19	16	14	—	—	—
	R&D 经费支出占 GDP 比重	49.3	15.9	32.5	23.9	0.3	13.8	36.6	0.0	23.7	22.9	49.3	0.0	21.9
		9	16	12	13	18	17	10	19	14	15	—	—	—
	人均 R&D 经费支出	4.7	3.5	7.1	0.6	0.0	2.9	8.0	0.8	3.5	5.4	8.0	0.0	3.7
		13	15	11	18	19	16	10	17	14	12	—	—	—
	R&D 人员	90.3	1.8	8.2	11.7	0.1	1.9	34.1	—	0.0	3.1	90.3	0.0	16.8
		2	16	11	9	17	15	4	0	18	14	—	—	—
	研究人员占从业人员比重	13.2	21.8	11.2	1.8	0.0	7.1	58.5	—	8.8	22.9	58.5	0.0	16.1
		13	12	14	17	19	16	9	0	15	11	—	—	—
	企业研发投入比重	94.2	19.5	50.9	36.2	0.0	31.6	19.6	—	45.9	43.4	94.2	0.0	37.9
		2	17	9	14	18	15	16	0	12	13	—	—	—

项目\国家		中国	阿根廷	巴西	印度	印度尼西亚	墨西哥	俄罗斯	沙特阿拉伯	南非	土耳其	最高分	最低分	平均分
2010年	创新投入竞争力	47.3	10.4	20.2	13.1	0.0	9.1	25.3	12.2	12.2	17.5	47.3	0.0	16.7
		7	17	12	14	19	18	11	15	16	13	—	—	—
	R&D 经费支出总额	25.3	0.4	6.1	3.2	0.0	1.2	4.0	1.0	0.5	1.3	25.3	0.0	4.3
		3	18	11	13	19	15	12	16	17	14	—	—	—
	R&D 经费支出占 GDP 比重	48.1	14.1	31.8	21.8	0.0	13.3	30.9	23.7	19.3	21.2	48.1	0.0	22.4
		8	17	11	14	18	18	12	13	16	15	—	—	—
	人均 R&D 经费支出	5.4	4.0	9.2	0.6	0.0	3.3	8.5	12.0	3.7	5.9	12.0	0.0	5.3
		14	15	11	18	19	17	12	10	16	13	—	—	—
	R&D 人员	99.1	2.3	9.8	14.7	0.2	1.7	35.7	—	0.0	3.9	99.1	0.0	18.6
		2	15	11	9	17	16	4	0	18	14	—	—	—
	研究人员占从业人员比重	13.0	22.5	11.8	2.3	0.0	5.6	54.7	—	7.9	23.0	54.7	0.0	15.6
		13	12	14	17	18	16	9	0	15	11	—	—	—
	企业研发投入比重	93.1	19.3	52.8	35.8	0.0	29.7	17.7	—	41.5	49.7	93.1	0.0	37.7
		3	16	9	14	18	15	17	0	13	10	—	—	—
2011年	创新投入竞争力	48.8	10.2	19.4	12.6	0.0	8.6	24.1	12.3	11.5	17.3	48.8	0.0	16.5
		7	17	12	14	19	18	11	15	16	13	—	—	—
	R&D 经费支出总额	31.1	0.5	6.8	3.4	0.0	1.2	4.7	1.2	0.5	1.4	31.1	0.0	5.1
		3	18	10	13	19	15	12	16	17	14	—	—	—
	R&D 经费支出占 GDP 比重	46.2	13.2	28.9	20.4	0.0	11.7	25.4	22.3	17.8	19.6	46.2	0.0	20.6
		8	17	11	14	19	18	12	13	16	15	—	—	—
	人均 R&D 经费支出	6.2	4.4	9.4	0.6	0.0	3.1	9.1	13.5	3.6	5.6	13.5	0.0	5.6
		13	15	11	18	19	17	12	10	16	14	—	—	—
	R&D 人员	100.0	2.3	9.8	13.7	0.1	1.5	33.4	—	0.0	4.1	100.0	0.0	18.3
		1	15	11	9	17	16	4	0	18	14	—	—	—
	研究人员占从业人员比重	13.2	21.8	12.0	2.1	0.0	5.3	51.1	—	7.8	23.0	51.1	0.0	15.1
		13	12	14	17	18	16	9	0	15	11	—	—	—
	企业研发投入比重	95.8	19.1	49.4	35.4	0.0	28.5	21.0	—	39.3	50.4	95.8	0.0	37.7
		2	16	11	14	18	15	16	0	13	10	—	—	—

续表

项目 \ 国家		中国	阿根廷	巴西	印度	印度尼西亚	墨西哥	俄罗斯	沙特阿拉伯	南非	土耳其	最高分	最低分	平均分
2012年	创新投入竞争力	50.1	10.3	18.2	12.1	0.0	5.6	22.9	11.8	11.1	17.9	50.1	0.0	16.0
		6	17	12	14	19	18	11	15	16	13	—	—	—
	R&D 经费支出总额	37.4	0.6	6.2	3.2	0.0	1.2	5.0	1.3	0.5	1.5	37.4	0.0	5.7
		3	17	10	13	19	16	12	15	18	14	—	—	—
	R&D 经费支出占 GDP 比重	46.2	14.0	26.5	18.4	0.0	10.2	23.9	20.1	16.5	19.0	46.2	0.0	19.5
		7	17	11	15	19	18	12	13	16	14	—	—	—
	人均 R&D 经费支出	7.6	5.1	8.7	0.6	0.0	2.9	10.0	14.1	3.3	6.1	14.1	0.0	5.8
		13	15	12	18	19	17	11	10	16	14	—	—	—
	R&D 人员	100.0	2.1	10.0	13.0	0.1	0.6	31.0	—	0.0	4.5	100.0	0.0	17.9
		1	15	11	9	17	16	4		18	14	—	—	—
	研究人员占从业人员比重	13.1	20.6	11.8	2.0	0.0	3.0	47.1	—	7.6	24.1	47.1	0.0	14.4
		13	12	14	17	18	16	9	0	15	11	—	—	—
	企业研发投入比重	96.6	19.3	46.2	35.7	0.0	15.9	20.4	—	38.5	52.2	96.6	0.0	36.1
		3	16	12	14	18	17	15	0	13	9	—	—	—
2013年	创新投入竞争力	51.7	10.1	18.0	11.9	0.0	4.8	22.8	10.9	11.9	18.7	51.7	0.0	16.1
		6	17	13	14	19	18	11	16	15	12	—	—	—
	R&D 经费支出总额	41.7	0.6	6.3	3.1	0.0	1.2	5.0	1.2	0.4	1.5	41.7	0.0	6.1
		2	17	10	13	19	15	12	16	18	14	—	—	—
	R&D 经费支出占 GDP 比重	46.9	13.1	27.3	17.5	0.0	10.2	23.1	18.0	15.8	18.0	46.9	0.0	19.0
		7	17	11	15	19	18	12	14	16	13	—	—	—
	人均 R&D 经费支出	9.3	5.2	9.7	0.6	0.0	3.3	10.9	13.5	3.1	6.7	13.5	0.0	6.2
		13	15	12	18	19	16	11	10	17	14	—	—	—
	R&D 人员	100.0	2.0	10.2	12.4	0.0	0.5	29.1	—	0.1	4.6	100.0	0.0	17.7
		1	15	10	9	18	16	4	0	17	14	—	—	—
	研究人员占从业人员比重	13.8	20.4	12.5	2.0	0.0	3.0	46.7	—	8.1	25.0	46.7	0.0	14.6
		13	12	14	17	18	16	9	—	15	11	—	—	—
	企业研发投入比重	98.2	19.4	42.1	35.9	0.0	10.3	22.1	—	43.7	56.0	98.2	0.0	36.4
		3	16	13	14	18	17	15	0	12	8	—	—	—

续表

年份	项目\国家	中国	阿根廷	巴西	印度	印度尼西亚	墨西哥	俄罗斯	沙特阿拉伯	南非	土耳其	最高分	最低分	平均分
2014年	创新投入竞争力	51.8	9.6	19.4	11.6	0.0	4.3	21.9	10.1	11.5	18.7	51.8	0.0	15.9
		5	17	12	14	19	18	11	16	15	13	—	—	—
	R&D 经费支出总额	44.1	0.5	6.4	3.2	0.0	1.3	4.5	1.1	0.4	1.5	44.1	0.0	6.3
		2	17	8	13	19	15	12	16	18	14	—	—	—
	R&D 经费支出占 GDP 比重	46.1	12.1	28.2	16.6	0.0	10.6	23.4	16.6	16.3	18.5	46.1	0.0	18.8
		7	17	11	14	19	18	12	15	16	13	—	—	—
	人均 R&D 经费支出	10.1	4.6	10.0	0.6	0.0	3.5	10.0	12.6	3.1	6.8	12.6	0.0	6.1
		11	15	13	18	19	16	12	10	17	14	—	—	—
	R&D 人员	100.0	2.0	10.7	12.2	0.0	0.4	28.7	—	0.1	4.5	100.0	0.0	17.6
		1	15	10	9	18	16	4	0	17	14	—	—	—
	研究人员占从业人员比重	13.5	19.8	12.7	1.9	0.0	2.6	45.2	—	7.6	23.3	45.2	0.0	14.1
		13	4	10	17	18	16	6	9	15	11	—	—	—
	企业研发投入比重	97.1	18.9	48.5	35.0	0.0	7.6	19.8	—	41.8	57.8	97.1	0.0	36.3
		2	16	12	11	17	15	14	0	13	8	—	—	—
2015年	创新投入竞争力	52.0	8.6	18.5	10.8	8.4	2.8	19.6	8.8	10.3	17.8	52.0	2.8	15.8
		5	17	12	14	18	19	11	16	15	13	—	—	—
	R&D 经费支出总额	45.5	0.6	4.7	2.5	0.0	1.1	2.9	0.8	0.4	1.4	45.5	0.0	6.0
		2	17	11	13	19	15	12	16	18	14	—	—	—
	R&D 经费支出占 GDP 比重	47.7	12.8	30.4	13.0	0.0	10.6	24.5	15.8	17.3	19.3	47.7	0.0	19.1
		6	17	10	16	19	18	12	15	14	13	—	—	—
	人均 R&D 经费支出	10.5	5.2	7.4	0.5	0.0	3.0	6.5	9.7	2.8	6.0	10.5	0.0	5.2
		10	15	12	19	18	16	13	11	17	14	—	—	—
	R&D 人员	100.0	1.9	10.8	16.6	0.0	0.2	27.3	—	0.2	4.6	100.0	0.0	18.0
		1	15	10	9	18	17	4	0	16	14	—	—	—
	研究人员占从业人员比重	14.2	19.6	13.1	3.1	0.0	2.1	44.9	—	8.1	23.4	44.9	0.0	14.3
		13	12	14	17	18	16	9	0	15	11	—	—	—
	企业研发投入比重	94.4	11.8	44.4	29.0	50.6	0.0	11.7	—	33.0	52.2	94.4	0.0	36.3
		2	16	12	15	10	18	17	0	14	8	—	—	—

续表

项目	国家	中国	阿根廷	巴西	印度	印度尼西亚	墨西哥	俄罗斯	沙特阿拉伯	南非	土耳其	最高分	最低分	平均分
2016年	创新投入竞争力	52.8	6.1	18.2	11.0	8.6	3.1	19.5	8.0	10.8	19.2	52.8	3.1	15.7
		5	18	13	14	16	19	11	17	15	12	—	—	—
	R&D 经费支出总额	45.9	0.4	4.3	2.6	0.0	0.9	2.6	0.7	0.3	1.4	45.9	0.0	5.9
		2	17	11	12	19	15	13	16	18	14	—	—	—
	R&D 经费支出占 GDP 比重	48.8	10.8	28.5	13.1	0.0	9.7	24.4	14.8	18.2	20.1	48.8	0.0	18.8
		6	17	11	16	19	18	12	15	14	13	—	—	—
	人均 R&D 经费支出	10.6	4.1	6.7	0.5	0.0	2.4	5.9	8.6	2.6	6.1	10.6	0.0	4.8
		10	15	12	18	19	17	14	11	16	13	—	—	—
	R&D 人员	100.0	1.9	11.1	16.1	0.0	0.0	24.8	—	0.3	5.0	100.0	0.0	17.7
		1	15	10	9	17	18	4	0	16	14	—	—	—
	研究人员占从业人员比重	14.8	19.6	13.9	3.0	0.0	1.7	42.8	—	8.3	24.8	42.8	0.0	14.3
		13	12	14	16	18	17	9	0	15	11	—	—	—
	企业研发投入比重	96.6	0.0	44.8	30.7	51.6	4.1	16.5	—	34.9	58.0	96.6	0.0	37.5
		2	18	12	15	11	17	16	0	14	8	—	—	—
2017年	创新投入竞争力	53.3	12.7	25.0	11.6	9.1	2.4	20.2	8.1	11.4	19.9	53.3	2.4	17.3
		5	14	11	15	17	19	12	18	16	13	—	—	—
	R&D 经费支出总额	48.2	1.7	8.6	3.0	0.0	0.9	3.1	0.7	0.4	1.3	48.2	0.0	6.8
		2	14	7	13	19	16	12	17	18	15	—	—	—
	R&D 经费支出占 GDP 比重	48.8	35.0	52.6	13.1	0.0	9.7	24.4	14.8	18.2	20.1	52.6	0.0	23.7
		7	10	5	17	19	18	13	16	15	14	—	—	—
	人均 R&D 经费支出	11.1	13.2	13.3	0.6	0.0	2.4	7.1	8.7	2.9	5.7	13.3	0.0	6.5
		12	11	10	18	19	17	14	13	16	15	—	—	—
	R&D 人员	100.0	2.0	11.5	15.8	0.2	0.0	24.3	—	0.5	5.3	100.0	0.0	17.7
		1	15	10	9	17	18	4	0	16	14	—	—	—
	研究人员占从业人员比重	14.8	18.6	13.9	2.9	0.0	1.2	41.8	—	8.1	24.3	41.8	0.0	14.0
		13	12	14	16	18	17	9	0	15	11	—	—	—
	企业研发投入比重	96.8	5.4	50.0	34.3	54.1	0.0	20.7	—	38.0	62.4	96.8	0.0	40.2
		3	17	12	15	11	18	13	0	14	8	—	—	—

注:各国家对应的两行数列中,上一行为指标得分,下一行为指标在二十国集团中的排名。这里的最高分和最低分分别是指新兴经济体中的最高得分和最低得分。由于评价得分是基于二十国集团中19 个国家进行评价得到的,因此有时候最高分并不一定是 100 分,最低分也不一定是 0 分。如果出现最高分不为 100 分或最低分不为 0 分的情况,则说明发达国家中还有得分更高或更低的国家。

（单位：位）

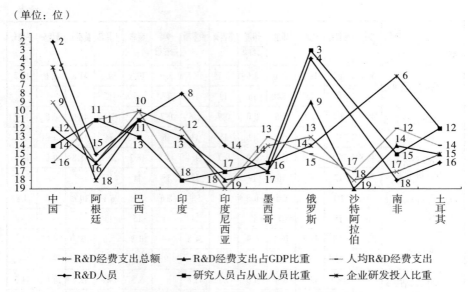

图 5-15　2000 年新兴经济体创新投入竞争力三级指标排名比较

（单位：位）

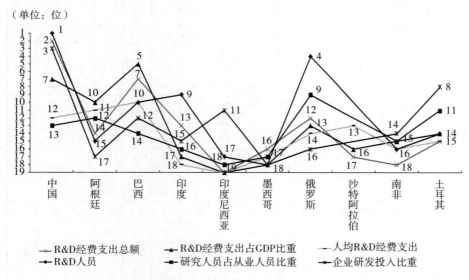

图 5-16　2017 年新兴经济体创新投入竞争力三级指标排名比较

　　由表 5-12 可以看出,2000—2017 年,新兴经济体创新投入竞争力的平均分提高了 4.8 分,最高分提高了 23.3 分,最低分提高了 2.2 分,说明新兴经济体的创新投入竞争力有一定程度的提高。反映在三级指标上,则是 6 个三级指标的平均分都有所提高,其中企业研发投入比重的得分上升最快,平均分上升了 8.7 分;R&D 经费支出总额、R&D 经费支出占 GDP 比重、人均 R&D 经费支出的得分上升得也比较快,平均分分别上升了 5.7 分、5.6 分和 5.0 分;R&D 人员、研究人员占从业人员比重的得分上升得比较慢,平均分分别上升了 1.8 分和 0.8 分。由此可见,新兴经济体创新投入竞争力的提高主要来源于企业研发投入比重、R&D 经费支出总额、R&D 经费支出占 GDP 比重、人均 R&D 经费支出四个方面的提高,而其余指标的贡献较小。

从各国的情况来看,2000 年,在 10 个新兴经济体中,中国创新投入竞争力 6 个三级指标中有 3 个指标的得分是最高的,使得它的创新投入竞争力得分最高。其他各年的情况类似,大部分年份有 4 个三级指标的得分最高。与中国形成鲜明对比的是印度尼西亚,2000 年,6 个三级指标中,有 5 个三级指标排在最后三位,使得它的创新投入竞争力排名很靠后。各年的情况也类似,至少有 4 个三级指标排在最后三位,使得整体排位都比较低。

由图 5-15 和图 5-16 则可以更直观地看出创新投入竞争力与其三级指标之间的关系。2000 年,印度尼西亚和墨西哥的多个三级指标的排位都比较靠后,使得它们整体的创新投入竞争力在新兴经济体的排位很低。与之相反的是中国,3 个三级指标均排在前 10 位,其他 3 个三级指标的排位也不是非常靠后,使得它的创新投入竞争力排在新兴经济体的第 1 位。2017 年的情况与 2000 年类似,有较多三级指标排位靠前的国家其创新投入竞争力排位也比较靠前。

通过以上分析可知,2000—2017 年新兴经济体创新投入竞争力的整体水平呈上升趋势,这主要是由企业研发投入比重、R&D 经费支出总额、R&D 经费支出占 GDP 比重、人均 R&D 经费支出的提高推动的,其余指标的贡献较小。但从各国的情况来看,要想有较高的创新投入竞争力,各个方面都应该有较好的表现,需要协调发展,某个方面的"短板"将极大地拖累整体创新投入竞争力的得分和排名。因此,在今后的发展过程中,新兴经济体应该继续加强优势领域的工作,但同时也要注意加大对薄弱领域的关注,寻找突破点,不断努力,实现各个方面的协调发展,共同进步,这样才能实现创新投入竞争力的有效、快速提升。

五、新兴经济体创新产出竞争力比较分析

1. 新兴经济体创新产出竞争力得分比较

根据创新竞争力的指标体系和数学模型,对2000—2017年二十国集团创新产出竞争力进行了评价。表5-13列出了2000—2017年二十国集团中10个新兴经济体的创新产出竞争力得分及其变化情况;图5-17和图5-18则更直观地展现了2000年和2017年10个新兴经济体创新产出竞争力的得分情况,便于对它们进行比较。

表5-13　2000—2017年新兴经济体创新产出竞争力得分及其变化

(单位:分)

国家＼年份	中国	阿根廷	巴西	印度	印度尼西亚	墨西哥	俄罗斯	沙特阿拉伯	南非	土耳其	最高分	最低分	平均分	标准差
2000	30.2	7.5	16.2	8.7	9.8	16.8	13.0	0.1	4.4	3.8	30.2	0.1	11.1	8.6
2001	37.7	6.9	18.3	11.2	9.4	18.2	13.4	0.1	4.1	3.7	37.7	0.1	12.3	10.8
2002	42.9	6.6	17.1	11.5	10.7	18.6	16.3	0.1	3.8	3.4	42.9	0.1	13.1	12.2
2003	50.1	10.1	14.0	10.8	9.9	17.9	15.9	0.1	3.7	3.4	50.1	0.1	13.6	14.0
2004	59.3	8.5	13.1	9.3	11.4	18.1	12.7	0.1	3.8	4.0	59.3	0.1	14.0	16.8
2005	62.6	7.9	13.8	9.7	10.8	16.9	10.6	0.1	4.5	4.3	62.6	0.1	14.1	17.7
2006	62.1	7.6	12.7	10.8	9.2	16.0	9.4	0.1	4.2	4.6	62.1	0.1	13.7	17.6
2007	64.0	7.1	13.4	13.2	7.8	16.3	9.7	0.1	4.3	4.9	64.0	0.1	14.1	18.2

续表

国家 年份	中国	阿根廷	巴西	印度	印度尼西亚	墨西哥	俄罗斯	沙特阿拉伯	南非	土耳其	最高分	最低分	平均分	标准差
2008	68.3	10.0	15.4	14.6	8.6	16.4	10.3	0.1	4.1	5.0	68.3	0.1	15.3	19.3
2009	72.5	9.6	16.1	16.6	9.4	17.6	11.6	0.1	3.8	5.1	72.5	0.1	16.2	20.6
2010	72.0	9.0	15.9	18.8	8.0	19.4	11.5	0.1	4.0	6.2	72.0	0.1	16.5	20.5
2011	75.2	8.3	16.6	19.1	7.9	20.3	11.3	0.1	4.8	7.8	75.2	0.1	17.1	21.4
2012	76.1	6.7	16.8	18.2	7.5	20.3	11.6	0.2	5.0	7.3	76.1	0.2	17.0	21.7
2013	76.4	6.7	16.4	19.8	7.0	19.3	12.6	0.2	4.9	7.0	76.4	0.2	17.0	21.8
2014	77.0	6.6	16.3	21.2	6.1	19.6	13.5	0.2	5.2	7.0	77.0	0.2	17.3	22.1
2015	82.0	7.8	16.8	21.9	5.6	18.6	14.9	0.2	5.0	6.5	82.0	0.2	17.9	23.6
2016	82.5	7.1	17.2	21.5	4.9	18.6	12.4	0.7	3.5	5.2	82.5	0.7	17.4	24.0
2017	84.0	7.5	17.4	19.1	4.6	20.2	13.4	0.5	2.6	5.3	84.0	0.5	17.5	24.4
分值变化	53.8	0.0	1.2	10.4	-5.2	3.4	0.3	0.4	-1.8	1.5	53.8	0.4	6.4	15.8

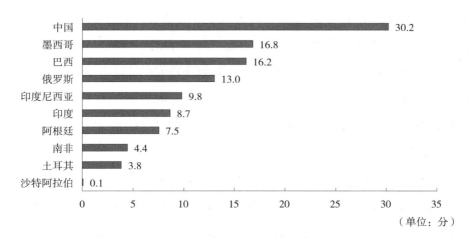

图5-17　2000年新兴经济体创新产出竞争力得分情况

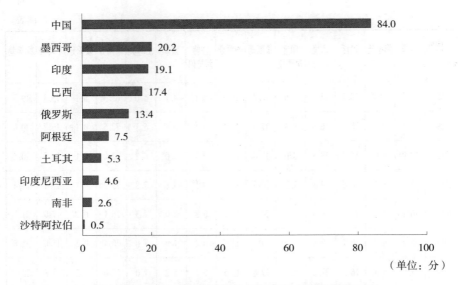

图 5-18 2017 年新兴经济体创新产出竞争力得分情况

由表 5-13 可知,2000—2017 年,新兴经济体的创新产出竞争力水平呈波动上升趋势,平均分从 11.1 分波动上升到 17.4 分,上升了 6.3 分。此外,各国的创新产出竞争力水平差异很大。2000—2017 年,中国的创新产出竞争力得分一直领先于其他国家,排在新兴经济体的首位;而沙特阿拉伯的创新产出竞争力得分远远低于其他国家,一直排在新兴经济体的最后一位。2000 年,中国的创新产出竞争力得分为 30.2 分,是第 2 位墨西哥的 1.8 倍,是最后一名沙特阿拉伯的 302 倍;2017 年,中国的创新产出竞争力得分为 84.0 分,是第 2 位墨西哥的 4.2 倍,是最后一名沙特阿拉伯的 168 倍。各国间的得分差异越来越大,标准差由 8.6 上升到 24.4。

从得分变化情况来看,2000—2017 年,中国的创新产出竞争力得分上升最快,平均分上升了 53.8 分;印度上升得也相对较快,上升了 10.4 分;其他国家的得分上升得比较慢。与此相反的是,印度尼西亚、南非的创新产出竞争力得分分别下降了 5.2 分和 1.8 分。

由图 5-17 和图 5-18 可知,2000 年,新兴经济体创新产出竞争力的平均得分为 11.1 分,得分高于平均分的国家有 4 个,分别为中国、墨西哥、巴西、俄罗斯;2017 年,新兴经济体创新产出竞争力的平均得分上升为 17.4 分,得分高于或等于平均分的国家有 4 个,分别为中国、墨西哥、印度、巴西。

2. 新兴经济体创新产出竞争力排名比较

为了进一步分析新兴经济体内部各国的创新产出竞争力差异情况,表 5-14 列出了 2000—2017 年 10 个新兴经济体分别在新兴经济体内部和二十国集团中的创新产出竞争力排位情况。这里用各国排位来进行差异分析,主要是考虑到通过排位比较,可以清楚地看到各国在新兴经济体内部的位次,以及在二十国集团中的位次,可以从新兴经济体和二十国集团两个维度来分析差异,这样会更全面、客观。同时,结合表 5-13,可以更好地分析新兴经济体内部各国的差异情况。

从新兴经济体内部各国创新产出竞争力的排位情况来看,2000—2017 年,中国的创新产出竞争力一直处于新兴经济体的首位,而沙特阿拉伯则一直处于最末位。排位保持不变的国家有中国、墨西哥、沙特阿拉伯。印度、土耳其、阿根廷的排位分别上升了 3 位、2 位和 1 位;而印度尼西亚下降了 3 位,巴西、俄罗斯和南非均下降了 1 位。

从新兴经济体创新产出竞争力在二十国集团中的排位来看,2000—2017 年,中国的创新产出竞争力一直排在前 5 位,尤其是自 2004 年后,一直排在第 2 位,排在许多发达国家之前。沙特阿拉伯和南非的创新产出竞争力基本上一直处于二十国集团的最后两位。排位保持不变的国家有巴西、墨西哥、沙特阿拉伯。印度的创新产出竞争力排位上升最快,上升了 6 位,中国、土耳其、阿根廷分别上升了 3 位、2 位和 1 位,而印度尼西亚、俄罗斯和南非分别下降了 3 位、2 位和 1 位。

表 5-14　2000—2017 年新兴经济体创新产出竞争力排位比较

（单位:分）

项目\国家\年份	中国	阿根廷	巴西	印度	印度尼西亚	墨西哥	俄罗斯	沙特阿拉伯	南非	土耳其
2000	1	7	3	6	5	2	4	10	8	9
2001	1	7	2	5	6	3	4	10	8	9
2002	1	7	3	5	6	2	4	10	8	9
2003	1	6	4	5	7	2	3	10	8	9
2004	1	7	3	6	5	2	4	10	9	8
2005	1	7	3	6	4	2	5	10	8	9
2006	1	7	3	4	6	2	5	10	9	8
2007	1	7	3	4	6	2	5	10	9	8
2008	1	6	3	4	7	2	5	10	9	8
2009	1	6	4	3	7	2	5	10	9	8
2010	1	6	4	3	7	2	5	10	9	8
2011	1	6	4	3	7	2	5	10	9	8
2012	1	8	4	3	6	2	5	10	9	7
2013	1	8	4	2	7	3	5	10	9	6
2014	1	7	4	2	8	3	5	10	9	6
2015	1	6	4	2	8	3	5	10	9	7
2016	1	6	4	2	8	3	5	10	9	7
2017	1	6	4	3	8	2	5	10	9	7
排位变化	0	1	-1	3	-3	0	-1	0	-1	2

续表

项目	国家 年份	中国	阿根廷	巴西	印度	印度尼西亚	墨西哥	俄罗斯	沙特阿拉伯	南非	土耳其
二十国集团排位	2000	5	16	10	15	14	8	11	19	17	18
	2001	3	16	8	14	15	9	11	19	17	18
	2002	3	16	9	14	15	8	10	19	17	18
	2003	3	15	11	14	16	8	9	19	17	18
	2004	2	16	10	15	14	8	11	19	18	17
	2005	2	16	10	15	13	8	14	19	17	18
	2006	2	16	10	12	15	8	14	19	18	17
	2007	2	16	10	11	15	8	14	19	18	17
	2008	2	15	10	11	16	8	13	19	18	17
	2009	2	15	11	10	16	8	13	19	18	17
	2010	2	15	11	9	16	8	14	19	18	17
	2011	2	15	11	9	16	8	14	19	18	17
	2012	2	17	11	9	15	8	13	19	18	16
	2013	2	17	11	8	16	9	13	19	18	15
	2014	2	16	11	8	17	9	13	19	18	15
	2015	2	15	10	8	17	9	12	19	18	16
	2016	2	15	10	8	17	9	13	19	18	16
	2017	2	15	10	9	17	8	13	19	18	16
	排位变化	3	1	0	6	-3	0	-2	0	-1	2

3. 新兴经济体创新产出竞争力三级指标的得分及排名比较

表 5-15 列出了 2000—2017 年新兴经济体创新产出竞争力的得分和排位变化情况及其下属 6 个三级指标的得分和排名及其波动情况,图 5-19、图 5-20 直观地表示出了 2000 年和 2017 年新兴经济体创新产出竞争力下属三级指标的排位及其变化情况。

表 5-15　2000—2017 年新兴经济体创新产出竞争力评价比较表

（单位：分；位）

项目 / 国家	中国	阿根廷	巴西	印度	印度尼西亚	墨西哥	俄罗斯	沙特阿拉伯	南非	土耳其	最高分	最低分	平均分
创新产出竞争力的综合变化	53.8	0.0	1.2	10.5	-5.2	3.4	0.3	0.4	-1.9	1.4	53.8	-5.2	6.4
	3	1	0	6	-3	0	-2	0	-1	2	—	—	—
2000年 创新产出竞争力	30.2	7.5	16.2	8.7	9.8	16.8	13.0	0.1	4.4	3.8	30.2	0.1	11.1
	5	16	10	15	14	8	11	19	17	18	—	—	—
专利授权数	8.3	1.0	2.3	0.8	1.1	3.5	11.2	0.0	2.2	0.7	11.2	0.0	3.1
	7	16	13	17	15	11	4	19	14	18	—	—	—
科技论文发表数	26.8	1.3	5.1	8.2	0.0	1.9	9.9	0.4	1.2	4.0	26.8	0.0	5.9
	3	16	13	10	19	15	9	18	17	14	—	—	—
专利和许可收入	0.1	0.1	0.2	0.1	0.4	0.1	0.2	—	0.1	0.0	0.4	0.0	0.1
	14	17	11	13	10	16	12		15	18	—	—	—
高技术产品出口额	21.1	0.4	3.0	1.0	2.9	15.8	2.0	0.0	0.5	0.5	21.1	0.0	4.7
	7	18	11	15	12	8	13	19	17	16	—	—	—
高技术产品出口比重	53.6	25.8	52.9	16.9	46.1	63.6	45.2	0.0	19.1	12.8	63.6	0.0	33.6
	7	15	8	17	11	6	12	19	16	18	—	—	—
注册商标数	71.2	16.7	33.4	24.8	8.3	15.9	9.8	—	3.6	5.0	71.2	—	18.9
	2	9	6	8	16	10	14	19	18	17	—	—	—
2001年 创新产出竞争力	37.7	6.9	18.3	11.2	9.4	18.2	13.4	0.1	4.1	3.7	37.7	0.1	12.3
	3	16	8	14	15	9	11	19	17	18	—	—	—
专利授权数	9.8	0.7	2.2	0.9	1.1	3.3	9.8	0.0	1.7	1.3	9.8	0.0	3.1
	4	18	13	17	16	11	5	19	14	15	—	—	—
科技论文发表数	26.8	1.3	5.1	8.2	0.0	1.9	9.9	0.4	1.2	4.0	26.8	0.0	5.9
	3	16	13	10	19	15	9	18	17	14	—	—	—
专利和许可收入	0.2	0.1	0.2	0.1	0.4	0.1	0.1	—	0.0	0.0	0.4	0.0	0.1
	12	14	11	13	0				17	18	—	—	—
高技术产品出口额	28.1	0.4	3.4	1.3	2.5	16.9	1.8	0.0	0.5	0.5	28.1	0.0	5.6
	6	18	11	15	12	8	13	19	17	16	—	—	—
高技术产品出口比重	61.1	26.3	56.0	19.5	40.9	64.4	40.5	0.0	18.0	10.2	64.4	0.0	33.7
	7	15	8	16	12	6	13	19	17	18	—	—	—
注册商标数	100.0	12.4	42.8	37.1	11.5	22.8	18.2	0.0	3.1	6.1	100.0	0.0	25.4
	1	12	5	6	14	9	10	19	18	17	—	—	—

项目	国家	中国	阿根廷	巴西	印度	印度尼西亚	墨西哥	俄罗斯	沙特阿拉伯	南非	土耳其	最高分	最低分	平均分
2002年	创新产出竞争力	42.9	6.6	17.1	11.5	10.7	18.6	16.3	0.1	3.8	3.4	42.9	0.1	13.1
		3	16	9	14	15	8	10	19	17	18	—	—	—
	专利授权数	13.0	0.5	2.8	0.9	1.1	4.0	11.1	0.0	3.1	1.1	13.0	0.0	3.8
		4	18	14	17	15	11	5	19	13	16	—	—	—
	科技论文发表数	26.8	1.3	5.1	8.2	0.0	1.9	9.9	0.4	1.2	4.0	26.8	0.0	5.9
		3	16	13	10	19	15	9	18	17	14	—	—	—
	专利和许可收入	0.2	0.0	0.2	0.0	0.4	0.1	0.3	—	0.0	0.0	0.4	0.0	0.1
		12	15	13	16	10	14	11	0	17	18	—	—	—
	高技术产品出口额	42.7	0.4	3.2	1.4	3.2	17.9	2.9	0.0	0.4	0.3	42.7	0.0	7.2
		5	17	11	15	12	8	13	19	16	18	—	—	—
	高技术产品出口比重	74.3	23.4	51.6	18.8	52.0	67.2	60.0	0.0	15.4	4.7	74.3	0.0	36.7
		5	15	11	16	10	7	8	19	17	18	—	—	—
	注册商标数	100.0	13.8	39.9	39.8	7.3	20.6	13.9	0.0	2.4	10.1	100.0	0.0	24.8
		1	11	5	6	17	9	10	19	18	15	—	—	—
2003年	创新产出竞争力	50.1	10.1	14.0	10.8	9.9	17.9	15.9	0.1	3.7	3.4	50.1	0.1	13.6
		3	15	11	14	16	8	9	19	17	18	—	—	—
	专利授权数	22.0	0.8	1.4	0.9	1.1	3.6	14.6	0.0	3.4	0.7	22.0	0.0	4.9
		4	17	14	16	15	12	5	19	13	18	—	—	—
	科技论文发表数	26.8	1.3	5.1	8.2	0.0	1.9	9.9	0.4	1.2	4.0	26.8	0.0	5.9
		3	16	13	10	19	15	9	18	17	14	—	—	—
	专利和许可收入	0.2	0.1	0.2	0.0	0.4	0.2	0.3	—	0.0	0.0	0.4	0.0	0.1
		14	15	13	17	10	12	11	0	16	18	—	—	—
	高技术产品出口额	67.3	0.4	2.8	1.7	2.9	17.8	3.4	0.0	0.5	0.4	67.3	0.0	9.7
		2	18	13	15	12	8	11	19	16	17	—	—	—
	高技术产品出口比重	84.5	26.3	36.0	17.1	44.8	65.7	58.1	0.0	13.6	4.4	84.5	0.0	35.1
		3	14	13	16	10	6	8	19	17	18	—	—	—
	注册商标数	100.0	31.8	38.8	37.1	10.0	18.5	9.3	0.0	3.4	10.9	100.0	0.0	26.0
		1	7	5	6	15	10	16	19	18	14	—	—	—

续表

项目 \ 国家		中国	阿根廷	巴西	印度	印度尼西亚	墨西哥	俄罗斯	沙特阿拉伯	南非	土耳其	最高分	最低分	平均分
2004年	创新产出竞争力	59.3	8.5	13.1	9.3	11.4	18.1	12.7	0.1	3.8	4.0	59.3	0.1	14.0
		2	16	10	15	14	8	11	19	18	17	—	—	—
	专利授权数	30.0	0.4	1.4	1.3	1.0	4.1	14.0	0.0	1.0	0.5	30.0	0.0	5.4
		3	18	13	14	15	11	5	19	16	17	—	—	—
	科技论文发表数	34.3	1.2	5.4	8.2	0.0	1.9	9.1	0.4	1.3	4.4	34.3	0.0	6.6
		2	17	13	10	19	15	9	18	16	14	—	—	—
	专利和许可收入	0.3	0.1	0.2	0.1	0.3	0.1	0.3	—	0.0	0.0	0.3	0.0	0.2
		10	15	13	16	12	14	11	0	17	18	—	—	—
	高技术产品出口额	100.0	0.4	3.6	2.0	3.6	19.6	3.2	0.0	0.8	0.6	100.0	0.0	13.4
		1	18	11	14	12	8	13	19	16	17	—	—	—
	高技术产品出口比重	91.2	22.7	34.6	17.4	49.3	64.3	38.7	0.0	16.0	4.9	91.2	0.0	33.9
		2	15	13	16	9	6	11	19	17	18	—	—	—
	注册商标数	100.0	25.9	33.4	27.0	14.3	18.3	10.9	0.0	3.5	13.6	100.0	0.0	24.7
		1	7	5	6	12	10	15	19	18	13	—	—	—
2005年	创新产出竞争力	62.6	7.9	13.8	9.7	10.8	16.9	10.6	0.1	4.5	4.3	62.6	0.1	14.1
		2	16	10	15	13	8	14	19	17	18	—	—	—
	专利授权数	37.0	1.1	1.5	2.9	1.1	5.5	16.1	0.0	1.1	0.4	37.0	0.0	6.7
		4	17	14	13	16	11	5	19	15	18	—	—	—
	科技论文发表数	43.3	1.2	5.6	8.6	0.0	2.0	8.6	0.3	1.2	4.6	43.3	0.0	7.5
		2	17	13	9	19	15	10	18	16	14	—	—	—
	专利和许可收入	0.2	0.1	0.1	0.3	0.3	0.1	0.3	—	0.0	0.0	0.3	0.0	0.2
		13	16	14	12	10	15	11	0	17	18	—	—	—
	高技术产品出口额	100.0	0.3	3.7	1.9	3.0	15.0	1.7	0.0	0.8	0.4	100.0	0.0	12.7
		1	18	11	13	12	8	14	19	16	17	—	—	—
	高技术产品出口比重	94.9	19.4	38.3	16.2	50.0	59.7	24.5	0.0	18.9	2.6	94.9	0.0	32.5
		2	15	11	17	9	7	13	19	16	18	—	—	—
	注册商标数	100.0	25.5	33.7	28.2	10.1	19.4	12.2	0.0	4.9	17.7	100.0	0.0	25.2
		1	8	5	6	16	10	13	19	18	11	—	—	—

续表

项目＼国家		中国	阿根廷	巴西	印度	印度尼西亚	墨西哥	俄罗斯	沙特阿拉伯	南非	土耳其	最高分	最低分	平均分
2006年	创新产出竞争力	62.1	7.6	12.7	10.8	9.2	16.0	9.4	0.1	4.2	4.6	62.1	0.1	13.7
		2	16	10	12	15	8	14	19	18	17	—	—	—
	专利授权数	33.0	1.3	1.0	4.0	0.7	5.2	13.1	0.2	0.5	0.0	33.0	0.0	5.9
		4	14	15	12	16	9	5	18	17	19	—	—	—
	科技论文发表数	49.4	1.3	7.2	9.9	0.0	2.3	7.5	0.3	1.3	4.9	49.4	0.0	8.4
		2	17	13	9	19	15	12	18	16	14	—	—	—
	专利和许可收入	0.2	0.1	0.2	0.1	0.0	0.0	0.3	—	0.1	0.0	0.3	0.0	0.1
		11	13	12	14	16	18	10	0	15	17	—	—	—
	高技术产品出口额	100.0	0.3	3.0	1.7	2.2	13.1	1.4	0.0	0.6	0.4	100.0	0.0	12.3
		1	18	11	13	12	8	14	19	16	17	—	—	—
	高技术产品出口比重	89.9	18.6	33.9	15.7	38.1	54.8	20.8	0.0	16.8	2.8	89.9	0.0	29.1
		3	15	12	17	9	7	13	19	16	18	—	—	—
	注册商标数	100.0	23.8	30.8	33.7	14.2	20.8	13.5	0.0	6.2	19.2	100.0	0.0	26.2
		1	8	6	5	13	10	14	19	18	11	—	—	—
2007年	创新产出竞争力	64.0	7.1	13.4	13.2	7.8	16.3	9.7	0.1	4.3	4.9	64.0	0.1	14.1
		2	16	10	11	15	8	14	19	18	17	—	—	—
	专利授权数	41.1	1.5	1.0	9.1	0.9	5.9	13.8	0.0	0.7	0.2	41.1	0.0	7.4
		4	14	15	8	16	11	5	19	17	18	—	—	—
	科技论文发表数	55.3	1.3	7.8	11.1	0.0	2.3	7.6	0.4	1.4	5.4	55.3	0.0	9.3
		2	17	12	9	19	15	13	18	16	14	—	—	—
	专利和许可收入	0.3	0.1	0.3	0.2	0.0	0.0	0.4	—	0.1	0.0	0.4	0.0	0.2
		11	14	12	13	16	18	10	0	15	17	—	—	—
	高技术产品出口额	100.0	0.3	3.0	1.9	1.7	11.0	1.3	0.0	0.6	0.5	100.0	0.0	12.0
		1	18	11	12	13	8	14	19	16	17	—	—	—
	高技术产品出口比重	87.0	19.9	37.5	19.2	34.6	55.3	20.8	0.0	16.5	4.1	87.0	0.0	29.5
		3	14	10	15	11	7	13	19	17	18	—	—	—
	注册商标数	100.0	19.4	30.8	37.5	9.6	23.5	14.1	0.0	6.7	19.1	100.0	0.0	26.1
		1	10	6	5	16	7	13	19	18	11	—	—	—

续表

项目\国家		中国	阿根廷	巴西	印度	印度尼西亚	墨西哥	俄罗斯	沙特阿拉伯	南非	土耳其	最高分	最低分	平均分
2008年	创新产出竞争力	68.3	10.0	15.4	14.6	8.6	16.4	10.3	0.1	4.1	5.0	68.3	0.1	15.3
		2	15	10	11	16	8	13	19	18	17	—	—	—
	专利授权数	52.9	0.6	1.3	9.0	0.9	5.8	16.2	0.0	0.9	0.2	52.9	0.0	8.8
		3	17	14	8	15	11	5	19	16	18	—	—	—
	科技论文发表数	63.7	1.5	8.9	12.3	0.0	2.5	8.0	0.4	1.5	5.4	63.7	0.0	10.4
		2	17	12	9	19	15	13	18	16	14	—	—	—
	专利和许可收入	0.6	0.1	0.5	0.1	0.0	0.0	0.4	—	0.1	0.0	0.6	0.0	0.2
		10	14	11	13	16	18	12	0	15	17	—	—	—
	高技术产品出口额	100.0	0.5	3.0	2.2	1.6	9.8	1.4	0.0	0.5	0.4	100.0	0.0	12.0
		1	17	11	12	13	8	14	19	16	18	—	—	—
	高技术产品出口比重	92.4	30.7	40.5	22.4	37.8	55.8	21.3	0.0	16.2	3.2	92.4	0.0	32.0
		3	13	10	14	11	7	15	19	17	18	—	—	—
	注册商标数	100.0	26.7	38.3	41.3	11.5	24.8	14.4	0.0	5.1	20.7	100.0	0.0	28.3
		1	7	5	4	14	8	13	19	18	11	—	—	—
2009年	创新产出竞争力	72.5	9.6	16.1	16.6	9.4	17.6	11.6	0.1	3.8	5.1	72.5	0.1	16.2
		2	15	11	10	16	8	13	19	18	17	—	—	—
	专利授权数	66.4	0.6	1.3	3.1	0.8	4.9	17.9	0.0	0.7	0.2	66.4	0.0	9.6
		3	17	14	12	15	11	5	19	16	18	—	—	—
	科技论文发表数	72.7	1.5	9.4	13.5	0.0	2.4	7.9	0.5	1.5	5.9	72.7	0.0	11.5
		2	17	12	9	19	15	13	18	16	14	—	—	—
	专利和许可收入	0.4	0.1	0.4	0.2	0.0	0.0	0.4	—	0.1	0.0	0.4	0.0	0.2
		11	14	10	13	16	18	12	0	15	17	—	—	—
	高技术产品出口额	100.0	0.4	2.5	3.4	1.9	10.0	1.4	0.0	0.4	0.4	100.0	0.0	12.0
		1	16	12	11	13	8	14	19	17	18	—	—	—
	高技术产品出口比重	95.7	27.5	43.8	29.0	42.7	61.8	29.5	0.0	15.5	2.4	95.7	0.0	34.8
		2	15	10	14	11	7	13	19	17	18	—	—	—
	注册商标数	100.0	27.2	38.8	50.4	10.8	26.5	12.7	0.0	4.4	21.8	100.0	0.0	29.3
		1	8	5	3	14	9	13	19	18	11	—	—	—

续表

项目 \ 国家		中国	阿根廷	巴西	印度	印度尼西亚	墨西哥	俄罗斯	沙特阿拉伯	南非	土耳其	最高分	最低分	平均分
2010年	创新产出竞争力	72.0	9.0	15.9	18.8	8.0	19.4	11.5	0.1	4.0	6.2	72.0	0.1	16.5
		2	15	11	9	16	8	14	19	18	17	—	—	—
	专利授权数	60.7	0.6	1.5	3.2	0.9	4.2	13.6	0.1	2.4	0.0	60.7	0.0	8.7
		3	17	15	12	16	11	5	18	14	19	—	—	—
	科技论文发表数	77.2	1.5	9.9	15.0	0.0	2.5	8.0	0.6	1.5	5.9	77.2	0.0	12.2
		2	17	11	7	19	15	13	18	16	14	—	—	—
	专利和许可收入	0.8	0.1	0.2	0.1	0.0	0.0	0.4	—	0.1	0.0	0.8	0.0	0.2
		10	13	12	14	16	18	11	0	15	17	—	—	—
	高技术产品出口额	100.0	0.9	5.1	6.2	3.5	23.7	3.1	0.0	1.0	1.0	100.0	0.0	14.4
		1	18	12	11	13	8	14	19	16	17	—	—	—
	高技术产品出口比重	93.2	23.3	36.5	22.5	31.5	56.4	29.0	0.0	13.6	4.2	93.2	0.0	31.0
		2	14	11	16	12	9	13	19	17	18	—	—	—
	注册商标数	100.0	27.4	42.1	65.5	12.1	29.6	15.2	0.0	5.6	25.9	100.0	0.0	32.3
		1	9	5	3	14	7	13	19	18	10	—	—	—
2011年	创新产出竞争力	75.2	8.3	16.6	19.1	7.9	20.3	11.3	0.1	4.8	7.8	75.2	0.1	17.1
		2	15	11	9	16	8	14	19	18	17	—	—	—
	专利授权数	72.2	0.4	1.3	2.1	0.7	4.7	12.5	0.1	2.1	0.3	72.2	0.0	9.6
		3	17	15	14	16	9	5	19	13	18	—	—	—
	科技论文发表数	78.5	1.5	10.1	17.4	0.0	2.4	8.1	0.7	1.6	5.9	78.5	0.0	12.6
		2	17	11	6	19	15	13	18	16	14	—	—	—
	专利和许可收入	0.6	0.1	0.2	0.2	0.1	0.0	0.4	—	0.1	0.0	0.6	0.0	0.2
		10	14	13	12	16	18	11	0	15	17	—	—	—
	高技术产品出口额	100.0	0.9	4.5	6.9	3.0	22.2	2.9	0.0	1.1	0.9	100.0	0.0	14.2
		1	18	12	11	13	8	14	19	16	17	—	—	—
	高技术产品出口比重	100.0	25.8	36.3	25.0	30.8	63.2	29.4	0.0	17.6	5.1	100.0	0.0	33.3
		1	15	11	16	12	7	13	19	17	18	—	—	—
	注册商标数	100.0	21.3	47.3	63.1	13.0	29.2	14.7	0.0	6.2	34.9	100.0	0.0	33.0
		1	10	4	3	14	8	13	19	18	6	—	—	—

续表

国家 项目		中国	阿根廷	巴西	印度	印度尼西亚	墨西哥	俄罗斯	沙特阿拉伯	南非	土耳其	最高分	最低分	平均分
2012年	创新产出竞争力	76.1	6.7	16.8	18.2	7.5	20.3	11.6	0.2	5.0	7.3	76.1	0.2	17.0
		2	17	11	9	15	8	13	19	18	16	—	—	—
	专利授权数	79.0	0.2	0.9	1.5	0.6	4.4	11.9	0.0	2.2	0.3	79.0	0.0	10.1
		3	18	15	14	16	9	5	19	12	17	—	—	—
	科技论文发表数	76.7	1.4	11.0	18.6	0.0	2.5	8.0	0.9	1.7	6.2	76.7	0.0	12.7
		2	17	11	6	19	15	13	18	16	14	—	—	—
	专利和许可收入	0.8	0.1	0.2	0.3	0.0	0.0	0.5	—	0.1	0.0	0.8	0.0	0.2
		9	14	13	12	16	18	11	0	15	17	—	—	—
	高技术产品出口额	100.0	0.7	4.6	6.5	2.5	23.4	3.7	0.0	1.1	0.9	100.0	0.0	14.3
		1	18	12	11	14	8	13	19	16	17	—	—	—
	高技术产品出口比重	100.0	22.5	38.4	23.4	26.0	61.2	30.2	0.0	18.5	4.7	100.0	0.0	32.5
		1	16	11	15	13	7	12	19	17	18	—	—	—
	注册商标数	100.0	14.9	45.7	58.8	15.7	30.3	15.6	0.0	6.4	31.9	100.0	0.0	31.9
		1	14	4	3	12	8	13	19	18	7	—	—	—
2013年	创新产出竞争力	76.4	6.7	16.4	19.8	7.0	19.3	12.6	0.2	4.9	7.0	76.4	0.2	17.0
		2	17	11	8	16	9	13	19	18	15	—	—	—
	专利授权数	74.7	0.4	1.0	1.1	0.6	3.7	11.3	0.0	1.6	0.4	74.7	0.0	9.5
		3	17	15	14	16	10	5	19	13	18	—	—	—
	科技论文发表数	83.3	1.3	11.2	19.9	0.0	2.5	8.5	1.1	1.7	6.6	83.3	0.0	13.6
		2	17	11	8	19	15	13	18	16	14	—	—	—
	专利和许可收入	0.7	0.1	0.3	0.3	0.0	0.0	0.6	—	0.1	0.0	0.7	0.0	0.2
		9	14	13	12	16	18	11	0	15	17	—	—	—
	高技术产品出口额	100.0	0.8	4.2	8.5	2.3	23.3	4.3	0.0	1.0	1.0	100.0	0.0	14.5
		1	18	13	11	14	8	12	19	16	17	—	—	—
	高技术产品出口比重	99.5	24.9	33.9	27.9	24.1	57.7	35.3	0.0	18.1	4.5	99.5	0.0	32.6
		2	14	12	13	15	7	11	19	17	18	—	—	—
	注册商标数	100.0	12.9	48.0	60.8	14.7	28.8	15.4	0.0	6.6	29.7	100.0	0.0	31.7
		1	14	4	3	13	8	11	19	18	7	—	—	—

续表

项目 / 国家		中国	阿根廷	巴西	印度	印度尼西亚	墨西哥	俄罗斯	沙特阿拉伯	南非	土耳其	最高分	最低分	平均分
2014年	创新产出竞争力	77.0	6.6	16.3	21.2	6.1	19.6	13.5	0.2	5.2	7.0	77.0	0.2	17.3
		2	16	11	8	17	9	13	19	18	15	—	—	—
	专利授权数	77.5	0.3	0.7	1.9	0.4	3.1	11.1	0.0	1.5	0.2	77.5	0.0	9.7
		2	17	15	12	16	10	5	19	13	18	—	—	—
	科技论文发表数	89.4	1.3	11.5	22.2	0.0	2.5	9.5	1.1	2.0	6.5	89.4	0.0	14.6
		2	17	11	6	19	15	13	18	16	14	—	—	—
	专利和许可收入	0.5	0.1	0.3	0.5	0.0	0.0	0.5	—	0.1	0.0	0.5	0.0	0.2
		10	14	13	12	16	18	11	0	15	17	—	—	—
	高技术产品出口额	100.0	0.6	4.0	8.6	2.4	24.6	4.8	0.0	1.1	1.0	100.0	0.0	14.7
		1	18	13	11	14	8	12	—	15	—	—	—	—
	高技术产品出口比重	94.3	24.0	38.2	30.5	24.3	58.6	41.3	0.0	20.3	5.2	94.3	0.0	33.7
		3	16	12	13	15	8	11	19	17	18	—	—	—
	注册商标数	100.0	13.1	43.2	63.6	9.4	28.8	13.7	0.0	6.0	29.2	100.0	0.0	30.7
		1	13	5	3	16	9	12	19	18	7	—	—	—
2015年	创新产出竞争力	82.0	7.8	16.8	21.9	5.6	18.6	14.9	0.2	5.0	6.5	82.0	0.2	17.9
		2	15	10	8	17	9	11	19	18	16	—	—	—
	专利授权数	100.0	0.3	0.9	1.8	0.4	2.9	11.3	0.0	1.2	0.3	100.0	0.0	11.9
		1	18	15	12	16	10	5	19	14	17	—	—	—
	科技论文发表数	95.8	0.9	11.4	24.0	0.0	2.2	11.3	0.9	1.5	6.6	95.8	0.0	15.5
		2	18	11	3	19	15	12	17	16	14	—	—	—
	专利和许可收入	0.9	0.1	0.5	0.4	0.0	0.0	0.6	—	0.1	0.0	0.9	0.0	0.3
		9	14	12	13	16	18	11	—	15	17	—	—	—
	高技术产品出口额	100.0	0.6	4.6	7.3	2.2	24.6	5.1	0.0	1.1	1.1	100.0	0.0	14.7
		1	18	13	11	14	8	12	19	16	17	—	—	—
	高技术产品出口比重	95.4	31.6	44.2	25.9	22.5	53.4	49.8	0.0	20.7	5.3	95.4	0.0	34.9
		3	13	12	14	16	9	10	19	17	18	—	—	—
	注册商标数	100.0	13.5	39.4	71.9	8.2	28.6	11.3	0.0	5.2	25.6	100.0	0.0	30.4
		1	12	5	3	16	7	13	19	18	8	—	—	—

续表

项目＼国家		中国	阿根廷	巴西	印度	印度尼西亚	墨西哥	俄罗斯	沙特阿拉伯	南非	土耳其	最高分	最低分	平均分
2016年	创新产出竞争力	82.5	7.1	17.2	21.5	4.9	18.6	12.4	0.7	3.5	5.2	82.5	0.7	17.4
		2	15	10	8	17	9	13	19	18	16	—	—	—
	专利授权数	100.0	0.4	1.2	2.5	0.8	2.7	10.9	0.0	1.2	0.4	100.0	0.0	12.0
		1	17	15	11	16	10	5	19	14	18			
	科技论文发表数	100.0	0.2	11.0	24.5	0.0	1.6	12.3	0.4	1.0	6.3	100.0	0.0	15.7
		1	18	12	3	19	15	10	17	16	14			
	专利和许可收入	0.9	0.1	0.5	0.4	0.0	0.0	0.4	—	0.1	0.0	0.9	0.0	0.3
		9	14	11	13	16	18	12	0	15	17			
	高技术产品出口额	100.0	0.1	4.6	6.5	1.5	24.2	2.9	0.0	0.4	0.6	100.0	0.0	14.1
		1	18	12	11	15	8	13	19	17	16			
	高技术产品出口比重	94.2	27.4	46.3	20.7	15.2	53.8	35.3	3.2	13.2	0.0	94.2	0.0	30.9
		3	13	10	15	16	8	12	18	17	19			
	注册商标数	100.0	14.1	39.5	74.1	11.9	29.5	12.7	0.0	5.3	24.0	100.0	0.0	31.1
		1	12	5	3	15	7	14	19	18	8			
2017年	创新产出竞争力	84.0	7.5	17.4	19.1	4.6	20.2	13.4	0.5	2.6	5.3	84.0	0.5	17.5
		2	15	10	9	17	8	13	19	18	16			
	专利授权数	100.0	0.6	1.5	3.7	0.6	2.5	10.6	0.0	1.6	0.4	100.0	0.0	12.2
		1	17	14	9	16	11	5	19	13	18			
	科技论文发表数	100.0	0.9	12.1	23.9	0.0	2.3	9.7	0.9	1.6	6.7	100.0	0.0	15.8
		1	17	11	3	19	15	13	18	16	14			
	专利和许可收入	3.7	0.2	0.5	0.5	0.0	0.0	0.6	—	0.1	0.0	3.7	0.0	0.6
		7	14	13	12	16	18	11	0	15	17			
	高技术产品出口额	100.0	0.2	5.2	7.8	1.7	28.9	4.7	0.0	0.4	1.1	100.0	0.0	15.0
		1	18	12	11	15	8	13	19	17	16			
	高技术产品出口比重	100.0	30.2	45.8	21.0	13.6	59.4	42.3	1.4	9.9	0.0	100.0	0.0	32.4
		1	13	11	14	15	4	12	18	17	19			
	注册商标数	100.0	13.1	39.0	57.6	11.6	28.1	12.4	0.0	1.9	23.5	100.0	0.0	28.7
		1	12	5	3	15	7	14	19	18	8			

注:各国家对应的两行数列中,上一行为指标得分,下一行为指标在二十国集团中的排名。这里的最高分和最低分分别是指新兴经济体中的最高得分和最低得分。由于评价得分是基于二十国集团中19个国家进行评价得到的,因此有时候最高分并不一定是 100 分,最低分也不一定是 0 分。如果出现最高分不为 100 分或最低分不为 0 分的情况,则说明发达国家中还有得分更高或更低的国家。

（单位：位）

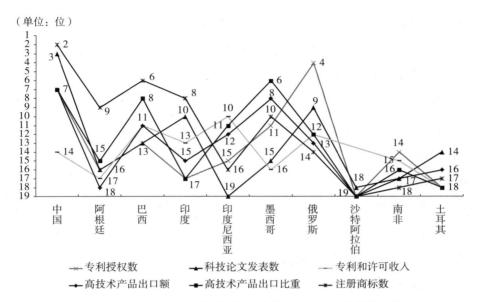

图 5-19 2000 年新兴经济体创新产出竞争力三级指标排名比较

（单位：位）

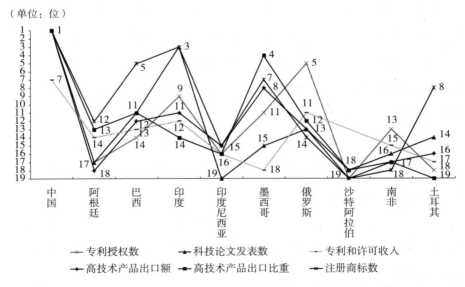

图 5-20 2017 年新兴经济体创新产出竞争力三级指标排名比较

由表 5-15 可以看出,2000—2017 年,新兴经济体创新产出竞争力的平均分提高了 6.4 分,最高分提高了 53.8 分,最低分提高了 0.4 分。反映在三级指标上,则是 6 个三级指标中有 5 个三级指标的平均得分有所上升,其中高技术产品出口额的得分上升最快,平均分上升了 10.3 分;专利授权数、科技论文发表数、注册商标数的得分上升得也比较快,平均分分别上升了 9.0 分、9.9分和 9.8 分;专利和许可收入上升得最慢,平均分只上升了 0.5 分;而高技术产品出口比重的平均分下降了 1.2 分。由此可见,新兴经济体创新产出竞争力的提高主要来源于高技术产品出口额、专利授权数、科技论文发表数、注册商标数四个方面的提高。

从各国的情况来看,2000 年,在 10 个新兴经济体中,中国创新产出竞争力下属的 6 个三级指标中有 3 个三级指标的得分是最高的,有 2 个三级指标排在第 2 位。从 2002 年开始,中国创新产出竞争力下属的 6 个三级指标中有5 个三级指标的得分是最高的;而从 2010 年开始,所有 6 个三级指标的得分都是最高的。与中国形成鲜明对比的是沙特阿拉伯,2000 年,6 个三级指标中,有 4 个三级指标排在最末位,1 个三级指标排在倒数第 2 位。其他各年的情况也类似,至少有 4 个指标排在最末两位,至 2017 年仍排在最后一位。

由图 5-19 和图 5-20 则可以更直观地看出创新产出竞争力与其三级指标之间的关系。2000 年,沙特阿拉伯、土耳其三级指标的排位都比较低,沙特阿拉伯有 4 个三级指标排在第 19 位,1 个三级指标排在第 18 位;而土耳其则有 3 个三级指标排在第 18 位,1 个三级指标排在第 17 位,其余 2 个三级指标分别排在第 14、16 位。正是由于三级指标排名比较靠后,才使得它们整体的创新产出竞争力排在新兴经济体的最后两位。

与之相反的是中国,它的 2 个三级指标均排在前 3 位,3 个三级指标排在第 7 位,还有 1 个三级指标排在第 14 位,使得它的创新产出竞争力排在新兴经济体的第 1 位。

2017 年的情况与 2000 年类似,有较多三级指标排位靠前的国家其创新产出竞争力排位也比较靠前,比如中国、墨西哥、印度。

通过以上分析可知,2000—2017 年新兴经济体创新产出竞争力的整体水平呈上升趋势,这主要是由高技术产品出口额、专利授权数、科技论文发表数、注册商标数的提高推动的,其余指标的贡献较小。但从各国的情况来看,要想有较高的创新产出竞争力,各个方面都应该有较好的表现,需要协调发展,某个方面的"短板"将极大地拖累整体创新产出竞争力的得分和排名。因此,在今后的发展过程中,新兴经济体应该继续加强优势领域的工作,但同时也要注意加大对薄弱领域的关注,寻找突破点,不断努力,实现各个方面的协调发展,共同进步,这样才能实现创新产出竞争力的有效、快速提升。

六、新兴经济体创新持续竞争力比较分析

1. 新兴经济体创新持续竞争力得分比较

根据创新竞争力的指标体系和数学模型,对2000—2017年二十国集团创新持续竞争力进行了评价。表5-16列出了2000—2017年二十国集团中10个新兴经济体的创新持续竞争力得分及其变化情况;图5-21和图5-22则更直观地展现了2000年和2017年10个新兴经济体创新持续竞争力的得分情况,便于对它们进行比较。

表 5-16　2000—2017 年新兴经济体创新持续竞争力得分及其变化

(单位:分)

国家\年份	中国	阿根廷	巴西	印度	印度尼西亚	墨西哥	俄罗斯	沙特阿拉伯	南非	土耳其	最高分	最低分	平均分
2000	22.0	27.3	21.3	22.2	1.1	29.2	29.2	37.2	26.4	9.4	37.2	1.1	22.5
2001	22.6	25.1	17.8	18.7	0.7	27.7	29.7	38.4	20.0	9.1	38.4	0.7	21.0
2002	27.1	15.9	20.6	22.3	19.8	42.9	30.1	44.4	24.3	23.4	44.4	15.9	27.1
2003	13.5	25.9	15.5	10.4	9.9	17.9	22.3	34.9	27.7	26.9	34.9	9.9	20.5
2004	19.4	29.4	23.0	14.8	6.1	29.4	23.4	29.6	47.4	25.3	47.4	6.1	24.8
2005	27.5	33.1	30.7	30.3	8.7	32.1	25.5	29.1	24.8	34.1	34.1	8.7	27.6
2006	34.6	47.5	42.3	21.3	27.9	18.2	44.3	41.4	35.7	25.7	47.5	18.2	33.9

续表

国家 年份	中国	阿根廷	巴西	印度	印度尼西亚	墨西哥	俄罗斯	沙特阿拉伯	南非	土耳其	最高分	最低分	平均分
2007	32.6	38.1	33.9	14.0	10.1	28.3	31.6	37.2	21.5	39.0	39.0	10.1	28.6
2008	42.4	49.7	48.3	13.6	17.3	30.5	32.4	48.3	21.2	24.6	49.7	13.6	32.8
2009	23.6	45.4	39.9	21.2	22.3	35.4	33.1	33.0	31.9	24.0	45.4	21.2	31.0
2010	20.5	36.8	38.4	21.4	9.0	18.1	26.5	46.2	22.0	21.1	46.2	9.0	26.0
2011	43.1	50.6	46.3	14.8	16.8	24.8	35.3	46.8	34.1	27.2	50.6	14.8	34.0
2012	44.7	49.6	38.0	18.4	19.2	16.3	35.6	34.9	33.5	42.8	49.6	16.3	33.3
2013	44.3	34.9	50.0	15.2	13.2	30.7	25.9	32.6	38.0	45.6	50.0	13.2	33.0
2014	44.5	38.5	55.1	28.4	17.9	32.5	29.5	36.9	36.8	39.8	55.1	17.9	36.0
2015	37.2	49.9	35.2	25.4	15.5	22.3	17.4	32.7	32.1	33.9	49.9	15.5	30.2
2016	44.8	38.3	47.4	30.9	28.0	18.2	26.8	36.6	38.2	51.4	51.4	18.2	36.1
2017	35.8	59.0	50.9	17.9	16.7	16.4	29.5	29.8	34.3	38.8	59.0	16.4	32.9
分值变化	13.8	31.7	29.6	-4.3	15.6	-12.8	0.3	-7.4	7.9	29.4	21.8	15.3	10.4

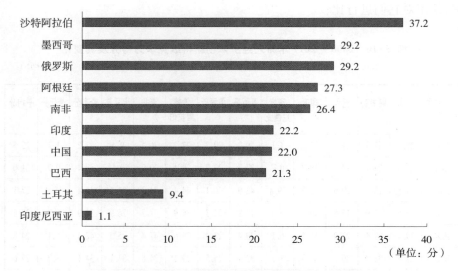

图 5-21 2000 年新兴经济体创新持续竞争力得分情况

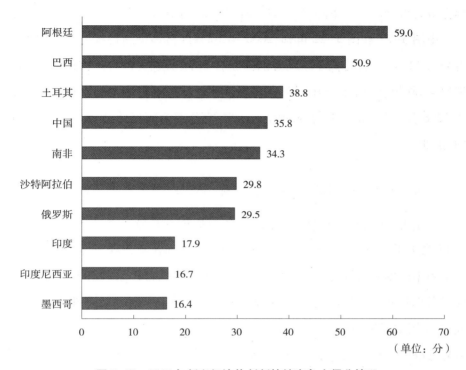

（单位：分）

图 5-22　2017 年新兴经济体创新持续竞争力得分情况

由表 5-16 可知,2000—2017 年,新兴经济体的创新持续竞争力水平呈波动上升趋势,平均分上升了 10 分。此外,各国的创新持续竞争力水平差异很大,排位变化也比较大。2000—2003 年,沙特阿拉伯的创新持续竞争力得分一直排在新兴经济体的第 1 位;但 2004 年被南非超过,随后阿根廷又多次排名第 1 位。2000 年,沙特阿拉伯的创新持续竞争力得分为 37.2 分,是第 2 位墨西哥的 1.3 倍,是最后一名印度尼西亚的 33.8 倍;2017 年,阿根廷的创新持续竞争力得分为 59.0 分,是第 2 位巴西的 1.2 倍,是最后一名墨西哥的 3.6 倍。

从得分变化情况来看,2000—2017 年,阿根廷的创新持续竞争力得分上升最快,上升了 31.7 分,巴西、土耳其、印度尼西亚、中国等国的创新持续竞争力得分也上升得比较快。与此相反的是,印度、墨西哥、沙特阿拉伯的创新持续竞争力得分出现了下降,墨西哥下降得最快,下降了12.8分。

由图5-21和图5-22可知,2000年,新兴经济体创新持续竞争力的平均得分为22.6分,得分高于平均分的国家有5个,分别为沙特阿拉伯、墨西哥、俄罗斯、阿根廷、南非;2017年,新兴经济体创新持续竞争力的平均得分上升为32.6分,得分高于平均分的国家有5个,分别为阿根廷、巴西、土耳其、中国、南非。

2. 新兴经济体创新持续竞争力排名比较

为了进一步分析新兴经济体内部各国的创新持续竞争力差异情况,表5-17列出了2000—2017年10个新兴经济体分别在新兴经济体内部和二十国集团中的创新持续竞争力排位情况。这里用各国排位来进行差异分析,主要是考虑到通过排位比较,可以清楚地看到各国在新兴经济体内部的位次,以及在二十国集团中的位次,可以从新兴经济体和二十国集团两个维度来分析差异,这样会更全面、客观。同时,结合表5-16,可以更好地分析新兴经济体内部各国的差异情况。

从新兴经济体内部各国创新持续竞争力的排位情况来看,2000—2017年,各国的排位变化较大,没有哪个国家的创新持续竞争力一直处于新兴经济体的首位,相对来说,阿根廷和沙特阿拉伯处于首位的时间更长,而印度尼西亚处于最末位的时间比较长。总体来看,排位保持不变的国家只有南非。排位上升最快的是巴西和土耳其,均上升了6位,中国、阿根廷均上升了3位,印度尼西亚上升了1位,而墨西哥、沙特阿拉伯、俄罗斯、印度则分别下降了8位、5位、4位和2位。

从新兴经济体创新持续竞争力在二十国集团中的排位来看,2000—2017年,阿根廷和巴西的创新持续竞争力排位比较高,排在很多发达国家之前。印度尼西亚的创新持续竞争力基本上一直处于二十国集团的最后两位。巴西的创新持续竞争力排位上升最快,上升了13位,阿根廷、土耳其、中国、南非、印度尼西亚的排位分别上升了 11 位、8 位、5 位、2 位和 1 位,而墨西哥、沙特阿拉伯、俄罗斯和印度分别下降了 8 位、5 位、3 位和 2 位。

表 5-17　2000—2017 年新兴经济体创新持续竞争力排位比较

(单位:位)

项目	年份\国家	中国	阿根廷	巴西	印度	印度尼西亚	墨西哥	俄罗斯	沙特阿拉伯	南非	土耳其
新兴经济体排位	2000	7	4	8	6	10	2	3	1	5	9
	2001	5	4	8	7	10	3	2	1	6	9
	2002	4	10	8	7	9	2	3	1	5	6
	2003	8	4	7	9	10	6	5	1	2	3
	2004	8	3	7	9	10	4	6	2	1	5
	2005	7	2	4	5	10	3	8	6	9	1
	2006	6	1	3	9	7	10	2	4	5	8
	2007	5	2	4	9	10	7	6	3	8	1
	2008	4	1	3	10	9	6	5	2	8	7
	2009	8	1	2	10	9	3	4	5	6	7
	2010	8	3	2	6	10	9	4	1	5	7
	2011	4	1	3	10	9	8	5	2	6	7
	2012	2	1	4	9	8	10	5	6	7	3
	2013	3	5	1	9	10	7	8	6	4	2
	2014	2	4	1	9	10	7	8	5	6	3
	2015	2	1	3	7	10	8	9	5	6	4
	2016	3	4	2	7	8	10	9	6	5	1
	2017	4	1	2	8	9	10	7	6	5	3
排位变化		3	3	6	-2	1	-8	-4	-5	0	6

续表

项目\年份	国家	中国	阿根廷	巴西	印度	印度尼西亚	墨西哥	俄罗斯	沙特阿拉伯	南非	土耳其
二十国集团排位	2000	16	13	17	15	19	11	12	9	14	18
	2001	14	13	17	16	19	12	11	6	15	18
	2002	13	19	17	16	18	6	12	5	14	15
	2003	17	13	16	18	19	15	14	5	11	12
	2004	17	11	16	18	19	12	15	10	3	14
	2005	16	9	13	14	19	11	17	15	18	8
	2006	14	8	11	18	16	19	10	12	13	17
	2007	13	10	12	18	15	14	11	17	8
	2008	11	5	7	19	18	15	13	6	17	16
	2009	17	9	11	19	18	12	13	14	15	16
	2010	17	10	9	15	19	18	13	5	14	16
	2011	9	4	6	19	18	17	12	5	13	16
	2012	8	4	11	18	17	19	12	13	16	10
	2013	8	13	4	18	19	15	16	14	12	7
	2014	9	12	6	18	19	16	17	13	14	11
	2015	9	3	10	15	19	17	18	12	13	11
	2016	10	12	9	16	17	19	18	14	13	7
	2017	11	2	4	17	18	19	15	14	12	10
	排位变化	5	11	13	-2	1	-8	-3	-5	2	8

3. 新兴经济体创新持续竞争力三级指标的得分及排名比较

表 5-18 列出了 2000—2017 年新兴经济体创新持续竞争力的得分和排位变化情况及其下属 6 个三级指标的得分和排名及其波动情况,图 5-23、图 5-24 直观地表示出了 2000 年和 2017 年新兴经济体创新持续竞争力下属三级指标的排位及其变化情况。

表 5-18　2000—2017 年新兴经济体创新持续竞争力评价比较表

（单位：分）

项目 ＼ 国家		中国	阿根廷	巴西	印度	印度尼西亚	墨西哥	俄罗斯	沙特阿拉伯	南非	土耳其	最高分	最低分	平均分
创新持续竞争力的综合变化		13.8	31.7	29.6	-4.2	15.6	-12.8	0.4	-7.3	7.9	29.4	31.7	-12.8	10.4
		5	11	13	-2	1	-8	-3	-5	2	8	—	—	—
2000年	创新持续竞争力	22.0	27.3	21.3	22.2	1.1	29.2	29.2	37.2	26.4	9.4	37.2	1.1	22.5
		16	13	17	15	19	11	12	9	14	18	—	—	—
	公共教育经费支出总额	5.5	1.6	3.9	3.0	0.0	4.4	0.6	1.3	0.6	0.5	5.5	0.0	2.1
		8	14	10	12	19	9	16	15	17	18	—	—	—
	公共教育经费支出占 GDP 比重	11.9	61.5	43.2	55.7	0.0	44.4	13.9	100.0	86.5	2.0	100.0	0.0	41.9
		17	7	13	8	19	12	16	1	3	18	—	—	—
	人均公共教育支出额	0.4	17.0	6.6	0.0	0.0	13.2	1.7	26.6	7.3	4.6	26.6	0.0	7.7
		17	11	14	18	19	12	16	9	13	15	—	—	—
	高等教育毛入学率	0.0	40.6	9.4	1.7	6.5	10.2	43.0	13.0	10.6	16.1	43.0	0.0	15.1
		19	9	16	18	17	15	7	13	14	12	—	—	—
	科技人员增长率	38.9	6.9	34.0	21.9	0.0	33.2	15.8	—	20.9	10.9	38.9	0.0	20.3
		2	17	6	11	18	7	15	0	12	16	—	—	—
	科技经费增长率	75.1	36.2	30.7	50.7	0.0	70.1	100.0	45.1	32.6	22.2	100.0	0.0	46.3
		2	14	17	9	19	3	1	12	16	18	—	—	—
2001年	创新持续竞争力	22.6	25.1	17.8	18.7	0.7	27.7	29.7	38.4	20.0	9.1	38.4	0.7	21.0
		14	13	17	16	19	12	11	6	15	18	—	—	—
	公共教育经费支出总额	6.8	1.6	3.1	3.0	0.0	4.9	1.0	1.8	0.4	0.2	6.8	0.0	2.3
		7	15	10	11	19	9	16	14	17	18	—	—	—
	公共教育经费支出占 GDP 比重	13.9	45.1	26.3	36.6	0.0	33.9	12.3	100.0	51.3	3.7	100.0	0.0	32.3
		16	7	14	9	19	11	17	1	4	18	—	—	—
	人均公共教育支出额	0.8	16.4	5.1	0.1	0.0	14.6	2.3	32.4	5.8	3.2	32.4	0.0	8.1
		17	11	14	18	19	12	16	9	13	15	—	—	—
	高等教育毛入学率	0.0	44.2	7.7	0.0	4.0	9.3	47.1	12.7	8.9	14.4	47.1	0.0	14.8
		18	8	16	0	17	14	4	13	15	12	—	—	—
	科技人员增长率	38.9	6.9	34.0	21.9	0.0	33.2	15.8	—	20.9	10.9	38.9	0.0	20.3
		2	17	6	11	18	7	15	0	12	16	—	—	—
	科技经费增长率	75.1	36.2	30.7	50.7	0.0	70.1	100.0	45.1	32.6	22.2	100.0	0.0	46.3
		2	14	17	9	19	3	1	12	16	18	—	—	—

续表

项目＼国家		中国	阿根廷	巴西	印度	印度尼西亚	墨西哥	俄罗斯	沙特阿拉伯	南非	土耳其	最高分	最低分	平均分
2002年	创新持续竞争力	27.1	15.9	20.6	22.3	19.8	42.9	30.1	44.4	24.3	23.4	44.4	15.9	27.1
		13	19	17	16	18	6	12	5	14	15	—	—	—
	公共教育经费支出总额	7.8	0.0	2.6	3.2	0.2	5.2	1.6	1.8	0.3	0.4	7.8	0.0	2.3
		7	19	13	11	18	9	15	14	17	16	—	—	—
	公共教育经费支出占GDP比重	15.3	27.5	22.1	34.8	0.0	36.2	23.9	100.0	48.5	2.1	100.0	0.0	31.0
		17	12	15	10	19	8	13	1	4	18	—	—	—
	人均公共教育支出额	0.9	4.0	4.2	0.0	0.2	15.1	3.4	31.3	5.1	3.9	31.3	0.0	6.8
		17	14	13	19	18	11	16	9	12	15	—	—	—
	高等教育毛入学率	2.1	47.5	9.6	0.0	4.2	9.9	51.7	12.0	8.5	14.9	51.7		16.0
		18	6	15	19	17	14	4	13	16	12	—	—	—
	科技人员增长率	36.5	16.4	26.7	16.5	15.7	100.0	4.6	—	11.6	27.1	100.0	4.6	28.3
		2	12	6	11	13	1	17	0	16	5	—	—	—
	科技经费增长率	100.0	0.0	58.4	79.0	98.3	91.0	95.5	77.2	71.9	91.7	100.0	0.0	76.3
		1	19	18	12	2	5	3	13	16	4	—	—	—
2003年	创新持续竞争力	13.5	25.9	15.5	10.4	9.9	17.9	22.3	34.9	27.7	26.9	34.9	9.9	20.5
		17	13	16	18	19	15	14	5	11	12	—	—	—
	公共教育经费支出总额	8.1	0.0	2.7	2.9	0.5	5.2	1.8	1.7	0.6	0.7	8.1	0.0	2.4
		7	19	13	12	18	9	14	15	17	16	—	—	—
	公共教育经费支出占GDP比重	9.5	15.6	20.7	18.6	8.1	51.9	19.0	100.0	47.0	0.0	100.0	0.0	29.0
		17	16	12	15	18	4	14	1	6	19	—	—	—
	人均公共教育支出额	1.0	4.6	4.4	0.0	0.7	15.5	4.2	31.0	7.5	5.4	31.0	0.0	7.4
		17	14	15	19	18	11	16	9	12	13	—	—	—
	高等教育毛入学率	4.2	49.7	11.5	0.0	4.9	10.4	55.1	14.7	8.1	17.9	55.1	0.0	17.7
		18	5	14	19	17	15	4	13	16	12	—	—	—
	科技人员增长率	20.8	16.9	29.0	8.3	7.5	24.6	1.3	—	3.2	100.0	100.0	1.3	23.5
		7	10	2	13	14	4	18	0	17	1	—	—	—
	科技经费增长率	37.2	68.5	24.8	32.7	37.9	0.0	52.4	27.3	100.0	37.4	100.0	0.0	41.8
		10	2	16	12	8	19	3	14	1	9	—	—	—

续表

项目\国家		中国	阿根廷	巴西	印度	印度尼西亚	墨西哥	俄罗斯	沙特阿拉伯	南非	土耳其	最高分	最低分	平均分
2004年	创新持续竞争力	19.4	29.4	23.0	14.8	6.1	29.4	23.4	29.6	47.4	25.3	47.4	6.1	24.8
		17	11	16	18	19	12	15	10	3	14	—	—	—
	公共教育经费支出总额	7.4	0.0	3.2	2.8	0.2	4.7	2.3	1.6	0.9	1.0	7.4	0.0	2.4
		7	19	12	13	18	9	14	15	17	16	—	—	—
	公共教育经费支出占GDP比重	1.2	20.9	34.7	18.4	0.0	56.1	22.7	100.0	65.8	7.7	100.0	0.0	32.8
		18	15	12	16	19	7	14	1	4	17	—	—	—
	人均公共教育支出额	0.9	5.6	5.4	0.0	0.5	14.4	5.5	30.1	9.7	7.2	30.1	0.0	7.9
		17	14	16	19	18	11	15	9	12	13	—	—	—
	高等教育毛入学率	5.9	49.9	12.4	0.0	5.2	10.9	54.9	16.1	7.8	18.4	54.9	0.0	18.2
		17	5	14	19	18	15	4	13	16	12	—	—	—
	科技人员增长率	32.9	33.8	46.5	12.8	11.9	70.8	0.0	—	100.0	20.0	100.0	0.0	36.5
		5	4	3	13	14	2	18		1	10	—	—	—
	科技经费增长率	68.0	66.2	35.6	54.9	19.1	19.2	55.3	0.0	100.0	97.7	100.0	0.0	51.6
		4	5	10	7	16	15	19	1	2		—	—	—
2005年	创新持续竞争力	27.5	33.1	30.7	30.3	8.7	32.1	25.5	29.1	24.8	34.1	34.1	8.7	27.6
		16	9	13	14	19	11	17	15	18	8	—	—	—
	公共教育经费支出总额	8.1	0.0	4.6	2.7	0.1	5.0	3.0	1.4	0.8	1.1	8.1	0.0	2.7
		7	19	10	14	18	9	13	15	17	16	—	—	—
	公共教育经费支出占GDP比重	0.0	38.8	61.6	15.6	2.3	75.2	35.5	96.8	83.2	7.8	96.8	0.0	41.7
		19	13	9	16	18	7	14	2	4	17	—	—	—
	人均公共教育支出额	1.1	7.3	8.0	0.0	0.5	15.5	7.5	30.4	10.3	8.4	30.4	0.0	8.9
		17	16	14	19	18	11	15	9	12	13	—	—	—
	高等教育毛入学率	7.4	48.7	14.0	0.0	6.0	11.6	56.8	17.1	8.1	20.5	56.8	0.0	19.0
		17	6	14	19	18	15	4	13	16	12	—	—	—
	科技人员增长率	85.5	40.8	0.4	100.0	17.0	49.4	2.1	—	0.0	67.0	100.0	0.0	40.2
		2	8	17	1	12	6	16		18	3	—	—	—
	科技经费增长率	63.0	62.8	95.4	63.5	26.1	35.8	47.9	0.0	46.7	100.0	100.0	0.0	54.1
		4	5	2	3	12	10	8	19	9	1	—	—	—

项目	国家	中国	阿根廷	巴西	印度	印度尼西亚	墨西哥	俄罗斯	沙特阿拉伯	南非	土耳其	最高分	最低分	平均分
2006年	创新持续竞争力	34.6	47.5	42.3	21.3	27.9	18.2	44.3	41.4	35.7	25.7	47.5	18.2	33.9
		14	8	11	18	16	19	10	12	13	17	—	—	—
	公共教育经费支出总额	9.9	0.0	6.0	2.7	0.1	4.9	3.9	1.7	0.6	0.8	9.9	0.0	3.1
		7	19	9	14	18	10	12	15	17	16	—	—	—
	公共教育经费支出占GDP比重	8.3	43.9	67.5	13.9	3.9	62.1	35.5	100.0	73.9	0.0	100.0	0.0	40.9
		17	12	6	16	18	9	14	1	4	19	—	—	—
	人均公共教育支出额	1.5	8.7	10.4	0.0	0.8	15.7	9.7	35.2	10.2	7.8	35.2	0.0	10.0
		17	15	12	19	18	11	14	9	13	16	—	—	—
	高等教育毛入学率	7.9	51.1	14.8	0.0	5.3	11.4	56.7	17.2	7.4	23.5	56.7	0.0	19.5
		16	5	14	19	18	15	4	13	17	12	—	—	—
	科技人员增长率	93.0	95.1	79.4	65.9	65.3	0.0	59.9	—	86.0	91.8	95.1	0.0	70.7
		3	2	6	14	15	18	17	—	5	4	—	—	—
	科技经费增长率	86.9	86.2	75.8	45.5	91.7	15.1	100.0	53.0	36.0	30.4	100.0	15.1	62.1
		3	4	5	9	2	18	1	8	11	14	—	—	—
2007年	创新持续竞争力	32.6	38.1	33.9	14.0	10.1	28.3	31.6	37.2	21.5	39.0	39.0	10.1	28.6
		13	10	12	18	19	15	14	11	17	8	—	—	—
	公共教育经费支出总额	13.6	0.0	7.3	3.4	0.0	4.7	4.8	1.5	0.3	0.7	13.6	0.0	3.6
		6	19	9	14	18	11	10	15	17	16	—	—	—
	公共教育经费支出占GDP比重	18.1	54.5	70.8	13.9	9.3	61.8	35.5	100.0	70.8	0.0	100.0	0.0	43.5
		16	10	4	17	18	8	14	1	5	19	—	—	—
	人均公共教育支出额	2.2	11.2	12.9	0.0	0.9	15.9	12.4	36.5	10.3	9.1	36.5	0.0	11.1
		17	14	12	19	18	11	13	9	15	16	—	—	—
	高等教育毛入学率	6.8	49.9	16.5	0.0	4.3	10.5	57.2	16.0	5.9	24.0	57.2	0.0	19.1
		16	6	13	19	18	15	4	14	17	12	—	—	—
	科技人员增长率	99.1	64.9	23.4	13.3	12.4	31.2	10.0	—	27.8	100.0	100.0	10.0	42.4
		2	4	11	13	14	9	15	—	10	1	—	—	—
	科技经费增长率	55.6	48.3	72.7	53.4	33.9	45.8	69.7	31.9	13.6	100.0	100.0	13.6	52.5
		4	6	2	5	9	7	3	12	17	1	—	—	—

续表

项目	国家	中国	阿根廷	巴西	印度	印度尼西亚	墨西哥	俄罗斯	沙特阿拉伯	南非	土耳其	最高分	最低分	平均分
2008年	创新持续竞争力	42.4	49.7	48.3	13.6	17.3	30.5	32.4	48.3	21.2	24.6	49.7	13.6	32.8
		11	5	7	19	18	15	13	6	17	16	—	—	—
	公共教育经费支出总额	18.6	0.5	9.6	3.1	0.1	5.0	6.9	1.6	0.0	0.9	18.6	0.0	4.6
		4	17	8	14	18	11	10	15	19	16	—	—	—
	公共教育经费支出占GDP比重	27.0	77.5	93.2	16.2	5.6	76.6	50.0	88.3	78.3	0.0	93.2	0.0	51.3
		16	7	3	17	18	8	14	4	6	19	—	—	—
	人均公共教育支出额	3.4	15.5	16.6	0.0	1.2	16.9	17.2	38.5	9.4	10.3	38.5	0.0	12.9
		17	14	13	19	18	12	11	9	16	15	—	—	—
	高等教育毛入学率	5.3	50.7	19.5	0.0	5.1	9.4	57.2	14.9	4.2	24.0	57.2	0.0	19.0
		16	5	13	19	17	15	4	14	18	12	—	—	—
	科技人员增长率	100.0	71.8	72.6	34.8	34.0	20.6	1.4	—	27.5	65.4	100.0	1.4	47.6
		1	3	2	12	13	16	17	—	14	5	—	—	—
	科技经费增长率	100.0	82.4	78.1	27.4	58.0	54.5	61.6	98.3	7.9	47.0	100.0	7.9	61.5
		1	4	5	15	7	8	6	2	17	10	—	—	—
2009年	创新持续竞争力	23.6	45.4	39.9	21.2	22.3	35.4	33.1	33.0	31.9	24.0	45.4	21.2	31.0
		17	9	11	19	18	12	13	14	15	16	—	—	—
	公共教育经费支出总额	21.9	0.4	9.9	3.8	0.5	4.1	4.5	0.9	0.0	0.3	21.9	0.0	4.6
		3	17	8	13	16	12	10	15	19	18	—	—	—
	公共教育经费支出占GDP比重	28.0	92.8	90.6	18.7	25.9	81.4	45.1	79.7	83.4	0.0	92.8	0.0	54.6
		16	2	3	18	17	6	14	7	5	19	—	—	—
	人均公共教育支出额	4.0	16.5	17.2	0.0	1.7	14.6	12.5	31.5	10.7	8.4	31.5	0.0	11.7
		17	12	11	19	18	13	14	9	15	16	—	—	—
	高等教育毛入学率	6.1	52.5	20.2	0.0	6.1	8.9	57.3	14.8	3.3	29.4	57.3	0.0	19.9
		16	5	13	19	17	15	4	14	18	12	—	—	—
	科技人员增长率	39.1	81.5	89.5	81.5	0.0	100.0	76.5	—	82.5	93.0	100.0	0.0	71.5
		17	11	3	12	18	1	15	—	10	2	—	—	—
	科技经费增长率	42.5	28.9	11.9	23.5	100.0	3.5	2.8	38.2	11.6	13.1	100.0	2.8	27.6
		2	4	10	5	1	16	17	3	11	9	—	—	—

项目＼国家		中国	阿根廷	巴西	印度	印度尼西亚	墨西哥	俄罗斯	沙特阿拉伯	南非	土耳其	最高分	最低分	平均分
2010年	创新持续竞争力	20.5	36.8	38.4	21.4	9.0	18.1	26.5	46.2	22.0	21.1	46.2	9.0	26.0
		17	10	9	15	19	18	13	5	14	16	—	—	—
	公共教育经费支出总额	25.5	0.0	13.1	4.6	0.0	4.2	5.2	0.7	0.0	0.0	25.5	0.0	5.3
		2	17	7	12	18	13	11	15	16	19	—	—	—
	公共教育经费支出占GDP比重	30.1	75.1	96.0	22.3	2.0	79.8	44.7	79.1	98.4	0.0	98.4	0.0	52.8
		16	10	4	17	18	8	14	9	2	19	—	—	—
	人均公共教育支出额	4.2	16.5	20.7	0.0	1.4	14.7	13.8	33.2	13.0	8.7	33.2	0.0	12.6
		17	12	11	19	18	13	14	10	15	16	—	—	—
	高等教育毛入学率	6.0	55.0	21.7	0.0	5.0	8.2	56.5	18.3	1.6	37.8	56.5	0.0	21.0
		16	5	13	19	15	4	14	18	2	—	—	—	—
	科技人员增长率	55.5	72.3	76.1	100.0	42.3	0.0	37.4	—	18.0	78.6	100.0	0.0	53.4
		7	4	3	1	12	18	15	0	17	2	—	—	—
	科技经费增长率	1.9	1.8	2.9	1.8	3.1	1.8	1.1	100.0	1.1	1.5	100.0	1.1	11.7
		5	7	3	8	2	9	11	1	13	10	—	—	—
2011年	创新持续竞争力	43.1	50.6	46.3	14.8	16.8	24.8	35.3	46.8	34.1	27.2	50.6	14.8	34.0
		9	4	6	19	18	17	12	5	13	16	—	—	—
	公共教育经费支出总额	34.8	0.7	16.1	6.0	0.7	4.7	7.8	1.5	0.2	0.0	34.8	0.0	7.3
		2	17	6	12	16	13	10	15	18	19	—	—	—
	公共教育经费支出占GDP比重	36.7	79.1	93.0	33.9	13.7	73.3	42.1	74.3	100.0	0.0	100.0	0.0	54.6
		15	5	2	16	18	9	14	8	1	19	—	—	—
	人均公共教育支出额	5.3	19.8	22.4	0.0	1.9	14.4	17.1	37.4	13.4	8.2	37.4	0.0	14.0
		17	12	11	19	18	14	13	9	15	16	—	—	—
	高等教育毛入学率	5.8	57.8	23.9	3.3	5.3	7.7	56.9	20.7	0.0	41.5	57.8	0.0	22.3
		16	4	13	18	17	15	5	14	19	8	—	—	—
	科技人员增长率	76.6	57.9	74.8	23.9	23.8	39.0	23.3	—	67.3	100.0	100.0	23.3	54.1
		3	6	4	13	14	9	16	—	5	1	—	—	—
	科技经费增长率	99.2	88.4	47.7	21.5	55.5	9.5	64.9	100.0	23.8	13.2	100.0	9.5	52.4
		2	3	7	12	6	17	4	1	11	15	—	—	—

续表

项目	国家	中国	阿根廷	巴西	印度	印度尼西亚	墨西哥	俄罗斯	沙特阿拉伯	南非	土耳其	最高分	最低分	平均分
2012年	创新持续竞争力	44.7	49.6	38.0	18.4	19.2	16.3	35.6	34.9	33.5	42.8	49.6	16.3	33.3
		8	4	11	18	17	19	12	13	16	10	—	—	—
	公共教育经费支出总额	41.8	0.5	14.6	5.6	0.7	4.4	7.2	1.5	0.0	1.6	41.8	0.0	7.8
		2	18	7	12	17	14	10	16	19	15	—	—	—
	公共教育经费支出占GDP比重	29.4	65.4	82.6	15.5	0.0	57.2	12.9	58.4	100.0	34.1	100.0	0.0	45.6
		14	5	2	16	19	9	17	8	1	13	—	—	—
	人均公共教育支出额	6.6	19.6	20.4	0.0	2.1	13.9	16.2	38.2	12.9	14.2	38.2	0.0	14.4
		17	12	11	19	18	15	13	9	16	14	—	—	—
	高等教育毛入学率	8.5	59.4	25.4	4.9	9.2	9.0	56.5	27.0	0.0	50.2	59.4	0.0	25.0
		17	4	14	18	15	16	5	13	19	6	—	—	—
	科技人员增长率	81.8	73.3	85.2	69.1	69.2	0.0	63.8	—	81.4	100.0	100.0	0.0	69.3
		4	9	3	13	12	18	15		5	1	—	—	—
	科技经费增长率	100.0	79.3	0.0	15.4	34.1	13.1	57.0	49.4	6.7	56.9	100.0	0.0	41.2
		1	2	19	12	8	14	4	7	18	6	—	—	—
2013年	创新持续竞争力	44.3	34.9	50.0	15.2	13.2	30.7	25.9	32.6	38.0	45.6	50.0	13.2	33.0
		8	13	4	18	19	15	16	14	12	7	—	—	—
	公共教育经费支出总额	48.4	1.0	15.1	6.1	1.1	4.7	8.0	2.0	0.0	2.4	48.4	0.0	8.9
		2	18	7	12	17	14	10	16	19	15	—	—	—
	公共教育经费支出占GDP比重	35.4	78.3	93.4	18.3	0.0	50.4	16.2	67.0	100.0	37.9	100.0	0.0	49.7
		14	5	2	16	19	12	17	9	1	13	—	—	—
	人均公共教育支出额	7.1	18.5	18.7	0.0	1.9	12.3	15.7	34.9	10.1	14.0	34.9	0.0	13.3
		17	12	11	19	18	15	13	9	16	14	—	—	—
	高等教育毛入学率	11.4	60.1	26.8	3.8	9.4	9.4	58.2	32.0	0.0	59.7	60.1	0.0	27.1
		15	4	14	18	16	17	6	13	19	5	—	—	—
	科技人员增长率	63.5	11.4	80.3	18.0	18.4	34.6	0.0	—	100.0	92.6	100.0	0.0	46.5
		5	17	3	14	12	8	18		1	2	—	—	—
	科技经费增长率	100.0	40.3	65.7	45.0	48.5	72.8	57.2	27.0	17.7	67.3	100.0	17.7	54.2
		1	15	5	14	12	3	11	17	18	4	—	—	—

续表

项目	国家	中国	阿根廷	巴西	印度	印度尼西亚	墨西哥	俄罗斯	沙特阿拉伯	南非	土耳其	最高分	最低分	平均分
2014年	创新持续竞争力	44.5	38.5	55.1	28.4	17.9	32.5	29.5	36.9	36.8	39.8	55.1	17.9	36.0
		9	12	6	18	19	16	17	13	14	11	—	—	—
	公共教育经费支出总额	47.9	0.8	14.6	6.7	0.9	5.6	6.7	2.1	0.0	2.3	47.9	0.0	8.8
		2	18	7	10	17	14	11	16	19	15	—	—	—
	公共教育经费支出占GDP比重	29.4	75.2	96.4	20.2	0.0	71.5	18.2	67.1	100.0	39.3	100.0	—	51.7
		14	5	2	16	19	8	17	10	1	13	—	—	—
	人均公共教育支出额	8.0	18.8	20.7	0.0	1.7	15.7	15.3	37.9	10.4	14.8	37.9	0.0	14.3
		17	12	11	19	18	13	14	10	16	15	—	—	—
	高等教育毛入学率	21.5	63.2	30.2	5.8	9.8	10.5	59.0	38.2	0.0	67.3	67.3	0.0	30.6
		15	5	14	18	17	16	6	11	19	4	—	—	—
	科技人员增长率	64.3	57.3	94.3	53.4	53.6	0.0	52.5	—	51.7	49.4	94.3	0.0	53.0
		7	9	2	12	11	18	13	0	14	15	—	—	—
	科技经费增长率	96.1	15.8	74.1	84.6	41.6	91.7	25.7	39.0	58.6	65.4	96.1	15.8	59.3
		3	18	6	5	14	4	17	15	12	10	—	—	—
2015年	创新持续竞争力	37.2	49.9	35.2	25.4	15.5	22.3	17.4	32.7	32.1	33.9	49.9	15.5	30.2
		9	3	10	15	19	17	18	12	13	11	—	—	—
	公共教育经费支出总额	50.8	1.7	10.5	7.0	1.3	4.8	3.7	1.7	0.0	2.0	50.8	0.0	8.4
		2	16	7	9	18	13	14	17	19	15	—	—	—
	公共教育经费支出占GDP比重	25.5	82.5	100.0	9.8	0.0	62.3	8.9	58.5	89.3	26.7	100.0	—	46.4
		14	3	1	16	19	6	17	10	2	13	—	—	—
	人均公共教育支出额	9.5	24.7	16.4	0.0	2.0	14.4	10.2	34.0	9.5	13.9	34.0	0.0	13.5
		16	11	12	19	18	13	15	10	17	14	—	—	—
	高等教育毛入学率	25.6	66.2	31.3	7.1	9.8	11.0	60.8	40.8	0.0	75.7	75.7	0.0	32.8
		15	5	14	18	17	16	6	11	19	2	—	—	—
	科技人员增长率	31.6	24.0	33.3	100.0	21.2	0.0	21.0	—	41.3	31.4	100.0	0.0	33.8
		6	11	4	1	15	19	16	0	3	7	—	—	—
	科技经费增长率	80.4	100.0	20.0	28.4	58.6	41.1	0.0	28.8	52.7	53.8	100.0	0.0	46.4
		2	1	18	17	4	10	19	16	8	7	—	—	—

194

续表

项目 / 国家		中国	阿根廷	巴西	印度	印度尼西亚	墨西哥	俄罗斯	沙特阿拉伯	南非	土耳其	最高分	最低分	平均分
2016年	创新持续竞争力	44.8	38.3	47.4	30.9	28.0	18.2	26.8	36.6	38.2	51.4	51.4	18.2	36.1
		10	12	9	16	17	19	18	14	13	7	—	—	—
	公共教育经费支出总额	50.1	1.5	10.3	7.7	1.7	4.1	3.4	1.7	0.0	2.1	50.1	0.0	8.3
		2	18	7	8	16	13	14	17	19	15	—	—	—
	公共教育经费支出占GDP比重	28.6	76.0	100.0	13.6	4.2	60.4	12.7	60.3	89.3	29.8	100.0	4.2	47.5
		14	3	1	16	18	9	17	10	2	13	—	—	—
	人均公共教育支出额	9.9	22.6	16.8	0.0	2.2	13.0	9.7	34.0	8.8	14.2	34.0	0.0	13.1
		15	11	12	19	18	14	16	10	17	13	—	—	—
	高等教育毛入学率	27.6	67.7	29.6	6.4	9.0	16.2	60.5	45.5	0.0	82.1	82.1	0.0	34.5
		15	4	14	18	17	16	6	9	19	2	—	—	—
	科技人员增长率	74.6	61.9	83.3	57.5	57.5	0.0	29.9	—	73.6	100.0	100.0	0.0	59.8
		3	9	2	13	14	18	17		4	1	—	—	—
	科技经费增长率	77.8	0.0	44.5	100.0	93.4	15.4	44.5	41.4	57.6	80.5	100.0	0.0	55.5
		6	19	13	1	2	18	14	15	11	4	—	—	—
2017年	创新持续竞争力	35.8	59.0	50.9	17.9	16.7	16.4	29.5	29.8	34.3	38.8	59.0	16.4	32.9
		11	2	4	17	18	19	15	14	12	10	—	—	—
	公共教育经费支出总额	52.6	1.6	11.4	8.5	1.6	4.0	4.1	1.5	0.0	1.6	52.6	0.0	8.7
		2	15	7	8	17	14	13	18	19	16	—	—	—
	公共教育经费支出占GDP比重	27.6	80.5	100.0	13.1	4.0	58.7	12.3	58.2	92.6	28.7	100.0	4.0	47.6
		14	3	1	16	18	9	17	10	2	13	—	—	—
	人均公共教育支出额	10.3	25.9	18.7	0.0	2.1	13.1	11.7	34.1	10.3	12.9	34.1	0.0	13.9
		17	11	12	19	18	13	15	10	16	14	—	—	—
	高等教育毛入学率	32.7	73.5	32.2	7.6	16.9	19.0	65.7	51.9	0.0	89.3	89.3	0.0	38.9
		14	4	15	18	17	16	6	7	19	2	—	—	—
	科技人员增长率	86.7	72.1	97.3	70.9	70.7	0.0	72.6	—	94.7	100.0	100.0	0.0	73.9
		6	13	2	14	17	18	11	0	4	1	—	—	—
	科技经费增长率	4.7	100.0	45.8	7.4	4.5	3.6	10.6	3.5	8.4	0.1	100.0	0.1	18.9
		7	1	2	5	8	10	3	11	4	18	—	—	—

注:各国家对应的两行数列中,上一行为指标得分,下一行为指标在二十国集团中的排名。这里的最高分和最低分分别是指新兴经济体中的最高得分和最低得分。由于评价得分是基于二十国集团中19个国家进行评价得到的,因此有时候最高分并不一定是100分,最低分也不一定是0分。如果出现最高分不为100分或最低分不为0分的情况,则说明发达国家中还有得分更高或更低的国家。

（单位：位）

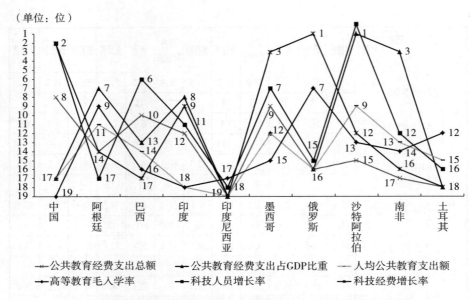

图 5-23　2000 年新兴经济体创新持续竞争力三级指标排名比较

（单位：位）

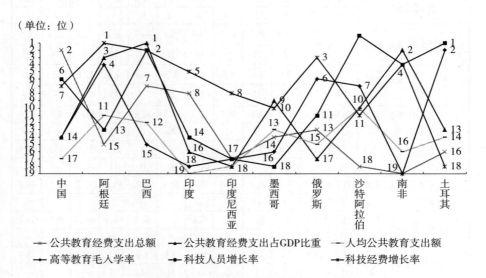

图 5-24　2017 年新兴经济体创新持续竞争力三级指标排名比较

　　由表 5-18 可以看出,2000—2017 年,新兴经济体创新持续竞争力的平均分提高了 10.4 分,最高分提高了 21.8 分,最低分提高了 15.3 分,说明新兴经济体的创新持续竞争力上升较快。反映在三级指标上,则是 6 个三级指标中有 5 个三级指标的平均得分上升,其中科技人员增长率的平均分上升最快,平均分上升了 53.6 分;其次是高等教育毛入学率的平均分上升了 23.8 分,公共教育经费支出总额、公共教育经费支出占 GDP 比重、人均公共教育支出额的平均分分别上升了 6.5 分、5.7 分和 6.2 分。而科技经费增长率的平均分下降了 27.4 分。由此可见,新兴经济体创新持续竞争力的提高主要来源于科技人员增长率、高等教育毛入学率两个方面的提高,而其余指标的贡献较小。

从各国的情况来看,2000 年,在 10 个新兴经济体中,沙特阿拉伯创新持续竞争力 6 个三级指标中有 2 个三级指标排在首位,其他三级指标的排位也比较靠前。2017 年,一些三级指标的排位有所下降,使得沙特阿拉伯整体的创新持续竞争力排在第 6 位,下降了 5 位。阿根廷处于首位的时间最长,2000—2017 年的 18 年间共有 7 年处于首位。而印度尼西亚处于最末位的时间最长,2000 年,6 个三级指标中,有 4 个三级指标排在最末位,1 个三级指标排在倒数第 2 位,1 个指标排在倒数第 3 位,使得它整体的创新持续竞争力排在最末位。其他各年的情况也类似。

由图 5-23 和图 5-24 则可以更直观地看出创新持续竞争力与其三级指标之间的关系。2000 年,印度尼西亚和土耳其三级指标的排位都比较低,印度尼西亚有 4 个三级指标排在第 19 位,而土耳其则有 3 个三级指标排在第 18 位,其余 5 个指标的排位也不靠前。正是由于三级指标排名比较靠后,才使得它们整体的创新持续竞争力排在新兴经济体的最后两位。类似情况的还有巴西。

与之相反的是沙特阿拉伯,它的 2 个三级指标均排在首位,其他 4 个三级指标排名也比较靠前,使得它的创新持续竞争力排在第 1 位。墨西哥三级指标的排位也比较靠前,使得它的创新持续竞争力排在第 2 位。中国的创新持续竞争力在新兴经济体里排在第 7 位,在二十国集团里排在第 16 位,处于下游地位。虽然中国有 2 个三级指标排在第 2 位,但是有 3 个三级指标的排名比较靠后,均排在最后三位,极大地拉低了它的整体排名。

2017 年的情况与 2000 年类似,有较多三级指标排位靠前的国家的创新持续竞争力排位也比较靠前,比如阿根廷和巴西。

通过以上分析可知,2000—2017 年新兴经济体创新持续竞争力的整体水平呈上升趋势,这主要是由科技人员增长率、高等教育毛入学率的提高推动的,其余指标的贡献较小。但从各国的情况来看,要想有较高的创新持续竞争力,各个方面都应该有较好的表现,需要协调发展,某个方面的"短板"将极大地拖累整体创新持续竞争力的得分和排名,比如中国。因此,在今后的发展过程中,新兴经济体应该继续加强优势领域的工作,但同时也要注意加大对薄弱领域的关注,寻找突破点,不断努力,实现各个方面的协调发展,共同进步,这样才能实现创新持续竞争力的有效、快速提升。

第二节　中国与发达国家创新竞争力
评价与比较分析

近年来,中国经济快速发展,科技水平迅速提高,国家实力显著增强,国际地位明显提升,国际竞争力稳步提高。但中国仍属于发展中国家,与发达国家的差距还比较大。发达国家凭借良好的经济技术基础、完善的技术创新机制,不断增强创新竞争力。同时,发达国家在推动技术创新、提升创新竞争力方面作出了大量的探索和实践,取得了丰硕成果和许多成功经验,值得发展中国家特别是中国借鉴。但发达国家之间也有差距,创新竞争力也有较大差别。因此,比较分析中国和发达国家在创新竞争力方面的表现,以及各影响因素的差异,可以比较全面地认识中国在创新竞争力及其影响因素的优势和不足,为促进我国提高创新竞争力提供参考借鉴。

为了比较中国和发达国家的创新竞争力差异,本部分以 2000—2017 年二十国集团的创新竞争力评价结果为基础,把中国和二十国集团中的澳大利亚、加拿大、法国、德国、意大利、日本、韩国、英国、美国9个国家进行比较,分析10个国家在创新竞争力一级、二级和三级指标上的表现。

一、中国与发达国家创新竞争力评价和比较分析

表5-19列出了2000—2017年中国与二十国集团中9个发达国家创新竞争力的得分和排位变化情况及其下属5个二级指标的得分和排名及其变化情况。

从综合得分来看,2000年,美国得分最高,达到84.3分,中国只有23.2分,比最高的美国低了61.1分,也比发达国家的平均分低了23.7分。2017年,美国依然最高,达到78.1分,中国只有43.9分,比美国低了34.2分,比平均分低了3.5分。与2000年相比,发达国家的创新竞争力平均分略微上升了0.5分;9个发达国家中,有5个国家的得分上升,其中韩国上升最快,上升了6.5分;有4个国家的得分下降,其中日本下降最快,下降了9.1分。而中国的创新竞争力得分上升迅速,上升了20.7分,远超发达国家,与发达国家的差距明显缩小。

从综合排名来看,2000年,二十国集团中创新竞争力处于前三位的分别是美国、日本和英国,中国处于第11位,在二十国集团中处于中等水平,排名落后于所有9个发达国家。2017年,创新竞争力处于前三位的分别是美国、韩国和日本,中国处于第7位,超过澳大利亚、加拿大、意大利。2000—2017年,美国的创新竞争力排位保持不变,一直处于首位,澳大利亚和德国的排位也保持不变。韩国和法国的排位分别上升了3位和1位,加拿大、英国、意大利和日本的排位分别下降了3位、2位、1位和1位。而中国的排位迅速上升了4位。

从二级指标来看,2000—2017年,发达国家的5个二级指标中只有2个二级指标的平均分上升,即创新环境竞争力和创新投入竞争力分别上升了

6.0 分和 0.4 分,而创新基础竞争力、创新产出竞争力和创新持续竞争力分别下降了 1.7 分、1.2 分和 1.1 分。由此可见,发达国家创新竞争力得分的略微提高主要来源于创新环境竞争力、创新投入竞争力得分的提高。

与发达国家形成鲜明对比,中国的所有 5 个二级指标的得分均快速上升,其中,创新产出竞争力上升最快,上升了 53.8 分,创新基础竞争力、创新环境竞争力、创新投入竞争力和创新持续竞争力分别上升了 29.3 分、29.1 分、23.3 分和 13.8 分,推动中国的创新竞争力迅速提升了 20.7 分,远超发达国家。

表 5-19　2000—2017 年中国与发达国家创新竞争力评价比较表

（单位:分;位）

项目 ＼ 国家		中国	澳大利亚	加拿大	法国	德国	意大利	日本	韩国	英国	美国	最高分	最低分	平均分
2000—2017 年创新竞争力的综合变化		20.7	5.8	-2.8	4.8	4.6	3.1	-9.2	6.5	-2.4	-6.2	5.8	-9.2	0.5
		4	0	-3	1	0	-1	-1	3	-2	0	—	—	—
2000 年	创新竞争力	23.2	37.3	40.9	39.4	43.9	29.0	58.2	42.6	46.8	84.3	84.3	29.0	46.9
		11	8	6	7	4	9	2	5	3	1	—	—	—
	创新基础竞争力	6.0	30.1	39.4	33.9	44.6	26.8	57.7	19.1	48.8	92.2	92.2	19.1	43.6
		15	7	6	5	4	8	2	9	3	1	—	—	—
	创新环境竞争力	28.0	58.4	59.2	42.1	53.5	53.0	54.2	71.4	74.7	67.1	74.7	42.1	59.3
		14	5	4	9	7	8	6	2	1	3	—	—	—
	创新投入竞争力	30.0	35.6	38.5	44.4	54.9	17.7	86.3	43.3	38.7	89.6	89.6	17.7	49.9
		9	8	7	4	3	11	2	5	6	1	—	—	—
	创新产出竞争力	30.2	11.9	16.6	27.5	26.9	11.0	54.0	32.0	31.0	99.4	99.4	11.0	34.5
		5	12	9	6	7	13	2	3	4	1	—	—	—
	创新持续竞争力	22.0	50.8	50.5	48.9	39.8	36.4	39.0	47.0	41.0	73.3	73.3	36.4	47.4
		16	2	3	4	7	10	8	5	6	1	—	—	—

续表

项目 / 国家		中国	澳大利亚	加拿大	法国	德国	意大利	日本	韩国	英国	美国	最高分	最低分	平均分
2001年	创新竞争力	27.6	36.7	40.0	39.6	43.2	30.8	55.7	42.2	46.1	83.7	83.7	30.8	46.4
		10	8	6	7	4	9	2	5	3	1	—	—	—
	创新基础竞争力	9.7	28.7	38.9	37.6	38.7	28.5	51.3	18.7	46.1	93.7	93.7	18.7	42.5
		13	7	4	6	5	8	2	10	3	1	—	—	—
	创新环境竞争力	36.4	58.6	59.0	43.7	56.8	57.3	56.3	70.4	73.1	66.3	73.1	43.7	60.2
		11	5	4	9	7	6	8	2	1	3	—	—	—
	创新投入竞争力	31.5	38.2	43.9	46.9	55.5	20.8	84.9	46.6	40.1	91.1	91.1	20.8	52.0
		10	8	6	4	3	11	2	5	7	1	—	—	—
	创新产出竞争力	37.7	12.3	15.8	27.0	28.6	11.7	52.1	31.0	33.2	99.3	99.3	11.7	34.6
		3	12	10	7	6	13	2	5	4	1	—	—	—
	创新持续竞争力	22.6	45.6	42.4	42.9	36.4	35.5	34.2	44.5	38.2	68.3	68.3	34.2	43.1
		14	2	5	4	8	6	10	3	7	1	—	—	—
2002年	创新竞争力	31.4	38.9	39.7	42.0	44.7	33.5	56.2	41.9	50.7	84.2	84.2	33.5	48.0
		10	8	7	5	4	9	2	6	3	1	—	—	—
	创新基础竞争力	14.6	30.1	39.7	42.6	42.5	31.7	49.8	20.3	59.3	93.7	93.7	20.3	45.5
		12	8	6	4	5	7	3	9	2	1	—	—	—
	创新环境竞争力	39.5	59.0	58.5	43.8	54.7	59.3	59.8	69.8	71.1	66.6	71.1	43.8	60.3
		10	6	7	9	8	5	4	2	1	3	—	—	—
	创新投入竞争力	32.9	40.7	44.1	48.5	56.9	22.4	83.8	47.0	41.9	90.6	90.6	22.4	52.9
		9	8	6	4	3	11	2	5	7	1	—	—	—
	创新产出竞争力	42.9	13.7	15.1	26.8	29.2	12.2	51.8	35.2	33.2	100.0	100.0	12.2	35.2
		3	12	11	7	6	13	2	4	5	1	—	—	—
	创新持续竞争力	27.1	50.9	40.9	48.5	40.2	41.7	35.6	37.2	48.3	70.3	70.3	35.6	46.0
		13	2	8	3	9	7	11	10	4	1	—	—	—

续表

项目	国家	中国	澳大利亚	加拿大	法国	德国	意大利	日本	韩国	英国	美国	最高分	最低分	平均分
2003年	创新竞争力	30.6	37.5	38.6	41.3	44.7	32.3	56.0	40.8	46.7	81.8	81.8	32.3	46.6
		10	8	7	5	4	9	2	6	3	1	—	—	—
	创新基础竞争力	15.3	31.5	39.6	46.0	48.6	37.0	51.0	21.3	53.6	93.7	93.7	21.3	46.9
		11	8	6	5	4	7	3	9	2	1	—	—	—
	创新环境竞争力	40.3	58.2	59.2	44.5	52.4	58.5	62.0	68.3	68.3	65.4	68.3	44.5	59.6
		10	7	5	9	8	6	4	2	1	3	—	—	—
	创新投入竞争力	33.9	41.7	44.1	48.2	58.1	22.7	83.9	48.2	42.0	89.6	89.6	22.7	53.2
		9	8	6	5	3	11	2	4	7	1	—	—	—
	创新产出竞争力	50.1	12.2	15.1	25.8	30.4	11.6	53.0	36.2	29.5	99.3	99.3	11.6	34.8
		3	12	10	7	5	13	2	4	6	1	—	—	—
	创新持续竞争力	13.5	43.8	34.9	42.1	34.1	32.0	30.0	29.9	40.0	61.3	61.3	29.9	38.7
		17	2	5	3	7	8	9	10	4	1	—	—	—
2004年	创新竞争力	34.1	42.6	40.1	44.3	44.2	34.2	56.9	43.6	49.9	80.3	80.3	34.2	48.5
		10	7	8	4	5	9	2	6	3	1	—	—	—
	创新基础竞争力	13.6	39.7	41.9	46.6	41.1	39.3	53.1	23.2	61.6	93.7	93.7	23.2	48.9
		12	7	5	4	6	8	3	10	2	1	—	—	—
	创新环境竞争力	40.6	59.1	61.1	53.0	54.3	61.6	63.5	71.2	72.3	66.9	72.3	53.0	62.6
		10	7	6	9	8	5	4	2	1	3	—	—	—
	创新投入竞争力	37.5	44.5	45.5	49.3	58.6	23.3	84.3	50.4	43.6	87.9	87.9	23.3	54.2
		9	7	6	5	3	11	2	4	8	1	—	—	—
	创新产出竞争力	59.3	12.4	14.0	26.5	33.4	11.7	54.5	38.1	28.5	94.0	94.0	11.7	34.8
		2	12	9	7	5	13	3	4	6	1	—	—	—
	创新持续竞争力	19.4	57.0	38.0	46.3	33.6	35.1	29.3	34.9	43.5	58.8	58.8	29.3	41.8
		17	2	6	4	9	7	13	8	5	1	—	—	—

续表

项目	国家	中国	澳大利亚	加拿大	法国	德国	意大利	日本	韩国	英国	美国	最高分	最低分	平均分
2005年	创新竞争力	38.1	42.5	42.4	43.6	45.6	35.6	56.7	46.5	53.3	80.0	80.0	35.6	49.6
		9	7	8	6	5	10	2	4	3	1	—	—	—
	创新基础竞争力	15.8	36.3	45.1	47.5	44.1	38.6	49.2	24.6	70.6	87.0	87.0	24.6	49.2
		12	8	5	4	6	7	3	9	2	1	—	—	—
	创新环境竞争力	43.5	62.8	64.4	55.9	63.5	65.4	66.3	70.8	74.7	69.7	74.7	55.9	65.9
		10	8	6	9	7	5	4	2	1	3	—	—	—
	创新投入竞争力	41.3	46.3	45.3	47.7	57.0	23.9	84.5	52.5	43.5	86.9	86.9	23.9	54.2
		9	6	7	5	3	11	2	4	8	1	—	—	—
	创新产出竞争力	62.6	12.0	14.7	25.4	31.2	11.0	52.4	40.6	30.3	90.6	90.6	11.0	34.2
		2	11	9	7	5	12	3	4	6	1	—	—	—
	创新持续竞争力	27.5	55.2	42.5	41.7	32.3	39.2	31.0	44.2	47.2	65.8	65.8	31.0	44.3
		16	2	5	6	10	7	12	4	3	1	—	—	—
2006年	创新竞争力	39.9	44.8	44.3	45.3	47.8	37.4	55.0	49.6	54.0	83.7	83.7	37.4	51.3
		9	7	8	6	5	10	2	4	3	1	—	—	—
	创新基础竞争力	15.9	38.2	47.6	45.1	43.6	38.0	42.3	23.9	64.3	93.6	93.6	23.9	48.5
		12	7	3	4	5	8	6	10	2	1	—	—	—
	创新环境竞争力	44.6	65.3	63.3	55.7	64.6	65.0	67.2	71.5	74.4	67.3	74.4	55.7	66.0
		11	5	8	9	7	6	4	2	1	3	—	—	—
	创新投入竞争力	42.2	48.6	46.2	48.0	57.4	24.7	82.7	55.8	44.5	87.0	87.0	24.7	55.0
		9	5	7	6	3	11	2	4	8	1	—	—	—
	创新产出竞争力	62.1	11.1	14.0	24.9	28.9	10.0	48.5	42.3	33.1	94.8	94.8	10.0	34.2
		2	11	9	7	6	13	3	4	5	1	—	—	—
	创新持续竞争力	34.6	60.8	50.3	52.9	44.6	49.3	34.1	54.5	53.4	76.0	76.0	34.1	52.9
		14	2	6	5	9	7	15	3	4	1	—	—	—

中国在二十国集团中的创新竞争力提升研究

续表

项目 \\ 国家		中国	澳大利亚	加拿大	法国	德国	意大利	日本	韩国	英国	美国	最高分	最低分	平均分
2007年	创新竞争力	40.8	42.6	43.4	44.6	46.5	35.5	51.3	48.0	49.7	79.4	79.4	35.5	49.0
		9	8	7	6	5	10	2	4	3	1	—	—	—
	创新基础竞争力	18.4	39.3	49.9	46.2	42.9	39.1	39.5	23.6	65.4	92.0	92.0	23.6	48.7
		12	7	3	4	5	8	6	10	2	1	—	—	—
	创新环境竞争力	45.9	63.8	62.3	56.2	66.2	63.7	64.4	71.0	72.9	64.9	72.9	56.2	65.0
		11	6	8	9	3	7	5	2	1	4	—	—	—
	创新投入竞争力	43.2	50.7	46.0	48.6	58.1	26.1	80.1	58.1	45.2	85.0	85.0	26.1	55.3
		9	5	7	6	3	11	2	4	8	1	—	—	—
	创新产出竞争力	64.0	10.9	14.8	24.2	26.4	10.0	49.0	44.0	22.3	92.7	92.7	10.0	32.7
		2	12	9	6	5	13	3	4	7	1	—	—	—
	创新持续竞争力	32.6	48.2	43.9	47.7	39.2	38.5	23.6	43.5	42.9	62.4	62.4	23.6	43.3
		13	2	4	3	7	9	16	5	6	1	—	—	—
2008年	创新竞争力	44.7	48.9	44.3	49.0	50.4	38.1	53.6	46.4	49.1	82.6	82.6	38.1	51.4
		8	6	9	5	3	10	2	7	4	1	—	—	—
	创新基础竞争力	23.7	46.7	49.5	50.2	46.3	39.3	44.9	22.4	65.7	92.3	92.3	22.4	50.8
		11	5	4	3	6	8	7	12	2	1	—	—	—
	创新环境竞争力	44.1	65.7	63.8	63.1	67.6	66.7	63.5	69.5	72.4	67.6	72.4	63.1	66.7
		12	6	7	9	3	5	8	2	1	4	—	—	—
	创新投入竞争力	45.0	54.9	46.1	49.6	60.9	27.8	80.0	58.5	43.4	85.4	85.4	27.8	56.3
		8	5	7	6	3	10	2	4	9	1	—	—	—
	创新产出竞争力	68.3	11.7	15.7	26.6	26.2	10.2	47.7	38.9	22.2	91.3	91.3	10.2	32.3
		2	12	9	5	6	14	3	4	7	1	—	—	—
	创新持续竞争力	42.4	65.4	46.5	55.6	50.8	46.5	31.9	42.5	41.6	76.6	76.6	31.9	50.8
		11	2	9	3	4	8	14	10	12	1	—	—	—

续表

项目 \ 国家		中国	澳大利亚	加拿大	法国	德国	意大利	日本	韩国	英国	美国	最高分	最低分	平均分
2009年	创新竞争力	43.8	46.4	43.3	49.3	51.6	38.5	56.1	47.0	46.1	81.8	81.8	38.5	51.1
		8	6	9	4	3	10	2	7	7	1	—	—	—
	创新基础竞争力	33.8	44.1	45.6	48.2	49.9	41.3	49.5	21.4	46.4	93.6	93.6	21.4	48.9
		9	7	6	4	2	8	3	12	5	1	—	—	—
	创新环境竞争力	43.5	62.4	62.9	60.8	67.2	63.7	61.6	69.8	70.2	65.1	70.2	60.8	64.9
		12	7	6	9	3	5	8	2	1	4	—	—	—
	创新投入竞争力	45.4	54.0	45.1	52.2	63.0	28.7	81.7	60.6	43.1	89.6	89.6	28.7	57.6
		7	5	8	6	3	10	2	4	9	1	—	—	—
	创新产出竞争力	72.5	12.1	16.6	27.9	26.4	11.4	46.9	36.8	22.3	83.8	83.8	11.4	31.6
		2	12	9	5	6	14	3	4	7	1	—	—	—
	创新持续竞争力	23.6	59.2	46.4	57.4	51.6	47.3	40.7	46.5	48.7	76.7	76.7	40.7	52.7
		17	2	8	3	4	6	10	7	5	1	—	—	—
2010年	创新竞争力	44.0	46.4	44.0	47.0	49.2	34.6	54.5	48.2	45.5	78.9	78.9	34.6	49.8
		9	6	8	5	3	10	2	4	7	1	—	—	—
	创新基础竞争力	37.6	47.4	47.6	45.1	46.0	35.9	49.3	22.8	47.3	92.1	92.1	22.8	48.2
		8	4	3	7	6	11	2	12	5	1	—	—	—
	创新环境竞争力	42.4	58.8	64.5	57.7	62.2	62.4	57.8	68.6	67.5	61.9	68.6	57.7	62.4
		12	7	3	9	5	4	8	1	2	6	—	—	—
	创新投入竞争力	47.3	54.7	44.2	50.4	61.0	27.7	80.2	63.0	41.1	85.9	85.9	27.7	56.5
		7	5	8	6	4	10	2	3	9	1	—	—	—
	创新产出竞争力	72.0	12.4	16.2	35.0	35.0	12.3	54.1	44.2	26.2	92.9	92.9	12.3	36.5
		2	12	10	5	6	13	3	4	7	1	—	—	—
	创新持续竞争力	20.5	58.6	47.5	46.9	42.0	34.4	30.9	42.5	45.2	61.9	61.9	30.9	45.6
		17	2	3	4	8	11	12	7	6	1	—	—	—

续表

项目\国家		中国	澳大利亚	加拿大	法国	德国	意大利	日本	韩国	英国	美国	最高分	最低分	平均分
2011年	创新竞争力	43.0	46.3	42.8	45.6	48.9	33.6	53.3	51.1	42.7	76.7	76.7	33.6	49.0
		7	5	8	6	4	10	2	3	9	1	—	—	—
	创新基础竞争力	41.9	49.8	45.6	42.3	44.6	34.4	45.8	24.1	40.5	86.6	86.6	24.1	46.0
		7	2	4	6	5	9	3	11	8	1	—	—	—
	创新环境竞争力	43.5	57.9	62.8	58.2	62.2	63.6	58.3	68.7	67.2	60.6	68.7	57.9	62.2
		12	9	4	8	5	3	7	1	2	6	—	—	—
	创新投入竞争力	48.8	52.3	42.7	48.8	60.0	26.6	78.3	64.1	39.1	83.2	83.2	26.6	55.0
		7	5	8	6	4	10	2	3	9	1	—	—	—
	创新产出竞争力	75.2	14.3	16.7	34.9	35.4	12.1	52.8	43.7	28.0	90.5	90.5	12.1	36.5
		2	12	10	6	5	13	3	4	7	1	—	—	—
	创新持续竞争力	43.1	57.4	46.0	43.9	42.4	31.2	31.3	54.7	38.9	62.4	62.4	31.2	45.4
		9	2	7	8	10	15	14	3	11	1	—	—	—
2012年	创新竞争力	44.4	47.6	42.5	45.0	48.0	32.8	53.1	51.2	44.2	77.1	77.1	32.8	49.1
		7	5	9	6	4	10	2	3	8	1	—	—	—
	创新基础竞争力	42.9	50.4	44.4	37.1	38.7	27.3	43.1	23.1	39.4	86.4	86.4	23.1	43.3
		5	2	3	8	7	10	4	11	6	1	—	—	—
	创新环境竞争力	46.1	58.4	62.5	60.1	63.5	65.8	59.8	69.8	68.9	61.0	69.8	58.4	63.3
		12	9	5	7	4	3	8	1	2	6	—	—	—
	创新投入竞争力	50.1	51.8	40.3	47.2	58.5	25.7	75.1	65.6	37.1	80.8	80.8	25.7	53.6
		6	5	8	7	4	10	2	3	9	1	—	—	—
	创新产出竞争力	76.1	13.8	17.1	35.2	35.4	11.3	52.8	44.0	27.6	89.7	89.7	11.3	36.3
		2	12	10	6	5	14	3	4	7	1	—	—	—
	创新持续竞争力	44.7	63.8	48.2	45.4	44.1	33.9	34.5	53.5	48.1	67.8	67.8	33.9	48.8
		8	2	5	7	9	15	14	3	6	1	—	—	—

续表

项目	国家	中国	澳大利亚	加拿大	法国	德国	意大利	日本	韩国	英国	美国	最高分	最低分	平均分
2013年	创新竞争力	45.5	46.7	41.2	46.2	48.0	35.4	48.2	51.0	45.5	77.8	77.8	35.4	48.9
		8	5	9	6	4	10	3	2	7	1	—	—	—
	创新基础竞争力	44.6	49.4	44.1	37.1	38.8	28.1	35.1	23.5	38.7	87.1	87.1	23.5	42.4
		3	2	4	7	5	10	8	11	6	1	—	—	—
	创新环境竞争力	48.7	60.4	62.4	61.7	64.8	67.9	62.1	69.4	69.3	62.2	69.4	60.4	64.5
		12	9	5	8	4	3	7	1	2	6			
	创新投入竞争力	51.7	52.0	39.5	48.0	58.7	26.8	71.9	67.5	38.3	82.5	82.5	26.8	53.9
		6	5	8	7	4	10	2	3	9	1	—	—	—
	创新产出竞争力	76.4	13.5	17.0	34.8	35.6	11.5	49.5	45.9	27.6	90.2	90.2	11.5	36.2
		2	12	10	6	5	14	3	4	7	1	—	—	—
	创新持续竞争力	44.3	58.1	42.9	49.4	42.3	42.7	22.4	48.6	53.7	67.0	67.0	22.4	47.5
		8	2	9	5	11	10	17	6	3	1	—	—	—
2014年	创新竞争力	46.3	45.8	42.0	47.9	50.0	35.7	50.3	55.1	49.3	80.6	80.6	35.7	50.7
		7	8	9	6	4	10	3	2	5	1	—	—	—
	创新基础竞争力	45.6	49.9	45.6	37.7	39.0	29.6	35.7	25.5	44.8	89.8	89.8	25.5	44.2
		3	2	4	7	6	9	8	11	5	1	—	—	—
	创新环境竞争力	50.8	62.2	61.4	63.5	64.5	67.7	64.6	70.3	69.7	63.9	70.3	61.4	65.3
		12	8	9	7	5	3	4	1	2	6			
	创新投入竞争力	51.8	47.7	37.6	47.3	58.2	27.0	70.6	68.5	39.1	82.4	82.4	27.0	53.2
		5	6	9	7	4	10	2	3	8	1	—	—	—
	创新产出竞争力	77.0	14.1	16.3	34.8	36.1	11.4	45.5	45.3	27.1	90.8	90.8	11.4	35.7
		2	12	10	6	5	14	3	4	7	1	—	—	—
	创新持续竞争力	44.5	55.1	48.9	56.5	52.1	42.6	35.1	66.0	65.6	76.2	76.2	35.1	55.3
		9	5	8	4	7	10	15	2	3	1	—	—	—

续表

项目 \ 国家		中国	澳大利亚	加拿大	法国	德国	意大利	日本	韩国	英国	美国	最高分	最低分	平均分
2015年	创新竞争力	43.7	44.0	38.2	43.9	47.1	31.9	48.3	50.2	45.7	80.0	80.0	31.9	47.7
		8	6	9	7	4	10	3	2	5	1	—	—	—
	创新基础竞争力	35.4	44.2	38.3	34.5	35.2	25.6	43.6	23.9	41.9	91.9	91.9	23.9	42.1
		6	2	5	8	7	9	3	10	4	1	—	—	—
	创新环境竞争力	53.0	62.9	62.2	64.1	65.2	67.5	65.0	70.7	71.7	65.5	71.7	62.2	66.1
		12	8	9	7	5	3	6	2	1	4	—	—	—
	创新投入竞争力	52.0	43.7	33.2	44.1	56.1	26.3	65.8	66.8	37.8	81.6	81.6	26.3	50.6
		5	7	9	6	4	10	3	2	8	1	—	—	—
	创新产出竞争力	82.0	14.1	16.2	34.9	36.2	10.9	43.5	44.6	27.6	92.1	92.1	10.9	35.6
		2	13	11	6	5	14	4	3	7	1	—	—	—
	创新持续竞争力	37.2	55.1	41.2	41.8	42.8	29.2	23.7	45.3	49.3	68.9	68.9	23.7	44.1
		9	2	7	7	6	14	16	5	4	1	—	—	—
2016年	创新竞争力	44.7	43.1	38.9	45.5	50.3	32.8	52.3	51.6	46.9	81.1	81.1	32.8	49.2
		7	8	9	6	4	10	2	3	5	1	—	—	—
	创新基础竞争力	32.5	39.5	36.2	34.3	35.7	25.9	47.7	24.2	46.7	91.8	91.8	24.2	42.4
		8	4	5	7	6	9	2	10	3	1	—	—	—
	创新环境竞争力	52.2	61.7	60.3	60.1	66.6	65.9	63.7	69.5	71.2	63.2	71.2	60.1	64.7
		12	7	8	9	3	4	5	2	1	6	—	—	—
	创新投入竞争力	52.8	42.1	32.3	44.4	56.7	25.8	65.8	66.9	37.3	81.5	81.5	25.8	50.3
		5	7	9	6	4	10	3	2	8	1	—	—	—
	创新产出竞争力	82.5	14.4	14.9	34.2	36.2	10.3	44.1	43.3	28.1	91.6	91.6	10.3	35.2
		2	12	11	6	5	14	3	4	7	1	—	—	—
	创新持续竞争力	44.8	57.7	50.6	54.4	56.1	36.3	40.4	54.1	51.5	77.1	77.1	36.3	53.1
		10	2	8	4	3	15	11	5	6	1	—	—	—

续表

项目	国家	中国	澳大利亚	加拿大	法国	德国	意大利	日本	韩国	英国	美国	最高分	最低分	平均分
2017年	创新竞争力	43.9	43.2	38.1	44.2	48.5	32.1	49.1	49.1	44.4	78.1	78.1	32.1	47.4
		7	8	9	6	4	10	3	2	5	1	—	—	—
	创新基础竞争力	35.3	41.6	37.0	35.1	37.8	25.5	45.4	25.2	37.3	92.0	92.0	25.2	41.9
		7	3	6	8	4	9	2	10	5	1	—	—	—
	创新环境竞争力	57.1	62.1	60.1	61.5	69.3	65.6	65.2	70.5	69.8	63.8	70.5	60.1	65.3
		11	7	10	8	3	4	5	1	2	6	—	—	—
	创新投入竞争力	53.3	42.2	31.9	44.5	56.5	26.4	64.2	67.8	37.3	81.6	81.6	26.4	50.3
		5	7	9	6	4	10	3	2	8	1	—	—	—
	创新产出竞争力	84.0	13.7	15.9	34.3	35.2	10.2	42.9	32.0	30.5	85.4	85.4	10.2	33.3
		2	12	11	5	4	14	3	6	7	1	—	—	—
	创新持续竞争力	35.8	56.3	45.5	45.6	43.9	32.6	27.6	49.9	47.3	67.9	67.9	27.6	46.3
		11	3	8	7	9	13	16	5	6	1	—	—	—

注：各国家对应的两行数列中，上一行为指标得分，下一行为指标在二十国集团中的排名。最高分、最低分、平均分是以 9 个发达国家的评价分数进行测算。

二、中国与发达国家创新基础竞争力评价和比较分析

表 5-20 列出了 2000—2017 年中国与二十国集团中 9 个发达国家创新基础竞争力的得分和排位变化情况及其下属 6 个三级指标的得分和排名及其变化情况。

表 5-20　2000—2017 年中国与发达国家创新基础竞争力评价比较表

（单位：分）

项目 ＼ 国家		中国	澳大利亚	加拿大	法国	德国	意大利	日本	韩国	英国	美国	最高分	最低分	平均分
创新基础竞争力的综合变化		29.3	11.5	-2.4	1.2	-6.7	-1.3	-12.2	6.0	-11.5	-0.2	11.5	-12.2	-1.7
		8	4	-1	-2	0	-1	0	-1	-2	0	—	—	—
2000年	创新基础竞争力	6.0	30.1	39.4	33.9	44.6	26.8	57.7	19.1	48.8	92.2	92.2	19.1	43.6
		15	7	5	6	4	8	2	9	3	1	—	—	—
	GDP	10.6	2.7	6.0	12.1	17.9	9.9	46.8	4.2	14.9	100.0	100.0	2.7	23.8
		6	13	8	5	3	7	2	11	4	1	—	—	—
	人均GDP	1.4	55.7	62.2	57.6	61.1	51.5	100.0	30.2	72.3	94.5	100.0	30.2	65.0
		17	7	4	6	5	8	1	9	3	2	—	—	—
	财政收入	4.2	5.9	7.0	23.0	15.9	18.2	37.2	4.8	31.5	100.0	100.0	4.8	27.0
		11	8	7	4	6	5	2	10	3	1	—	—	—
	外国直接投资净值	13.2	5.5	20.5	13.0	71.2	5.0	4.3	4.5	47.6	100.0	100.0	4.3	30.2
		5	9	4	6	2	10	12	11	3	1	—	—	—
	受高等教育人员比重	—	51.4	78.1	29.7	34.7	9.1	—	38.1	—	61.9	78.1	9.1	43.3
		0	4	2	7	6	10	0	5	0	3	—	—	—
	全社会劳动生产率	0.7	59.2	62.7	68.1	66.5	67.2	100.0	33.0	77.5	96.9	100.0	33.0	70.1
		18	8	7	4	6	5	1	10	3	2	—	—	—
2001年	创新基础竞争力	9.7	28.7	38.9	37.6	38.7	28.5	51.3	18.7	46.1	93.7	93.7	18.7	42.5
		13	7	4	6	5	8	2	10	3	1	—	—	—
	GDP	11.6	2.4	5.9	12.0	17.4	9.9	39.8	3.9	14.3	100.0	100.0	2.4	22.8
		6	13	9	5	3	7	2	11	4	1	—	—	—
	人均GDP	1.6	51.7	63.1	59.7	63.1	54.2	90.7	29.3	73.3	100.0	100.0	29.3	65.0
		17	8	4	6	5	7	2	9	3	1	—	—	—
	财政收入	5.7	6.1	7.0	24.6	15.7	19.4	32.9	4.5	32.4	100.0	100.0	4.5	27.0
		9	8	7	4	6	5	2	11	3	1	—	—	—
	外国直接投资净值	28.7	7.9	18.0	30.4	34.3	10.2	4.5	5.4	33.9	100.0	100.0	4.5	27.2
		5	10	7	4	2	9	14	12	3	1	—	—	—
	受高等教育人员比重	—	51.4	78.1	29.7	34.7	9.1	—	38.1	—	61.9	78.1	9.1	43.3
		0	4	2	7	6	10	0	5	0	3	—	—	—
	全社会劳动生产率	0.9	53.0	61.5	69.0	66.7	68.4	88.4	30.8	76.7	100.0	100.0	30.8	68.3
		17	8	7	4	6	5	2	10	3	1	—	—	—

续表

项目	国家	中国	澳大利亚	加拿大	法国	德国	意大利	日本	韩国	英国	美国	最高分	最低分	平均分
2002年	创新基础竞争力	14.6	30.1	39.7	42.6	42.5	31.7	49.8	20.3	59.3	93.7	93.7	20.3	45.5
		12	8	6	4	5	7	3	9	2	1	—	—	—
	GDP	12.6	2.7	6.1	12.8	18.2	10.7	36.9	4.7	15.4	100.0	100.0	2.7	23.1
		6	13	9	5	3	7	2	10	4	1	—	—	—
	人均GDP	1.8	52.0	62.9	62.9	65.6	57.6	84.4	32.7	77.8	100.0	100.0	32.7	66.2
		17	8	5	6	4	7	2	9	3	1	—	—	—
	财政收入	8.9	7.8	8.6	30.8	20.1	24.8	34.0	6.9	40.5	100.0	100.0	6.9	30.4
		7	9	8	4	6	5	3	10	2	1	—	—	—
	外国直接投资净值	48.8	13.9	22.8	47.3	47.1	16.2	11.1	5.5	82.1	100.0	100.0	5.5	38.4
		3	10	6	4	5	8	11	12	2	1	—	—	—
	受高等教育人员比重	—	51.4	78.1	29.7	34.7	9.1	—	38.1	—	61.9	78.1	9.1	43.3
		0	4	2	7	6	10	0	5	0	3	—	—	—
	全社会劳动生产率	1.0	52.9	59.9	72.0	69.0	71.8	82.6	33.8	80.6	100.0	100.0	33.8	69.2
		18	8	7	4	6	5	2	10	3	1	—	—	—
2003年	创新基础竞争力	15.3	31.5	39.6	46.0	48.6	37.0	51.0	21.3	53.6	93.7	93.7	21.3	46.9
		11	8	6	5	4	7	3	9	2	1	—	—	—
	GDP	13.5	3.0	6.7	15.0	20.9	12.7	37.9	4.9	16.8	100.0	100.0	3.0	24.2
		6	13	8	5	3	7	2	10	4	1	—	—	—
	人均GDP	1.9	58.5	70.6	74.2	76.2	68.6	87.6	34.9	85.9	100.0	100.0	34.9	72.9
		17	8	6	5	4	7	2	9	3	1	—	—	—
	财政收入	10.4	9.2	9.7	37.1	24.4	30.3	35.9	7.6	45.8	100.0	100.0	7.6	33.3
		7	9	8	3	6	5	4	10	2	1	—	—	—
	外国直接投资净值	49.7	8.1	6.5	36.5	56.0	17.1	8.0	6.5	31.1	100.0	100.0	6.5	30.0
		3	9	12	4	2	6	10	13	5	1	—	—	—
	受高等教育人员比重	—	51.4	78.1	29.7	34.7	9.1	—	38.1	—	61.9	78.1	9.1	43.3
		0	4	2	7	6	10	0	5	0	3	—	—	—
	全社会劳动生产率	1.0	58.9	66.0	83.5	79.5	84.4	85.7	36.1	88.2	100.0	100.0	36.1	75.8
		18	8	7	5	6	4	3	10	2	1	—	—	—

续表

项目	国家	中国	澳大利亚	加拿大	法国	德国	意大利	日本	韩国	英国	美国	最高分	最低分	平均分
2004年	创新基础竞争力	13.6	39.7	41.9	46.6	41.1	39.3	53.1	23.2	61.6	93.7	93.7	23.2	48.9
		12	7	5	4	6	8	3	10	2	1	—	—	—
	GDP	14.8	3.7	7.1	16.1	21.9	13.5	38.4	5.0	18.4	100.0	100.0	3.7	24.9
		6	13	8	5	3	7	2	10	4	1	—	—	—
	人均GDP	2.1	72.1	75.9	80.2	81.2	74.0	89.7	37.0	95.3	100.0	100.0	37.0	78.4
		17	8	6	5	4	7	3	9	2	1	—	—	—
	财政收入	11.9	11.1	10.1	39.3	23.7	31.1	37.5	7.1	51.0	100.0	100.0	7.1	34.6
		7	8	9	3	6	5	4	11	2	1	—	—	—
	外国直接投资净值	37.8	27.1	9.3	23.9	0.0	17.3	11.9	14.4	45.9	100.0	100.0	0.0	27.8
		3	4	16		19	7	11	10	2	1	—	—	—
	受高等教育人员比重	—	51.4	78.1	29.7	34.7	10.5	—	38.1	—	61.9	78.1	10.5	43.5
		0	4	2	7	6	10	0	5	0	3	—	—	—
	全社会劳动生产率	1.2	72.6	70.6	90.2	84.8	89.4	88.1	37.6	97.4	100.0	100.0	37.6	81.2
		17	7	8	3	6	4	5	10	2	1	—	—	—
2005年	创新基础竞争力	15.8	36.3	45.1	47.5	44.1	38.6	49.2	24.6	70.6	87.0	87.0	24.6	49.2
		12	8	5	4	6	7	3	9	2	1	—	—	—
	GDP	16.2	3.8	7.5	15.5	20.6	12.8	35.3	5.4	18.0	100.0	100.0	3.8	24.3
		5	14	8	6	3	7	2	9	4	1	—	—	—
	人均GDP	2.4	76.3	81.4	78.1	78.0	71.7	83.7	41.1	94.1	100.0	100.0	41.1	78.3
		17	7	4	5	6	8	3	9	2	1	—	—	—
	财政收入	12.4	10.7	9.5	34.1	20.3	26.2	33.4	7.2	45.2	100.0	100.0	7.2	31.8
		7	8	9	3	6	5	4	12	2	1	—	—	—
	外国直接投资净值	46.5	0.0	18.2	39.7	30.6	22.3	11.0	13.9	100.0	60.3	100.0	0.0	32.9
		3	19	8	4	5	6	17	11	1	2	—	—	—
	受高等教育人员比重	—	51.4	78.1	29.7	34.7	10.5	—	38.1	—	61.9	78.1	10.5	43.5
		0	4	2	7	6	10	0	5	0	3	—	—	—
	全社会劳动生产率	1.4	75.7	76.1	87.9	80.1	87.9	82.4	41.7	95.6	100.0	100.0	41.7	80.8
		17	7	7	4	6	3	5	10	2	1	—	—	—

续表

项目	国家	中国	澳大利亚	加拿大	法国	德国	意大利	日本	韩国	英国	美国	最高分	最低分	平均分
2006年	创新基础竞争力	15.9	38.2	47.6	45.1	43.6	38.0	42.3	23.9	64.3	93.6	93.6	23.9	48.5
		12	7	3	4	5	8	6	10	2	1	—	—	—
	GDP	18.5	3.8	7.9	15.3	20.3	12.6	31.5	5.7	18.1	100.0	100.0	3.8	23.9
		4	14	8	6	3	7	2	10	5	1	—	—	—
	人均GDP	2.8	77.2	86.7	78.1	78.1	71.5	75.9	44.0	95.2	100.0	100.0	44.0	78.5
		17	6	3	5	4	8	7	9	2	1	—	—	—
	财政收入	14.3	10.0	9.5	32.4	19.2	26.1	29.1	7.5	43.3	100.0	100.0	7.5	30.8
		7	8	9	3	6	5	4	12	2	1	—	—	—
	外国直接投资净值	42.0	11.0	22.2	27.0	29.9	19.7	0.0	3.8	68.5	100.0	100.0	0.0	31.3
		3	9	7	5	4	8	19	15	2	1	—	—	—
	受高等教育人员比重	—	51.1	78.0	29.2	34.3	9.8	—	37.6	—	61.6	78.0	9.8	43.1
		0	4	1	8	6	10	0	5	0	3	—	—	—
	全社会劳动生产率	1.7	76.2	81.2	88.3	79.7	88.1	74.8	44.6	96.3	100.0	100.0	44.6	81.0
		17	7	5	3	6	4	8	10	2	1	—	—	—
2007年	创新基础竞争力	18.4	39.3	49.9	46.2	42.9	39.1	39.5	23.6	65.4	92.0	92.0	23.6	48.7
		12	7	3	4	5	8	6	10	2	1	—	—	—
	GDP	23.0	4.0	8.3	16.7	22.2	13.5	29.8	5.9	19.6	100.0	100.0	4.0	24.4
		3	14	8	6	4	7	2	12	5	1	—	—	—
	人均GDP	3.4	81.2	88.6	82.4	83.1	74.7	69.7	44.9	100.0	95.8	100.0	44.9	80.0
		17	6	3	5	4	7	8	9	1	2	—	—	—
	财政收入	19.5	10.6	10.0	34.8	22.0	28.6	26.3	8.6	47.6	100.0	100.0	8.6	32.1
		7	10	11	3	6	4	5	12	2	1	—	—	—
	外国直接投资净值	44.0	11.2	33.5	22.7	13.0	17.5	4.5	0.7	59.7	100.0	100.0	0.7	29.2
		3	10	4	5	8	6	15	16	2	1	—	—	—
	受高等教育人员比重	—	50.7	77.8	28.7	33.8	9.2	—	37.2	—	61.4	77.8	9.2	42.7
		0	4	2	7	6	10	0	5	0	3	—	—	—
	全社会劳动生产率	2.0	78.3	80.9	91.8	83.0	91.5	67.4	44.5	100.0	94.6	100.0	44.5	81.3
		17	7	6	3	5	4	8	10	1	2	—	—	—

项目\国家		中国	澳大利亚	加拿大	法国	德国	意大利	日本	韩国	英国	美国	最高分	最低分	平均分
2008年	创新基础竞争力	23.7	46.7	49.5	50.2	46.3	39.3	44.9	22.4	65.7	92.3	92.3	22.4	50.8
		11	5	4	3	6	8	7	12	2	1	—	—	—
	GDP	29.9	5.3	8.7	18.2	24.0	14.6	32.9	5.0	18.0	100.0	100.0	5.0	25.2
		3	13	10	5	4	7	2	14	6	1	—	—	—
	人均GDP	5.1	100.0	93.9	91.3	92.1	81.7	79.0	40.0	94.3	97.7	100.0	40.0	85.6
		17	1	4	6	5	7	8	9	3	2	—	—	—
	财政收入	28.3	14.1	9.8	40.7	25.8	32.3	27.3	7.1	48.9	100.0	100.0	7.1	34.0
		5	10	11	3	7	4	6	12	2	1	—	—	—
	外国直接投资净值	51.6	15.6	22.7	22.1	11.5	0.0	9.7	5.9	75.0	100.0	100.0	0.0	29.2
		3	8	5	6	12	19	13	15	2	1	—	—	—
	受高等教育人员比重	—	51.0	77.9	29.1	34.2	9.7	—	37.5	—	61.6	77.9	9.7	43.0
		0	4	2	7	6	10	0	5	0	3	—	—	—
	全社会劳动生产率	3.4	94.5	84.0	100.0	90.4	97.8	75.3	39.1	92.2	94.7	100.0	39.1	85.3
		17	4	7	1	6	2	8	10	5	3	—	—	—
2009年	创新基础竞争力	33.8	44.1	45.6	48.2	49.9	41.3	49.5	21.4	46.4	93.6	93.6	21.4	48.9
		9	7	6	4	2	8	3	12	5	1	—	—	—
	GDP	34.1	4.5	7.6	17.0	22.1	13.4	34.9	4.3	14.8	100.0	100.0	4.3	24.3
		3	12	9	5	4	7	2	13	6	1	—	—	—
	人均GDP	6.0	90.6	86.4	88.2	88.5	78.2	86.6	37.4	81.0	100.0	100.0	37.4	81.9
		17	2	6	4	3	8	5	9	7	1	—	—	—
	财政收入	43.9	14.8	11.6	47.1	32.1	40.7	36.0	7.9	48.6	100.0	100.0	7.9	37.6
		4	9	10	3	7	5	6	12	2	1	—	—	—
	外国直接投资净值	80.9	15.7	10.9	9.1	33.5	8.0	5.2	3.2	6.7	100.0	100.0	3.2	21.4
		2	8	9	11	3	12	14	15	13	1	—	—	—
	受高等教育人员比重	—	51.3	78.1	29.5	34.5	10.2	—	37.9	—	61.8	78.1	10.2	43.3
		0	4	2	7	6	11	0	5	0	3	—	—	—
	全社会劳动生产率	4.1	87.5	79.2	98.5	88.4	97.1	84.8	37.5	81.0	100.0	100.0	37.5	83.8
		17	5	8	2	4	3	6	10	7	1	—	—	—

续表

项目	国家	中国	澳大利亚	加拿大	法国	德国	意大利	日本	韩国	英国	美国	最高分	最低分	平均分
2010年	创新基础竞争力	37.6	47.4	47.6	45.1	46.0	35.9	49.3	22.8	47.3	92.1	92.1	22.8	48.2
		8	4	3	7	6	9	2	12	5	1	—	—	—
	GDP	39.2	5.3	8.5	15.5	20.8	12.0	36.4	4.9	14.2	100.0	100.0	4.9	24.2
		2	12	10	5	4	8	3	13	6	1	—	—	—
	人均GDP	6.3	100.0	91.1	77.7	79.9	68.2	85.3	41.0	74.6	93.1	100.0	41.0	79.0
		17	1	3	6	5	8	4	9	7	2	—	—	—
	财政收入	46.0	14.7	11.0	42.9	26.4	33.9	36.3	8.0	46.0	100.0	100.0	8.0	35.5
		3	9	11	4	7	6	5	12	2	1	—	—	—
	外国直接投资净值	92.2	12.1	10.0	13.5	31.6	2.4	1.4	2.2	24.2	100.0	100.0	1.4	21.9
		2	8	9	7	4	15	18	16	5	1	—	—	—
	受高等教育人员比重	—	52.5	78.2	30.7	34.7	10.8	—	38.3	—	62.2	78.2	10.8	43.9
		0	4	2	7	6	11	0	5	0	3	—	—	—
	全社会劳动生产率	4.4	100.0	86.7	90.1	82.5	88.4	86.9	42.1	77.5	97.5	100.0	42.1	83.5
		17	1	6	3	7	4	5	10	8	2	—	—	—
2011年	创新基础竞争力	41.9	49.8	45.6	42.3	44.6	34.4	45.8	24.1	40.5	86.6	86.6	24.1	46.0
		7	2	4	6	5	9	3	11	8	1	—	—	—
	GDP	47.3	6.5	9.1	16.2	22.1	12.3	38.0	5.2	14.7	100.0	100.0	5.2	24.9
		2	12	11	5	4	8	3	13	6	1	—	—	—
	人均GDP	6.8	100.0	83.1	69.4	74.4	60.5	76.6	37.1	65.9	79.4	100.0	37.1	71.8
		17	1	2	6	5	8	4	9	7	3	—	—	—
	财政收入	50.1	15.3	10.2	39.5	25.5	31.0	35.8	7.5	43.2	100.0	100.0	7.5	34.2
		2	10	11	4	9	7	5	13	3	1	—	—	—
	外国直接投资净值	100.0	23.6	13.9	16.0	35.0	12.6	0.0	3.8	9.9	94.1	94.1	0.0	23.2
		1	5	8	7	4	10	19	17	11	2	—	—	—
	受高等教育人员比重	—	53.7	78.4	31.9	34.9	11.5	—	53.5	—	62.5	78.4	11.5	46.6
		0	4	2	7	6	11	0	5	0	3	—	—	—
	全社会劳动生产率	5.0	100.0	79.1	80.9	75.8	78.5	78.6	37.8	68.6	83.6	100.0	37.8	75.9
		17	1	4	3	7	6	5	10	9	2	—	—	—

续表

项目＼国家		中国	澳大利亚	加拿大	法国	德国	意大利	日本	韩国	英国	美国	最高分	最低分	平均分
2012年	创新基础竞争力	42.9	50.4	44.4	37.1	38.7	27.3	43.1	23.1	39.4	86.4	86.4	23.1	43.3
		5	2	3	8	7	10	4	11	6	1	—	—	—
	GDP	51.7	7.3	9.0	14.5	19.9	10.6	36.8	5.2	14.4	100.0	100.0	5.2	24.2
		2	12	11	5	4	9	3	13	6	1	—	—	—
	人均GDP	7.4	100.0	76.8	59.3	64.1	50.2	71.0	34.5	61.1	75.5	100.0	34.5	65.8
		17	1	2	7	5	8	4	10	6	3	—	—	—
	财政收入	53.4	17.0	9.4	35.5	22.4	27.6	35.0	7.2	39.7	100.0	100.0	7.2	32.6
		2	9	11	4	7	6	5	12	3	1	—	—	—
	外国直接投资净值	96.4	23.0	19.7	13.1	26.1	0.0	0.2	3.8	18.7	100.0	100.0	0.0	22.7
		2	5	7	9	4	19	18	16	8	1	—	—	—
	受高等教育人员比重	—	55.0	78.4	31.9	34.4	12.0	—	53.5	—	63.7	78.4	12.0	47.0
		0	4	1	8	7	10	0	5	0	3	—	—	—
	全社会劳动生产率	5.6	100.0	72.9	68.5	64.9	63.6	72.8	34.5	62.9	79.0	100.0	34.5	68.8
		17	1	3	5	6	7	4	10	8	2	—	—	—
2013年	创新基础竞争力	44.6	49.4	44.1	37.1	38.8	28.1	35.1	23.5	38.7	87.1	87.1	23.5	42.4
		3	2	4	7	5	10	8	11	6	1	—	—	—
	GDP	56.3	7.4	9.0	14.9	20.6	10.7	29.2	5.7	14.5	100.0	100.0	5.7	23.6
		2	12	11	5	4	9	3	13	6	1	—	—	—
	人均GDP	8.4	100.0	76.5	61.8	67.7	50.9	58.6	36.7	62.3	77.6	100.0	36.7	65.8
		16	1	3	6	4	8	7	9	5	2	—	—	—
	财政收入	51.8	16.4	8.6	34.7	21.5	25.7	27.4	7.0	36.7	100.0	100.0	7.0	30.9
		2	8	11	4	7	6	5	12	3	1	—	—	—
	外国直接投资净值	100.0	16.2	20.8	8.3	20.9	4.0	0.9	1.6	16.4	99.0	99.0	0.9	20.9
		1	8	6	10	5	13	16	15	7	2	—	—	—
	受高等教育人员比重	—	56.3	77.4	31.9	33.9	12.5	—	53.5	—	64.8	77.4	12.5	47.2
		0	4	1	7	6	11	0	5	0	3	—	—	—
	全社会劳动生产率	6.6	100.0	72.4	71.2	67.9	64.8	59.3	36.4	63.8	81.3	100.0	36.4	68.6
		17	1	3	4	5	6	8	10	7	2	—	—	—

续表

项目 \ 国家		中国	澳大利亚	加拿大	法国	德国	意大利	日本	韩国	英国	美国	最高分	最低分	平均分
2014年	创新基础竞争力	45.6	49.9	45.6	37.7	39.0	29.6	35.7	25.5	44.8	89.8	89.8	25.5	44.2
		3	2	4	7	6	9	8	11	5	1	—	—	—
	GDP	59.0	6.5	8.4	14.6	20.7	10.5	26.2	6.2	15.6	100.0	100.0	6.2	23.2
		2	12	11	6	4	8	3	13	5	1	—	—	—
	人均GDP	10.0	100.0	80.7	68.1	76.6	55.6	60.1	43.1	74.6	87.9	100.0	43.1	71.8
		16	1	3	6	4	8	7	9	5	2	—	—	—
	财政收入	51.1	13.8	7.9	32.3	20.5	23.7	26.4	7.0	37.1	100.0	100.0	7.0	29.9
		2	8	11	4	7	6	5	12	3	1	—	—	—
	外国直接投资净值	100.0	22.1	22.4	0.3	5.6	4.5	5.6	1.6	20.5	93.8	93.8	0.3	19.6
		1	5	4	17	11	13	12	15	6	2	—	—	—
	受高等教育人员比重	—	56.9	77.4	31.8	34.1	12.8	—	53.4	—	64.7	77.4	12.8	47.3
		0	4	2	7	6	11	0	5	0	3	—	—	—
	全社会劳动生产率	7.9	100.0	76.5	78.9	76.5	70.2	60.3	41.8	76.3	92.1	100.0	41.8	74.7
		17	1	5	3	4	7	8	10	6	2	—	—	—
2015年	创新基础竞争力	35.4	44.2	38.3	34.5	35.2	25.6	43.6	23.9	41.9	91.9	91.9	23.9	42.1
		6	2	5	8	7	9	3	10	4	1	—	—	—
	GDP	60.0	5.8	6.9	11.8	17.1	8.5	22.8	6.0	14.4	100.0	100.0	5.8	21.5
		2	13	10	6	4	8	3	11	5	1	—	—	—
	人均GDP	11.7	99.7	75.6	63.4	72.1	51.7	59.7	46.2	77.7	100.0	100.0	46.2	71.8
		16	2	4	6	5	8	7	9	3	1	—	—	—
	财政收入	49.0	11.4	6.1	25.2	15.8	18.0	21.8	6.1	33.2	100.0	100.0	6.1	26.4
		2	8	11	4	7	6	5	10	3	1	—	—	—
	外国直接投资净值	47.5	8.6	11.8	8.1	10.4	2.3	0.7	0.5	8.6	100.0	100.0	0.5	16.8
		2	7	4	9	5	13	17	18	6	1	—	—	—
	受高等教育人员比重	—	45.6	61.4	28.2	27.3	10.4	—	42.3	—	51.3	61.4	10.4	38.1
		0	5	3	7	8	12	1	6	0	4	—	—	—
	全社会劳动生产率	8.9	94.4	68.2	69.9	68.5	62.3	56.8	42.3	75.5	100.0	100.0	42.3	70.9
		17	2	6	4	5	7	8	9	3	1	—	—	—

项目 \ 国家		中国	澳大利亚	加拿大	法国	德国	意大利	日本	韩国	英国	美国	最高分	最低分	平均分
2016年	创新基础竞争力	32.5	39.5	36.2	34.3	35.7	25.9	47.7	24.2	46.7	91.8	91.8	24.2	42.4
		8	4	5	7	6	9	2	10	3	1	—	—	—
	GDP	59.2	5.0	6.7	11.8	17.4	8.5	25.3	6.1	12.8	100.0	100.0	5.0	21.5
		2	13	10	6	4	8	3	11	5	1	—	—	—
	人均GDP	11.4	85.8	71.9	62.6	72.5	51.8	66.3	46.1	69.1	100.0	100.0	46.1	69.6
		16	2	4	7	3	8	6	9	5	1	—	—	—
	财政收入	48.2	10.2	6.2	25.5	16.3	18.7	24.3	7.2	30.7	100.0	100.0	6.2	26.5
		2	8	11	4	7	6	5	10	3	1	—	—	—
	外国直接投资净值	35.1	7.5	6.6	8.8	11.3	3.5	7.5	2.0	53.5	100.0	100.0	2.0	22.3
		3	9	11	7	5	13	8	15	2	1	—	—	—
	受高等教育人员比重	—	46.5	60.5	28.1	27.7	10.7	—	41.7	—	50.5	60.5	10.7	38.0
		0	5	3	7	8	12	1	6	0	4	—	—	—
	全社会劳动生产率	8.7	81.8	65.2	69.4	68.9	62.0	62.9	42.0	67.3	100.0	100.0	42.0	68.8
		16	2	6	3	4	8	7	9	5	1	—	—	—
2017年	创新基础竞争力	35.3	41.6	37.0	35.1	37.8	25.5	45.4	25.2	37.3	92.0	92.0	25.2	41.9
		7	3	6	8	4	9	2	10	5	1	—	—	—
	GDP	62.1	5.1	6.8	11.7	17.5	8.3	23.6	6.2	12.0	100.0	100.0	5.1	21.2
		2	13	10	7	4	9	3	12	6	1	—	—	—
	人均GDP	11.8	89.4	74.0	63.0	73.7	52.0	62.9	47.9	65.5	100.0	100.0	47.9	69.8
		16	2	3	6	4	8	7	9	5	1	—	—	—
	财政收入	46.5	9.9	6.0	24.2	15.5	16.9	21.9	7.3	26.9	100.0	100.0	6.0	25.4
		2	8	11	4	7	6	5	10	3	1	—	—	—
	外国直接投资净值	47.2	11.7	7.4	13.0	21.7	2.2	4.9	4.4	17.9	100.0	100.0	2.2	20.4
		2	7	11	6	17	13	14	5	1	—	—	—	
	受高等教育人员比重	—	48.2	60.5	28.5	28.7	11.3	—	41.7	—	51.9	60.5	11.3	38.7
		0	5	3	8	7	12	1	6	0	4	—	—	—
	全社会劳动生产率	9.0	85.3	67.4	70.4	70.1	62.0	59.3	43.5	64.1	100.0	100.0	43.5	69.1
		17	2	5	3	4	7	8	9	6	1	—	—	—

注:各国家对应的两行数列中,上一行为指标得分,下一行为指标在二十国集团中的排名。最高分、最低分、平均分是以9个发达国家的评价分数进行测算。

从综合得分来看,2000年,美国得分最高,达到92.2分,中国只有6.0分,比最高的美国低了86.2分,也比发达国家的平均分低了37.6分。2017年,美国依然最高,达到92.0分,中国只有35.3分,比美国低56.7分,比平均分低6.6分。与2000年相比,发达国家的创新基础竞争力平均分下降了1.7分;9个发达国家中,有3个国家的得分上升,其中澳大利亚上升最快,上升了11.5分;有6个国家的得分下降,其中日本下降最快,下降了12.3分,英国下降也很快,下降了11.5分。而中国的创新基础竞争力得分上升迅速,上升了29.3分,远超发达国家,与发达国家的差距明显缩小。

从综合排名来看,2000年,二十国集团中创新基础竞争力处于前三位的分别是美国、日本和英国,中国处于第15位,在二十国集团中排名靠后,远远落后于9个发达国家。2017年,创新基础竞争力处于前三位的分别是美国、日本和澳大利亚,中国处于第7位,超过法国、意大利、韩国。2000—2017年,美国的创新竞争力排位保持不变,一直处于首位,德国和日本的排位也保持不变。澳大利亚的排位上升了4位,法国和英国均下降了2位,加拿大、意大利、韩国的排位均下降了1位。而中国的排位迅速上升了8位。

从三级指标来看,2000—2017年,发达国家的6个三级指标中只有1个三级指标的平均分上升,即人均GDP上升了4.8分,而GDP、财政收入、外国直接投资净值、受高等教育人员比重、全社会劳动生产率分别下降了2.6分、1.6分、9.8分、4.6分、1.0分。由此可见,发达国家创新基础竞争力得分的下降主要是由外国直接投资净值、受高等教育人员比重、GDP等指标得分的下降导致的。

与发达国家形成鲜明对比,中国的5个三级指标的得分均快速上升,其中,GDP上升最快,上升了51.5分,人均GDP、财政收入、外国直接投资净值、全社会劳动生产率分别上升了10.4分、42.3分、34.0分和8.3分,推动中国的创新基础竞争力迅速提升了29.3分,远超发达国家。

三、中国与发达国家创新环境竞争力评价和比较分析

表 5-21 列出了 2000—2017 年中国与二十国集团中 9 个发达国家创新环境竞争力的得分和排位变化情况及其下属 6 个三级指标的得分和排名及其变化情况。

表 5-21　2000—2017 年中国与发达国家创新环境竞争力评价比较表

（单位:分;位）

项目＼国家		中国	澳大利亚	加拿大	法国	德国	意大利	日本	韩国	英国	美国	最高分	最低分	平均分
创新环境竞争力的综合变化		29.1	3.8	0.9	19.4	15.9	12.6	11.0	-0.9	-4.9	-3.3	19.4	-4.9	6.1
		3	-2	-6	1	4	4	1	1	-1	-3	—	—	—
2000年	创新环境竞争力	28.0	58.4	59.2	42.1	53.5	53.0	54.2	71.4	74.7	67.1	74.7	42.1	59.3
		14	5	4	9	7	8	6	2	1	3	—	—	—
	宽带用户比例	0.0	7.8	56.2	4.0	4.0	2.5	8.2	100.0	1.1	30.7	100.0	1.1	23.8
		14	5	2	6	7	9	4	1	10	3	—	—	—
	手机用户比例	8.6	60.7	38.2	65.9	80.1	100.0	70.9	76.6	100.0	52.4	100.0	38.2	71.7
		15	7	9	6	3	1	5	4	2	8	—	—	—
	企业开业程序	64.8	100.0	99.4	54.5	49.8	76.1	89.6	83.3	88.0	96.2	100.0	49.8	81.9
		10	1	2	13	14	9	5	8	6	3	—	—	—
	企业平均税负水平	41.7	59.7	64.7	42.2	64.5	33.1	63.4	76.3	78.6	68.7	78.6	33.1	61.2
		17	13	8	16	9	18	10	4	3	6	—	—	—
	在线公共服务指数	13.3	83.7	79.5	59.7	71.9	58.9	60.4	69.0	80.8	100.0	100.0	58.9	73.8
		17	2	4	8	5	9	7	6	3	1	—	—	—
	ISO9001质量体系认证数	39.7	38.3	17.2	26.2	50.5	47.1	32.8	23.5	100.0	54.5	100.0	17.2	43.3
		5	6	10	8	3	4	7	9	1	2	—	—	—

项目＼国家		中国	澳大利亚	加拿大	法国	德国	意大利	日本	韩国	英国	美国	最高分	最低分	平均分
2001年	创新环境竞争力	36.4	58.6	59.0	43.7	56.8	57.3	56.3	70.4	73.1	66.3	73.1	43.7	60.2
		11	5	4	9	7	6	8	2	1	3	—	—	—
	宽带用户比例	0.2	3.9	55.8	6.1	15.7	4.1	18.3	100.0	3.4	27.4	100.0	3.4	26.1
		14	8	2	6	5	7	4	1	9	3	—	—	—
	手机用户比例	12.0	64.6	38.1	69.1	77.1	100.0	65.5	68.1	87.7	50.3	100.0	38.1	68.9
		16	7	9	4	3	1	6	5	2	8	—	—	—
	企业开业程序	64.8	100.0	99.4	54.5	49.8	76.1	89.6	83.3	88.0	96.2	100.0	49.8	81.9
		10	1	2	13	14	9	5	8	6	3	—	—	—
	企业平均税负水平	41.7	59.7	64.7	42.2	64.5	33.1	63.4	76.3	78.6	68.7	78.6	33.1	61.2
		17	13	8	16	9	18	10	4	3	6	—	—	—
	在线公共服务指数	13.3	83.7	79.5	59.7	71.9	58.9	60.4	69.0	80.8	100.0	100.0	58.9	73.8
		17	2	4	8	5	9	7	6	3	1	—	—	—
	ISO9001质量体系认证数	86.4	39.4	16.5	30.6	62.0	71.8	40.4	25.7	100.0	55.0	100.0	16.5	49.0
		2	7	10	8	4	3	6	9	1	5	—	—	—
2002年	创新环境竞争力	39.5	59.0	58.5	43.8	54.7	59.3	59.8	69.8	71.1	66.6	71.1	43.8	60.3
		10	6	7	9	8	5	4	2	1	3	—	—	—
	宽带用户比例	1.1	6.1	51.8	12.7	18.1	6.8	33.9	100.0	10.5	31.9	100.0	6.1	30.2
		12	9	2	6	5	8	3	1	7	4	—	—	—
	手机用户比例	15.8	69.0	39.7	67.9	77.0	100.0	67.2	71.5	88.3	52.0	100.0	39.7	70.3
		16	5	9	6	3	1	7	4	2	8	—	—	—
	企业开业程序	64.8	100.0	99.4	54.5	49.8	76.1	89.6	83.3	88.0	96.2	100.0	49.8	81.9
		10	1	2	13	14	9	5	8	6	3	—	—	—
	企业平均税负水平	41.7	59.7	64.7	42.2	64.5	33.1	63.4	76.3	78.6	68.7	78.6	33.1	61.2
		17	13	8	16	9	18	10	4	3	6	—	—	—
	在线公共服务指数	13.3	83.7	79.5	59.7	71.9	58.9	60.4	69.0	80.8	100.0	100.0	58.9	73.8
		17	2	4	8	5	9	7	6	3	1	—	—	—
	ISO9001质量体系认证数	100.0	35.3	15.7	25.7	46.9	80.7	44.4	18.6	80.3	51.0	80.7	15.7	44.3
		1	7	10	8	5	2	6	9	3	4	—	—	—

续表

项目 \ 国家		中国	澳大利亚	加拿大	法国	德国	意大利	日本	韩国	英国	美国	最高分	最低分	平均分
2003年	创新环境竞争力	40.3	58.2	59.2	44.5	52.4	58.5	62.0	68.3	68.3	65.4	68.3	44.5	59.6
		10	7	5	9	8	6	4	2	1	3	—	—	—
	宽带用户比例	3.7	11.3	61.6	25.4	23.6	16.7	50.3	100.0	22.5	41.3	100.0	11.3	39.2
		10	9	2	5	6	8	3	1	7	4	—	—	—
	手机用户比例	18.6	73.8	41.2	69.6	80.6	100.0	68.3	70.4	93.1	55.3	100.0	41.2	72.5
		16	4	10	6	3	1	7	5	2	8	—	—	—
	企业开业程序	64.8	100.0	99.4	54.5	49.8	76.1	89.6	83.3	88.0	96.2	100.0	49.8	81.9
		10	1	2	13	14	9	5	8	6	3	—	—	—
	企业平均税负水平	41.7	59.7	64.7	42.2	64.5	33.1	63.4	76.3	78.6	68.7	78.6	33.1	61.2
		17	13	8	16	9	18	10	4	3	6	—	—	—
	在线公共服务指数	13.3	83.7	79.5	59.7	71.9	58.9	60.4	69.0	80.8	100.0	100.0	58.9	73.8
		17	2	4	11	5	9	7	6	3	1	—	—	—
	ISO9001 质量体系认证数	100.0	20.5	8.5	15.4	24.2	66.2	39.9	10.8	46.9	31.1	66.2	8.5	29.3
		1	7	10	8	6	2	4	9	3	5	—	—	—
2004年	创新环境竞争力	40.6	59.1	61.1	53.0	54.3	61.6	63.5	71.2	72.3	66.9	72.3	53.0	62.6
		10	7	6	9	8	5	4	2	1	3	—	—	—
	宽带用户比例	7.6	20.6	68.9	43.8	34.8	32.8	62.0	100.0	41.6	51.9	100.0	20.6	50.7
		10	9	2	5	7	8	3	1	6	4	—	—	—
	手机用户比例	20.3	76.0	41.3	66.8	80.5	100.0	65.0	69.0	92.6	57.0	100.0	41.3	72.0
		17	4	11	6	3	1	7	5	2	8	—	—	—
	企业开业程序	64.8	100.0	99.4	95.2	49.8	88.0	89.6	83.3	88.0	96.2	100.0	49.8	87.7
		13	1	2	4	15	8	7	11	8	3	—	—	—
	企业平均税负水平	41.7	59.7	64.7	42.2	64.5	33.1	63.4	76.3	78.6	68.7	78.6	33.1	61.2
		17	13	8	16	9	18	10	4	3	6	—	—	—
	在线公共服务指数	9.4	85.7	85.5	53.6	76.1	51.9	64.5	89.4	94.7	100.0	100.0	51.9	77.9
		16	4	5	8	6	9	7	3	2	1	—	—	—
	ISO9001 质量体系认证数	100.0	12.8	6.7	16.1	19.8	63.4	36.7	9.1	38.1	27.8	63.4	6.7	25.6
		1	8	11	7	6	2	4	10	3	5	—	—	—

续表

项目 ＼ 国家		中国	澳大利亚	加拿大	法国	德国	意大利	日本	韩国	英国	美国	最高分	最低分	平均分
2005年	创新环境竞争力	43.5	62.8	64.4	55.9	63.5	65.4	66.3	70.8	74.7	69.7	74.7	55.9	65.9
		10	8	6	9	7	5	4	2	1	3	—	—	—
	宽带用户比例	11.1	39.7	86.6	61.7	52.7	46.2	72.5	100.0	65.5	69.2	100.0	39.7	66.0
		10	9	2	6	7	8	3	1	5	4	—	—	—
	手机用户比例	19.3	73.1	39.4	62.1	78.4	100.0	59.2	62.3	88.6	53.8	100.0	39.4	68.5
		17	4	14	7	3	1	8	6	2	10	—	—	—
	企业开业程度	64.8	100.0	99.4	95.2	77.3	88.0	89.6	83.3	89.2	96.2	100.0	77.3	90.9
		14	1	2	4	12	9	7	11	8	3	—	—	—
	企业平均税负水平	41.7	59.7	64.7	42.2	64.5	33.1	63.4	76.3	78.6	68.7	78.6	33.1	61.2
		17	13	8	16	7	18	10	4	3	6	—	—	—
	在线公共服务指数	24.0	92.7	87.9	59.2	80.7	56.7	76.0	93.6	94.6	100.0	100.0	56.7	82.4
		14	4	5	8	6	9	7	3	2	1	—	—	—
	ISO9001质量体系认证数	100.0	11.4	8.3	14.7	27.4	68.0	37.1	9.4	31.4	30.5	68.0	8.3	26.5
		1	9	11	8	6	2	3	10	4	5	—	—	—
2006年	创新环境竞争力	44.6	65.3	63.3	55.7	64.6	65.0	67.2	71.5	74.4	67.3	74.4	55.7	66.0
		11	5	8	9	7	6	4	2	1	3	—	—	—
	宽带用户比例	13.1	65.9	85.8	71.8	63.8	49.9	71.6	100.0	74.4	70.3	100.0	49.9	72.6
		12	7	2	4	8	9	5	1	3	6	—	—	—
	手机用户比例	16.7	67.1	35.4	57.1	74.5	100.0	52.1	55.8	82.9	51.5	100.0	35.4	64.0
		17	5	14	6	4	1	11	7	2	12	—	—	—
	企业开业程度	64.8	100.0	99.4	95.2	77.3	88.0	89.6	83.3	91.0	96.2	100.0	77.3	91.1
		14	1	2	4	12	9	8	11	7	3	—	—	—
	企业平均税负水平	41.5	60.6	67.2	42.2	64.6	34.5	63.2	80.7	78.4	68.5	80.7	34.5	62.2
		17	12	7	16	9	18	10	3	4	6	—	—	—
	在线公共服务指数	31.4	88.1	85.1	55.2	78.9	52.3	77.6	100.0	94.8	90.1	100.0	52.3	80.2
		14	4	5	8	6	9	7	1	2	3	—	—	—
	ISO9001质量体系认证数	100.0	10.4	6.9	12.8	28.3	65.1	49.4	9.3	24.9	27.3	65.1	6.9	26.0
		1	9	12	8	4	2	3	10	5	5	—	—	—

项目＼国家		中国	澳大利亚	加拿大	法国	德国	意大利	日本	韩国	英国	美国	最高分	最低分	平均分
2007年	创新环境竞争力	45.9	63.8	62.3	56.2	66.2	63.7	64.4	71.0	72.9	64.9	72.9	56.2	65.0
		11	6	8	9	3	7	5	2	1	4	—	—	—
	宽带用户比例	15.8	72.8	91.6	84.6	80.8	56.5	73.2	100.0	84.6	79.4	100.0	56.5	80.4
		12	8	2	3	5	9	7	1	4	6	—	—	—
	手机用户比例	16.1	62.1	31.6	52.8	74.8	100.0	48.4	53.7	76.3	48.0	100.0	31.6	60.9
		17	6	15	9	4	1	12	8	2	13	—	—	—
	企业开业程序	64.8	100.0	99.4	95.2	82.1	88.0	89.6	83.3	91.0	96.2	100.0	82.1	91.6
		15	1	2	4	12	9	8	11	6	3	—	—	—
	企业平均税负水平	41.5	61.7	68.0	42.1	62.9	34.5	63.2	81.7	78.4	68.5	81.7	34.5	62.3
		17	12	7	16	11	18	9	2	4	6	—	—	—
	在线公共服务指数	37.2	82.8	80.2	51.5	75.3	48.3	77.3	100.0	90.7	80.4	100.0	48.3	76.3
		14	3	5	12	8	10	6	1	2	4	—	—	—
	ISO9001质量体系认证数	100.0	3.2	3.2	10.6	21.2	54.6	34.5	7.2	16.6	16.9	54.6	3.2	18.7
		1	15	14	8	5	2	3	9	7	6	—	—	—
2008年	创新环境竞争力	44.1	65.7	63.8	63.1	67.6	66.7	63.5	69.5	72.4	67.6	72.4	63.1	66.7
		12	6	7	9	3	5	8	2	1	4	—	—	—
	宽带用户比例	18.5	78.9	93.6	90.9	88.9	59.7	74.2	100.0	88.5	80.6	100.0	59.7	83.9
		14	7	2	3	4	9	8	1	5	6	—	—	—
	手机用户比例	15.2	60.8	30.2	52.1	82.3	100.0	46.3	51.8	74.7	46.5	100.0	30.2	60.5
		18	7	16	9	4	1	13	10	5	12	—	—	—
	企业开业程序	64.4	100.0	96.4	95.2	82.2	91.1	89.1	82.8	90.5	95.6	100.0	82.2	91.4
		15	1	2	4	12	6	9	11	7	3	—	—	—
	企业平均税负水平	41.5	61.8	68.2	42.7	62.5	37.5	63.2	79.2	78.9	68.5	79.2	37.5	62.5
		17	12	7	16	11	18	9	4	5	6	—	—	—
	在线公共服务指数	24.9	88.9	90.2	87.5	68.8	59.3	80.5	93.2	84.0	100.0	100.0	59.3	83.6
		15	4	3	6	9	10	8	2	6	1	—	—	—
	ISO9001质量体系认证数	100.0	3.5	4.3	10.3	21.2	52.5	27.7	9.9	18.0	14.1	52.5	3.5	17.9
		1	15	13	8	4	2	3	9	5	7	—	—	—

续表

项目 ＼ 国家		中国	澳大利亚	加拿大	法国	德国	意大利	日本	韩国	英国	美国	最高分	最低分	平均分
2009年	创新环境竞争力	43.5	62.4	62.9	60.8	67.2	63.7	61.6	69.8	70.2	65.1	70.2	60.8	64.9
		12	7	6	9	3	5	8	2	1	4	—	—	—
	宽带用户比例	21.7	72.0	91.8	95.6	93.0	60.4	76.8	100.0	85.8	78.5	100.0	60.4	83.8
		14	8	4	2	3	9	7	1	5	6	—	—	—
	手机用户比例	9.6	47.1	21.8	39.3	69.1	86.1	37.8	43.1	62.9	37.1	86.1	21.8	49.4
		18	7	16	9	4	2	11	8	6	12	—	—	—
	企业开业程序	64.4	100.0	96.4	95.2	82.2	90.5	89.1	86.3	90.5	95.6	100.0	82.2	91.8
		15	1	2	4	12	6	9	11	6	3	—	—	—
	企业平均税负水平	41.6	64.3	70.2	42.4	68.5	42.9	63.3	81.0	78.2	68.6	81.0	42.4	64.4
		18	10	6	17	9	16	11	4	5	8	—	—	—
	在线公共服务指数	23.9	87.9	94.5	83.6	72.3	52.2	76.5	99.5	88.4	100.0	100.0	52.2	83.9
		15	5	3	6	8	9	7	2	4	1	—	—	—
	ISO9001质量体系认证数	100.0	3.1	2.7	8.6	18.0	50.4	26.3	8.7	15.6	10.9	50.4	2.7	16.0
		1	13	14	10	5	2	3	9	6	8	—	—	—
2010年	创新环境竞争力	42.4	58.8	64.5	57.7	62.2	62.4	57.8	68.6	67.5	61.9	68.6	57.7	62.4
		12	7	3	9	5	4	8	1	2	6	—	—	—
	宽带用户比例	24.8	71.0	91.0	97.5	93.0	62.2	75.8	100.0	86.8	78.4	100.0	62.2	84.0
		13	8	4	2	3	9	7	1	5	6	—	—	—
	手机用户比例	1.6	32.0	11.4	24.1	38.0	75.4	27.4	32.6	47.4	24.6	75.4	11.4	34.8
		18	8	17	13	6	3	11	7	5	12	—	—	—
	企业开业程序	64.4	100.0	96.4	95.2	85.7	95.2	89.1	86.3	89.3	95.6	100.0	85.7	92.5
		15	1	2	4	12	5	9	11	8	3	—	—	—
	企业平均税负水平	41.6	64.5	92.1	42.5	65.2	42.9	63.3	83.3	76.9	68.6	92.1	42.5	66.6
		18	10	2	17	9	16	11	3	6	8	—	—	—
	在线公共服务指数	21.7	82.3	93.5	75.6	71.7	42.8	68.7	100.0	87.8	94.7	100.0	42.8	79.7
		16	5	3	6	7	9	8	1	4	2	—	—	—
	ISO9001质量体系认证数	100.0	2.9	2.3	11.2	19.4	56.0	22.7	9.2	16.5	9.4	56.0	2.3	16.6
		1	13	14	8	5	2	4	11	6	10	—	—	—

续表

项目 \ 国家		中国	澳大利亚	加拿大	法国	德国	意大利	日本	韩国	英国	美国	最高分	最低分	平均分
2011年	创新环境竞争力	43.5	57.9	62.8	58.2	62.2	63.6	58.3	68.7	67.2	60.6	68.7	57.9	62.2
		12	9	4	8	5	3	7	1	2	6	—	—	—
	宽带用户比例	29.8	67.8	90.7	100.0	93.6	61.9	76.7	100.0	89.5	78.4	100.0	61.9	84.3
		11	8	4	1	3	9	7	2	5	6	—	—	—
	手机用户比例	0.4	28.6	5.1	19.0	34.0	74.5	26.5	28.3	41.2	20.0	74.5	5.1	30.8
		18	9	17	14	8	2	11	10	6	13	—	—	—
	企业开业程序	64.4	100.0	96.4	95.2	85.7	95.2	89.1	94.6	89.3	95.6	100.0	85.7	93.5
		15	1	2	4	12	4	10	6	9	3	—	—	—
	企业平均税负水平	41.6	64.8	93.5	42.5	66.7	42.9	63.3	79.1	76.8	68.6	93.5	42.5	66.5
		18	10	2	17	9	16	11	5	6	8	—	—	—
	在线公共服务指数	24.9	83.0	88.8	82.0	74.9	52.4	72.8	100.0	91.0	91.8	100.0	52.4	81.9
		16	5	4	6	7	9	8	1	3	2	—	—	—
	ISO9001质量体系认证数	100.0	3.1	2.1	10.7	18.6	54.9	21.5	10.1	15.7	9.4	54.9	2.1	16.2
		1	12	14	7	4	2	3	9	5	10	—	—	—
2012年	创新环境竞争力	46.1	58.4	62.5	60.1	63.5	65.8	59.8	69.8	68.9	61.0	69.8	58.4	63.3
		12	9	5	7	4	3	8	1	2	6	—	—	—
	宽带用户比例	31.7	65.6	88.5	100.0	91.2	59.9	73.8	96.9	89.2	77.7	100.0	59.9	82.5
		11	8	5	1	3	9	7	2	4	6	—	—	—
	手机用户比例	10.9	33.6	9.6	25.8	40.0	82.8	36.4	34.2	47.0	25.3	82.8	9.6	37.2
		17	12	18	13	8	2	10	11	7	14	—	—	—
	企业开业程序	64.4	100.0	96.4	95.2	85.7	94.1	89.1	98.2	89.3	95.6	100.0	85.7	93.7
		15	1	3	5	12	6	10	2	9	4	—	—	—
	企业平均税负水平	41.7	65.0	94.2	40.7	66.4	43.0	63.4	79.2	78.1	68.6	94.2	40.7	66.5
		17	10	2	18	9	16	11	5	6	8	—	—	—
	在线公共服务指数	28.1	83.6	84.4	88.1	77.9	61.6	76.8	100.0	94.1	89.1	100.0	61.6	84.0
		15	6	5	4	7	10	9	1	2	3	—	—	—
	ISO9001质量体系认证数	100.0	2.8	1.9	10.7	19.6	53.3	19.1	10.1	15.9	9.5	53.3	1.9	15.9
		1	12	14	6	3	2	4	8	5	9	—	—	—

续表

项目 \ 国家		中国	澳大利亚	加拿大	法国	德国	意大利	日本	韩国	英国	美国	最高分	最低分	平均分
2013年	创新环境竞争力	48.7	60.4	62.4	61.7	64.8	67.9	62.1	69.4	69.3	62.2	69.4	60.4	64.5
		12	9	5	8	4	3	7	1	2	6	—	—	—
	宽带用户比例	33.0	65.2	87.5	100.0	90.0	59.0	72.9	95.6	91.1	77.3	100.0	59.0	82.1
		12	8	5	1	4	9	7	2	3	6	—	—	—
	手机用户比例	18.1	35.6	10.3	27.5	49.8	86.1	42.5	36.7	48.5	27.0	86.1	10.3	40.4
		16	12	18	13	8	2	10	11	9	14	—	—	—
	企业开业程序	64.4	100.0	96.4	95.2	85.7	94.1	89.1	98.2	89.3	95.6	100.0	85.7	93.7
		15	1	3	5	12	6	10	2	9	4	—	—	—
	企业平均税负水平	48.3	68.8	94.9	47.3	67.1	51.3	67.5	82.1	80.8	72.1	94.9	47.3	70.2
		17	9	2	18	12	15	10	5	6	8	—	—	—
	在线公共服务指数	28.4	88.7	82.9	89.4	74.7	64.2	83.3	100.0	90.2	88.2	100.0	64.2	84.6
		15	4	7	3	8	9	6	1	2	5	—	—	—
	ISO9001质量体系认证数	100.0	4.2	2.4	10.7	21.2	52.4	17.1	3.6	15.9	12.8	52.4	2.4	15.6
		1	10	13	8	3	2	4	12	5	7	—	—	—
2014年	创新环境竞争力	50.8	62.2	61.4	63.5	64.5	67.7	64.6	70.3	69.7	63.9	70.3	61.4	65.3
		12	8	9	7	5	3	4	1	2	6	—	—	—
	宽带用户比例	33.7	67.9	86.9	100.0	89.4	58.4	72.0	94.0	89.9	75.4	100.0	58.4	81.5
		12	8	5	1	4	9	7	2	3	6	—	—	—
	手机用户比例	19.9	34.3	8.0	29.4	50.0	79.2	51.0	41.4	48.5	39.6	79.2	8.0	42.4
		16	13	18	14	9	3	8	11	10	12	—	—	—
	企业开业程序	66.8	100.0	96.3	97.5	85.2	95.1	89.3	98.2	95.7	96.2	100.0	85.2	94.8
		15	1	4	3	12	7	10	2	6	5	—	—	—
	企业平均税负水平	56.0	73.3	94.7	53.8	72.1	58.8	70.9	84.9	84.6	76.2	94.7	53.8	74.4
		17	9	2	18	10	15	12	5	6	8	—	—	—
	在线公共服务指数	28.7	93.6	81.4	90.7	71.6	66.8	89.6	100.0	86.4	87.3	100.0	66.8	85.3
		15	2	7	3	8	9	4	1	6	5	—	—	—
	ISO9001质量体系认证数	100.0	3.9	1.1	9.2	18.4	47.8	14.9	3.2	13.0	8.9	47.8	1.1	13.4
		1	10	17	7	3	2	4	11	6	8	—	—	—

项目＼国家		中国	澳大利亚	加拿大	法国	德国	意大利	日本	韩国	英国	美国	最高分	最低分	平均分
2015年	创新环境竞争力	53.0	62.9	62.2	64.1	65.2	67.5	65.0	70.7	71.7	65.5	71.7	62.2	66.1
		12	8	9	7	5	3	6	2	1	4	—	—	—
	宽带用户比例	45.9	67.8	87.1	100.0	89.8	58.8	72.0	94.8	90.3	75.9	100.0	58.8	81.8
		10	8	5	1	4	9	7	2	3	6	—	—	—
	手机用户比例	17.6	35.0	7.0	29.7	45.6	78.1	53.9	44.1	49.2	47.4	78.1	7.0	43.3
		16	13	18	14	11	4	7	12	9	10	—	—	—
	企业开业程序	67.0	98.8	100.0	97.0	89.3	94.7	88.5	97.0	96.4	95.1	100.0	88.5	95.2
		15	2	1	3	9	7	12	3	5	6	—	—	—
	企业平均税负水平	56.9	73.4	95.0	59.3	72.4	59.4	71.1	85.2	86.1	76.4	95.0	59.3	75.4
		18	10	1	16	11	15	12	6	5	8	—	—	—
	在线公共服务指数	30.8	98.7	83.1	90.1	76.7	69.5	89.3	100.0	95.1	87.8	100.0	69.5	87.8
		15	2	8	4	9	8	5	1	3	6	—	—	—
	ISO9001 质量体系认证数	100.0	3.7	1.2	8.6	17.3	44.8	15.2	3.1	12.8	10.4	44.8	1.2	13.0
		1	10	17	8	3	2	4	11	5	7	—	—	—
2016年	创新环境竞争力	52.2	61.7	60.3	60.1	66.6	65.9	63.7	69.5	71.2	63.2	71.2	60.1	64.7
		12	7	8	9	3	4	5	2	1	6	—	—	—
	宽带用户比例	52.2	70.7	85.8	100.0	91.0	59.9	71.9	94.4	90.1	76.4	100.0	59.9	82.2
		10	8	5	1	3	9	7	2	4	6	—	—	—
	手机用户比例	16.8	34.0	0.0	26.4	55.9	80.5	61.6	48.3	47.4	47.7	80.5	0.0	44.6
		15	13	19	14	8	6	7	9	11	10	—	—	—
	企业开业程序	68.6	98.8	100.0	97.5	92.0	94.4	88.0	96.9	96.3	94.9	100.0	88.0	95.4
		16	2	1	3	8	7	12	4	5	6	—	—	—
	企业平均税负水平	41.9	64.7	94.1	46.4	63.2	48.7	63.3	80.7	83.2	68.7	94.1	46.4	68.1
		18	10	2	16	12	15	11	6	5	8	—	—	—
	在线公共服务指数	33.8	98.9	80.7	84.4	79.2	69.7	84.0	94.1	100.0	83.6	100.0	69.7	86.1
		15	2	7	4	9	8	5	3	1	6	—	—	—
	ISO9001 质量体系认证数	100.0	3.0	1.3	6.0	18.3	42.4	13.5	2.6	10.2	8.1	42.4	1.3	11.7
		1	10	16	8	3	2	4	11	5	7	—	—	—

228

续表

项目	国家	中国	澳大利亚	加拿大	法国	德国	意大利	日本	韩国	英国	美国	最高分	最低分	平均分
2017年	创新环境竞争力	57.1	62.1	60.1	61.5	69.3	65.6	65.2	70.5	69.8	63.8	70.5	60.1	65.3
		11	7	10	8	3	4	5	1	2	6	—	—	—
	宽带用户比例	62.8	73.3	86.5	100.0	92.3	62.8	71.9	94.9	89.6	76.7	100.0	62.8	83.1
		9	7	5	1	3	10	8	2	4	6	—	—	—
	手机用户比例	22.7	33.4	0.0	25.1	60.1	69.9	62.6	48.9	42.1	43.6	69.9	0.0	42.9
		15	13	19	14	7	4	6	8	11	10	—	—	—
	企业开业程序	73.6	98.8	100.0	97.5	92.0	94.4	88.0	96.9	96.3	94.9	100.0	88.0	95.4
		14	2	1	3	8	7	12	4	5	6	—	—	—
	企业平均税负水平	42.9	64.8	94.2	48.1	63.2	64.2	64.9	80.7	83.4	68.9	94.2	48.1	70.3
		18	10	2	16	13	12	9	6	5	7	—	—	—
	在线公共服务指数	40.9	100.0	79.1	93.1	92.4	77.8	92.9	98.9	98.6	92.5	100.0	77.8	91.7
		16	1	8	4	7	9	5	2	3	6	—	—	—
	ISO9001质量体系认证数	100.0	2.5	1.0	5.0	16.0	24.4	11.0	2.7	9.0	5.8	24.4	1.0	8.6
		1	11	16	8	3	2	4	10	5	7	—	—	—

注:各国家对应的两行数列中,上一行为指标得分,下一行为指标在二十国集团中的排名。最高分、最低分、平均分是以9个发达国家的评价分数进行测算。

从综合得分来看,2000年,英国得分最高,达到74.7分,中国只有28.0分,比最高的英国低了46.7分,也比发达国家的平均分低了31.3分。2017年,韩国得分最高,为70.5分,中国为57.1分,比韩国低13.4分,比平均分低8.2分。与2000年相比,发达国家的创新环境竞争力平均分上升了6.0分;9个发达国家中,有6个国家的得分上升,其中德国上升最快,上升了15.8分;有3个国家的得分下降,其中英国下降最快,下降了4.9分。而中国的创新环境竞争力得分上升迅速,上升了 29.1 分,远超发达国家,与发达国家的差距明显缩小。

从综合排名来看,2000 年,二十国集团中创新环境竞争力处于前三位的分别是英国、韩国、美国,中国处于第 14 位,在二十国集团中排名靠后,远远落后于 9 个发达国家。2017 年,创新环境竞争力处于前三位的分别是韩国、英国、德国,中国处于第 11 位,仍然低于 9 个发达国家。2000—2017 年,德国、意大利的排位均上升了 4 位,法国、日本、韩国均上升了 1 位,而加拿大下降了 6 位,美国、澳大利亚、英国的排位分别下降了 3 位、2 位、1 位。中国的排位上升了 3 位。

从三级指标来看,2000—2017 年,发达国家的 6 个三级指标中有 4 个三级指标的平均分上升,即宽带用户比例、企业开业程序、企业平均税负水平、在线公共服务指数分别上升了 59.3 分、13.5 分、9.0 分、17.9 分,而手机用户比例、ISO9001 质量体系认证数分别下降了 28.8 分和 34.8 分。由此可见,发达国家创新环境竞争力得分的提高主要来源于宽带用户比例、企业开业程序、企业平均税负水平、在线公共服务指数得分的提高。

中国所有的 6 个三级指标的得分均快速上升,其中,宽带用户比例和 ISO9001 质量体系认证数上升最快,分别上升了 62.8 分和 60.3 分,手机用户比例、企业开业程序、企业平均税负水平、在线公共服务指数分别上升了 14.1 分、8.8 分、1.2 分和 27.6 分,推动中国的创新环境竞争力迅速提升了 29.1 分,远超发达国家。

四、中国与发达国家创新投入竞争力评价和比较分析

表 5-22 列出了 2000—2017 年中国与二十国集团中 9 个发达国家创新投入竞争力的得分和排位变化情况及其下属 6 个三级指标的得分和排名及其变化情况。

表 5-22　2000—2017 年中国与发达国家创新投入竞争力评价比较表

（单位：分；位）

项目 ＼ 国家		中国	澳大利亚	加拿大	法国	德国	意大利	日本	韩国	英国	美国	最高分	最低分	平均分
创新投入竞争力的综合变化		23.3	6.7	-6.6	0.1	1.7	8.7	-22.0	24.5	-1.5	-8.0	24.5	-22.0	0.4
		4	1	-2	-2	-1	1	-1	3	-2	0	—	—	—
2000年	创新投入竞争力	30.0	35.6	38.5	44.4	54.9	17.7	86.3	43.3	38.7	89.6	89.6	17.7	49.9
		9	8	7	4	3	11	2	5	6	1	—	—	—
	R&D 经费支出总额	4.0	2.4	5.1	10.5	17.3	4.2	52.7	4.5	9.9	100.0	100.0	2.4	23.0
		9	11	6	4	3	8	2	7	5	1	—	—	—
	R&D 经费支出占 GDP 比重	29.2	53.2	63.4	71.4	81.9	33.2	100.0	74.5	55.0	90.0	100.0	33.2	69.2
		12	8	6	5	3	10	1	4	7	2	—	—	—
	人均 R&D 经费支出	0.7	30.5	40.1	41.8	50.6	18.0	100.0	23.2	40.6	85.3	100.0	18.0	47.8
		16	7	6	4	3	9	1	8	5	2	—	—	—
	R&D 人员	69.1	5.4	9.7	16.7	25.4	5.3	65.0	9.6	16.1	100.0	100.0	5.3	28.1
		2	12	9	6	5	13	3	10	7	1	—	—	—
	研究人员占从业人员比重	6.9	71.7	68.9	66.2	66.9	27.3	100.0	47.9	59.9	69.5	100.0	27.3	64.3
		14	2	5	7	6	10	1	9	0	4	—	—	—
	企业研发投入比重	69.8	50.2	43.9	59.5	87.0	18.3	100.0	99.9	50.9	93.1	100.0	18.3	67.0
		5	9	10	7	4	15	1	2	8	3	—	—	—
2001年	创新投入竞争力	31.5	38.2	43.9	46.9	55.5	20.8	84.9	46.6	40.1	91.1	91.1	20.8	52.0
		10	8	6	4	3	11	2	5	7	1	—	—	—
	R&D 经费支出总额	4.5	2.2	5.3	10.5	16.6	4.3	45.6	4.4	9.4	100.0	100.0	2.2	22.0
		7	10	6	4	3	9	2	8	5	1	—	—	—
	R&D 经费支出占 GDP 比重	30.5	55.3	67.7	71.5	80.0	34.1	100.0	78.4	53.9	88.6	100.0	34.1	69.9
		12	7	6	5	3	10	1	4	8	2	—	—	—
	人均 R&D 经费支出	0.9	32.2	47.8	47.7	56.2	21.2	100.0	26.2	44.2	97.8	100.0	21.2	52.6
		16	7	4	5	3	9	1	8	6	2	—	—	—
	R&D 人员	71.8	5.6	10.1	16.8	25.3	5.2	63.6	12.1	16.8	100.0	100.0	5.2	28.4
		2	12	10	7	5	13	3	9	6	1	—	—	—
	研究人员占从业人员比重	7.5	73.6	71.5	67.6	67.9	27.1	100.0	59.5	63.6	70.5	100.0	27.1	66.8
		13	2	4	7	6	10	1	9	0	5	—	—	—
	企业研发投入比重	73.5	60.3	61.0	67.7	87.3	32.7	100.0	99.0	52.9	90.0	100.0	32.7	72.3
		5	9	8	7	4	14	1	2	10	3	—	—	—

续表

项目	国家	中国	澳大利亚	加拿大	法国	德国	意大利	日本	韩国	英国	美国	最高分	最低分	平均分
2002年	创新投入竞争力	32.9	40.7	44.1	48.5	56.9	22.4	83.8	47.0	41.9	90.6	90.6	22.4	52.9
		9	8	6	4	3	11	2	5	7	1	—	—	—
	R&D 经费支出总额	5.5	2.4	5.3	11.6	17.9	4.9	44.3	4.9	10.3	100.0	100.0	2.4	22.4
		6	10	7	4	3	9	2	8	5	1	—	—	—
	R&D 经费支出占 GDP 比重	34.1	57.5	65.1	71.7	79.8	35.0	100.0	75.0	53.3	84.3	100.0	35.0	69.1
		11	7	6	5	3	10	1	4	8	2	—	—	—
	人均 R&D 经费支出	1.2	36.1	49.1	54.0	62.5	24.7	100.0	29.8	49.9	100.0	100.0	24.7	56.2
		15	7	6	4	3	9	1	8	5	2	—	—	—
	R&D 人员	75.9	5.8	9.9	17.1	24.6	5.4	58.7	12.3	17.8	100.0	100.0	5.4	28.0
		2	12	10	7	5	13	3	8	6	1	—	—	—
	研究人员占从业人员比重	8.7	79.7	73.3	73.4	71.0	29.9	100.0	63.3	71.6	75.5	100.0	29.9	70.9
		13	2	5	4	6	10	1	8	7	3	—	—	—
	企业研发投入比重	72.2	62.6	62.0	63.0	85.6	34.5	100.0	96.8	48.5	83.9	100.0	34.5	70.8
		5	8	9	7	3	14	1	2	11	4	—	—	—
2003年	创新投入竞争力	33.9	41.7	44.1	48.2	58.1	22.7	83.9	48.2	42.0	89.6	89.6	22.7	53.2
		9	8	6	5	3	11	2	4	7	1	—	—	—
	R&D 经费支出总额	6.3	2.8	6.0	13.2	20.9	5.6	46.0	5.4	11.0	100.0	100.0	2.8	23.4
		6	10	7	4	3	8	2	9	5	1	—	—	—
	R&D 经费支出占 GDP 比重	35.8	58.6	64.3	69.2	80.4	33.9	100.0	76.9	51.6	83.6	100.0	33.9	68.7
		10	7	5	4	3	11	1	4	8	2	—	—	—
	人均 R&D 经费支出	1.3	39.9	52.5	59.2	70.4	27.4	100.0	31.5	51.4	95.6	100.0	27.4	58.7
		15	7	5	4	3	9	1	8	6	2	—	—	—
	R&D 人员	75.2	5.7	9.8	16.5	23.2	5.0	57.2	12.2	18.2	100.0	100.0	5.0	27.5
		2	12	9	7	5	13	3	8	6	1	—	—	—
	研究人员占从业人员比重	8.9	78.6	72.5	70.9	68.0	27.6	100.0	64.3	74.1	77.2	100.0	27.6	70.4
		13	2	5	7	8	12	1	9	6	3	—	—	—
	企业研发投入比重	75.7	64.3	59.4	60.2	86.0	36.6	100.0	98.9	45.9	81.1	100.0	36.6	70.3
		5	7	9	8	3	12	1	2	11	4	—	—	—

续表

项目	国家	中国	澳大利亚	加拿大	法国	德国	意大利	日本	韩国	英国	美国	最高分	最低分	平均分
2004年	创新投入竞争力	37.5	44.5	45.5	49.3	58.6	23.3	84.3	50.4	43.6	87.9	87.9	23.3	54.2
		9	7	6	5	3	11	2	4	8	1	—	—	—
	R&D 经费支出总额	7.7	3.7	6.7	14.5	22.3	6.2	47.7	6.3	12.1	100.0	100.0	3.7	24.4
		6	10	7	4	3	9	2	8	5	1	—	—	—
	R&D 经费支出占 GDP 比重	39.1	60.7	65.6	68.6	79.6	33.7	100.0	83.3	50.2	81.9	100.0	33.7	69.3
		9	7	6	5	4	11	1	2	8	3	—	—	—
	人均 R&D 经费支出	1.6	49.4	56.1	61.9	72.4	28.7	100.0	35.3	54.1	91.4	100.0	28.7	61.0
		15	7	5	4	3	9	1	8	6	2	—	—	—
	R&D 人员	82.3	5.9	10.4	17.5	23.4	4.9	58.2	12.6	19.4	100.0	100.0	4.9	28.0
		2	12	9	7	5	13	3	8	6	1	—	—	—
	研究人员占从业人员比重	9.7	81.3	75.3	73.7	68.0	27.5	100.0	64.8	77.3	74.7	100.0	27.5	71.4
		13	2	4	6	7	10	1	9	3	5	—	—	—
	企业研发投入比重	84.6	66.2	58.9	59.8	86.1	38.8	99.7	100.0	48.7	79.5	100.0	38.8	70.9
		4	6	8	7	3	13	2	1	11	5	—	—	—
2005年	创新投入竞争力	41.3	46.3	45.3	47.7	57.0	23.9	84.5	52.5	43.5	86.9	86.9	23.9	54.2
		9	6	7	5	3	11	2	4	8	1	—	—	—
	R&D 经费支出总额	9.1	4.2	7.0	13.7	21.1	5.9	46.1	7.1	12.0	100.0	100.0	4.2	24.1
		6	10	8	4	3	9	2	7	5	1	—	—	—
	R&D 经费支出占 GDP 比重	40.3	63.1	61.7	64.0	75.8	32.0	100.0	82.3	48.5	78.5	100.0	32.0	67.3
		9	6	7	5	4	11	1	2	8	3	—	—	—
	人均 R&D 经费支出	1.9	58.0	60.4	60.2	71.0	28.2	100.0	41.3	55.1	93.8	100.0	28.2	63.1
		15	6	4	5	3	9	1	8	7	2	—	—	—
	R&D 人员	100.0	6.2	11.0	17.6	23.7	5.9	60.8	14.8	21.3	99.9	99.9	5.9	29.0
		1	12	10	7	5	13	3	8	6	2	—	—	—
	研究人员占从业人员比重	11.2	78.3	75.1	70.1	64.4	30.5	100.0	71.2	79.5	70.4	100.0	30.5	71.0
		13	3	4	7	8	10	1	5	2	6	—	—	—
	企业研发投入比重	85.2	67.8	56.4	60.6	86.1	40.7	100.0	98.1	44.6	79.1	100.0	40.7	70.4
		4	6	9	7	3	14	1	2	12	5	—	—	—

续表

项目	国家	中国	澳大利亚	加拿大	法国	德国	意大利	日本	韩国	英国	美国	最高分	最低分	平均分
2006年	创新投入竞争力	42.2	48.6	46.2	48.0	57.4	24.7	82.7	55.8	44.5	87.0	87.0	24.7	55.0
		9	5	7	6	3	11	2	4	8	1	—	—	—
	R&D经费支出总额	10.6	4.6	7.2	13.4	20.8	5.9	42.0	8.1	12.0	100.0	100.0	4.6	23.8
		6	10	8	4	3	9	2	7	5	1	—	—	—
	R&D经费支出占GDP比重	41.0	66.3	58.9	62.1	74.6	32.3	100.0	86.2	47.7	77.5	100.0	32.3	67.3
		9	5	7	6	4	10	1	2	8	3	—	—	—
	人均R&D经费支出	2.4	66.5	66.4	63.1	75.6	30.6	98.1	49.9	59.2	100.0	100.0	30.6	67.7
		15	4	5	6	3	9	2	8	7	1	—	—	—
	R&D人员	100.0	5.8	10.2	16.7	22.2	5.8	55.8	15.1	19.8	93.7	93.7	5.8	27.2
		1	12	10	7	5	13	3	8	6	2	—	—	—
	研究人员占从业人员比重	12.4	78.9	75.9	72.3	65.4	32.6	100.0	78.4	79.5	71.1	100.0	32.6	72.7
		13	3	5	6	8	10	1	4	0	7	—	—	—
	企业研发投入比重	87.1	69.5	58.4	60.3	85.9	41.3	100.0	97.4	48.9	79.5	100.0	41.3	71.2
		3	6	8	7	4	14	1	2	12	5	—	—	—
2007年	创新投入竞争力	43.2	50.7	46.0	48.6	58.1	26.1	80.1	58.1	45.2	85.0	85.0	26.1	55.3
		9	5	7	6	3	11	2	4	8	1	—	—	—
	R&D经费支出总额	12.8	5.1	7.3	14.1	22.1	6.5	39.6	8.8	13.1	100.0	100.0	5.1	24.1
		6	10	8	4	3	9	2	7	5	1	—	—	—
	R&D经费支出占GDP比重	40.3	68.4	56.6	60.1	72.9	33.0	100.0	89.7	48.0	78.4	100.0	33.0	67.5
		9	5	7	6	4	10	1	2	8	3	—	—	—
	人均R&D经费支出	2.9	74.4	67.3	66.5	81.0	33.8	93.3	54.8	64.6	100.0	100.0	33.8	70.6
		15	4	5	6	3	9	2	8	7	1	—	—	—
	R&D人员	100.0	5.1	9.5	15.2	19.9	5.2	47.9	14.5	16.8	80.7	80.7	5.1	23.9
		1	13	10	7	5	12	3	8	6	2	—	—	—
	研究人员占从业人员比重	14.9	79.5	80.6	76.2	68.1	34.7	100.0	87.1	78.8	71.1	100.0	34.7	75.1
		13	4	3	6	8	10	1	2	0	7	—	—	—
	企业研发投入比重	88.4	71.9	54.8	59.6	84.8	43.4	100.0	93.6	49.6	79.6	100.0	43.4	70.8
		3	6	8	7	4	13	1	2	11	5	—	—	—

续表

项目 \ 国家		中国	澳大利亚	加拿大	法国	德国	意大利	日本	韩国	英国	美国	最高分	最低分	平均分
2008年	创新投入竞争力	45.0	54.9	46.1	49.6	60.9	27.8	80.0	58.5	43.4	85.4	85.4	27.8	56.3
		8	5	7	6	3	10	2	4	9	1	—	—	—
	R&D 经费支出总额	16.3	6.2	7.0	14.7	23.9	6.8	41.2	7.6	11.5	100.0	100.0	6.2	24.3
		4	10	8	5	3	9	2	7	6	1	—	—	—
	R&D 经费支出占 GDP 比重	42.5	71.7	55.1	61.2	77.5	33.9	100.0	93.5	48.1	82.7	100.0	33.9	69.3
		9	5	7	6	4	10	1	2	8	3	—	—	—
	人均 R&D 经费支出	3.7	89.0	64.7	69.8	88.6	35.3	98.0	47.6	56.9	100.0	100.0	35.3	72.2
		14	3	6	5	4	9	2	8	7	1	—	—	—
	R&D 人员	100.0	4.7	8.8	13.9	18.5	4.9	41.0	13.9	14.9	75.8	75.8	4.7	21.8
		1	13	10	8	5	12	3	7	6	2	—	—	—
	研究人员占从业人员比重	17.7	83.4	85.9	81.0	74.0	37.0	100.0	96.7	80.6	77.1	100.0	37.0	79.5
		13	4	3	5	8	10	1	2	0	7	—	—	—
	企业研发投入比重	89.9	74.4	54.8	56.9	82.8	49.2	100.0	91.7	48.4	76.9	100.0	48.4	70.6
		3	6	8	7	4	11	1	2	12	5	—	—	—
2009年	创新投入竞争力	45.4	54.0	45.1	52.2	63.0	28.7	81.7	60.6	43.1	89.6	89.6	28.7	57.6
		7	5	8	6	3	10	2	4	9	1	—	—	—
	R&D 经费支出总额	20.8	5.4	6.4	14.6	22.9	6.5	41.6	7.2	9.8	100.0	100.0	5.4	23.8
		4	10	9	5	3	8	2	7	6	1	—	—	—
	R&D 经费支出占 GDP 比重	49.3	72.1	57.4	66.4	82.4	35.6	98.1	100.0	50.2	85.3	100.0	35.6	71.9
		9	5	7	6	4	11	2	1	8	3	—	—	—
	人均 R&D 经费支出	4.7	77.1	59.1	69.4	85.9	34.0	99.7	45.4	48.8	100.0	100.0	34.0	68.8
		13	4	6	5	3	9	2	8	7	1	—	—	—
	R&D 人员	90.3	6.2	10.5	18.0	24.4	6.6	51.3	18.1	19.0	100.0	100.0	6.2	28.2
		2	13	10	8	5	12	3	7	6	1	—	—	—
	研究人员占从业人员比重	13.2	85.4	81.4	82.8	77.8	40.9	99.8	100.0	81.3	81.2	100.0	40.9	81.2
		13	3	5	4	8	10	2	1	0	7	—	—	—
	企业研发投入比重	94.2	77.9	55.8	62.0	84.8	48.6	100.0	93.1	49.3	71.3	100.0	48.6	71.4
		2	5	8	7	4	11	1	3	10	6	—	—	—

项目	国家	中国	澳大利亚	加拿大	法国	德国	意大利	日本	韩国	英国	美国	最高分	最低分	平均分
2010年	创新投入竞争力	47.3	54.7	44.2	50.4	61.0	27.7	80.2	63.0	41.1	85.9	85.9	27.7	56.5
		7	5	8	6	4	10	2	3	9	1	—	—	—
	R&D 经费支出总额	25.3	6.5	7.0	13.9	22.5	6.2	43.4	9.1	9.8	100.0	100.0	6.2	24.3
		3	9	8	5	4	10	2	7	6	1	—	—	—
	R&D 经费支出占 GDP 比重	48.1	67.9	51.6	61.9	77.8	33.7	90.3	100.0	46.9	78.6	100.0	33.7	67.6
		8	5	7	6	4	10	2	1	9	3	—	—	—
	人均 R&D 经费支出	5.4	88.5	62.1	63.3	81.2	31.3	100.0	54.7	46.6	95.1	100.0	31.3	69.2
		14	3	6	5	4	9	1	7	8	2	—	—	—
	R&D 人员	99.1	6.9	11.8	19.7	26.5	7.1	53.7	20.7	19.9	100.0	100.0	6.9	29.6
		2	13	10	8	5	12	3	6	7	1	—	—	—
	研究人员占从业人员比重	13.0	81.5	79.5	80.1	75.0	39.1	93.6	100.0	75.6	72.7	100.0	39.1	77.5
		13	4	5	4	6	10	2	1	0	8	—	—	—
	企业研发投入比重	93.1	77.1	53.0	63.4	83.0	48.9	100.0	93.3	47.9	69.0	100.0	47.9	70.6
		3	5	8	7	4	11	1	2	12	6	—	—	—
2011年	创新投入竞争力	48.8	52.3	42.7	48.8	60.0	26.6	78.3	64.1	39.1	83.2	83.2	26.6	55.0
		7	5	8	6	4	10	2	3	9	1	—	—	—
	R&D 经费支出总额	31.1	7.1	7.3	14.4	24.3	6.2	46.3	10.3	10.1	100.0	100.0	6.2	25.1
		3	9	8	5	4	11	2	6	7	1	—	—	—
	R&D 经费支出占 GDP 比重	46.2	59.0	46.7	57.6	74.1	30.8	86.4	100.0	43.5	73.4	100.0	30.8	63.5
		8	5	7	6	3	10	2	1	9	4	—	—	—
	人均 R&D 经费支出	6.2	89.5	59.6	61.3	83.7	29.5	100.0	57.6	44.5	88.4	100.0	29.5	68.2
		13	2	6	5	4	9	1	7	8	3	—	—	—
	R&D 人员	100.0	6.4	11.3	18.6	24.8	6.7	49.6	21.2	18.0	96.8	96.8	6.4	28.2
		1	13	10	7	5	12	3	6	8	2	—	—	—
	研究人员占从业人员比重	13.2	75.3	75.8	75.8	70.8	37.2	87.3	100.0	68.0	70.2	100.0	37.2	73.4
		13	5	3	4	6	10	2	1	0	7	—	—	—
	企业研发投入比重	95.8	76.4	55.7	65.3	82.3	49.2	100.0	95.5	50.4	70.6	100.0	49.2	71.7
		2	5	8	7	4	12	1	3	9	6	—	—	—

续表

项目	国家	中国	澳大利亚	加拿大	法国	德国	意大利	日本	韩国	英国	美国	最高分	最低分	平均分
2012年	创新投入竞争力	50.1	51.8	40.3	47.2	58.5	25.7	75.1	65.6	37.1	80.8	80.8	25.7	53.6
		6	5	8	7	4	10	2	3	9	1	—	—	—
	R&D 经费支出总额	37.4	7.7	7.3	13.6	23.2	5.9	45.6	11.1	9.7	100.0	100.0	5.9	24.9
		3	8	9	5	4	11	2	6	7	1	—	—	—
	R&D 经费支出占 GDP 比重	46.2	54.0	43.0	54.4	70.6	30.1	79.3	100.0	38.5	66.1	100.0	30.1	59.6
		7	6	8	5	3	10	2	1	9	4	—	—	—
	人均 R&D 经费支出	7.6	96.3	59.7	58.3	81.0	28.2	100.0	62.8	43.1	88.9	100.0	28.2	68.7
		13	2	6	7	4	9	1	5	8	3	—	—	—
	R&D 人员	100.0	6.0	10.3	18.1	24.2	6.6	45.7	21.8	17.1	91.7	91.7	6.0	26.8
		1	13	10	7	5	12	3	6	8	2	—	—	—
	研究人员占从业人员比重	13.1	70.1	68.1	72.5	68.2	35.3	80.1	100.0	63.6	65.2	100.0	35.3	69.2
		13	4	6	3	5	10	2	1	0	7	—	—	—
	企业研发投入比重	96.6	76.9	53.3	66.2	83.7	48.2	100.0	97.7	50.3	73.0	100.0	48.2	72.1
		3	5	8	7	4	11	1	2	10	6	—	—	—
2013年	创新投入竞争力	51.7	52.0	39.5	48.0	58.7	26.8	71.9	67.5	38.3	82.5	82.5	26.8	53.9
		6	5	8	7	4	10	2	3	9	1	—	—	—
	R&D 经费支出总额	41.7	7.4	6.7	13.6	23.0	5.9	37.3	11.7	9.8	100.0	100.0	5.9	23.9
		2	8	9	5	4	11	3	6	7	1	—	—	—
	R&D 经费支出占 GDP 比重	46.9	51.6	40.0	53.0	67.3	30.1	79.5	100.0	38.5	65.0	100.0	30.1	58.3
		7	6	8	5	3	10	2	1	9	4	—	—	—
	人均 R&D 经费支出	9.3	100.0	60.3	64.1	88.4	31.0	90.3	72.3	47.5	97.5	100.0	31.0	72.4
		13	1	7	6	4	9	3	5	8	2	—	—	—
	R&D 人员	100.0	5.8	9.8	17.5	23.0	6.6	44.2	21.0	16.9	89.6	89.6	5.8	26.0
		1	13	11	7	5	12	3	6	8	2	—	—	—
	研究人员占从业人员比重	13.8	69.7	67.5	73.5	67.5	37.2	80.8	100.0	65.4	66.6	100.0	37.2	69.8
		13	4	5	3	6	10	2	1	0	7	—	—	—
	企业研发投入比重	98.2	77.4	52.5	66.2	83.2	50.0	99.7	100.0	51.7	76.1	100.0	50.0	73.0
		3	5	9	7	4	11	2	1	10	6	—	—	—

续表

项目 / 国家		中国	澳大利亚	加拿大	法国	德国	意大利	日本	韩国	英国	美国	最高分	最低分	平均分
2014年	创新投入竞争力	51.8	47.7	37.6	47.3	58.2	27.0	70.6	68.5	39.1	82.4	82.4	27.0	53.2
		5	6	9	7	4	10	2	3	8	1	—	—	—
	R&D 经费支出总额	44.1	6.1	6.3	13.4	23.3	5.9	34.3	12.5	10.4	100.0	100.0	5.9	23.6
		2	10	9	5	4	11	3	6	7	1	—	—	—
	R&D 经费支出占GDP比重	46.1	46.8	38.9	52.1	66.3	29.9	78.9	100.0	37.6	63.0	100.0	29.9	57.1
		7	6	8	5	3	10	2	1	9	4	—	—	—
	人均 R&D 经费支出	10.1	85.1	57.7	65.0	91.9	31.5	86.1	79.2	51.9	100.0	100.0	31.5	72.0
		11	4	7	6	2	9	3	5	8	1	—	—	—
	R&D 人员	100.0	5.7	9.4	17.5	22.2	6.6	44.5	22.1	17.1	90.4	90.4	5.7	26.2
		1	13	11	7	5	12	3	6	8	2	—	—	—
	研究人员占从业人员比重	13.5	66.8	63.8	72.1	63.7	36.0	79.6	100.0	64.1	65.6	100.0	36.0	68.0
		13	4	7	3	8	10	2	0	6	5	—	—	—
	企业研发投入比重	97.1	75.5	49.6	63.6	82.0	52.1	100.0	96.9	53.3	75.6	100.0	49.6	72.1
		2	6	11	8	4	10	1	3	9	5	—	—	—
2015年	创新投入竞争力	52.0	43.7	33.2	44.1	56.1	26.3	65.8	66.8	37.8	81.6	81.6	26.3	50.6
		5	7	9	6	4	10	3	2	8	1	—	—	—
	R&D 经费支出总额	45.5	5.1	5.0	10.9	19.6	4.8	28.7	11.5	9.6	100.0	100.0	4.8	21.7
		2	8	9	6	4	10	3	5	7	1	—	—	—
	R&D 经费支出占GDP比重	47.7	44.5	37.9	52.8	68.5	30.4	77.3	100.0	38.5	64.3	100.0	30.4	57.1
		6	7	9	5	3	11	2	1	8	4	—	—	—
	人均 R&D 经费支出	10.5	69.9	45.8	53.2	77.5	25.9	72.7	73.4	47.7	100.0	100.0	25.9	62.9
		10	5	8	6	2	9	4	3	7	1	—	—	—
	R&D 人员	100.0	5.4	9.2	16.8	23.3	6.7	40.5	21.5	16.6	86.9	86.9	5.4	25.2
		1	13	11	7	5	12	3	6	8	2	—	—	—
	研究人员占从业人员比重	14.2	65.1	63.9	72.0	68.8	37.8	75.3	100.0	64.2	65.2	100.0	37.8	68.0
		13	6	8	3	5	10	2	1	0	5	—	—	—
	企业研发投入比重	94.4	72.4	37.7	58.9	78.8	52.0	100.0	94.1	50.2	73.2	100.0	37.7	68.6
		2	6	13	7	4	9	1	3	11	5	—	—	—

续表

项目 \ 国家		中国	澳大利亚	加拿大	法国	德国	意大利	日本	韩国	英国	美国	最高分	最低分	平均分
2016年	创新投入竞争力	52.8	42.1	32.3	44.4	56.7	25.8	65.8	66.9	37.3	81.5	81.5	25.8	50.3
		5	7	9	6	4	10	3	2	8	1	—	—	—
	R&D 经费支出总额	45.9	4.4	4.6	10.7	19.9	4.5	30.2	11.5	8.6	100.0	100.0	4.4	21.6
		2	10	8	6	4	9	3	5	7	1	—	—	—
	R&D 经费支出占 GDP 比重	48.8	44.4	36.7	52.2	68.9	29.0	73.8	100.0	38.7	64.2	100.0	29.0	56.4
		6	7	9	5	3	10	2	1	8	4	—	—	—
	人均 R&D 经费支出	10.6	60.4	42.4	52.1	78.5	24.8	77.0	73.4	43.0	100.0	100.0	24.8	61.3
		10	5	8	6	2	9	3	4	7	1	—	—	—
	R&D 人员	100.0	5.3	8.9	16.6	23.2	6.5	39.0	20.8	16.3	85.4	85.4	5.3	24.7
		1	13	11	7	5	12	3	6	8	2	—	—	—
	研究人员占从业人员比重	14.8	65.1	64.0	73.8	70.4	37.5	74.9	100.0	65.1	66.0	100.0	37.5	68.5
		13	6	8	3	4	12	2	1	6	5	—	—	—
	企业研发投入比重	96.6	73.0	37.4	60.9	79.5	52.2	100.0	95.5	51.8	73.7	100.0	37.4	69.3
		2	6	13	7	4	9	1	3	10	5	—	—	—
2017年	创新投入竞争力	53.3	42.2	31.9	44.5	56.5	26.4	64.2	67.8	37.3	81.6	81.6	26.4	50.3
		5	7	9	6	4	10	3	2	8	1	—	—	—
	R&D 经费支出总额	48.2	4.6	4.6	10.7	20.2	4.5	28.5	12.0	8.2	100.0	100.0	4.5	21.5
		2	9	10	6	4	11	3	5	8	1	—	—	—
	R&D 经费支出占 GDP 比重	48.8	44.4	34.9	52.2	68.9	29.0	73.8	100.0	38.7	64.2	100.0	29.0	56.2
		7	8	11	6	3	12	2	1	9	4	—	—	—
	人均 R&D 经费支出	11.1	62.8	41.6	52.5	79.8	25.0	73.3	76.4	40.9	100.0	100.0	25.0	61.4
		12	5	7	6	2	9	4	3	8	1	—	—	—
	R&D 人员	100.0	5.4	8.8	16.6	22.7	6.7	38.0	21.4	16.4	84.1	84.1	5.4	24.5
		1	13	11	7	5	12	3	6	8	2	—	—	—
	研究人员占从业人员比重	14.8	61.9	61.1	72.0	67.3	37.2	71.8	100.0	63.9	63.9	100.0	37.2	66.6
		13	7	8	2	4	10	3	1	0	5	—	—	—
	企业研发投入比重	96.8	74.2	40.6	62.8	80.4	56.2	100.0	96.9	55.5	77.3	100.0	40.6	71.5
		3	6	13	7	4	9	1	2	10	5	—	—	—

注:各国家对应的两行数列中,上一行为指标得分,下一行为指标在二十国集团中的排名。最高分、最低分、平均分是以 9 个发达国家的评价分数进行测算。

从综合得分来看,2000 年,美国得分最高,达到 89.6 分,中国只有 30.0 分,比最高的美国低了 59.6 分,也比发达国家的平均分低了 19.9 分。2017 年,美国依然最高,达到 81.6 分,中国为 53.3 分,比美国低 28.3 分,但比平均分高 3.0 分。与 2000 年相比,发达国家的创新投入竞争力平均分略微上升了 0.4 分;9 个发达国家中,有 5 个国家的得分上升,其中韩国上升最快,上升了 24.5 分;有 4 个国家的得分下降,其中日本下降最快,下降了 22.1 分。而中国的创新投入竞争力得分上升迅速,上升了 23.3 分,远超发达国家,与发达国家的差距明显缩小。

从综合排名来看,2000 年,二十国集团中创新投入竞争力处于前三位的分别是美国、日本、德国,中国处于第 9 位,在二十国集团中处于中等水平,低于除意大利外的其他发达国家。2017 年,创新投入竞争力处于前三位的分别是美国、韩国、日本,中国处于第 5 位,已经超过了澳大利亚、加拿大、法国、意大利、英国。2000—2017 年,美国的排位保持不变,韩国的排位上升了 3 位,澳大利亚、意大利的排位均上升了 1 位,而加拿大、法国、英国均下降了 2 位,德国、日本均下降了 1 位,中国的排位上升了 4 位。

从三级指标来看,2000—2017 年,发达国家的 6 个三级指标中有 3 个三级指标的平均分上升,即人均 R&D 经费支出、研究人员占从业人员比重、企业研发投入比重分别上升了 13.6 分、2.4 分、4.6 分,而 R&D 经费支出总额、R&D 经费支出占 GDP 比重、R&D 人员分别下降了 1.5 分、13.0 分和 3.7 分。由此可见,发达国家创新投入竞争力得分的提高主要来源于人均 R&D 经费支出、研究人员占从业人员比重、企业研发投入比重得分的提高。

中国所有的 6 个三级指标的得分均快速上升,其中,R&D 经费支出总额上升最快,上升了 44.2 分,R&D 经费支出占 GDP 比重、人均 R&D 经费支出、R&D 人员、研究人员占从业人员比重、企业研发投入比重分别上升了 19.6 分、10.4 分、30.9 分、7.9 分和 27 分,推动中国的创新投入竞争力迅速提升了 23.3 分,远超发达国家。

五、中国与发达国家创新产出竞争力评价和比较分析

表5-23列出了2000—2017年中国与二十国集团中9个发达国家创新产出竞争力的得分和排位变化情况及其下属6个三级指标的得分和排名及其变化情况。

表5-23 2000—2017年中国与发达国家创新产出竞争力评价比较表

（单位：分；位）

项目\国家		中国	澳大利亚	加拿大	法国	德国	意大利	日本	韩国	英国	美国	最高分	最低分	平均分
创新产出竞争力的综合变化		53.8	1.8	-0.8	6.7	8.2	-0.7	-11.1	0.0	-0.5	-14.0	8.2	-14.0	-1.2
		3	0	-2	1	3	-1	-1	-3	-3	0	—	—	—
2000年	创新产出竞争力	30.2	11.9	16.6	27.5	26.9	11.0	54.0	32.0	31.0	99.4	99.4	11.0	34.5
		5	12	9	6	7	13	2	3	4	1	—	—	—
	专利授权数	8.3	8.6	7.7	7.2	9.3	3.4	79.9	22.2	5.2	100.0	100.0	3.4	27.1
		7	6	8	9	5	12	2	3	10	1	—	—	—
	科技论文发表数	26.8	7.6	11.6	16.0	21.8	12.7	30.1	7.1	23.1	100.0	100.0	7.1	25.6
		3	11	8	6	5	7	2	12	4	1	—	—	—
	专利和许可收入	0.1	0.7	4.5	7.7	4.9	2.5	19.7	1.3	19.4	100.0	100.0	0.7	17.9
		14	9	6	4	5	7	2	8	3	1	—	—	—
	高技术产品出口额	21.1	1.4	15.0	29.7	43.2	10.2	65.2	27.5	36.3	100.0	100.0	1.4	36.5
		7	14	9	5	3	10	2	6	4	1	—	—	—
	高技术产品出口比重	53.6	43.2	50.0	69.8	52.6	26.2	81.6	100.0	92.2	96.3	100.0	26.2	68.0
		7	13	10	5	9	14	4	1	3	2	—	—	—
	注册商标数	71.2	9.8	11.1	34.9	29.7	10.8	47.2	34.1	9.7	100.0	100.0	9.7	31.9
		2	13	11	4	7	12	3	5	15	1	—	—	—

续表

项目＼国家		中国	澳大利亚	加拿大	法国	德国	意大利	日本	韩国	英国	美国	最高分	最低分	平均分
2001年	创新产出竞争力	37.7	12.3	15.8	27.0	28.6	11.7	52.1	31.0	33.2	99.3	99.3	11.7	34.6
		3	12	10	7	6	13	2	5	4	1	—	—	—
	专利授权数	9.8	8.2	7.2	6.8	8.6	2.9	73.3	20.9	4.5	100.0	100.0	2.9	25.8
		4	7	8	9	6	12	2	3	10	1	—	—	—
	科技论文发表数	26.8	7.6	11.6	16.0	21.8	12.7	30.1	7.1	23.1	100.0	100.0	7.1	25.6
		3	11	8	6	5	7	2	12	4	1	—	—	—
	专利和许可收入	0.2	0.7	5.1	9.6	5.5	2.6	21.1	1.9	20.4	100.0	100.0	0.7	18.5
		12	9	6	4	5	7	2	8	3	1	—	—	—
	高技术产品出口额	28.1	1.5	13.7	31.6	51.5	11.7	56.5	22.9	40.7	100.0	100.0	1.5	36.7
		6	14	9	5	3	10	2	7	4	1	—	—	—
	高技术产品出口比重	61.1	44.8	45.5	68.6	53.3	27.2	77.9	87.4	100.0	95.7	100.0	27.2	66.7
		7	12	10	5	9	14	4	3	1	2	—	—	—
	注册商标数	100.0	11.1	11.7	29.4	31.0	13.2	53.5	45.6	10.5	100.0	100.0	10.5	34.0
		1	15	13	8	7	11	3	4	16	2	—	—	—
2002年	创新产出竞争力	42.9	13.7	15.1	26.8	29.2	12.2	51.8	35.2	33.2	100.0	100.0	12.2	35.2
		3	12	11	7	6	13	2	4	5	1	—	—	—
	专利授权数	13.0	8.3	5.4	6.1	9.1	3.8	72.9	27.5	5.3	100.0	100.0	3.8	26.5
		4	7	9	8	6	12	2	3	10	1	—	—	—
	科技论文发表数	26.8	7.6	11.6	16.0	21.8	12.7	30.1	7.1	23.1	100.0	100.0	7.1	25.6
		3	11	8	6	5	7	2	12	4	1	—	—	—
	专利和许可收入	0.2	0.6	4.8	10.6	6.1	3.6	19.3	1.6	17.8	100.0	100.0	0.6	18.3
		12	9	6	4	5	7	2	8	3	1	—	—	—
	高技术产品出口额	42.7	1.8	13.9	32.9	57.8	12.7	59.2	29.0	43.5	100.0	100.0	1.8	39.0
		5	14	9	6	3	10	2	7	4	1	—	—	—
	高技术产品出口比重	74.3	51.6	44.2	67.4	54.5	28.2	77.9	99.4	99.7	100.0	100.0	28.2	69.2
		5	12	13	6	9	14	4	3	2	1	—	—	—
	注册商标数	100.0	12.1	10.7	27.9	25.9	12.3	51.4	46.8	10.0	99.9	99.9	10.0	33.0
		1	13	14	7	8	12	3	4	16	2	—	—	—

续表

项目	国家	中国	澳大利亚	加拿大	法国	德国	意大利	日本	韩国	英国	美国	最高分	最低分	平均分
2003年	创新产出竞争力	50.1	12.2	15.1	25.8	30.4	11.6	53.0	36.2	29.5	99.3	99.3	11.6	34.8
		3	12	10	7	5	13	2	4	6	1	—	—	—
	专利授权数	22.0	7.7	6.8	6.8	10.3	3.8	72.5	26.1	5.8	100.0	100.0	3.8	26.6
		4	7	9	8	6	11	2	3	10	1	—	—	—
	科技论文发表数	26.8	7.6	11.6	16.0	21.8	12.7	30.1	7.1	23.1	100.0	100.0	7.1	25.6
		3	11	8	6	5	7	2	12	4	1	—	—	—
	专利和许可收入	0.2	0.8	5.3	10.3	6.3	4.3	21.6	2.3	18.9	100.0	100.0	0.8	18.9
		14	9	6	4	5	7	2	8	3	1	—	—	—
	高技术产品出口额	67.3	1.7	14.0	35.3	65.7	12.8	66.3	35.5	39.1	100.0	100.0	1.7	41.2
		2	14	9	7	4	10	3	6	5	1	—	—	—
	高技术产品出口比重	84.5	41.4	41.5	60.4	51.5	23.6	75.2	100.0	80.8	95.7	100.0	23.6	63.3
		3	12	11	7	9	15	5	1	4	2	—	—	—
	注册商标数	100.0	13.8	11.2	26.2	26.7	12.1	52.2	46.3	9.0	100.0	100.0	9.0	33.1
		1	11	13	9	8	12	3	4	17	2	—	—	—
2004年	创新产出竞争力	59.3	12.4	14.0	26.5	33.4	11.7	54.5	38.1	28.5	94.0	94.0	11.7	34.8
		2	12	9	7	5	13	3	4	6	1	—	—	—
	专利授权数	30.0	7.7	7.9	7.1	10.0	2.8	75.6	29.8	6.3	100.0	100.0	2.8	27.5
		3	8	7	9	6	12	2	4	10	1	—	—	—
	科技论文发表数	34.3	7.6	11.9	15.6	21.2	12.4	28.8	7.8	22.4	100.0	100.0	7.6	25.3
		2	12	8	6	5	7	3	11	4	1	—	—	—
	专利和许可收入	0.3	0.8	4.7	10.8	6.6	4.3	23.4	2.8	19.0	100.0	100.0	0.8	19.2
		10	9	5	4	6	7	2	8	3	1	—	—	—
	高技术产品出口额	100.0	1.9	13.2	40.5	83.2	15.0	77.4	46.7	40.5	85.5	85.5	1.9	44.9
		1	15	10	6	3	9	4	5	7	2	—	—	—
	高技术产品出口比重	91.2	40.5	36.1	59.6	53.7	23.7	73.0	100.0	74.1	78.6	100.0	23.7	59.9
		2	10	12	7	8	14	5	1	4	3	—	—	—
	注册商标数	100.0	16.0	10.3	25.1	25.5	12.2	48.6	41.8	8.7	100.0	100.0	8.7	32.0
		1	11	16	9	8	14	3	4	17	2	—	—	—

项目	国家	中国	澳大利亚	加拿大	法国	德国	意大利	日本	韩国	英国	美国	最高分	最低分	平均分
2005年	创新产出竞争力	62.6	12.0	14.7	25.4	31.2	11.0	52.4	40.6	30.3	90.6	90.6	11.0	34.2
		2	11	9	7	5	12	3	4	6	1	—	—	—
	专利授权数	37.0	7.5	10.6	7.8	11.7	3.7	85.5	51.0	6.9	100.0	100.0	3.7	31.6
		4	9	7	8	6	12	2	3	10	1	—	—	—
	科技论文发表数	43.3	8.0	12.3	15.6	21.7	12.3	28.8	8.2	22.3	100.0	100.0	8.0	25.5
		2	12	8	6	5	7	3	11	4	1	—	—	—
	专利和许可收入	0.2	0.8	3.8	11.2	7.7	4.3	23.7	2.7	20.6	100.0	100.0	0.8	19.4
		13	9	7	4	5	6	2	8	3	1	—	—	—
	高技术产品出口额	100.0	1.5	11.7	32.6	67.8	11.7	58.1	38.8	38.2	67.3	67.8	1.5	36.4
		1	15	9	7	2	10	4	5	6	3	—	—	—
	高技术产品出口比重	94.9	38.1	39.1	61.6	52.7	23.1	70.2	100.0	85.8	76.4	100.0	23.1	60.8
		2	13	10	6	8	14	5	1	3	4	—	—	—
	注册商标数	100.0	16.2	10.5	23.7	25.6	11.2	48.2	42.9	8.0	100.0	100.0	8.0	31.8
		1	12	15	9	7	14	3	4	17	2	—	—	—
2006年	创新产出竞争力	62.1	11.1	14.0	24.9	28.9	10.0	48.5	42.3	33.1	94.8	94.8	10.0	34.2
		2	11	9	7	6	13	3	4	5	1	—	—	—
	专利授权数	33.0	5.1	8.3	7.6	11.8	2.8	81.3	69.4	4.2	100.0	100.0	2.8	32.3
		4	10	7	8	6	13	2	3	11	1	—	—	—
	科技论文发表数	49.4	8.5	12.7	16.2	21.9	13.0	28.7	9.4	22.9	100.0	100.0	8.5	25.9
		2	11	8	6	5	7	3	10	4	1	—	—	—
	专利和许可收入	0.2	0.8	4.0	10.1	6.2	4.4	24.1	2.5	19.3	100.0	100.0	0.8	19.0
		11	9	7	4	5	6	2	8	3	1	—	—	—
	高技术产品出口额	100.0	1.2	9.7	29.8	59.7	9.4	47.3	34.1	43.7	80.2	80.2	1.2	35.0
		1	15	9	7	3	10	4	6	5	2	—	—	—
	高技术产品出口比重	89.9	34.6	37.7	62.4	49.2	19.5	64.2	94.8	100.0	88.5	100.0	19.5	61.2
		3	11	10	6	8	14	5	2	1	4	—	—	—
	注册商标数	100.0	16.7	11.3	23.3	24.6	10.9	45.5	43.6	8.6	100.0	100.0	8.6	31.6
		1	12	15	9	7	16	3	4	17	2	—	—	—

续表

项目\国家		中国	澳大利亚	加拿大	法国	德国	意大利	日本	韩国	英国	美国	最高分	最低分	平均分
2007年	创新产出竞争力	64.0	10.9	14.8	24.2	26.4	10.0	49.0	44.0	22.3	92.7	92.7	10.0	32.7
		2	12	9	6	5	13	3	4	7	1	—	—	—
	专利授权数	41.1	6.7	11.1	7.2	10.6	3.8	100.0	75.0	3.4	95.3	100.0	3.4	34.8
		4	10	6	9	7	12	1	3	13	2	—	—	—
	科技论文发表数	55.3	9.0	13.3	16.4	22.6	13.7	27.8	10.5	23.3	100.0	100.0	9.0	26.3
		2	11	8	6	7	7	3	10	4	1	—	—	—
	专利和许可收入	0.3	0.7	3.9	13.8	6.4	4.4	23.7	1.9	18.3	100.0	100.0	0.7	19.2
		11	9	7	5	6	6	2	8	3	1	—	—	—
	高技术产品出口额	100.0	1.0	8.7	26.0	50.6	8.7	38.9	33.3	20.3	72.0	72.0	1.0	28.8
		1	15	10	6	3	11	4	5	7	2	—	—	—
	高技术产品出口比重	87.0	32.1	40.5	59.6	44.6	18.8	59.4	100.0	60.2	88.9	100.0	18.8	56.0
		3	12	9	5	8	16	6	1	4	2	—	—	—
	注册商标数	100.0	15.5	11.1	22.3	23.5	10.5	44.0	43.3	8.5	100.0	100.0	8.5	31.0
		1	12	14	9	8	15	3	4	17	2	—	—	—
2008年	创新产出竞争力	68.3	11.7	15.7	26.6	26.2	10.2	47.7	38.9	22.2	91.3	91.3	10.2	32.3
		2	12	9	5	6	14	3	4	7	1	—	—	—
	专利授权数	52.9	6.6	10.5	6.0	9.7	4.0	100.0	47.1	2.9	89.1	100.0	2.9	30.7
		3	9	6	10	7	12	1	4	13	2	—	—	—
	科技论文发表数	63.7	9.2	13.5	17.0	23.1	14.1	27.1	11.1	23.3	100.0	100.0	9.2	26.5
		2	11	8	6	5	7	3	10	4	1	—	—	—
	专利和许可收入	0.6	0.7	4.0	15.2	7.2	3.9	25.2	2.4	16.2	100.0	100.0	0.7	19.4
		10	9	4	5	6	7	2	8	3	1	—	—	—
	高技术产品出口额	100.0	1.1	7.9	27.0	47.0	8.4	35.2	29.6	17.7	64.9	64.9	1.1	26.5
		1	15	10	6	3	9	4	5	7	2	—	—	—
	高技术产品出口比重	92.4	37.3	47.8	71.6	46.7	21.0	61.7	100.0	66.0	93.7	100.0	21.0	60.7
		3	12	8	4	9	16	6	1	5	2	—	—	—
	注册商标数	100.0	15.2	10.8	22.9	23.5	9.8	36.9	43.4	7.0	100.0	100.0	7.0	29.9
		1	12	15	10	9	16	6	3	17	2	—	—	—

续表

项目 ╲ 国家		中国	澳大利亚	加拿大	法国	德国	意大利	日本	韩国	英国	美国	最高分	最低分	平均分
2009年	创新产出竞争力	72.5	12.1	16.6	27.9	26.4	11.4	46.9	36.8	22.3	83.8	83.8	11.4	31.6
		2	12	9	5	6	14	3	4	7	1	—	—	—
	专利授权数	66.4	6.3	10.0	5.3	7.3	9.3	100.0	29.2	2.7	86.5	100.0	2.7	28.5
		3	9	6	10	8	7	1	4	13	2	—	—	—
	科技论文发表数	72.7	9.5	13.7	17.2	23.6	14.4	27.0	11.3	23.6	100.0	100.0	9.5	26.7
		2	11	8	6	4	7	3	10	5	1	—	—	—
	专利和许可收入	0.4	0.8	3.7	12.9	7.3	3.3	22.0	3.3	16.5	100.0	100.0	0.8	18.9
		11	9	6	4	5	7	2	8	3	1	—	—	—
	高技术产品出口额	100.0	1.0	7.4	26.6	45.2	8.0	30.7	29.9	15.3	42.7	45.2	1.0	23.0
		1	15	10	6	2	9	4	5	7	3	—	—	—
	高技术产品出口比重	95.7	39.2	54.9	78.0	51.3	23.1	63.9	100.0	68.5	73.8	100.0	23.1	61.4
		2	12	9	3	10	15	6	1	5	4	—	—	—
	注册商标数	100.0	16.0	10.1	27.3	23.4	9.9	37.5	46.9	7.3	100.0	100.0	7.3	30.9
		1	12	15	7	10	16	6	4	17	2	—	—	—
2010年	创新产出竞争力	72.0	12.4	16.2	35.0	35.0	12.3	54.1	44.2	26.2	92.9	92.9	12.3	36.5
		2	12	10	5	6	13	3	4	7	1	—	—	—
	专利授权数	60.7	6.5	8.6	4.4	6.1	7.2	100.0	30.9	2.5	98.6	100.0	2.5	29.4
		3	8	6	10	9	7	1	4	13	2	—	—	—
	科技论文发表数	77.2	9.8	13.6	16.8	23.5	14.1	26.2	12.1	23.0	100.0	100.0	9.8	26.6
		2	12	9	6	4	8	3	10	5	1	—	—	—
	专利和许可收入	0.8	0.9	2.6	12.7	7.7	3.4	24.8	3.0	15.4	100.0	100.0	0.9	18.9
		10	9	8	4	5	6	2	7	3	1	—	—	—
	高技术产品出口额	100.0	2.3	15.0	62.9	100.0	16.6	77.0	76.6	37.9	92.1	100.0	2.3	53.4
		1	15	10	6	2	9	4	5	7	3	—	—	—
	高技术产品出口比重	93.2	38.8	46.3	84.2	50.5	22.7	60.0	100.0	70.6	66.9	100.0	22.7	60.0
		2	10	9	3	8	15	6	1	4	5	—	—	—
	注册商标数	100.0	16.3	11.1	29.1	22.0	9.8	36.7	42.5	7.7	100.0	100.0	7.7	30.6
		1	12	15	8	11	16	6	4	17	2	—	—	—

国家\项目		中国	澳大利亚	加拿大	法国	德国	意大利	日本	韩国	英国	美国	最高分	最低分	平均分
2011年	创新产出竞争力	75.2	14.3	16.7	34.9	35.4	12.1	52.8	43.7	28.0	90.5	90.5	12.1	36.5
		2	12	10	6	5	13	3	4	7	1	—	—	—
	专利授权数	72.2	7.4	8.6	4.2	4.8	2.6	100.0	39.7	2.9	94.2	100.0	2.6	29.4
		3	7	6	10	8	12	1	4	11	2	—	—	—
	科技论文发表数	78.5	10.1	13.3	16.6	23.4	13.9	25.7	12.5	22.8	100.0	100.0	10.1	26.5
		2	12	9	7	4	8	3	10	5	1	—	—	—
	专利和许可收入	0.6	0.8	2.7	12.4	8.7	3.3	23.5	3.6	13.9	100.0	100.0	0.8	18.8
		10	9	8	4	5	7	2	6	3	1	—	—	—
	高技术产品出口额	100.0	2.5	13.5	57.6	100.0	16.9	68.9	66.5	37.9	79.4	100.0	2.5	49.2
		1	15	10	6	2	9	5	4	7	3	—	—	—
	高技术产品出口比重	100.0	49.5	51.0	91.7	57.1	27.0	66.9	99.7	82.5	69.5	99.7	27.0	66.1
		1	10	9	3	8	14	6	2	4	5	—	—	—
	注册商标数	100.0	15.5	11.3	26.7	18.3	9.2	31.5	40.3	8.1	100.0	100.0	8.1	29.0
		1	12	15	9	11	16	7	5	17	2	—	—	—
2012年	创新产出竞争力	76.1	13.8	17.1	35.2	35.4	11.3	52.8	44.0	27.6	89.7	89.7	11.3	36.3
		2	12	10	6	5	14	3	4	7	1	—	—	—
	专利授权数	79.0	6.4	7.9	4.6	4.0	2.0	100.0	41.2	2.4	92.1	100.0	2.0	29.0
		3	7	6	8	10	13	1	4	11	2	—	—	—
	科技论文发表数	76.7	10.3	13.5	16.8	24.0	14.7	25.0	12.9	23.1	100.0	100.0	10.3	26.7
		2	12	9	7	4	8	3	10	5	1	—	—	—
	专利和许可收入	0.8	0.7	3.2	10.2	8.3	3.3	25.6	3.1	12.6	100.0	100.0	0.7	18.6
		9	10	6	4	5	7	2	8	3	1	—	—	—
	高技术产品出口额	100.0	2.4	15.4	58.0	100.0	14.6	65.9	64.8	36.2	79.3	100.0	2.4	48.5
		1	15	9	6	2	10	4	5	7	3	—	—	—
	高技术产品出口比重	100.0	47.2	51.3	96.5	59.8	25.1	65.4	99.6	82.3	66.9	99.6	25.1	66.0
		1	10	9	3	8	14	6	2	4	5	—	—	—
	注册商标数	100.0	15.8	11.6	24.9	16.4	8.0	34.8	42.4	9.2	100.0	100.0	8.0	29.2
		1	11	15	9	10	17	6	4	16	2	—	—	—

续表

项目 \ 国家		中国	澳大利亚	加拿大	法国	德国	意大利	日本	韩国	英国	美国	最高分	最低分	平均分
2013年	创新产出竞争力	76.4	13.5	17.0	34.8	35.6	11.5	49.5	45.9	27.6	90.2	90.2	11.5	36.2
		2	12	10	6	5	14	3	4	7	1	—	—	—
	专利授权数	74.7	6.1	8.5	4.0	4.9	2.8	99.7	45.8	1.8	100.0	100.0	1.8	30.4
		3	7	6	9	8	11	2	4	12	1	—	—	—
	科技论文发表数	83.3	10.9	13.4	16.8	23.7	15.3	24.6	13.0	23.2	100.0	100.0	10.9	26.8
		2	12	9	7	4	8	3	10	5	1	—	—	—
	专利和许可收入	0.7	0.6	3.6	10.3	10.6	2.9	24.7	3.4	13.4	100.0	100.0	0.6	18.8
		9	10	6	5	4	8	2	7	3	1	—	—	—
	高技术产品出口额	100.0	2.2	14.9	58.4	100.0	15.2	54.2	67.3	35.6	76.6	100.0	2.2	47.2
		1	15	10	5	2	9	6	4	8	3	—	—	—
	高技术产品出口比重	99.5	46.3	50.4	95.4	58.3	24.8	60.9	100.0	80.2	64.8	100.0	24.8	64.6
		2	10	9	3	7	15	6	1	4	5	—	—	—
	注册商标数	100.0	15.0	11.1	24.0	15.9	8.1	32.6	46.0	11.2	100.0	100.0	8.1	29.3
		1	12	16	9	10	17	6	5	15	2	—	—	—
2014年	创新产出竞争力	77.0	14.1	16.3	34.8	36.1	11.4	45.5	45.3	27.1	90.8	90.8	11.4	35.7
		2	12	10	6	5	14	3	4	7	1	—	—	—
	专利授权数	77.5	6.2	7.7	3.8	4.8	2.4	75.5	43.1	1.5	100.0	100.0	1.5	27.2
		2	7	6	9	8	11	3	4	14	1	—	—	—
	科技论文发表数	89.4	11.3	13.3	16.4	24.2	15.4	23.5	13.6	22.8	100.0	100.0	11.3	26.7
		2	12	10	7	3	8	4	9	5	1	—	—	—
	专利和许可收入	0.5	0.7	3.7	11.2	11.9	2.5	28.8	4.3	14.7	100.0	100.0	0.7	19.8
		10	9	7	5	4	8	2	6	3	1	—	—	—
	高技术产品出口额	100.0	2.2	13.2	57.4	100.0	15.3	50.5	66.8	35.3	77.9	100.0	2.2	46.5
		1	15	10	5	2	9	6	4	7	3	—	—	—
	高技术产品出口比重	94.3	49.5	49.4	97.0	58.6	25.3	61.3	100.0	76.3	67.1	100.0	25.3	64.9
		3	9	10	2	7	14	6	1	4	5	—	—	—
	注册商标数	100.0	15.0	10.8	23.0	16.9	7.5	33.3	44.2	12.0	100.0	100.0	7.5	29.2
		1	11	15	9	10	17	6	4	14	2	—	—	—

续表

项目	国家	中国	澳大利亚	加拿大	法国	德国	意大利	日本	韩国	英国	美国	最高分	最低分	平均分
2015年	创新产出竞争力	82.0	14.1	16.2	34.9	36.2	10.9	43.5	44.6	27.6	92.1	92.1	10.9	35.6
		2	13	11	6	5	14	4	3	7	1	—	—	—
	专利授权数	100.0	7.5	7.2	4.0	4.7	2.1	63.0	33.8	1.6	99.5	99.5	1.6	24.8
		1	6	7	9	8	11	3	4	13	2	—	—	—
	科技论文发表数	95.8	11.1	13.1	15.8	23.7	15.5	22.3	14.0	22.7	100.0	100.0	11.1	26.5
		2	13	10	7	4	8	6	9	5	1	—	—	—
	专利和许可收入	0.9	0.6	3.3	12.2	12.4	2.4	29.2	5.2	16.2	100.0	100.0	0.6	20.2
		9	10	7	5	4	8	2	6	3	1	—	—	—
	高技术产品出口额	100.0	2.1	14.1	56.2	100.0	14.4	49.2	68.1	37.3	83.2	100.0	2.1	47.2
		1	15	10	5	2	14	6	4	9	3	—	—	—
	高技术产品出口比重	95.4	48.9	50.1	100.0	60.9	24.8	61.4	100.0	76.9	69.9	100.0	24.8	65.9
		3	11	9	1	7	15	6	2	4	5	—	—	—
	注册商标数	100.0	14.7	9.4	21.5	15.3	6.0	35.5	46.2	11.1	100.0	100.0	6.0	28.9
		1	11	15	9	10	17	6	4	14	2	—	—	—
2016年	创新产出竞争力	82.5	14.4	14.9	34.2	36.2	10.3	44.1	43.3	28.1	91.6	91.6	10.3	35.2
		2	12	11	6	5	14	3	4	7	1	—	—	—
	专利授权数	100.0	7.7	8.5	3.9	5.0	1.9	66.9	35.8	1.7	100.0	100.0	1.7	25.7
		1	7	6	9	8	12	3	4	13	2	—	—	—
	科技论文发表数	100.0	10.4	11.9	14.7	22.8	14.7	21.2	13.2	21.5	95.9	95.9	10.4	25.1
		1	13	11	7	4	8	6	9	5	2	—	—	—
	专利和许可收入	0.9	0.7	3.2	12.4	14.5	2.7	31.4	5.6	16.5	100.0	100.0	0.7	20.8
		9	10	7	5	4	8	2	6	3	1	—	—	—
	高技术产品出口额	100.0	1.8	12.1	54.5	100.0	14.2	48.7	62.2	35.6	80.8	100.0	1.8	45.5
		1	14	10	5	2	9	6	4	7	3	—	—	—
	高技术产品出口比重	94.2	51.8	44.3	100.0	60.4	22.2	57.6	99.7	80.4	72.9	100.0	22.2	65.5
		3	9	11	1	6	14	7	2	4	5	—	—	—
	注册商标数	100.0	14.4	9.7	19.6	14.7	6.3	38.6	43.6	13.0	100.0	100.0	6.3	28.9
		1	11	16	9	10	17	6	4	13	2	—	—	—

项目 \ 国家		中国	澳大利亚	加拿大	法国	德国	意大利	日本	韩国	英国	美国	最高分	最低分	平均分
2017年	创新产出竞争力	84.0	13.7	15.9	34.3	35.2	10.2	42.9	32.0	30.5	85.4	85.4	10.2	33.3
		2	12	11	5	4	14	3	6	7	1	—	—	—
	专利授权数	100.0	7.0	7.4	3.6	4.7	1.4	62.3	37.6	1.8	99.6	99.6	1.4	25.0
		1	7	6	10	8	15	3	4	12	2	—	—	—
	科技论文发表数	100.0	11.1	12.9	15.7	23.5	15.1	21.4	14.2	22.0	96.0	96.0	11.1	25.8
		1	12	10	7	4	8	6	9	5	2	—	—	—
	专利和许可收入	3.7	0.7	3.3	12.8	15.7	3.4	32.5	5.7	17.4	100.0	100.0	0.7	21.3
		7	10	9	5	4	8	2	6	3	1	—	—	—
	高技术产品出口额	100.0	1.9	13.5	57.2	100.0	15.6	48.4	42.0	39.6	63.9	100.0	1.9	42.5
		1	14	10	4						3	—	—	—
	高技术产品出口比重	100.0	48.2	48.5	98.7	53.4	20.3	53.0	54.7	87.1	53.0	98.7	20.3	57.4
		1	10	9	2	6	15	8	5	3	7	—	—	—
	注册商标数	100.0	13.1	9.5	17.6	13.6	5.5	39.7	37.7	15.2	100.0	100.0	5.5	28.0
		1	13	16	9	11	17	4	6	10	2	—	—	—

注:各国家对应的两行数列中,上一行为指标得分,下一行为指标在二十国集团中的排名。最高分、最低分、平均分是以 9 个发达国家的评价分数进行测算。

从综合得分来看,2000 年,美国得分最高,达到 99.4 分,中国只有 30.2 分,比美国低了 69.2 分,也比发达国家的平均分低了 4.3 分。2017 年,美国依然最高,达到 85.4 分,中国为 84.0 分,仅比美国低 1.4 分,比平均分高 50.7 分。与 2000 年相比,发达国家的创新产出竞争力平均分下降了 1.2 分;9 个发达国家中,有 3 个国家的得分上升,其中德国上升最快,上升了 8.3 分;有 5 个国家的得分下降,其中美国下降最快,下降了 14.0 分;韩国的得分保持不变。而中国的创新产出竞争力得分上升迅速,上升了 53.8 分,远超发达国家,与发达国家的差距明显缩小。

从综合排名来看,2000 年,二十国集团中创新产出竞争力处于前三位的分别是美国、日本、韩国,中国处于第 5 位,在二十国集团中处于上游水平,仅低于美国、日本、韩国、英国。2017 年,创新产出竞争力处于前三位的分别是美国、中国、日本,中国处于第 2 位,已经超过了除美国外的所有 8 个发达国家。2000—2017 年,美国、澳大利亚的排位保持不变,德国的排位上升了 3 位,法国的排位上升了 1 位,而韩国、英国均下降了 3 位,加拿大下降了 2 位,意大利、日本均下降了 1 位。中国的排位上升了 3 位。

从三级指标来看,2000—2017 年,发达国家的 6 个三级指标中有 3 个三级指标的平均分上升,即科技论文发表数、专利和许可收入、高技术产品出口额分别上升了 0.2 分、3.4 分、6.0 分,而专利授权数、高技术产品出口比重、注册商标数分别下降了 2.1 分、10.6 分和 3.9 分。由此可见,发达国家创新产出竞争力得分的下降主要是由专利授权数、高技术产品出口比重、注册商标数得分的下降导致的。

中国所有的 6 个三级指标的得分均快速上升,其中,专利授权数上升最快,上升了 91.7 分,科技论文发表数、专利和许可收入、高技术产品出口额、高技术产品出口比重、注册商标数分别上升了 73.2 分、3.6 分、78.9 分、46.4 分和 28.8 分,推动中国的创新产出竞争力迅速提升了 53.8 分,远超发达国家。

六、中国与发达国家创新持续竞争力评价和比较分析

表5-24 列出了 2000—2017 年中国与二十国集团中 9 个发达国家创新持续竞争力的得分和排位变化情况及其下属 6 个三级指标的得分和排名及其变化情况。

表5-24 2000—2017年中国与发达国家创新持续竞争力评价比较表

（单位：分；位）

项目\国家	中国	澳大利亚	加拿大	法国	德国	意大利	日本	韩国	英国	美国	最高分	最低分	平均分
创新持续竞争力的综合变化	13.8	5.5	-5.0	-3.3	4.0	-3.7	-11.4	2.9	6.3	-5.4	6.3	-11.4	-1.1
	5	-1	-5	-3	-2	-3	-8	0	0	0	—	—	—
2000年 创新持续竞争力	22.0	50.8	50.5	48.9	39.8	36.4	39.0	47.0	41.0	73.3	73.3	36.4	47.4
	16	2	3	4	7	10	8	5	6	1	—	—	—
公共教育经费支出总额	5.5	2.9	6.6	13.4	14.3	8.1	31.9	3.2	11.4	100.0	100.0	2.9	21.3
	8	13	7	4	3	6	2	11	5	1	—	—	—
公共教育经费支出占GDP比重	11.9	70.5	86.4	95.3	52.7	53.3	35.7	41.7	46.7	85.8	95.3	35.7	63.1
	17	6	4	2	10	9	15	14	11	5	—	—	—
人均公共教育支出额	0.4	53.2	66.1	64.7	50.9	43.1	71.7	22.8	57.3	100.0	100.0	22.8	58.9
	17	6	3	4	7	8	2	10	5	1	—	—	—
高等教育毛入学率	0.0	100.0	45.7	38.4	47.1	37.1	41.3	61.6	45.4	72.4	100.0	37.1	54.3
	19	1	5	10	4	11	8	3	6	2	—	—	—
科技人员增长率	38.9	34.6	36.3	26.9	24.8	18.1	19.3	100.0	38.4	26.1	100.0	18.1	36.1
	2	5	4	8	10	14	13	1	3	9	—	—	—
科技经费增长率	75.1	43.6	61.8	54.5	49.1	58.5	34.0	52.5	46.6	55.7	61.8	34.0	50.7
	2	13	4	7	10	5	15	8	11	6	—	—	—
2001年 创新持续竞争力	22.6	45.6	42.4	42.9	36.4	35.5	34.2	44.5	38.2	68.3	68.3	34.2	43.1
	14	2	5	4	8	9	10	3	7	1	—	—	—
公共教育经费支出总额	6.8	2.5	5.7	13.1	13.9	8.8	27.1	2.9	11.1	100.0	100.0	2.5	20.6
	7	13	8	4	3	6	2	12	5	1	—	—	—
公共教育经费支出占GDP比重	13.9	46.3	47.7	62.5	34.6	42.0	23.4	27.3	32.0	56.3	62.5	23.4	41.3
	16	6	5	2	10	8	15	13	12	3	—	—	—
人均公共教育支出额	0.8	46.7	57.9	63.5	49.7	46.7	61.5	21.0	55.9	100.0	100.0	21.0	55.9
	17	7	4	2	6	8	3	10	5	1	—	—	—
高等教育毛入学率	0.0	100.0	44.6	37.0	46.1	38.6	40.2	63.5	45.0	71.8	100.0	37.0	54.1
	18	1	7	11	5	10	9	3	6	2	—	—	—
科技人员增长率	38.9	34.6	36.3	26.9	24.8	18.1	19.3	100.0	38.4	26.1	100.0	18.1	36.1
	2	5	4	8	10	14	13	1	3	9	—	—	—
科技经费增长率	75.1	43.6	61.8	54.5	49.1	58.5	34.0	52.5	46.6	55.7	61.8	34.0	50.7
	2	13	4	7	10	5	15	8	11	6	—	—	—

项目	国家	中国	澳大利亚	加拿大	法国	德国	意大利	日本	韩国	英国	美国	最高分	最低分	平均分
2002年	创新持续竞争力	27.1	50.9	40.9	48.5	40.2	41.7	35.6	37.2	48.3	70.3	70.3	35.6	46.0
		13	2	8	3	9	7	11	10	4	1	—	—	—
	公共教育经费支出总额	7.8	2.6	5.8	13.9	14.4	8.9	25.0	3.2	13.4	100.0	100.0	2.6	20.8
		7	12	8	4	3	6	2	10	5	1	—	—	—
	公共教育经费支出占GDP比重	15.3	45.0	47.4	62.1	32.7	36.1	21.0	23.0	41.0	55.6	62.1	21.0	40.4
		17	6	5	2	11	9	16	14	7	3	—	—	—
	人均公共教育支出额	0.9	47.0	58.1	66.8	51.7	47.2	57.2	22.7	67.2	100.0	100.0	22.7	57.5
		17	8	4	3	6	7	5	10	2	1	—	—	—
	高等教育毛入学率	2.1	100.0	44.8	36.6	45.9	40.8	39.9	65.7	47.8	71.7	100.0	36.6	54.8
		18	1	8	11	7	9	10	3	5	2	—	—	—
	科技人员增长率	36.5	26.3	15.2	26.1	13.6	29.0	0.0	22.8	35.6	20.9	35.6	0.0	21.1
		2	7	14	8	15	4	18	9	3	10	—	—	—
	科技经费增长率	100.0	84.8	74.4	85.5	82.7	88.5	70.6	86.1	84.4	73.8	88.5	70.6	81.2
		1	9	14	8	11	6	17	7	10	15	—	—	—
2003年	创新持续竞争力	13.5	43.8	34.9	42.1	34.1	32.0	30.0	29.9	40.0	61.3	61.3	29.9	38.7
		17	2	6	3	5	7	9	10	4	1	—	—	—
	公共教育经费支出总额	8.1	3.0	6.1	16.3	16.6	10.8	25.8	3.8	15.2	100.0	100.0	3.0	22.0
		7	11	8	4	3	6	2	10	5	1	—	—	—
	公共教育经费支出占GDP比重	9.5	47.7	43.3	67.9	33.2	39.7	19.3	29.7	46.6	60.1	67.9	19.3	43.1
		17	5	8	2	10	9	13	11	7	3	—	—	—
	人均公共教育支出额	1.0	52.9	61.3	78.8	60.0	57.6	59.4	26.6	76.8	100.0	100.0	26.6	63.7
		17	8	4	2	5	7	6	10	3	1	—	—	—
	高等教育毛入学率	4.2	100.0	44.6	38.2	45.7	43.4	39.6	67.6	47.1	71.6	100.0	38.2	55.3
		18	1	8	11	7	9	10	3	6	2	—	—	—
	科技人员增长率	20.8	18.3	20.6	13.4	6.8	0.0	16.6	21.3	28.9	23.9	28.9	0.0	16.6
		7	9	8	12	15	18	11	6	1	5	—	—	—
	科技经费增长率	37.2	40.9	33.6	38.1	42.4	40.2	19.1	30.3	25.4	12.1	42.4	12.1	31.3
		10	5	11	7	1	6	17	13	15	18	—	—	—

续表

项目	国家	中国	澳大利亚	加拿大	法国	德国	意大利	日本	韩国	英国	美国	最高分	最低分	平均分
2004年	创新持续竞争力	19.4	57.0	38.0	46.3	33.6	35.1	29.3	34.9	43.5	58.8	58.8	29.3	41.8
		17	2	6	4	9	7	13	8	5	1			
	公共教育经费支出总额	7.4	3.7	6.1	17.3	17.4	11.1	26.1	3.9	16.5	100.0	100.0	3.7	22.5
		7	11	8	4	3	6	2	10	5	1	—	—	—
	公共教育经费支出占GDP比重	1.2	60.8	49.5	82.5	43.4	46.7	26.7	38.7	57.4	75.7	82.5	26.7	53.5
		18	5	8	2	10	9	13	11	6	3	—	—	—
	人均公共教育支出额	0.9	65.1	62.9	83.9	64.0	60.0	60.9	28.1	83.8	100.0	100.0	28.1	67.6
		17	4	6	2	5	8	7	10	3	1	—	—	—
	高等教育毛入学率	5.9	100.0	44.4	39.1	45.5	46.7	39.5	70.4	44.5	71.5	100.0	39.1	55.7
		17	1	9	11	7	6	10	3	8	2	—	—	—
	科技人员增长率	32.9	25.2	27.2	25.0	8.5	15.6	7.5	18.2	27.0	0.8	27.2	0.8	17.2
		5	8	4	9	15	12	16	11	7	17			
	科技经费增长率	68.0	87.5	37.7	30.3	23.0	30.4	14.9	50.2	31.7	4.7	87.5	4.7	34.5
		4	3	9	13	14	12	17	8	11	18			
2005年	创新持续竞争力	27.5	55.2	42.5	41.7	32.3	39.2	31.0	44.2	47.2	65.8	65.8	31.0	44.3
		16	2	5	6	10	7	12	4	3	1	—	—	—
	公共教育经费支出总额	8.1	3.8	6.9	16.2	16.3	10.1	23.9	3.9	16.8	100.0	100.0	3.8	22.0
		7	12	8	5	4	6	2	11	3	1	—	—	—
	公共教育经费支出占GDP比重	0.0	77.7	72.8	100.0	54.2	53.1	32.6	40.3	80.0	96.4	100.0	32.6	67.5
		19	6	8	1	10	11	15	12	5	3	—	—	—
	人均公共教育支出额	1.1	69.2	71.8	79.7	61.5	56.1	56.8	29.6	86.4	100.0	100.0	29.6	67.9
		17	5	4	3	6	8	7	10	2	1	—	—	—
	高等教育毛入学率	7.4	100.0	44.6	39.6	45.6	48.9	39.6	74.3	44.3	71.6	100.0	39.6	56.5
		17	1	8	11	7	5	10	2	9	3	—	—	—
	科技人员增长率	85.5	24.2	28.9	12.9	14.6	63.3	26.3	64.5	42.4	10.9	64.5	10.9	32.0
		2	11	9	14	13	5	10	4	7	15			
	科技经费增长率	63.0	56.5	29.8	1.6	1.4	3.6	6.8	52.6	13.5	16.1	56.5	1.4	20.2
		4	6	11	17	18	16	15	7	14	13	—	—	—

续表

项目 \ 国家		中国	澳大利亚	加拿大	法国	德国	意大利	日本	韩国	英国	美国	最高分	最低分	平均分
2006年	创新持续竞争力	34.6	60.8	50.3	52.9	44.6	49.3	34.1	54.5	53.4	76.0	76.0	34.1	52.9
		14	2	6	5	9	7	15	3	4	1	—	—	—
	公共教育经费支出总额	9.9	3.5	7.2	15.8	16.0	10.6	21.3	4.1	16.9	100.0	100.0	3.5	21.7
		7	13	8	5	4	6	2	11	3	1	—	—	—
	公共教育经费支出占GDP比重	8.3	63.8	64.7	86.2	48.7	56.9	30.0	38.7	72.3	85.0	86.2	30.0	60.7
		17	8	7	2	11	10	15	13	5	3	—	—	—
	人均公共教育支出额	1.5	67.7	76.5	78.8	61.6	59.8	51.5	32.2	88.2	100.0	100.0	32.2	68.5
		17	5	4	3	6	7	8	10	2	1	—	—	—
	高等教育毛入学率	7.9	100.0	44.2	39.1	45.2	50.0	39.2	79.0	44.0	71.4	100.0	39.1	56.9
		16	1	8	11	7	6	10	2	9	3	—	—	—
	科技人员增长率	93.0	72.8	69.5	74.8	70.5	84.9	62.6	100.0	67.6	69.9	100.0	62.6	74.7
		3	9	12	8	10	6	16	1	13	11	—	—	—
	科技经费增长率	86.9	57.1	39.6	23.0	25.6	33.3	0.0	72.7	31.6	29.7	72.7	0.0	34.7
		3	7	10	17	16	12	19	6	13	15	—	—	—
2007年	创新持续竞争力	32.6	48.2	43.9	47.7	39.2	38.5	23.6	43.5	42.9	62.4	62.4	23.6	43.3
		13	2	4	3	8	9	16	5	6	1	—	—	—
	公共教育经费支出总额	13.6	3.5	7.4	17.1	17.7	10.1	19.9	4.1	18.1	100.0	100.0	3.5	22.0
		6	13	8	5	4	7	2	12	3	1	—	—	—
	公共教育经费支出占GDP比重	18.1	61.0	64.6	86.2	50.7	43.6	30.0	38.3	70.1	85.0	86.2	30.0	58.8
		16	9	7	2	11	12	15	13	6	3	—	—	—
	人均公共教育支出额	2.2	72.9	81.5	86.8	69.3	59.1	49.4	34.2	95.3	100.0	100.0	34.2	72.1
		17	5	4	3	6	7	8	2	1	—	—	—	
	高等教育毛入学率	6.8	100.0	47.2	37.3	44.4	50.0	38.2	83.3	42.6	70.9	100.0	37.3	57.1
		16	1	7	11	8	5	10	2	9	3	—	—	—
	科技人员增长率	99.1	15.1	47.5	35.7	28.0	35.2	4.3	69.3	0.0	6.3	69.3	0.0	26.8
		2	12	5	6	9	7	17	3	18	16	—	—	—
	科技经费增长率	55.6	36.8	15.0	23.1	25.1	33.1	0.0	32.0	31.1	12.2	36.8	0.0	23.2
		4	8	16	15	14	10	19	11	13	18	—	—	—

255

续表

项目 \ 国家		中国	澳大利亚	加拿大	法国	德国	意大利	日本	韩国	英国	美国	最高分	最低分	平均分
2008年	创新持续竞争力	42.4	65.4	46.5	55.6	50.8	46.5	31.9	42.5	41.6	76.6	76.6	31.9	50.8
		11	2	9	3	4	8	14	10	12	1	—	—	—
	公共教育经费支出总额	18.6	4.5	7.4	18.5	19.3	11.6	22.0	3.9	16.4	100.0	100.0	3.9	22.6
		4	12	9	5	3	7	2	13	6	1	—	—	—
	公共教育经费支出占GDP比重	27.0	70.0	69.8	100.0	61.4	61.1	34.8	63.4	80.8	98.8	100.0	34.8	71.1
		16	9	10	1	12	13	15	11	5	2	—	—	—
	人均公共教育支出额	3.4	87.5	82.2	94.2	76.5	67.8	54.8	34.0	87.8	100.0	100.0	34.0	76.1
		17	4	5	2	6	7	8	10	3	1	—	—	—
	高等教育毛入学率	5.3	100.0	46.5	35.7	43.4	48.9	37.1	85.0	39.9	70.4	100.0	35.7	56.3
		16	1	7	11	8	6	10	2	9	3	—	—	—
	科技人员增长率	100.0	45.9	49.4	41.8	51.5	46.4	0.0	68.8	21.8	57.5	68.8	0.0	42.6
		1	10	8	11	7	9	18	4	15	6	—	—	—
	科技经费增长率	100.0	84.4	23.4	43.6	52.9	42.9	42.9	0.0	3.0	32.7	84.4	0.0	36.2
		1	3	16	11	9	13	12	19	18	14	—	—	—
2009年	创新持续竞争力	23.6	59.2	46.4	57.4	51.6	47.3	40.7	46.5	48.7	76.7	76.7	40.7	52.7
		17	2	8	3	4	6	10	7	5	1	—	—	—
	公共教育经费支出总额	21.9	4.1	6.7	18.2	19.8	10.9	23.2	3.5	13.9	100.0	100.0	3.5	22.3
		3	11	9	5	4	7	2	14	6	1	—	—	—
	公共教育经费支出占GDP比重	28.0	78.2	70.2	100.0	71.1	59.6	31.4	64.1	79.5	89.1	100.0	31.4	71.5
		16	9	11	1	10	13	15	12	8	4	—	—	—
	人均公共教育支出额	4.0	85.2	77.3	93.7	79.7	65.3	58.6	32.6	76.7	100.0	100.0	32.6	74.3
		17	3	5	2	4	7	8	9	6	1	—	—	—
	高等教育毛入学率	6.1	100.0	45.4	35.4	42.8	48.8	36.5	85.1	40.6	70.1	100.0	35.4	56.1
		16	1	7	11	8	6	10	2	9	3	—	—	—
	科技人员增长率	39.1	85.8	72.9	83.6	86.4	89.0	79.1	84.6	81.4	86.8	89.0	72.9	83.3
		17	7	16	9	6	1	14	8	13	5	—	—	—
	科技经费增长率	42.5	2.0	6.0	13.5	10.2	10.5	15.1	9.4	0.0	14.3	15.1	0.0	9.0
		2	18	15	8	13	12	6	14	19	7	—	—	—

续表

项目 ＼ 国家		中国	澳大利亚	加拿大	法国	德国	意大利	日本	韩国	英国	美国	最高分	最低分	平均分
2010 年	创新持续竞争力	20.5	58.6	47.5	46.9	42.0	34.4	30.9	42.5	45.2	61.9	61.9	30.9	45.5
		17	2	3	4	8	11	12	7	6	1	—	—	—
	公共教育经费支出总额	25.5	5.4	8.3	16.3	18.5	9.0	23.9	3.8	15.2	100.0	100.0	3.8	22.3
		2	10	9	5	4	8	3	14	6	1	—	—	—
	公共教育经费支出占GDP比重	30.1	93.0	86.7	97.4	71.6	53.0	31.2	63.6	100.0	88.4	100.0	31.2	76.1
		16	5	7	3	11	13	15	12	1	6	—	—	—
	人均公共教育支出额	4.2	100.0	88.1	79.8	70.6	53.3	56.2	34.7	77.7	90.8	100.0	34.7	72.4
		17	1	3	4	6	8	7	9	5	2	—	—	—
	高等教育毛入学率	6.0	100.0	43.1	36.3	41.8	47.3	35.4	83.4	40.5	69.6	100.0	35.4	55.3
		16	1	7	11	9	6	12	2	10	3	—	—	—
	科技人员增长率	55.5	51.3	57.8	51.4	49.4	43.7	37.9	67.7	37.7	22.4	67.7	22.4	46.6
		7	9	6	8	10	11	13	5	14	16	—	—	—
	科技经费增长率	1.9	1.9	1.1	0.0	0.2		0.7	2.2	0.3	0.3	2.2	0.0	0.7
		5	6	12	19	17	18	14	4	15	16	—	—	—
2011 年	创新持续竞争力	43.1	57.4	46.0	43.9	42.4	31.2	31.3	54.7	38.9	62.4	62.4	31.2	45.4
		9	2	6	7	10	15	14	3	11	1	—	—	—
	公共教育经费支出总额	34.8	6.1	9.1	17.1	20.0	9.1	25.9	4.5	16.0	100.0	100.0	4.5	23.1
		2	11	8	5	4	9	3	14	7	1	—	—	—
	公共教育经费支出占GDP比重	36.7	72.6	78.6	86.2	64.0	43.4	29.3	65.8	91.0	77.0	91.0	29.3	67.5
		15	10	6	4	12	13	17	11	3	7	—	—	—
	人均公共教育支出额	5.3	100.0	86.3	75.7	70.4	49.2	55.3	35.8	74.0	81.8	100.0	35.8	69.8
		17	1	2	4	6	8	7	10	5	3	—	—	—
	高等教育毛入学率	5.8	100.0	44.0	36.0	40.9	46.5	34.3	80.8	39.9	69.1	100.0	34.3	54.6
		16	1	7	11	9	6	12	2	10	3	—	—	—
	科技人员增长率	76.6	24.4	42.6	31.0	23.8	34.1	14.1	83.9	0.0	46.2	83.9	0.0	33.3
		3	12	8	11	14	10	17	2	18	7	—	—	—
	科技经费增长率	99.2	41.1	15.5	17.1	35.0	4.8	28.6	57.2	12.5	0.0	57.2	0.0	23.5
		2	8	14	13	9	18	11	5	16	19	—	—	—

项目	国家	中国	澳大利亚	加拿大	法国	德国	意大利	日本	韩国	英国	美国	最高分	最低分	平均分
2012年	创新持续竞争力	44.7	63.8	48.2	45.4	44.1	33.9	34.5	53.5	48.1	67.8	67.8	33.9	48.8
		8	2	5	7	9	15	14	3	6	1	—	—	—
	公共教育经费支出总额	41.8	6.1	8.7	14.8	18.3	7.3	25.0	4.5	15.5	100.0	100.0	4.5	22.2
		2	11	8	6	4	9	3	13	5	1	—	—	—
	公共教育经费支出占GDP比重	29.4	49.6	63.0	69.1	51.5	22.8	9.6	57.0	76.4	60.3	76.4	9.6	51.0
		14	12	6	4	11	15	18	10	3	7	—	—	—
	人均公共教育支出额	6.6	100.0	83.3	66.8	65.1	42.0	53.4	36.4	71.5	80.6	100.0	36.4	66.6
		17	1	2	5	6	8	7	10	4	3	—	—	—
	高等教育毛入学率	8.5	100.0	44.6	38.3	40.9	45.5	34.3	77.0	40.3	69.1	100.0	34.3	54.4
		17	1	8	11	7	7	12	2	10	3	—	—	—
	科技人员增长率	81.8	70.3	61.1	75.5	76.0	77.3	61.9	88.9	70.7	68.2	88.9	61.1	72.2
		4	11	17	7	6	5	16	1	12	14	—	—	—
	科技经费增长率	100.0	57.0	28.3	7.6	12.7	8.8	22.9	57.4	14.4	28.4	57.4	7.6	26.4
		1	5	10	17	15	16	11	3	13	9	—	—	—
2013年	创新持续竞争力	44.3	58.1	42.9	49.4	42.3	42.7	22.4	48.6	53.7	67.0	67.0	22.4	47.5
		8	2	9	5	11	10	17	6	3	1	—	—	—
	公共教育经费支出总额	48.4	7.5	9.3	16.4	20.2	8.3	20.7	5.8	16.4	100.0	100.0	5.8	22.7
		2	11	8	6	4	9	3	13	5	1	—	—	—
	公共教育经费支出占GDP比重	35.4	70.8	72.2	80.7	59.4	30.4	11.5	71.1	85.1	59.7	85.1	11.5	60.1
		14	8	6	4	11	15	18	7	3	10	—	—	—
	人均公共教育支出额	7.1	100.0	77.2	65.2	63.9	40.4	40.7	37.1	67.2	73.2	100.0	37.1	62.8
		17	1	2	5	6	8	7	9	4	3	—	—	—
	高等教育毛入学率	11.4	100.0	45.7	39.9	40.5	43.7	33.9	74.6	37.6	68.9	100.0	33.9	53.9
		15	1	7	10	9	8	12	2	11	3	—	—	—
	科技人员增长率	63.5	23.2	16.8	32.2	11.6	70.1	27.3	26.0	52.5	39.2	70.1	11.6	33.2
		5	12	15	9	16	1	10	11	6	7	—	—	—
	科技经费增长率	100.0	47.0	36.2	61.8	58.4	63.5	0.0	77.1	63.5	61.2	77.1	0.0	52.1
		1	13	16	8	10	7	19	2	6	9	—	—	—

续表

项目＼国家		中国	澳大利亚	加拿大	法国	德国	意大利	日本	韩国	英国	美国	最高分	最低分	平均分
2014年	创新持续竞争力	44.5	55.1	48.9	56.5	52.1	42.6	35.1	66.0	65.6	76.2	76.2	35.1	55.3
		9	5	8	4	7	10	15	2	3	1	—	—	—
	公共教育经费支出总额	47.9	6.4	8.6	15.9	20.1	7.8	17.9	6.2	17.8	100.0	100.0	6.2	22.3
		2	12	8	6	3	9	4	13	5	1	—	—	—
	公共教育经费支出占GDP比重	29.4	68.4	72.0	80.6	59.6	28.5	11.0	71.7	87.2	61.7	87.2	11.0	60.1
		14	9	6	4	12	15	18	7	3	11	—	—	—
	人均公共教育支出额	8.0	100.0	82.4	72.9	73.0	43.6	41.3	44.3	82.5	84.8	100.0	41.3	69.4
		17	1	4	6	5	8	9	7	3	2	—	—	—
	高等教育毛入学率	21.5	100.0	46.3	42.0	44.4	43.6	34.1	73.7	37.5	68.9	100.0	34.1	54.5
		15	1	7	10	8	9	13	2	12	3	—	—	—
	科技人员增长率	64.3	55.6	40.4	62.5	40.4	65.3	69.4	100.0	70.3	70.8	100.0	40.4	63.9
		7	10	16	8	17	6	5	1	4	3	—	—	—
	科技经费增长率	96.1	0.0	43.7	64.8	75.4	66.8	36.9	100.0	98.6	71.0	100.0	0.0	61.9
		3	19	13	11	6	9	16	1	2	7	—	—	—
2015年	创新持续竞争力	37.2	55.1	41.2	41.8	42.8	29.2	23.7	45.3	49.3	68.9	68.9	23.7	44.1
		9	2	8	7	6	14	16	5	4	1	—	—	—
	公共教育经费支出总额	50.8	5.9	7.1	12.8	16.2	6.3	15.6	6.0	16.2	100.0	100.0	5.9	20.7
		2	12	8	6	4	10	5	11	3	1	—	—	—
	公共教育经费支出占GDP比重	25.5	65.4	63.6	70.8	46.3	18.7	0.3	62.8	77.1	52.9	77.1	0.3	50.9
		14	6	7	5	12	15	18	8	4	11	—	—	—
	人均公共教育支出额	9.5	100.0	75.3	65.7	65.4	39.6	39.9	46.1	82.7	93.9	100.0	39.6	67.6
		16	1	4	5	6	9	8	7	3	2	—	—	—
	高等教育毛入学率	25.6	100.0	45.5	43.0	46.5	43.1	34.1	73.5	37.5	69.2	100.0	34.1	54.7
		15	1	8	10	7	9	13	3	12	4	—	—	—
	科技人员增长率	31.6	21.8	24.8	23.2	41.2	32.2	12.6	25.6	25.1	23.2	41.2	12.6	25.5
		6	14	10	12	3	5	17	8	9	13	—	—	—
	科技经费增长率	80.4	37.6	30.6	35.3	41.2	35.0	39.7	58.0	57.2	74.0	74.0	30.6	45.4
		2	12	15	13	9	14	11	5	6	3	—	—	—

项目＼国家		中国	澳大利亚	加拿大	法国	德国	意大利	日本	韩国	英国	美国	最高分	最低分	平均分
2016年	创新持续竞争力	44.8	57.7	50.6	54.4	56.1	36.3	40.4	54.1	51.5	77.1	77.1	36.3	53.1
		10	2	8	4	3	15	11	5	6	1	—	—	—
	公共教育经费支出总额	50.1	4.9	6.9	12.6	16.7	6.1	16.8	6.2	14.2	100.0	100.0	4.9	20.5
		2	12	9	6	4	11	3	10	5	1	—	—	—
	公共教育经费支出占GDP比重	28.6	62.7	65.3	69.1	51.1	16.8	0.0	64.5	74.9	55.0	74.9	0.0	51.0
		14	8	6	5	12	15	19	7	4	11	—	—	—
	人均公共教育支出额	9.9	89.7	76.3	67.9	71.1	40.6	45.5	49.0	77.2	100.0	100.0	40.6	68.6
		15	4	6	6	5	9	8	7	3	1	—	—	—
	高等教育毛入学率	27.6	100.0	45.9	43.4	47.2	42.0	33.0	72.3	38.4	67.4	100.0	33.0	54.4
		15	1	8	10	7	11	13	3	12	5	—	—	—
	科技人员增长率	74.6	59.6	58.8	67.2	71.1	54.7	54.7	58.8	64.5	65.7	71.1	54.7	61.7
		3	10	12	6	5	16	15	11	8	7	—	—	—
	科技经费增长率	77.8	29.4	50.3	66.0	79.4	57.7	92.2	73.9	39.8	74.8	92.2	29.4	62.6
		6	17	12	9	5	10	3	8	16	7	—	—	—
2017年	创新持续竞争力	35.8	56.3	45.5	45.6	43.9	32.6	27.6	49.9	47.3	67.9	67.9	27.6	46.3
		11	3	8	7	9	13	16	5	6	1	—	—	—
	公共教育经费支出总额	52.6	5.0	6.9	12.2	16.7	5.7	15.5	6.2	13.1	100.0	100.0	5.0	20.1
		2	12	9	6	3	11	4	10	5	1	—	—	—
	公共教育经费支出占GDP比重	27.6	60.5	62.9	65.1	49.2	13.9	0.0	62.2	72.3	53.0	72.3	0.0	48.8
		14	8	6	5	12	15	19	7	4	11	—	—	—
	人均公共教育支出额	10.3	93.5	78.6	67.9	72.2	40.0	43.1	51.0	73.4	100.0	100.0	40.0	68.9
		17	2	3	6	5	9	8	7	4	1	—	—	—
	高等教育毛入学率	32.7	100.0	49.9	47.1	51.3	45.6	35.8	78.6	41.7	73.3	100.0	35.8	58.1
		14	1	9	10	8	11	13	3	12	5	—	—	—
	科技人员增长率	86.7	74.0	72.5	78.4	70.7	88.3	70.9	97.2	83.0	78.6	97.2	70.7	79.3
		6	10	12	7	16	5	15	3	7	8	—	—	—
	科技经费增长率	4.7	4.8	1.9	2.7	3.1	2.4	0.0	4.2	0.3	2.5	4.8	0.0	2.4
		7	6	16	13	12	15	19	9	17	14	—	—	—

注:各国家对应的两行数列中,上一行为指标得分,下一行为指标在二十国集团中的排名。最高分、最低分、平均分是以9个发达国家的评价分数进行测算。

从综合得分来看,2000 年,美国得分最高,达到 73.3 分,中国只有 22.0 分,比美国低了 51.3 分,也比发达国家的平均分低了 25.4 分。2017 年,美国依然最高,达到 67.9 分,中国为 35.8 分,比美国低 32.1 分,比平均分低 10.5 分。与 2000 年相比,发达国家的创新持续竞争力平均分下降了 1.1 分;9 个发达国家中,有 4 个国家的得分上升,其中英国上升最快,上升了 6.3 分;有 5 个国家的得分下降,其中日本下降最快,下降了 11.4 分。而中国的创新持续竞争力得分上升迅速,上升了 13.8 分,远超发达国家,与发达国家的差距明显缩小。

从综合排名来看,2000 年,二十国集团中创新持续竞争力处于前三位的分别是美国、澳大利亚、加拿大,中国处于第 16 位,在二十国集团中排名靠后,低于所有 9 个发达国家。2017 年,创新持续竞争力处于前三位的分别是美国、阿根廷、澳大利亚,中国处于第 11 位,超过意大利和日本,但低于其他 7 个发达国家。2000—2017 年,韩国、英国、美国的排位保持不变,其他 6 个发达国家的排位均下降,其中日本和加拿大下降最快,分别下降了 8 位和 5 位,法国和意大利均下降了 3 位,德国下降了 2 位,澳大利亚下降了 1 位。中国的排位上升了 5 位。

从三级指标来看,2000—2017 年,发达国家的 6 个三级指标中有 3 个三级指标的平均分上升,即人均公共教育支出额、高等教育毛入学率、科技人员增长率分别上升了 9.9 分、3.8 分、43.2 分,而公共教育经费支出总额、公共教育经费支出占 GDP 比重、科技经费增长率分别下降了 1.1 分、14.3 分和 48.3 分。由此可见,发达国家创新持续竞争力得分的下降主要是由公共教育经费支出总额、公共教育经费支出占 GDP 比重、科技经费增长率得分的下降导致的。

中国有 5 个三级指标的得分快速上升,其中,科技人员增长率、公共教育经费支出总额上升最快,分别上升了 47.8 分和 47.1 分,公共教育经费支出占 GDP 比重、人均公共教育支出额、高等教育毛入学率分别上升了 15.7 分、9.9 分、32.7 分,但科技经费增长率的得分下降非常快,下降了 70.4 分。最终,中国的创新持续竞争力提升了 13.8 分,远超发达国家。

第六章　中国与二十国集团其他成员创新竞争力影响因素分析

通过前述对中国与二十国集团中其他国家的创新竞争力评价比较可以发现，创新竞争力的评价作为一个综合性的评价体系，包括创新基础竞争力、创新环境竞争力、创新投入竞争力、创新产出竞争力和创新持续竞争力五个方面的内容。在该体系内部，各个部分之间是紧密联系、相互渗透、相互影响的，既具有内在的独特性，又相互联系。因此，创新竞争力的评价结果综合反映了二十国集团各成员在创新基础、创新环境、创新投入、创新产出和创新持续五个方面的综合竞争力和科技发展水平。此外，各国的创新竞争力又表现出一定的变化特征和发展规律。既有各个国家普遍存在的一般性规律，也有不同国情决定的特殊规律。通过对2000—2017年二十国集团创新竞争力的评价，客观、全面地分析二十国集团创新竞争力的水平、差距及其变化态势，深刻认识和把握这些规律和特征，认清创新竞争力变化的实质和内在特性，以及影响各国创新竞争力提升的因素，对于研究和发现提升创新竞争力的正确路径、方法和对策，用于指导各国有效提升创新竞争力，并根据各国具体情况和特殊国情采取相应的对策措施具有十分重要的意义。

第一节　二十国集团创新竞争力
变化呈现的特征与趋势

一、国家创新竞争力是各种创新因素长期积累、共同作用的结果

创新竞争力是一个内涵丰富的综合性概念，它将创新的诸多方面进行了系统集成，是一个综合性的指标，涵盖了创新基础、创新环境、创新投入、创新产出和创新持续五个方面的内容。这五个方面的因素是影响创新竞争力的重要环节。它们以提高劳动生产率、降低资源消耗和生产成本、实现经济社会的可持续发展为目的，通过经济、行政等多种手段，综合反映和影响了创新竞争力。因此，可以说，创新竞争力是各方面因素的长期积累、共同作用、综合影响的结果，既可以从创新竞争力评价指标体系的设置中看出这一特征，同时也可以从创新竞争力的评价结果看出这一特征。

表6-1列出了2000年与2017年二十国集团创新竞争力的排位及变化情况。由该表可以看出，2000—2017年，各国的创新竞争力（一级指标）的整体排位相对稳定，变化幅度不大。第一方阵中，尽管排位出现了调整，韩国提升了3位，日本下降了1位，英国下降了2位，但依然是美、韩、日、德、英这5个国家。第二方阵中，除中国从第三方阵提升到了第二方阵，俄罗斯从第二方阵调整到第三方阵外，其他法国、澳大利亚、加拿大、意大利这4个国家，尽管排位出现小幅调整，但相对稳定，依然处于第二方阵。第三方阵、第四方阵变化相对较大。第三方阵中，除了巴西下降了2位，沙特阿拉伯没有变化，其他几个国家都出现了方阵间的变动，中国提升到了第二方阵，俄罗斯从第二方阵进入了第三方阵，阿根廷与土耳其分别提升了3个、4个名次，从第四方阵提升到了第三方阵。而第四方阵中，南非与墨西哥排位分别下降了3个、5

个名次,从第三方阵下滑到了第四方阵,印度和印度尼西亚依然停留在第四
方阵。

表 6-1　2000 年和 2017 年二十国集团创新竞争力排位变化情况

国家	2017年	2000年	区段	国家	2017年	2000年	区段	国家	2017年	2000年	区段	国家	2017年	2000年	区段
美国	1	1	第一方阵	法国	6	7	第二方阵	俄罗斯	11	10	第三方阵	南非	16	13	第四方阵
韩国	2	5		中国	7	11		巴西	12	14		墨西哥	17	12	
日本	3	2		澳大利亚	8	8		阿根廷	13	16		印度	18	17	
德国	4	4		加拿大	9	6		土耳其	14	18		印度尼西亚	19	19	
英国	5	3		意大利	10	9		沙特阿拉伯	15	15					

2000—2017 年,二十国集团创新竞争力的整体排位变化幅度不太大,墨西哥排位下降了 5 位,中国与土耳其上升了 4 位,其他国家排位变化幅度不大。创新竞争力排位的相对稳定性,在一定程度上说明一个国家的创新竞争优势是多种创新因素长期积累、综合作用的结果,是各方面创新要素共同作用的结果,需要经过长期不懈的努力。否则,即使某些年份因为一些特殊因素的影响,综合排位暂时受到影响,在后来的年份中也会回归到正常的水平,保持原有的发展态势。第三方阵、第四方阵变化幅度相对较大,反映出新兴经济体和发展中国家在创新竞争上,存在较为激烈的竞争。百舸争流,不进则退,或者说进步慢都意味着后退。因此,每个国家都应不断努力,奋起直追,排位靠前的国家应该再接再厉,努力保持竞争优势,避免出现下降趋势;排位靠后的国家更要采取有效措施改变现状,争取有利的竞争优势。

二、二十国集团创新竞争力的整体水平呈现上升趋势

2000—2017 年,二十国集团整体的创新竞争力水平呈波动上升状态,整

体的平均得分从 30.5 分上升到 34.5 分(见图 6-1),这说明二十国集团创新
竞争力的整体水平有一定程度的上升,这与二十国集团中各国对科技创新问
题的日益重视和提升创新能力的不懈努力密不可分。

（单位：分）

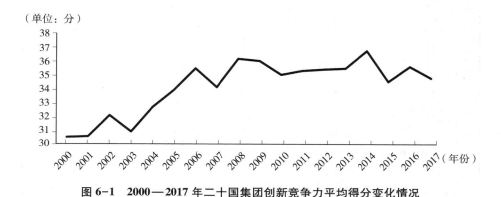

图 6-1 2000—2017 年二十国集团创新竞争力平均得分变化情况

从各国创新竞争力的得分变化来看(见表 6-2),2000—2017 年有 14
个国家的创新竞争力得分得到了提升,有 5 个国家的得分有所下降。其中,
得分提升最多的国家是中国,提高了 20.7 分;其次是阿根廷、巴西和土耳
其,分别提高了 12.7 分、10.9 分和 10.7 分。反映在排位上,中国和土耳其
上升了 4 位,阿根廷上升了 3 位,巴西上升了 2 位。5 个得分下降的国家中,
除墨西哥外皆为发达国家。其中,得分下降最多的是日本,降低了 9.1 分;
其次是美国,降低了 6.2 分。然而,由于这两个国家前期创新竞争力得分远
高于其他国家,因此,即使 2017 年创新竞争力得分相较于前些年有所下降,
但依然高于多数国家,排位依然靠前。墨西哥 2017 年尽管只比 2000 年下
降了 2.3 分,但排位却降低了 5 位,反映出发展中国家只有不断提高自身创
新水平,才能紧跟世界发展,不断追赶发达国家创新步伐。一旦无法实现创
新的快速提升,或在某几个二级指标上没有实现显著提升,就会整体反映到
创新竞争力这一一级指标上,呈现出与发达国家创新能力差距不断扩大的
态势。

表 6-2　2000—2017 年二十国集团创新竞争力得分

（单位：分）

年份	阿根廷	澳大利亚	巴西	加拿大	中国	法国	德国	印度	印度尼西亚	意大利	日本	韩国	墨西哥	俄罗斯	沙特阿拉伯	南非	土耳其	英国	美国
2000	13.2	37.3	15.7	40.9	23.2	39.4	43.9	13.1	6.5	29.0	58.2	42.6	19.5	23.9	14.5	15.7	12.3	46.8	84.3
2001	12.6	36.7	15.8	40.0	27.6	39.6	43.2	13.3	6.1	30.8	55.7	42.2	20.7	24.9	14.8	14.6	12.4	46.1	83.7
2002	9.7	38.9	16.0	39.7	31.4	42.0	44.7	14.2	10.4	33.5	56.2	41.9	24.5	25.8	16.2	15.4	15.2	50.7	84.2
2003	12.7	37.5	14.3	38.6	30.6	41.3	44.7	11.5	8.3	32.3	56.0	40.8	19.0	24.4	14.7	16.4	16.1	46.7	81.8
2004	15.6	42.6	16.5	40.1	34.1	44.3	44.2	12.3	7.8	34.2	56.9	43.6	21.7	25.3	14.3	20.3	17.7	49.9	80.3
2005	17.1	42.5	18.8	42.4	38.1	43.6	45.6	16.0	8.3	35.6	56.7	46.5	22.4	26.1	15.6	16.6	20.8	53.3	80.0
2006	20.2	44.8	20.8	44.3	39.9	45.3	47.8	14.7	11.5	37.4	55.0	49.6	19.2	30.3	19.7	18.4	19.4	54	83.7
2007	18.9	42.6	19.9	43.4	40.8	44.6	46.5	13.6	7.7	35.5	51.3	48.0	21.0	28.6	20.4	15.2	22.9	49.7	79.4
2008	22.6	48.9	23.9	44.3	44.7	49.0	50.4	14.7	10.1	38.1	53.6	46.4	21.7	29.7	24.6	15.7	24.0	49.1	82.6
2009	21.7	46.4	22.3	43.3	43.8	49.3	51.6	16.0	10.9	34.6	56.1	47.0	22.7	30.6	21.8	17.3	19.5	46.1	81.8
2010	19.8	46.4	23.0	44.0	44.0	47.0	49.2	16.0	8.3	34.6	54.5	48.2	18.9	28.9	26.8	14.7	18.9	45.5	78.9
2011	22.8	46.3	25.5	42.8	43.0	45.6	48.9	14.8	10.3	33.6	53.3	51.1	20.3	30.2	27.3	17.5	20.3	42.7	76.7
2012	22.9	47.6	23.8	42.5	44.4	45.0	48.0	15.0	11.4	32.8	53.1	51.2	18.4	31.1	25.3	17.7	23.5	44.2	77.1
2013	20.4	46.7	26.1	41.2	45.5	46.2	48.6	16.0	10.3	33.4	48.2	51.0	21.6	29.9	24.4	19.2	24.5	45.5	77.8
2014	20.5	45.8	28.1	42.0	46.3	47.9	50.0	18.0	12.0	35.7	50.3	55.1	21.5	30.2	25.3	19.1	23.4	49.3	80.6
2015	23.2	44.0	22.4	38.2	43.7	43.9	47.1	17.3	13.0	31.9	48.3	50.2	18.5	26.2	23.8	18.4	21.7	45.7	80.0
2016	20.4	43.1	24.1	38.9	44.7	45.5	50.3	18.2	16.7	32.8	52.3	51.6	17.2	27.5	23.7	19.0	24.8	46.9	81.1
2017	25.9	43.2	26.6	38.1	43.9	44.2	48.5	15.6	15.3	32.1	49.1	49.1	17.0	29.0	20.7	18.9	23.0	44.4	78.1
得分差	12.7	5.9	10.9	-2.8	20.7	4.8	4.6	2.5	8.8	3.1	-9.1	6.5	-2.3	5.1	6.2	3.2	10.7	-2.4	-6.2

注：得分差为：2017 年得分−2000 年得分。

第二节　创新竞争力的主要影响因素

一、创新基础是创新竞争力的直接体现

表 6-3 列出了 2000—2017 年二十国集团创新竞争力得分与 5 个二级指标竞争力得分的相关系数情况。

表6-3　创新竞争力得分与各要素相关系数

年份	创新基础 竞争力	创新环境 竞争力	创新投入 竞争力	创新产出 竞争力	创新持续 竞争力
2000	0.9612	0.8274	0.9435	0.8932	0.8590
2001	0.9583	0.8298	0.9458	0.8865	0.8525
2002	0.9619	0.8525	0.9397	0.8802	0.8258
2003	0.9604	0.8488	0.9539	0.8565	0.7850
2004	0.9410	0.8715	0.9526	0.8219	0.6933
2005	0.9199	0.8845	0.9497	0.8229	0.7790
2006	0.9290	0.8583	0.9444	0.8212	0.7676
2007	0.9164	0.8492	0.9433	0.7944	0.7531
2008	0.9232	0.8243	0.9361	0.7751	0.7651
2009	0.9509	0.7979	0.9560	0.7697	0.8050
2010	0.9516	0.7918	0.9588	0.7993	0.7375
2011	0.9382	0.7848	0.9604	0.7906	0.6986
2012	0.9329	0.7590	0.9598	0.7953	0.7798
2013	0.9271	0.7612	0.9493	0.8036	0.7157
2014	0.9226	0.7709	0.9544	0.8126	0.8327
2015	0.9502	0.7452	0.9483	0.8107	0.7324
2016	0.9460	0.7253	0.9605	0.8121	0.8177
2017	0.9507	0.7390	0.9519	0.7856	0.6732

　　从表6-3来看,与创新竞争力得分相关系数最大的二级指标是创新基础竞争力,其次为创新投入竞争力,相关系数都比较大,远高于其他3个二级指标。而且从各年的变化情况来看,各个指标的相关系数都在下降,但是创新环境竞争力、创新产出竞争力、创新持续竞争力的相关系数下降得非常快,均低了90%。但是,创新基础竞争力的相关系数几乎达到0.95,下降幅度很小。这说明创新基础竞争力是创新竞争力最直接的体现,也是创新竞争力的基础内容。这也就意味着,各国在今后的科技创新过程中,夯实创新基础,提供基础保障,提高创新基础竞争力是提升创新竞争力水平的根本。

　　图 6-2 和图 6-3 分别显示了 2000 年和 2017 年二十国集团创新竞争力和创新基础竞争力的得分关系。可以看出,无论是 2000 年还是 2017 年,创新基础竞争力和创新竞争力得分都表现出了很强的正相关关系。创新基础竞争力得分高的国家,创新竞争力的得分也比较高,可以很直观地看出二十国集团国家被分为三类,第一类是美国,创新基础竞争力和创新竞争力的得分都非常高,而且远高于其他国家;第二类是日本、英国、法国、德国等几个发达国家,它们的创新基础竞争力得分处于中等水平,远高于发展中国家,但是又远低于美国,它们的创新竞争力也是处于中等水平;第三类是印度、南非等发展中国家,它们的创新基础竞争力得分比较低,它们的创新竞争力得分也比较低。这也说明创新基础竞争力是创新竞争力的基础内容,是创新竞争力最直接的表现。正如前文指出的,一个国家的创新竞争优势是多种创新因素长期积累、综合作用的结果,创新基础正是各种创新因素长期积累、综合作用的体现,因此,它是创新竞争力的直接表现。这就意味着,一国要想实现创新竞争力的稳步提升,创新基础是其核心因素。

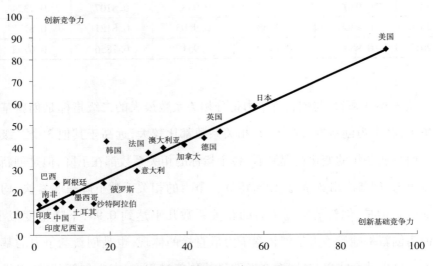

图 6-2　2000 年创新基础竞争力和创新竞争力得分关系

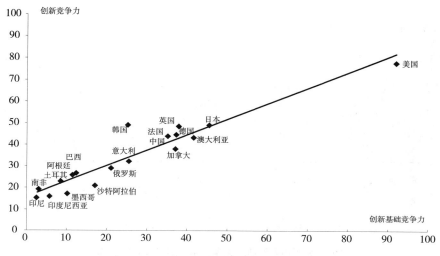

图 6-3 2017 年创新基础竞争力和创新竞争力得分关系

二、创新竞争力与一国的经济发展水平密切相关

由于各国处于不同的发展阶段,经济社会发展水平差异很大,创新竞争力同样表现出巨大差异,经济发展水平和创新竞争力密切相关。图 6-4 反映了 2017 年二十国集团创新竞争力和 GDP 的关系,图 6-5 反映了 2017 年二十国集团创新竞争力和人均 GDP 的关系。

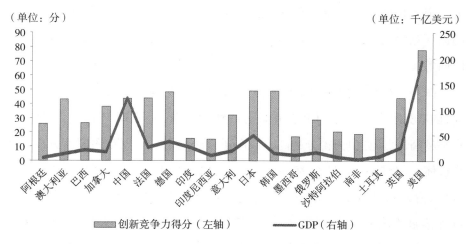

图 6-4 2017 年创新竞争力和 GDP 的关系

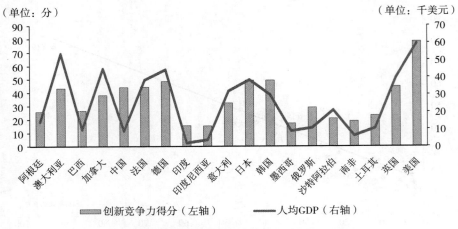

（单位：分）   （单位：千美元）

创新竞争力得分（左轴）   人均GDP（右轴）

图 6-5 2017 年创新竞争力和人均 GDP 的关系

图 6-4 说明经济规模（GDP）和创新竞争力存在一定的趋势关系,GDP
总量越大的国家,其创新竞争力得分越高,说明经济实力是创新竞争力的重
要基础。其中,美国可谓一枝独秀,其 GDP 总量和创新竞争力得分都远远
高于其他国家。但也有部分国家的情况与这一趋势不相符,比如中国的
GDP 总量排在第二位,已超过日本、德国等发达国家,但中国的创新竞争力
与日本还有较大差距,而且也落后于英国、法国、德国等 GDP 总量小于中国
的国家。相反,韩国、澳大利亚和加拿大等国家的 GDP 虽然比较小,但它们
的创新竞争力却比较强,高于其他很多 GDP 更大的国家,比如中国、印度、
巴西等国。

图 6-5 更清楚地说明了创新竞争力和经济发展水平的关系。从该图可
知,创新竞争力和人均 GDP 存在显著的线性关系,人均 GDP 越大,经济发展
水平越高,创新竞争力得分越高。该图还自然地把二十国集团国家分成了两
个群体:一个是美国、日本、韩国等 8 个发达国家,人均 GDP 都超过 3 万美元
（韩国为 2.97 万美元）,创新竞争力得分都比较高;另一个是亚洲、南美洲等
11 个发展中国家,除了阿根廷、俄罗斯和沙特阿拉伯以外,人均 GDP 都低于
10000 美元,创新竞争力得分都比较低。可见,国家的经济基础以及社会发展

水平与创新竞争力密切相关,只有具有较为雄厚的经济基础,才能不断推动创新发展,因为,无论增加创新投入还是营造良好的创新环境,都离不开经济实力的支撑。这就意味着,发展经济是一国提升创新竞争力的根本,创新与经济发展是相辅相成的。

三、创新环境对创新竞争力贡献较为明显

尽管创新竞争力是一国整体创新要素长期积累、整体作用的结果。但创新竞争力是五个二级指标共同作用的综合反映,各个方面都要做到足够重视。因为,尽管一个二级指标的变化反映在一级指标上,可能变化不会太明显,但它的短板会拖累整体竞争力的提升,导致国家整体创新竞争力的下降,只有做到各个指标均有良好表现才能支撑整体的竞争优势。因此,如果只是分析一级指标,可能无法正确分析影响创新竞争力的内在因素和变化特征,其本质及变化很可能被表面所掩盖,而加强对二级指标的全面分析,才能更深入地分析创新竞争力的本质特征,发现其变化的真正原因。在今后的科技创新过程中,各国应该全面关注创新竞争力的各个方面,做到各方面统筹协调发展、共同推进,特别是那些下降幅度较大的指标更要引起注意,只有这样才能保证持续的国家创新竞争优势。

因此,为了更好地分析各二级指标对一级指标创新竞争力的贡献作用,我们将各二级指标的得分与其权重相乘,折算为反映在一级指标上的得分,然后除以一级指标的总得分,则可得到各二级指标的贡献率,这样可以更加直观地看出每个二级指标对一级指标的贡献大小。图6-6、图6-7分别表示2000年、2017年二十国集团创新竞争力要素的贡献率。

由上述分析可见,在2000年二十国集团总体平均分中,创新环境竞争力对创新竞争力的贡献率最高,平均贡献率为26.9%;创新持续竞争力的贡献率其次,为22.48%;创新投入竞争力的贡献率也比较高,为19.8%;创新基础竞争力和创新产出竞争力的贡献率相对较低,分别为16.3%和14.52%。到

（单位：%）

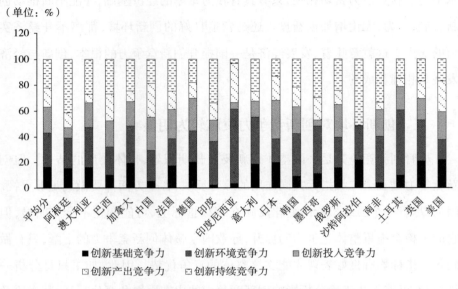

图 6-6　2000 年二十国集团创新竞争力要素贡献率

（单位：%）

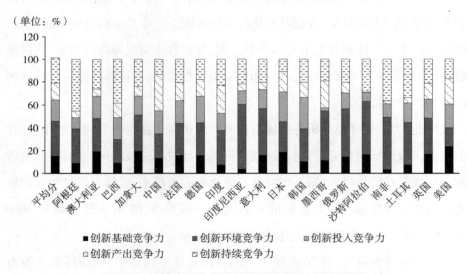

图 6-7　2017 年二十国集团创新竞争力要素贡献率

了 2017 年二十国集团总体平均分中，创新环境竞争力对创新竞争力的贡献率
依然最高，平均贡献率提升到了 33.28%；创新持续竞争力次之，贡献率变动

不大,为 24.11%;创新基础竞争力和创新产出竞争力的贡献率依然相对较低,分别为 13.24%和 12.65%。综合上述分析可见,创新环境竞争力对创新竞争力不仅贡献率高,而且还在不断提高,因此,创造良好的创新环境是提高创新竞争力的关键因素。

当然,各国二级指标的贡献率因国情不同存在差别。为此,各国在提升创新竞争力的过程中,需要关注对自身创新竞争力作出较大贡献的指标,继续加强巩固。但是,对于贡献率暂时比较低的指标也要加以重视,这些指标在更大程度上影响着本国的创新竞争力提升,因此,更应加大这方面的努力和工作力度,着力提高其贡献率。以中国为例,2017 年创新竞争力要素贡献率较低的是创新基础竞争力和创新持续竞争力,而这两方面恰恰是中国创新竞争力中较为薄弱的两个方面,只有在保持贡献率较大指标优势的同时,弥补薄弱环节,才能全面提升创新竞争力。美国 2017 年各要素的贡献率相对均衡,反映出其创新竞争力强,正是各二级指标综合、均衡贡献的结果。

第三节　中国创新竞争力发展中的优劣势分析

一、中国创新竞争力在二十国集团中呈波动上升趋势

为了更好地体现2000—2017 年中国在二十国集团中的排位提升情况,我们用(各年排位)来反映其走势(见图 6-8)。分析其走势可见,中国从 2000年一直到 2009 年,呈现出稳步上升的态势;除 2010 年、2013 年和 2015 年相较于前一年下降 1 位外,其余年份都呈平稳增长的态势。2011 年以后基本稳定在第 7 位。从 2000 年的第 11 位提升到 2017 年的第 7 位,提升了 4 个名次,是评价期内二十国集团中提升幅度最大的国家之一(另一国家为土耳其)。

分析 2000 年到 2017 年中国创新竞争力整体得分的波动情况可知(见图

（单位：位）

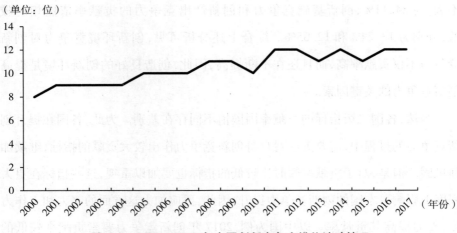

图 6-8　2000—2017 年中国创新竞争力排位波动情况

6-9），2000 年至 2008 年以前上升速度较快。2008 年以后呈现出波动调整的趋势，上升速度放缓，评价期内得分最高年份为 2014 年，为 46.3 分。反映出 2008 年以后各二级指标的提升与改善速度较为平缓，没有出现大幅度提升，在某些领域还出现了下滑。

（单位：分）

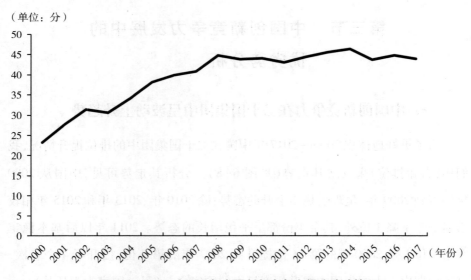

图 6-9　2000—2017 年中国创新竞争力得分波动情况

二、中国在提升创新竞争力方面取得的长足进步之处

为了深入了解中国创新竞争力进步的动力,以便继续保持这一优势,特对影响一级指标的 5 个二级指标进行全面动态分析。为了更好显示各二级指标的动态提升情况,我们用(各二级排位)来反映其提升走势(见图 6-10)。

从表 6-4 各二级指标的排位可以看出,中国的创新产出排位靠前,自2004 年以后一直处于第二的位置(仅次于美国)。创新投入自 2014 年以后一直处于第五的位置,排位相对靠前,这是中国创新竞争力中的优势所在,也是中国创新竞争力排位靠前,处于第二方阵的基础。

表 6-4　2000—2017 年中国创新竞争力二级指标在二十国集团中的排位

（单位:位）

年份	创新基础竞争力	创新环境竞争力	创新投入竞争力	创新产出竞争力	创新持续竞争力
2000	15	14	9	5	16
2001	13	11	10	3	14
2002	12	10	9	3	13
2003	11	10	9	3	17
2004	12	10	9	2	17
2005	12	10	9	2	16
2006	12	11	9	2	14
2007	12	11	9	2	13
2008	11	12	8	2	11
2009	9	12	7	2	17
2010	8	12	7	2	17
2011	7	12	7	2	9
2012	5	12	6	2	8
2013	3	12	6	2	8
2014	3	12	5	2	9
2015	6	12	5	2	9
2016	8	12	5	2	10
2017	7	11	5	2	11

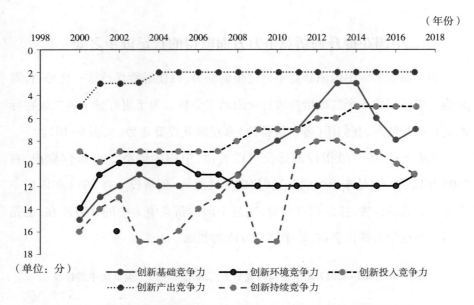

图 6-10　1998—2018 年中国创新竞争力二级指标的排位波动情况

　　从图 6-10 中可以看出,从 2000 年到 2017 年提升较快的二级指标是创新基础竞争力与创新投入竞争力,创新基础竞争力从 2000 年的第 15 位提升到了 2017 年的第 7 位,创新投入竞争力从 2000 年的第 9 位稳步提升到了 2017 年的第 5 位,它们的长足进步是中国创新竞争力在二十国集团中排名快速提升的主要动力。然而,需要指出的是,创新基础竞争力尽管取得了大幅度的提升,但存在较大的波动。2013 年和 2014 年中国创新基础竞争力的排位提升到了第 3 位,但之后出现了较大幅度的下滑,2015 年滑落到了第 6 位,2016 年到了第 8 位,反映出创新基础竞争力这一指标的提升步伐不稳,在今后发展中仍需要给予更多的关注与支持。

表 6-5　2000—2017 年中国创新竞争力二级指标得分情况

（单位:分）

年份	创新基础竞争力	创新环境竞争力	创新投入竞争力	创新产出竞争力	创新持续竞争力
2000	5.99	28.02	29.95	30.20	21.97
2001	9.69	36.39	31.45	37.67	22.57

续表

年份	创新基础 竞争力	创新环境 竞争力	创新投入 竞争力	创新产出 竞争力	创新持续 竞争力
2002	14.61	39.46	32.95	42.85	27.10
2003	15.29	40.35	33.88	50.12	13.48
2004	13.57	40.65	37.50	59.32	19.40
2005	15.78	43.48	41.28	62.56	27.52
2006	15.87	44.60	42.25	62.09	34.57
2007	18.38	45.92	43.20	63.96	32.58
2008	23.66	44.11	45.00	68.27	42.39
2009	33.79	43.54	45.43	72.53	23.61
2010	37.61	42.38	47.34	71.98	20.55
2011	41.85	43.53	48.76	75.22	43.06
2012	42.87	46.13	50.15	76.09	44.69
2013	44.63	48.71	51.65	76.37	44.30
2014	45.62	50.85	51.82	76.95	44.55
2015	35.42	53.02	52.05	82.01	37.23
2016	32.49	52.21	52.79	82.52	44.77
2017	35.34	57.14	53.28	83.95	35.77

从 2000—2017 年中国创新竞争力二级指标得分情况（见表 6-5）可以看出，2017 年各项指标的得分，相较于 2000 年都有了大幅度提高，反映出中国在评价期内全面提升国家创新相关领域的发展水平，实现了长足进步，这也使得中国能在评价期内排位前进了 4 名。其中，得分提高幅度最大的是创新产出竞争力这个二级指标，2017 年比 2000 年提高了 53.75 分，使 2017 年中国在这一指标上的得分仅比美国少 1.48 分，远高于其他国家，成为中国的优势指标所在。提高幅度较小的是创新持续竞争力这个二级指标，评价期内仅提高了 13.8 分，2017 年这一指标的得分比最高分（美国）少了 32.13 分，成为中国提升竞争力的不足之处。

三、中国创新竞争力中的短板分析

通过上述分析可以看出,尽管 2017 年中国的创新产出竞争力在二十国集团中排第 2 位,但整体创新竞争力只排在第 7 位,仅处于第二方阵,其主要原因是二级指标中存在较为明显的短板。"木桶理论"告诉我们,决定整体水平的往往不是我们的优势指标,而是短板指标。因此,为了更好地分析中国在各二级指标中的短板,我们用(各二级排位)来体现二级指标中的短板。

从图 6-11 中可以看出,2000 年中国创新竞争力二级指标中短板较多,除创新产出竞争力与创新投入竞争力外,其他三个指标在二十国集团中的排位都不乐观。通过十几年的发展,到 2017 年中国创新竞争力二级指标中的短板主要为创新环境竞争力和创新持续竞争力,这两个指标 2017 年的排位均为第 11 位,相对靠后,成为制约中国创新竞争力提升的主要问题所在。从图 6-10 中的动态发展来看,创新环境竞争力发展趋势相对平稳,排位均在 10 名以后,创新持续竞争力波动幅度较大,最高时曾达到过第 8 位,最低时达到过第 17 位,可以说排位相当靠后。这就意味着,全面提升中国创新竞争力,就需要快速弥补这两个方面的不足,补齐短板,整体提升创新竞争力。

（单位：位）

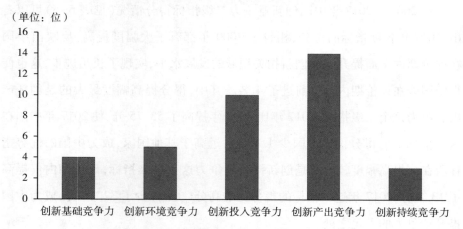

图 6-11　2000 年中国创新竞争力二级指标状况

（单位：位）

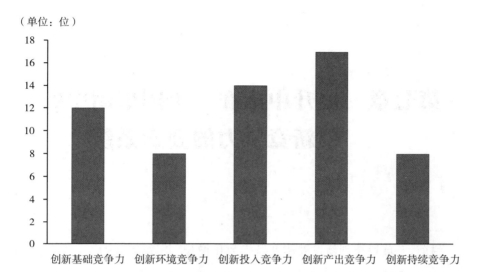

图6-12 2017年中国创新竞争力二级指标状况

第七章　提升中国在二十国集团中的
创新竞争力的要素系统

目前,全球科技创新发展速度呈指数化增长,并逐渐表现出一体化、多元化、多学科交叉、高技术产业集群化等新型发展态势与特征,正在加速推动科技创新的国际化发展。就全球范围来看,全球创新水平总体不断提高,国与国之间的创新竞争力差距不断缩小。而中国的创新竞争力与世界发达国家相比尚存在差距,尤其是在国际顶尖成果、核心技术、高端品牌等方面的创新产出还有待加强。因此,不断推进以提升创新竞争力为核心的全面创新,实现商业模式、人才培养创新、制度创新、文化创新等各方面创新协同发展,努力提升中国的创新竞争力,是破解当前国家发展难题的重要武器和关键路径。

二十国集团的成立为推动全球治理机制改革带来了新动力和新契机,其成员的创新活动不断突破地域、产业、组织、技术、学科的限制,创新实力的竞争已不只是简单的科学技术、产品服务或某种产业的竞争,已转变为整个创新战略体系的竞争。因此,伴随着知识、信息、技术、人才、信息、资金等创新要素不断在国与国之间加速流动,中国作为二十国集团的创始成员,如何有效地利用新知识、新技术、新产品和新产业,通过组织、人力和资本等相互作用,充分发挥创新要素的功能,形成高效运作的创新系统,以构建有效的创新竞争力战略体系,并在创新竞争力的指引和机制的推动下,进一步提升中国在二十国集团中的创新竞争力显得至关重要。

创新体系犹如一条复杂的生产线,其内部的设施水平与工艺流程决定了创新产出的数量与质量,如果生产线本身不具备好的结构,如设备老旧、工艺落后,即便投入大量的原材料,对于创新竞争力的提升作用仍然有限。因此,在新时代下构建创新竞争力战略体系也需要与时俱进,结合我国实际情况,从单一模式向多模式整合,结合人文科学、自然科学、社会科学等多学科视角,以企业、高校、科研院所、政府、中介机构等多方主体,结合基础研究、应用研究等多种方法,从国际与国内维度进行系统的研究与重构。① 因此,从创新系统的角度进行战略设计,是实现产业升级和驱动企业、经济持续转型的重要引擎,也是中国有效提升在二十国集团中创新竞争力的有效方法。②

第一节　创新竞争力战略系统总体框架设计

体系指的是相关事物按照一定秩序及内部的联系所组合而成的具有特定新功能的有机整体,也是由不同子系统所整合而成的新系统。体系中各个组成主体的属性各不相同,具有各自独特的功能和逻辑,但不同主体间又以特定的关系彼此联系,相互支撑,缺一不可。特别需要强调的是,不同主体间不是简单的随机组合,它们彼此间拥有一定的逻辑秩序,并能够自发形成多条回路,具有自我调节与反馈的进化机制。

好的战略体系设计应该是能够为中国提升创新竞争力指明新的方向、目标与任务,并能够帮助执行者了解需要构建怎样的组织来承担任务,需要怎样的人力配置来辅助战略的实施,以及需要何种资源和环境来支撑和保障创新的发生与进行。而创新产出成果又使得创新组织、人才、资本、机制等不断改进与调整,进而导致创新要素的不断重构,使成果产出数量和质量都有所提

---

① 王莠祥、韩周:《创新体系五力模型原理及方法》,《中国软科学》2019 年第 4 期。
② 陈劲、尹西明:《建设新型国家创新生态系统加速国企创新发展》,《科学学与科学技术管理》2018 年第 11 期。

高,如此不断循环与演进,形成了系统性的创新竞争力战略体系。

    不同的创新要素构成了创新子系统,进而产生创新成果。具体来看,创新竞争力战略系统主要由创新主体系统、创新支撑系统和创新环境系统这三个子系统组成。在创新主体子系统中,包含了企业、高校、科研机构、政府等创新主体,通过政府为企业、高校与科研院所等的创新活动提供政策引导,企业与高校之间共同培育人才等措施,彼此间相互协作,共同促进创新成果的产出。以创新主体系统为中心,还存在创新支撑系统,如创新资源、创新基础设施、创新资本以及一些中介组织等,这些为创新活动的有效开展进一步提供了支撑与帮助,加速创新成果的产出。在此基础上,创新环境系统也嵌入创新竞争力战略总系统中,它包括创新制度、创新文化、国际因素、市场要素等,为创新主体提供环境保障,为创新产出提供培养土壤。并且,不同子系统中丰富的物质流与信息流交互作用,共同驱动创新竞争力的形成(见图7-1、图7-2)。因此,可以说,创新主体系统为创新提供生产力,创新支撑系统为创新提供支撑力,创新环境系统为创新提供保障力,三力相互作用,形成了多元性的创新竞争力战略体系,以提升中国在二十国集团中的创新竞争力。

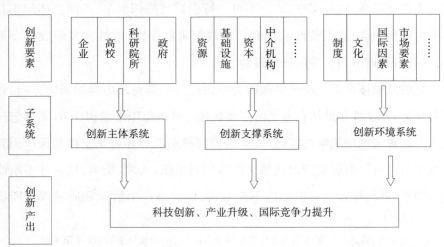

图7-1 创新竞争力战略系统架构图

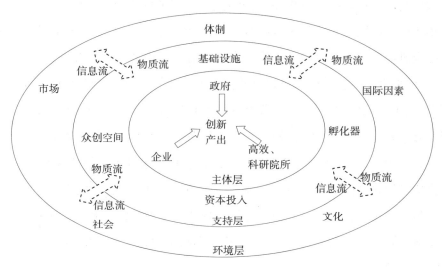

图 7-2 创新竞争力战略总系统

第二节 创新主体系统

一、"四流"齐下，促进商业模式创新

商业模式被学者定义为商业机构为高效运营并获取核心竞争力，以营利为目的创造价值、传递价值以及实现价值，并占据行业领先地位而设计的由系列营运模块构成的整体性系统构型。[①] 阿米特和卓德通过对企业进行案例研究，发现商业模式关系到企业的核心竞争力与未来的投资价值，与企业的营利本质相连。[②] 切萨布鲁夫(Chesbrough)认为商业模式是一种对原有运营系统和经营板块的系统性和整体性的设计，以帮助企业以更高的效率运营，为客户

---

① 魏炜、胡勇、朱武祥:《变革性高速成长公司的商业模式创新奇迹——一个案例研究的发现》,《管理评论》2015 年第 7 期。

② Amit R., Zott C., "Creating Value Through Business Model Innovation", *MIT Sloan Management Review*, Vol.53, No.3, 2012, pp.41-49.

提供更高的价值,并获取更强的竞争优势。① 综观目前的国际市场情况,二十国集团中不同国家企业间竞争不断加剧,仅依靠自身资源与传统的供应链模式已很难应对终端客户的个性化与多样化需求。而通过利用互联网技术,如云计算、大数据、物联网等,可以有效打通生产端与消费端之间的屏障,在此基础上,利用组织模式,通过中间节点的模块化拆分解构传统价值链,有效建立起交互平台、资源整合平台,构建新型商业模式已成为价值创造和生产创新的新范式。由此,企业和企业之间的竞争也已转化为系统组织间的竞争,基于企业供应链视角,在商业模式创新方面形成多种战略和路径,已成为提升中国创新竞争力的重要方式之一。为了有效实现企业商业模式的创新,企业可以基于物流、信息流、商流和资金流,构建其在创新价值链上形成的新型商业模式(见图 7-3)。

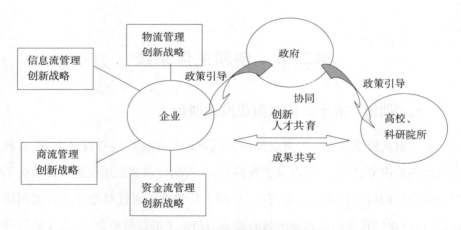

图 7-3 主体层创新竞争力战略设计

一是物流管理创新战略。主要表现为以物流管理为核心,通过重新设计内外部利益相关者的交易结构,以供应链为基础进行内部管理过程和管理组织的优化,从而增强企业创新相关的物流活动的运营效率,降低物流运输成

---

① Chesbrough H.W., "Business Model Innovation: It's Not Just about Technology Anymore", *Strategy and Leadership*, Vol.35, No.6, 2007, pp.12–17.

本。企业通过物流管理的创新,提升了硬件设施的数量与质量,降低了边际成本,整合了不同群体的交易者,从而创造出新的物流管理模式,节约了管理成本,以敏捷供应链的方式提升运营流程的效率,提高了企业以物流为基础的创新竞争力。①

二是信息流管理创新战略。主要表现为以信息流为核心,通过各类信息管理模式、应用设计方案以及运营系统的创新,减少产业链中企业间的信息不对称、信息处理不及时等问题,使企业能够对产业链中的信息资源进行分析、整合、处理和应用。同时,信息流管理需要企业拥有特定的或专业的技术能力,以解决信息链运营的相关问题和新型信息系统的设计,共同服务于创新信息流管理体系。②

三是商流管理创新战略。主要发生在企业商品价值的运动中,表现在以货币为媒介的商品交换过程中的创新。企业为需求双方提供交易的信息、机会、协商平台等,最终有效促进双方交易,从而进行关于商流的管理创新。作为交易双方的服务者,企业可以为其广泛的服务对象快速提供准确的需求信息,从而促成多方交易,获得更多的服务收益。同时,随着互联网技术的进步,各类电子商务服务平台开展了线上交易商流服务管理,降低了传统线下交易的成本,提升了交易的效率,推动了大规模的商业模式的创新。③

四是资金流管理创新战略。主要表现为通过引入金融机构,以构建系统投资平台,使企业在相关营运渠道中的实物资产价值与存量资金得以盘活,以有效的资金周转获得更高的经济效益,实现资金流管理模式的创新。其中,供应链企业与金融机构合作开展的"供应链金融"业务已被广泛采用。④

---

①　吴志华:《基于 OEM 的精敏供应链创新——来自联泰的案例分析》,《经济管理》2008 年第 17 期。

②　李成娟:《供应链服务的创新——第四方物流》,《软科学》2004 年第 4 期。

③　傅翠晓、秦敏、黄丽华:《企业向平台型 B2B 电子商务模式的转型策略研究》,《商业经济与管理》2011 年第 8 期。

④　陈广仁、唐华军:《供应链企业的商业模式创新机制研究》,《科研管理》2018 年第 12 期。

二、多方合作，构建人才培养新模式

在二十国集团背景下，为了进一步提升我国创新竞争力，除了不断完善原有人才培养模式外，还需要构建立体化与多元化相结合的新型人才培养模式。

一是以政府为核心加强教育体系的顶层设计与规划。政府以补贴的形式给予地方政府与学校相关财政支持，加大教育事业投入，扩大基础设施建设，以提高教育资源的覆盖面，提升教学质量。在职业技术教育方面，逐步降低职业技术教育费用，并利用互联网资源，开展网络专项培训，不断完善职业教育培训体系的构建，给受教育者提供更多的方式和机会。[①] 在此基础上，鼓励受教育者积极参与创新项目的开发，提升职业素质和创新业务能力，不断培养符合时代要求的高素质创新人才，加强人才培养的国际合作。除此之外，我国现阶段人才地域分布仍不够合理，如我国西部大部分地区表现出创新人才短缺、创新资源不足、创新动力较弱等问题，呈现出东部强西部弱的人才培养地域差距。针对这一问题，政府部门通过对西部地区教育资源的投入，并积极探索地域间合作培养的创新模式，开展人才交流和项目合作，以带动地方人才培养模式的升级，为西部地区提供更多的创新交流平台以吸引更多优秀的人才。与此同时，互联网的兴起大大缩短了地域间的距离，把全世界连成了一个有机整体，突破了时间与空间的限制，极大地方便了国与国之间人才的流动，也为人才的培育提供了更加广阔的发展空间。因此，政府部门应该充分利用网络资源，与二十国集团其他成员进行人才的联合培养，依托国际间科技园区、产业园区等平台，引进各国金融资源与先进技术，推动我国创新人才国际化视野的开拓，打造符合国际化需求的高素质人才培养模式。

二是以企业为核心打造技术专家、内部管理者与创新团队相互促进的综合人才培养模式。这种培养模式是指企业让一位杰出的外部技术专家培养出

---

① 赵路：《"一带一路"背景下农村创新人才培养模式研究》，《科学管理研究》2017 年第6 期。

一名优秀的企业内部管理者,进而组织带领一个创新领域的出色团队。外部的技术专家可以给企业内部管理者提供准确的技术指导和创新咨询,而企业管理者由于更加熟悉企业的文化、架构与运行机制,可以方便这种新型人才培养模式融入企业当中。这种类似于"外部导师"的人才培养模式,避免了直接让外部人员替代已有人员的"空降兵"式的弊病,而是实现了内外二者间的合作,在发挥好内部优势的基础上积极利用外部资源,促进内外部人才的融合。具体来看,一方面要建立持续发展的战略和容错机制。由于人才培养是一项需要持续性投入的工程,故对于人才的培养应放眼于长期绩效而不是短期利益。如果企业只着眼于短期利益,就会降低其对创新失败的容忍度,从而不敢尝试冒险行为,抑制了企业创新行为的产生,使得企业对创新活动的时间投入缩短,工作效率与效果降低,进而对企业效益产生不利影响,一定程度上也会限制企业的可持续发展。同样地,现实中的人才培养本身就存在一定的风险,不一定能保证成功,没有成功的人才培养同样会给企业带来经济上的损失,如果管理者仅追求短期利益就很难实现人才培养的大力投入。因此,企业必须着眼于可持续发展的人才培养战略,在人才培养的过程中鼓励外部专家与企业内部人员都能够勇于承担创新风险,建立一定容错机制,不管人才培养项目能否成功,都应该为敢于创新的行为构建一定的奖励机制,从而为企业搭建良好的人才培养环境,最大限度地激发人才的创新实践。另一方面要建立良好的竞争与激励机制。在企业人才培养模式的创新过程中,除了要建立容错机制外,还应当给予人才适当的压力,在整个人才培养过程中进行适当的外部监督,以削弱人的惰性。如可以在构建的人才培养团队中选入一些有竞争力的个体,激励团队成员中的竞争行为,并且鼓励创新人才选择自己认为合适的领导和团队,激发团队的士气,提升人才培育的成功率。通过营造一种公平竞争和积极向上的氛围,将内部自我激励和外部监督结合起来,保持创新团队的激情和活力,提高人才综合培养模式的运行效率。

三是以高校为核心实行产学研"融通"人才培养模式。对于人才的培养，特别是创新人才，不应是某一机构的独立工作，企业、高校及科研院所应紧密联系在一起，形成产学研相互融通的创新人才培养模式。融通培养创新人才，首先是"融"，即"融合"，是协同的概念，也就是要消除企业、高校及科研院所间的隔阂，使三者能够协同培养创新人才。其次是"通"，即"畅通"。在现实情况中，单纯实现融合是不够的，因为企业和高校及科研院所的使命、目标和任务是不同的，高校和科研院所的研究大部分是从理论的角度出发，究竟是否能够适应企业发展的需要，是否能够对应创新成果的落地还有待进一步努力，因此，创新人才不仅需要创新产出的能力，还需要将创新成果落地的能力，从创新理论到创新实践的转化过程关键还是要"通"，以实现创新技术成果的产业化，突破技术落地时的转化瓶颈。特别是互联网时代下，高校能够更加方便地联系起企业、政府、科研机构等多方主体，以网络化的思维开放平台化办学方式，从而构建新型人才培养生态系统，以支持人才培养的新模式。具体来说，一方面是人才管理机制的创新。这要求高校首先要尽可能培养出优秀的技术性人才，时时关注社会需求并结合实际教学情况，通过与外部机构的融通，实现引进外部优秀的管理团队，共同参与课程设计，帮助高校创新成果转化，鼓励企业与高校共同参与创新人才的培养，实现人才培养与企业发展的良好对接，以使人才的培养符合社会发展需要。另一方面是人才融通系列平台的搭建。在多方融通的基础上，使高校进一步与企业、科研院所、政府等建立人才联合培养平台，高校不仅要充当人才培养的摇篮，还应是引领社会发展与创新竞争力提升的智库，可以通过优惠政策推动建设校企联合培养基地，定期举办系列创新论坛与高端学术会议，把高校的创新研究打造成智库平台，为我国的人才培养注入更多新鲜血液。[1]

---

① 吴画斌、许庆瑞、陈政融：《数字经济背景下创新人才培养模式及对策研究》，《科技管理研究》2019 年第 8 期。

三、产学研用融合，加速协同创新

在创新竞争力体系的构建上，离不开产学研协同创新以调动体系内部各个主体的积极性[①]，通过有效整合二十国集团内其他成员的创新资源，使创新效率最大化。高校与科研院所的优势在于拥有丰富的科研人才、充足的创新资源和大规模的创新平台，但在与市场结合和科技成果转化方面还存在明显不足，致使中国的科技进步发展实际贡献率仍然落后于发达国家、在产学研合作效率方面还有待加强。目前来看，科技类企业的产学研合作层次不够，与高校及相关科研院所的合作层次不够深入，合作规模有待扩大，产学研合作平台也缺乏有效运营机制。因此，构建有效的产学研融合模式，有助于促进我国创新竞争力体系建设，进而加速中国在二十国集团中的创新崛起。

一是从一体化的角度加速产学研融合。产学研融合的一体化主要包括横向一体化和纵向一体化两个维度。其中，横向一体化是从一些共性的知识技术出发，将其扩展、转化、带动到其他科学知识领域，从而有助于产业的发展，把已有的单一技术优势转换成多元技术优势。纵向一体化又可以分为向前一体化和向后一体化。向前一体化是指从重点学科和重大成果出发，寻找出最具价值的应用市场，正向规划和实施一批下游先进应用技术，将高校与科研机构中优质的"科学原理"，通过向下辐射，转化为高质量的"技术成品"，形成以基础研究的成果为核心的原始创新优势；后向一体化是基于市场、产业等社会发展的重大需要，预测、定义未来科学技术发展水平与标准，以产品、系统或体系为单位，逆向分析技术目标实现的系列信息与知识，以此带动多学科协同技术攻关，实现多元化的综合创新优势。一体化产学研融合的战略特点是有利于形成点线面的多领域融合，使企业、高校、科研院所等不同组织有机结合成科学技术产业体系，从而推动创新竞争力的提升和产业升级。

[①]　陈劲、阳银娟：《协同创新的理论基础与内涵》，《科学学研究》2012 年第 2 期。

二是从创新联盟的组建提升产学研融合。为了避免创新中的风险,不同机构间还可以通过建立创新联盟的方式,本着互利共赢的原则,发挥各自的优势和特征,从而全方位地实现要素间的整合和优化配置,结合成创新联盟。①创新联盟的结合是一种内生的、自愿的行为,企业主体提供市场导向,高校科研院所等提供技术支持。但尽管联盟的组建来源于市场需求,但并不意味着创新联盟的发展可以完全自由,仍然要受到政府部门的监管与引导,故政府部门应进一步规范创新联盟的组建、联盟标准及相关制度,并给予相应政策支持,从而为我国创新竞争力的提升提供帮助。

三是形成以企业为主体的政产学研创新体系。为了使高校和科研院所等科研机构的创新成果能够满足企业的需求,不仅需要提升创新产出的量,还需要提升创新成果落地转化的能力,改变高校与科研院所的创新唯论文、唯项目的弊端,以及所造成的与市场需求脱钩和不契合的现象,需要建立以企业为中心的产学研创新竞争力战略系统,使企业成为科技创新的主体和落脚点,以高校和科研院所为创新成果的生产方和供给方,政府部门提供相关政策措施,进一步促成和巩固产学研合作平台。以企业为主体的产学研创新竞争力战略系统,一方面,可以通过构建产学研信息合作平台,将高校、科研院所和企业的相关供需信息发布在同一平台上,以方便各方选择创新合作伙伴,构建多方创新合作的桥梁;另一方面,可以为创新成果提供研发支持以及应用支持,充分激发我国可持续创新活力。②

四是实施产学研合作循环战略。虽然我国对于产学研合作创新的方式十分重视,但传统的协同创新方式多为单线式方式,即高校和科研院所的主要研发费用来自政府部门,研究成果虽然根据企业需要有转移,但其中的技术并没

---

① 李捷、霍国庆:《我国战略性新兴产业技术创新模式初探》,《科技管理研究》2017 年第 23 期。

② 石书玲:《先行先试视域下国家自主创新示范区创新政策体系设计——基于系统经济学视角》,《河北学刊》2018 年第 5 期。

有实现转让,虽然企业享受到了产学研合作的最终成果,但由于对其中的技术方法不了解,使产学研内部的互动仍然十分困难。要改变这一现状,可以采取产学研合作的循环战略模式,即进一步加强科技成果的正向传导和反馈。高校和科研院所科研尝试从企业中获取一部分的研究经费,这使得企业在接受技术、信息等创新服务,以及在参与企业产品改进时也更有积极性,并且,高校和科研院所从企业拿到研发资金,也更有利于提高高校的科技成果产业化的效率,对于政府而言也能够起到增加税收收入的作用。因此,这种产学研主体间相互影响的循环合作模式,更加有利于提升创新能力和创新效率。

五是注重创新成果的应用。除了实现高校、科研院所的创新产出与企业需求的有效对接之外,还要注重对创新成果的应用,包括构建合理的创新成果的收益分配机制、对自主研发的科技成果的收益权改革、对引进的国际领先成果的试制等给予财政支持、丰富对成果应用的推广机制、对遵循领先行业标准的产品给予相应的政策支持等,多渠道加速创新成果的落地转化。

第三节　创新支撑系统

一、资本投入为创新活动提供基础

创新主体需要资本的投入才能顺利完成创新活动,创新竞争力战略体系需要资本的投入才能有效运转,提升价值。对于不同主体、不同形式的创新活动,其所需要的资金规模、投资回报等也不尽相同,应在创新链的基础上配置相应的资金链,建设多元化的资本体系,以维持创新竞争力战略体系的良好运行。

一是建立多元化资本体系。有学者认为,创新成果具有半公共品属性,因此,对于创新的资本投入离不开国家投资、社会投资等多种支撑,形成多元化的投资体系。

二是形成上下融通的投入机制。可以通过引导风险小的下游资金向风险大的上游资金进行渗透,通过资本协同,促进创新技术在上下游之间平滑移动,也有助于产学研协同创新过程中利益相关者的利益协同、责任协同和资本协同。

三是深化科技金融服务体系。科技金融服务体系是综合金融工具、金融政策和金融服务的创新性安排,是科技创新与金融创新深度融合的产物,各类创新主体在融资过程中所形成的整合系统,对于满足创新主体的金融需求,起着重要支撑作用。主要包括科技金融服务平台的建设、为创新企业提供金融贷款、建设科技金融数据库、提供科技创新金融产品、对创新企业上市融资、股权质押和贸易融资等进行金融支持。

二、"互联网+新技术应用"加速创新产出

互联网是加速实现"中国制造2025"的重要载体,信息技术的飞速发展催生了一批数字化、网络化和智能制造的新业态。结合"互联网+"战略的创新竞争力战略系统不仅是新兴产业和创新企业获取创新优势的关键所在,更是传统粗放式经济增长向高质量经济发展转换的重要路径。大数据、云计算、物联网的兴起在改变原有商业模式、提升人力资本存量、促进产学研合作的基础上,更为我国区域资源的整合、产业升级、新旧动能转换与创新竞争力的提升提供重要支撑。

一方面,实施信息化与工业化深度融合战略。互联网技术的广泛运用可以有效地在创新过程中实时感知、收集、监控相关数据,通过对大量数据的分析与整合,可以加强各个创新生产环节的无缝对接,完善企业与相关组织间的协同制造,实现生产系统的智能分析和决策优化。特别是对于制造业的创新,信息化与工业化的广泛融合使信息网络技术深度渗透到制造业领域当中,在工业互联网、物联网、云计算等新生产理念的引导下,逐步向网络制造、柔性制造、智能制造等方向转变,不断催生出新的生产方式。因此,应顺应"互联网+"战略的发展趋势,构建信息化与工业化的深度融合战略,将信息技术不断融入到设计、研发、销售、管理等全过程,以推动产业的集成创新和应用。除

此之外,大力维护互联网安全能够为创新成果的转型提供更大保障,为互联网环境下的创新竞争力战略体系提供全方位的支持。①

另一方面,依托信息系统建设支持创新发展。信息系统的建设为创新过程中所需要的信用保障提供基础。随着近年来数据造假和技术剽窃等不诚信行为的频繁发生,严重影响了科技创新的过程,迫切需要完善的人才信用、企业信用等信用系统来维护科技成果转化的市场秩序,最大限度地降低失信风险。如可以通过搭建人才信用信息软硬件系统,将人才教育、专业特长、工作经历、信用记录等建立为系统的分类与评级数据,也可以通过构建企业信用信息软硬件系统,收集整合企业的基本信息,包括产品种类、财务情况、社会责任、信用记录等,以此建立相应的评级模型,帮助完善企业融资机制,在税收、贷款、担保等方面给予优质信用的人员和企业相应优惠。

三、创新中介助力创新服务

创新中介组织也是创新竞争力战略体系中不可缺少的一部分,它是指在有两个或两个以上创新主体参与的创新过程中,具有代理人或经济人主体的组织②,广义的创新中介包括创新创业服务中心、科学技术协会、技术转移服务机构等,以及如产业园、科技园、众创空间、孵化器等创新载体与平台(见图7-4)。与普通中介不同的是,创新中介凭借其创新资源和中介服务能力促进创新主体的发展。其中,创新资源主要包括创新中介所储备的创新知识与信息,中介服务能力是指创新中介联结不同创新主体实现主体间知识技术转移的能力。③

---

① 叶琪:《我国制造业创新驱动的困境及战略构想》,《统计与决策》2017年第14期。

② Howells J., "Intermediation and the Role of Intermediaries in Innovation", *Research Policy*, Vol.35, No.5, 2006, pp.715-728.

③ Sirmon D.G., Hitt M.A., Ireland R.D., "Managing Firm Resources in Dynamic Environments to Create Value: Looking Inside the Blackbox", *Academy of Management Review*, Vol.32, No.1, 2007, pp.273-292.

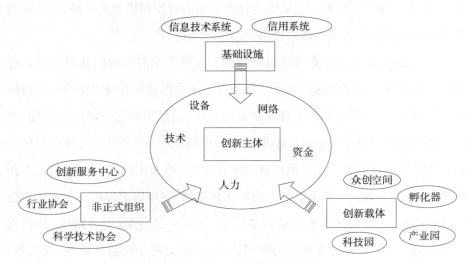

图7-4 创新主体与创新支持系统

　　一是构建开放式的创新中介。创新中介同样需依托于时代背景,在互联网高速发展的同时,创新中介依托于网络资源,构建开放式创新平台以更好地服务于创新主体。[①] 一方面,由于信息技术的发展,大大降低了知识与信息的交互成本,形成开放式创新平台,使得创新资源的供需双方建立更加直接的联系,提高了知识信息的传递效率,更好地促成主体间的创新合作。[②] 另一方面,更加开放的创新中介能够获取到更加丰富的创新资源,突破了地域的限制,使创新资源更加多样化,丰富了创新中介的服务形式,使创新中介提供的服务更加灵活、开放、优质。[③]

　　二是创新创业平台与载体建设。为支撑创新主体的成果产出,我国创新

　　① 陈佳丽、戚桂杰、周蕊:《基于开放式创新平台的创新中介能力构建和演进——以众研网为例》,《中国科技论坛》2018年第10期。

　　② Piller F.T., Walcher D., "Toolkits for Idea Competitions: A Novel Method to Integrate Users in New Product Development", *R&Dmanagement*, Vol.36, No.3, 2006, pp.307-318.

　　③ Di Gangi P.M., Wasko M., "Steal my Idea! Organizational a Doption of User Innovations from a User Innovation Community: A Casestudy of Dell ideastorm", *Decision Support Systems*, Vol.48, No.1, 2009, pp.303-312.

竞争力战略系统中,不断涌现出不同形式的创新载体,如科技孵化园、产业园等,不少创新载体依靠政府部门的优惠政策,为企业创新提供低成本、全要素和专业化的服务,对创新主体的创新行为起到重要的支撑作用。除此之外,还有一些创新平台,如重点工程实验室、技术创新研究中心、工程技术研究中心等,为创新活动提供具有针对性的技术供给,加速创新资源发挥集聚效应,合理配置信息、技术、人才、资本等创新要素,引领创新发展方向,并且,不同平台之间相互协作,优化资源结构与配置,形成平台间相互协同与合作创新的促进机制。

三是行业协会组织。行业协会作为非正式组织,一定程度上约束着企业行为,在行业自律与维护、服务行业发展、规范行业行为方面发挥着重要作用,也是政府与企业之间的联系纽带与桥梁。通过行业协会引导企业的创新方向,也是推动我国创新竞争力提升的关键路径之一,政府也应对行业协会的组建进行支持和鼓励,充分发挥其在创新竞争力战略系统中的支持作用。

四是其他中介服务组织。除了上述的创新中介外,还有其他中介组织同样在创新竞争力战略系统中发挥着重要作用,为创新主体提供信息、知识、技术、金融、投资、检验、评估等专业性服务,共同参与创新中介系统建设,对创新主体提供科技创新服务支持。

第四节　创新环境系统

一、良性机制为创新保驾护航

企业、人才、资本等创新要素不会自动结合,需要合理的体制机制来推动整合。因此,体制机制在创新竞争力战略系统中对组织、资金、人力等所起的支配、协调和监督作用,是创新体系发挥作用的重要环境要素与重要保障,对整个创新竞争力战略系统的正常运行,显得尤为重要。为了使创新竞争力战略系统中的相关要素间能够形成良好的耦合、运行及反馈机制：

一是建立人才与组织的耦合机制。为了使人才与组织不仅仅是岗位上的结合，真正做好对人才与组织之间的匹配关系，组织必须为优秀人才提供良好的研究基础，包括开放的学术环境、有竞争力的薪酬、先进的科研硬件，并鼓励人才积极参与到产业发展、经济建设中，将个人目标与组织的总体目标相融合，建立创新人才与创新竞争力战略系统相适应的长效机制，有效激发创新内生动力。

二是建立创新链与资本链的耦合机制。除了组织与人才的耦合之外，系统还需要相应的资本配合既定目标来完成创新任务，只有创新链与资金链形成有效匹配，才能实现系统目标、人才目标与资本目标的融合，从而有效保障创新产出的持续性。其中，资本配置的方式也根据不同任务的不同阶段而有所不同，如基础研究应实行专业主导，应用研究应实行专业与产业共同主导，产业发展应实行产业与市场共同主导，应用示范则实行市场主导等。应根据不同创新任务的不同阶段设置相应的资金约束与收益分配机制，能够有效保障创新与资本的耦合效果。

三是建立规范有序的监督评估与反馈机制。由于创新活动的周期较长，在创新过程中必须进行及时有效的监管，适时调整创新竞争力，才能够保障创新活动的有序进行。对于创新活动的监管，应关注主要问题，抓大放小，采取关键节点监督与日常监督相配合的方式，对违规者施行惩罚机制和退出机制，增强创新主体的自我约束。除此之外，严格把控创新产出的数量及质量，不断优化创新管理机制，及时收集创新过程中的反馈信息，并根据实际情况进行调整，重构创新组织、人才及资本机制，不断提升创新成效。

四是建立产权保护制度及低障碍成果流动机制。知识产权是创新主体的核心资产，为创新主体构建能够有效保护自身知识产权的大环境，对培育科技创新成果和自主知识产权有着极大的激励作用。建立启动门槛低、风险可控的技术成果转移机制、完善的知识产权保护机制，以及健全的知识产权维权查处机制与解决知识产权纠纷机制,并始终贯穿于知识产权产生至运营的全过程,对知识产权的保护和自主创新的促进是十分必要的,并为我国创新产品"走出去"提供坚实有力的保障。

二、创新文化激发创新价值

在全球创新文化的驱动下,创新竞争力的提升离不开文化强国的新征程,我国必须紧紧把握历史发展和时代机遇,激发全民族创新创造文化活力,形成创新文化生产力,为创新竞争力战略系统的成功产出保驾护航。

一是创新生态文化建设。适宜的生态文化对创新活动起着重要的促进作用,鼓励创新、敢于冒险、积极进取等优良的文化氛围,为创新主体积极开展创新活动营造良好的文化环境,并能够提升创新支持系统的自主性。创新生态文化除了鼓励创新之外,更加注重不同主体间的相互作用,提倡不同产业园区、创新项目、众创空间直接形成知识交互,鼓励担当精神、科学精神、冒险精神、合作精神、诚信精神的有机结合,共同提升创新竞争力。

二是以数字化激发文化创新的新动能。创新文化发展离不开互联网技术的推动,在全球化的激烈竞争中,要使文化助推中国创新竞争力的提升,也必须紧跟信息化、数字化浪潮,推动文化与科技的融合,依托互联网技术搭建全球文化价值链、文化品牌服务链、文化资源供应链等,逐步实现我国创新文化价值的攀升。

三是以文化激发创新生产力。在创新全球化的大背景下,中国想要在二十国集团中形成更高水平的文化生产力,必须不断激发新动能、扬弃旧动能,建立创新驱动的国家文化软实力体系。实现新旧动能转换意味着在当前经济与社会的发展中,采用质量效益型目标、创新型主体驱动、可持续发展的制度设计等代替传统大规模初级要素的粗放式投入、大规模的模仿型扩张产能以及低端产品的生产,这是中国通过文化提升创新竞争力的关键所在。中国创造出的文化新业态、新内容、新科技、新模式,对世界文化已经起到了一定的引领和带动作用,而对于更深一步地通过文化推动创新竞争力的提升,必须切实把握创新质量要求,通过提升文化创新能力,激发创新竞争力战略系统内部创新创造活力,逐步进入二十国集团创新价值链中的高端。①

三、开放与整合并进,升级全球创新影响力

中国创新竞争力的提升,必须要抓住全球化发展机遇,通过整合全球资源为我国所用,实现全球范围内的资源优化配置,构筑跨地域、跨国间的协同创新,推动中国的创新产品和技术服务走进全国市场,加快中国创新管理思想和实践"走出去"。中国身处二十国集团中,应牢牢把握国际大环境,在开放与整合各国资源方面应发挥好主力军和排头兵的作用,发挥好创新影响力,培育一批国际领先的冠军产品,寻找新的创新增长点,以人类命运共同体理念推动多边合作,实现各国创新合作共赢。这不仅是资源、产品和技术的简单的对外开放,更是推动中国企业创新管理模式、思想和经验的突破,是提升我国创新竞争力战略设计的必然要求。

一是坚持二十国集团各成员间创新合作。构建国际创新合作体系实际上是国家创新体系和区域创新体系在空间和内容上的延伸,包含了以较强创新实力区域为目标的输入性国际合作和以较高市场需求区域为目标的输出性国际合作,并且,国际间创新合作需要建立符合各国国情的法律法规、市场需求、资源状况等,建立高效规范的创新合作模式。在创新合作的过程中,各国应根据自身需要建立长期的国际创新合作伙伴,进而提升科研水平,缩小创新能力差距。中国通过加强与二十国集团中其他成员的科技合作与交流,分享相关政策和成功经验,共同搭建良好的创新交流平台。中国的"一带一路"倡议也为中国创新"走出去"提供了良好的发展机遇,促进各国发挥不同比较优势,实现各国的互利共赢与创新成果共享。要坚持国际创新合作,一方面要做好

---

① 花建:《迈向世界文化强国:新里程·新动能·新地缘》,《中华文化论坛》2018年第3期。

统筹规划,对本国的科技合作基础要有准确的评价和判断,要求合作双方地位平等、利益对等,才能使创新合作具有发展前景;另一方面,各国要着力提升自主创新能力,以引进为起点推动本国人才培养和技术进步①,才能使创新合作成果具有持续性。

二是以全球化构建开放式创新体系。开放式的创新体系要求创新资源能够自由流动,以克服资源分散、封闭、单一以及利用率低下等问题,形成知识共享网络。具有相同或互补技术的创新合作伙伴之间,通过知识资源和创新技术的共享,加强国际企业、高校、科研机构之间的联系,使创新技术流动全球化,知识资源利用合理化。我国创新主体可以通过引进国际创新要素,基于全球化视角与其他国家之间进行协同创新,促进本国创新主体与不同国家创新主体间的创新合作。在此基础上,结合本国创新发展过程中表现出的新特征,不断提高自身创新资源的利用效率,进一步实现技术突破,与国际创新伙伴共同攻克创新发展的技术难题,促使新知识、新技术的落地转换,提升创新竞争力,并实现创新资源的全球共享。

三是实施全球价值链地位提升战略。目前,我国部分制造业仍处在全球价值链的低端,我国传统发展模式下的各种政府干预政策,不利于增强企业在全球价值链分工中的创新竞争力。② 通过创新能力的提高能够促使中国制造在全球价值链体系中分工地位的提升,逐步从"制造大国"向"制造强国"发生转变。实施全球价值链地位提升战略,要求以先进的知识技术提升改造传统制造业,着力从组装加工等价值链低端环节向设计、研发、核心零部件制造等高附加值的价值链环节转变,通过创新要素的投入,将我国创新价值链不断向国际延伸,有效利用全球创新资源,提升我国在参与国际创新合作分工中的地

---

① 王丹、赵新力、郭翔宇、胡月、杜旭:《国家农业科技创新理论框架与创新能力评价——基于二十国集团的实证分析》,《中国软科学》2018 年第 3 期。
② 施建军、夏传信、赵青霞、卢林:《中国开放型经济面临的挑战与创新》,《管理世界》2018年第 12 期。

位,不断提升我国在全球价值链中的竞争优势。

四是增强国际创新自信。当然,中国在提升创新竞争力的过程中还面临着极其复杂的国际环境,随着英国脱欧、特朗普政府退出《巴黎协定》等逆全球化趋势兴起,中国坚定不移地推进科技进步和创新全球化是中国落实责任和权力平等原则的体现,中国还应持续性地实行更有针对性和战略性的举措,以保证本国创新竞争力的不断提升。这就要求中国结合本国国情与国际大环境,进一步增强创新自信,不仅要向其他国家输出中国的科技成果和技术产出,更要敢于输出科技创新的中国经验和中国模式①,共同推动全球创新水平的提升,实现创新合作的共赢共享。

在创新竞争力战略系统的设计中,首先在创新主体方面,对企业而言,通过商业模式的创新激发企业创新创造的内生动力,对于高校和科研院所等,通过建立多元化和立体化的人才培养模式,为创新竞争力战略体系提供更多符合社会生产需要的人力资源,并且,借助产学研融合,实现不同创新主体间的战略协同。创新主体的正常运营离不开创新支撑系统,"互联网+新技术应用"有助于创新的转型升级,资本的投入为创新投入提供必要的物质基础,中介组织是创新主体间沟通的纽带和桥梁,并提供相应的技术服务。在此基础上,创新支撑系统进一步为创新竞争力战略系统的良性运转提供保障,良好的机制体制促进不同创新要素间的耦合,创新文化提升全社会创新积极性与生产力,为更有利于创新活动的进行,还应兼顾开放与整合升级全球创新影响力。为提升我国在二十国集团中的竞争力,以合理的创新竞争力战略体系的设计,引导我国创新主体的创新行为,提升我国的创新效率以增强创新竞争力,实现可持续发展与高质量发展的目标。

综上所述,要提升中国在二十国集团中的创新竞争力,通过整合国家创新生态系统理论、区域创新系统理论与企业发展理论等,构建符合我国发展需要

---

① 王春法:《中国科技全球化政策40年》,《科学学研究》2018年第12期。

的创新竞争力战略系统,以优化科技创新资源配置,提升创新竞争力战略系统的投入产出效益,引导创新主体的创新活动,激发创新人才的积极性,加快科技成果转化落地,整合国际创新资源,实现核心技术的突破与重大项目的攻关,切实提升中国在二十国集团中的创新竞争力。

第八章　增强中国在二十国集团中的创新竞争力的政策保障

第一节　强化科技创新资源的深度融合，围绕核心技术培育创新力量

一、加强企业在创新中的主体地位

建立企业投资项目管理权力清单、责任清单制度，更好落实企业投资自主权。精简投资审批，减少、整合和规范报建审批事项，完善在线审批监管平台，建立企业投资项目并联核准制度。放宽基础设施、公用事业等领域的市场准入限制，采取特许经营、政府购买服务等政府和社会合作模式，鼓励社会资本参与投资建设运营。完善财政资金投资模式，更好发挥产业投资引导基金撬动作用。

支持企业牵头联合高等学校、科研机构承担国家科技计划项目。充分发挥政策的激励引导作用，开展龙头企业转型试点，鼓励企业加大研发投入，推动设备更新和新技术广泛应用。支持有条件的企业开展基础研究和前沿技术攻关，推动企业向产业链高端攀升。鼓励在企业内部建设众创空间，引导职工进行技术创新。鼓励大中型企业通过开拓新的业务领域、开发创新产品，提升

市场适应能力和创新能力。鼓励围绕创新链的企业兼并重组,推动创新型企业做大做强。聚焦经济转型升级和新兴产业发展,培育一批创新百强企业,促进企业快速壮大,强化引领带动作用,提升国际竞争力。

深入实施国家技术创新工程,加快建设以企业为主体的技术创新体系。以全面提升企业创新能力为核心,引导各类创新要素向企业集聚,不断增强企业创新动力、创新活力、创新实力,使创新转化为实实在在的产业活动,形成创新型领军企业"顶天立地"、科技型中小微企业"铺天盖地"的发展格局。

二、积极构建具有国际竞争力的现代产业技术体系

建设现代化经济体系,必须把发展经济的着力点放在实体经济上,把提高供给体系质量作为主攻方向,显著增强我国经济质量优势。加快建设制造强国,加快发展先进制造业,加快实施国家科技重大专项,构建具有国际竞争力的产业技术体系,加强现代农业、新一代信息技术、智能制造、能源等领域一体化部署,推进颠覆性技术创新,加速引领产业变革;推动互联网、大数据、人工智能和实体经济深度融合,在中高端消费、创新引领、绿色低碳、共享经济、现代供应链、人力资本服务等领域培育新增长点、形成新动能。支持传统产业优化升级,加快发展现代服务业,瞄准国际标准提高水平。促进我国产业迈向全球价值链中高端,培育若干世界级先进制造业集群。坚持去产能、去库存、去杠杆、降成本、补短板,优化存量资源配置,扩大优质增量供给,实现供需动态平衡。激发和保护企业家精神,鼓励更多社会主体投身创新创业。建设知识型、技能型、创新型劳动者大军,弘扬劳模精神和工匠精神,营造劳动光荣的社会风尚和精益求精的敬业风气。

三、大力促进包容协调的全球价值链发展

二十国集团通过构建包容协调、合作共赢的全球价值链,并围绕着全球价值链,促进产业链、创新链、资金链之间的有效协同,更好地调动全球创新要素

的积极性,激发创新潜能和活力。

完善区域协同创新机制,加大科技扶贫力度,激发基层创新活力;发挥科技创新合作的领导作用,围绕二十国集团各成员科技创新合作需求,全面提升科技创新合作层次和水平,打造发展理念相通、要素流动畅通、科技设施联通、创新链条融通、人员交流顺通的创新共同体,提高全球配置创新资源的能力,深度参与全球创新治理,促进创新资源双向开放和流动。

优化国家可持续发展实验区布局,针对不同类型地区经济、社会和资源环境协调发展问题,开展创新驱动区域可持续发展的实验和示范。完善实验区指标与考核体系,加大科技成果转移转化力度,促进实验区创新创业,积极探索区域协调发展新模式。在国家可持续发展实验区的基础上,围绕落实国家重大战略和联合国《2030 年可持续发展议程》,以推动绿色发展为核心,创建国家可持续发展创新示范区,力争在区域层面形成一批现代绿色农业、资源节约循环利用、新能源开发利用、污染治理与生态修复、绿色城镇化、人口健康、公共安全、防灾减灾和社会治理的创新模式和典型。

四、发展保障国家安全和战略利益的技术体系

瞄准世界科技前沿和产业变革趋势,聚焦国家战略需求,按照创新链、产业链加强系统整合布局;围绕提升产业竞争力、改善民生和保障国家安全的战略需求,加强重点领域的系统部署,突破资源环境、人口健康、公共安全等领域的瓶颈制约,为塑造更多依靠创新驱动、发挥先发优势的引领型发展提供有力支撑;围绕国家和人类长远发展需求,发展海洋资源高效开发、利用和保护技术,空天探测、开发和利用技术,关键核心技术,维护国家安全和支持反恐的关键技术,为促进人类共同资源有效利用和保障国家安全提供技术支撑。

统筹网络安全和信息化发展,完善国家网络安全保障体系,强化重要信息系统和数据资源保护,提高网络治理能力,保障国家信息安全。把大数据作为基础性战略资源,全面实施促进大数据发展行动,加快推动数据资源共享开放

和开发应用,促进大数据产业健康发展,助力产业转型升级和社会治理创新。

推动健全现代大学制度和科研院所制度,培育面向市场的新型研发机构,构建更加高效的科研组织体系;实施促进科技成果转移转化行动,完善科技成果转移转化机制,大力推进军民融合科技创新。

五、积极推动科研创新活动的国际化

鼓励本国或本地区的研发机构与世界一流研发机构建立稳定的合作伙伴关系,积极推动建立国际科技合作基地、区域科技合作中心和合作示范园区。

持续加强基础研究,全面布局、前瞻部署,聚焦重大科学问题,提出并牵头组织国际大科学计划和大科学工程,力争在更多基础前沿领域引领世界科学方向,在更多战略性领域实现率先突破;完善以国家实验室为引领的创新基地建设,按功能定位分类推进科研基地的优化整合;坚持以全球视野谋划和推动创新,实施科技创新国际化战略,积极融入和主动布局全球创新网络,探索科技开放合作新模式、新路径、新体制,深度参与全球创新治理,促进创新资源双向开放和流动,全方位提升科技创新的国际化水平。

拓展创新发展空间,统筹国内国际两个大局。支持北京、上海建设具有全球影响力的科技创新中心。按照创新型国家建设的总体部署,发挥地方主体作用,加强中央和地方协同共建,有效集聚各方科技资源和创新力量,加快推进创新型省份和创新型城市建设,依托北京、上海、安徽等大科学装置集中的地区建设国家综合性科学中心,形成一批具有全国乃至全球影响力的科学技术重要发源地和新兴产业策源地,在优势产业、优势领域形成全球竞争力,推动国家自主创新示范区和高新区创新发展,系统推进全面创新改革试验。结合区域创新发展需求,引导高端创新要素围绕区域生产力布局加速流动和聚集,推动优势区域打造具有重大引领作用和全球影响力的创新高地,带动区域创新水平整体提升。

加强与二十国集团各成员联合研发和技术转移中心建设,结合二十国集团各成员的重大科技需求,鼓励我国科研机构、高等学校和企业与其他国家相关机构合作,围绕重点领域共建联合实验室(联合研究中心),联合推进高水平科学研究,开展科技人才的交流与培养,培育造就一批世界水平的科学家、科技领军人才、高技能人才和高水平创新团队,支持青年科技人才脱颖而出,壮大创新型企业家队伍,促进适用技术转移和成果转化,构建长期、稳定的合作关系。合作建设一批特色鲜明的科技园区,探索多元化建设模式,搭建企业"走出去"平台。鼓励科技型企业在二十国集团各成员创新创业,推动移动互联网、云计算、大数据、物联网等行业企业与二十国集团各成员传统产业结合,促进新技术、新业态和新商业模式合作。

第二节　完善创新投入机制,提高创新资源配置效率

一、进一步加大财政投入力度

加强新兴产业、新兴业态相关政策研究,通过落实税收优惠、保险、价格补贴和消费者补贴等,促进新产品、新技术的市场化规模化应用。强化政策培训,完善政策实施程序,切实扩大政策覆盖面,加强政策落实部门的协调机制,加强对政策实施的监测评估。切实加大对基础性、战略性和公益性研究支持力度,完善稳定支持和竞争性支持相协调的机制。加强中央财政投入和地方创新发展需求衔接,引导地方政府加大科技投入力度;完善政府预算体系,加大政府性基金预算、国有资本经营预算与一般公共预算的统筹力度,完善社会保险基金预算编制制度;实施跨年度预算平衡机制和中期财政规划管理,加强与经济社会发展规划计划的衔接;建立政府资产报告制度,深化政府债务管理制度改革,建立规范的政府债务管理及风险预警机制;建立权责发生制、政府综合财务报告制度和财政库底目标余额管理制度;扩大预算公开范围,细化公

开内容;完善中央对地方转移支付制度,规范一般性转移支付制度,完善资金分配办法,提高财政转移支付透明度;健全省以下财力分配机制。

二、创新财政投入方式

加强财政资金和金融手段的协调配合,综合运用创业投资、风险补偿、贷款贴息等多种方式,充分发挥财政资金的杠杆作用,引导金融资金和民间资本进入创新领域,完善多元化、多渠道、多层次的科技投入体系。坚持结构性减税方向,逐步将国家对企业技术创新的投入方式转变为以普惠性财税政策为主。加大研发费用加计扣除、高新技术企业税收优惠、固定资产加速折旧等政策的落实力度,推动设备更新和新技术利用。对包括天使投资在内的投向种子期、初创期等创新活动的投资,统筹研究相关税收支持政策。研究扩大促进创业投资企业发展的税收优惠政策,适当放宽创业投资企业投资高新技术企业的条件限制。

发挥国家科技成果转化引导基金、国家中小企业发展基金、国家新兴产业创业投资引导基金等创业投资引导基金对全国创投市场培育和发展的引领作用,引导各类社会资本为符合条件的科技型中小微企业提供融资支持。制定和完善科技型中小微企业标准。落实中央财政科技计划(专项、基金等)管理改革,加强企业技术创新平台和环境建设,促进科技型中小微企业技术创新和改造升级。

三、提高财政投入效率

加强科技创新战略规划、科技计划布局设置、科技创新优先领域、重点任务、重大项目和年度计划安排的统筹衔接,加强科技资金的综合平衡。按照新五类中央财政科技计划(专项、基金等)布局,加强各类科技计划、各研发阶段衔接,优化科技资源在各类科技计划(专项、基金等)中的配置,按照各类科技计划(专项、基金等)定位和内涵配置科技资源。加强科研资金监管与绩效管理,建立科研资金信用管理制度,逐步建立财政科技资金的预算绩效评价体系,建立健全相应的绩效评价和监督管理机制。清理规范相关行政事业性收费和政府性基金。

优化财政支出结构,修正不可持续的支出政策,调整无效和低效支出,腾退重复和错位支出。建立库款管理与转移支付资金调度挂钩机制。创新财政支出方式,引导社会资本参与公共产品提供,使财政支出保持在合理水平,将财政赤字和政府债务控制在可承受范围内,确保财政的可持续性。

四、优化资金流动和配置

统一内外资法律法规,制定外资基础性法律,保护外资企业合法权益。提高自由贸易试验区建设质量,深化在服务业开放、金融开放和创新、投资贸易便利化、事中事后监管等方面的先行先试,在更大范围推广复制成功经验。对外资全面实行准入前国民待遇加负面清单管理制度,完善外商投资国家安全审查制度,建立便利跨境电子商务等新型贸易方式的体制,全面推进国际贸易单一窗口、一站式作业、一体化通关和政府信息共享共用、口岸风险联防联控。完善境外投资发展规划和重点领域、区域、国别规划体系,健全以备案为主、核准为辅的对外投资管理体制,健全对外投资促进政策和服务体系,提高便利化水平。推动个人境外投资,健全合格境内个人投资者制度。建立国有资本、国有企业境外投资审计制度,健全境外经营业绩考核和责任追究制度。

有序实现人民币资本项目可兑换,提高可兑换、可自由使用程度,稳步推进人民币国际化,推进人民币资本"走出去"。逐步建立外汇管理负面清单制度。放宽境外投资汇兑限制,改进企业和个人外汇管理。放宽跨国公司资金境外运作限制,逐步提高境外放款比例。支持保险业"走出去",拓展保险资金境外投资范围。统一内外资企业及金融机构外债管理,稳步推进企业外债登记制管理改革,健全本外币全口径外债和资本流动审慎管理框架体系。加强国际收支监测。推进资本市场双向开放,提高股票、债券市场对外开放程度,放宽境内机构境外发行债券,以及境外机构境内发行、投资和交易人民币债券。提高金融机构国际化水平,加强海外网点布局,完善全球服务网络,提高国内金融市场对境外机构的开放水平。

第三节　着力建设创新型人才队伍,突出创新人才的核心驱动作用

一、重视创新型人才培育

全面贯彻党的教育方针,坚持教育优先发展,加快完善现代教育体系,全面提高教育质量,促进教育公平,培养德智体美劳全面发展的社会主义建设者和接班人。加快基本公共教育均衡发展,积极推进民族教育发展,科学稳妥推行双语教育,加大双语教师培训力度。

加强面向青少年的科技教育,以增强科学兴趣、创新意识和学习实践能力为主,完善基础教育阶段的科学教育。拓展校外青少年科技教育渠道,鼓励青少年广泛参加科技活动,推动高等学校、科研院所、科技型企业等面向青少年开放实验室等教学、科研设施。以培养劳动技能为主,加强中等职业学校科技教育,推动科技教育与创新创业实践进课堂进教材。完善高等教育阶段的科技教育,支持在校大学生开展创新性实验、创业训练和创业实践项目。

推进职业教育产教融合,完善现代职业教育体系,加强职业教育基础能力建设。推行产教融合、校企合作的应用型人才和技术技能人才培养模式,促进职业学校教师和企业技术人才双向交流。逐步分类推进中等职业教育免除学杂费,实行国家基本职业培训包制度。

发挥政府投入引导作用,鼓励企业、高等学校、科研院所、社会组织、个人等有序参与人才资源开发,促进创新型科技人才的科学化分类管理,探索个性

化培养路径。促进科教结合,构建创新型科技人才培养模式,强化基础教育兴趣爱好和创造性思维培养,探索研究生培养科教结合的学术学位新模式。深化高等学校创新创业教育改革,鼓励科研院所和高等学校联合培养人才,促进专业教育与创新创业教育有机结合,支持高等职业院校加强制造等专业的建设和技能型人才培养,完善产学研用结合的协同育人模式。

深入实施国家重大人才工程,打造国家高层次创新型科技人才队伍。加强知识产权和技术转移人才队伍建设,提升科技管理人才的职业化和专业化水平。加大对新兴产业以及重点领域、企业急需紧缺人才的支持力度,突出"高精尖缺"导向,加强战略科学家、科技领军人才的选拔和培养。大力弘扬新时期工匠精神,加大面向生产一线的实用工程人才、卓越工程师和专业技能人才培养。

二、大力加快人才引进

围绕国家重大需求,面向全球引进首席科学家等高层次创新人才,对国家急需紧缺的特殊人才,开辟专门渠道,实行特殊政策,实现精准引进。支持引进人才深度参与国家计划项目、开展科技攻关,建立外籍科学家领衔国家科技项目的机制,探索建立技术移民制度,完善外国人永久居留制度,放宽技术技能型人才取得永久居留权的条件。对持有外国人永久居留证的外籍高层次人才开展创办科技型企业等创新活动,给予其与中国籍公民同等待遇,放宽科研事业单位对外籍人员的岗位限制,放宽外国高层次科技人才取得外国人永久居留证的条件。扩大来华留学规模,优化留学生结构,鼓励和支持来华留学生和在海外留学生以多种形式参与创新创业活动。培养推荐优秀人才到国际组织任职,完善配套政策,畅通回国任职通道。开展高等学校和科研院所部分非涉密岗位全球招聘试点,完善国际组织人才培养推送机制。

实施创新驱动助力工程,通过企业院士专家工作站、博士后工作站、科技特派员等多种方式,引导科技人员服务企业。健全科技资源开放共享制度,加强国家重大科技基础设施和大型仪器设备面向企业的开放共享,加强区域性科研设备协作,提高对企业技术创新的支撑服务能力。搭建创新创业平台,健全高校毕业生自主创业、到基层就业的激励政策。促进农村富余劳动力转移就业和外出务工人员返乡创业。

三、全面推进人才发展

加大对国家高层次人才的支持力度。加快科学家工作室建设,鼓励开展探索性、原创性研究,广泛开展先进适用技术、科技管理与政策、科技创业等培训,培养一批具有前瞻性和国际眼光的战略科学家群体,形成一支具有原始创新能力的杰出科学家队伍,在若干重点领域建设一批有基础、有潜力、研究方向明确的高水平创新团队。提升重点领域科技创新能力,瞄准世界科技前沿和战略性新兴产业,支持和培养具有发展潜力的中青年科技创新领军人才;改革博士后制度,发挥高等学校、科研院所、企业在博士后研究人员招收培养中的主体作用,为博士后从事科技创新提供良好条件保障;遵循创业人才成长规律,拓宽培养渠道,支持科技成果转化领军人才发展,培育一批具备国际视野、了解国际科学前沿和国际规则的中青年科研与管理人才。

把科技教育作为领导干部和公务员培训的重要内容,突出科技知识和科学方法的学习培训以及科学思想、科学精神的培养。丰富学习渠道和载体,引导领导干部和公务员不断提升科学管理能力和科学决策水平,积极利用网络化、智能化、数字化等教育培训方式,扩大优质科普信息覆盖面,满足领导干部和公务员多样化学习需求。不断完善领导干部考核评价机制,在领导干部考核和公务员录用中体现科学素质的要求,制定并不断完善领导干部和公务员科学素质监测、评估标准,提高领导干部和公务员的科技意识、科学决策能力、科学治理水平和科学生活素质。广泛开展针对领导干部和公务员的院士专家科技讲座、科普报告等各类科普活动。

四、重视加强人才评价

首先,目前的人才评价机制存在短期化倾向,而这与创新自身存在的内在周期相矛盾。因此,建议适当延长人才评价考核周期,基础研究领域尤甚;而在应用研究以及技术开发领域,则应将人才创新成果交由后期市场和用户检验,并以此引导人才真正将科技为民作为宗旨,创新、创造出改善民生福祉的产品。进一步地,这对人才评价机制的分类提出更高要求,也就是说,未来人才评价应围绕不同类型的创新型人才有针对性地开展考核工作。其次,较之于二十国集团各成员中的美国——其在遴选和考核创新项目与人才时尤为重视同行的定性评价,不以论文数量为唯一,有利于挖掘人才的创新潜能——目前中国对创新型人才的评价存在过度量化的倾向,评价指标在强调科研产出数量之余,忽视了对个人素质、创新能力的考察,这在一定程度上阻碍了创新型人才人均产出效率的提升;而过度量化易导致唯结果论,可能将具有创新价值的高风险研究扼杀于摇篮。因此,要想提高创新竞争力,未来中国人才评价的相应标准应作出调整,强调以业绩和贡献作为导向,结合定性与定量指标,突出品德、能力和业绩评价。最后,鉴于中国当前人才评价的错误倾向,要求探索多种评价方式,在进一步完善同行学术评议制度的同时,尽量发挥国际同行评议的作用;并且合理界定和下放创新型人才的职称评审权限,推动高等学校、科研院所和国有企业自主评审,尤其重视加强人才评价与项目评审、机构评估的有机衔接,最终营造有利于人人皆可成才和青年人才脱颖而出的创新型人才评价环境。

五、突出强化人才激励

实现创新驱动经济高质量发展的先决条件在于充分发挥人才第一资源的主观能动性。为此,应强化对创新型人才的物质激励。该方面可以借鉴二十国集团各成员之一的英国,其设立高等教育创新基金,通过提供充足的科研经费以及优良的科研设备,为创新型人才营造较为良好的科研环境,助力其顺利开展创新研究工作。此外,要想提高创新型人才的主观能动性,还可通过提高创新型人才的物质生活待遇来造就创新型人才潜心研究的品质。当然,为实现创新型人才对国家发展的正反馈,一方面应主张以市场价值回报人才价值,也就是说,要求落实股权和分红激励政策,全面下放创新成果处置权、使用权和收益权,同时推进实施绩效工资,激励创新型人才创造出经得起市场检验和满足社会发展的产品。而这些都离不开政策扶持。故而进一步要求中国优化布局相关的人才激励政策,加强衔接协调。另一方面,应强化对创新型人才的精神激励。其一,应宣传和引导科技为民的宗旨,通过明确创新成果由人民共享的理念让创新型人才更具使命感和责任感;并且通过强调结合科技创新与改善民生福祉,致使社会形成浓厚的科技创新氛围,从而提高其对创新型人才的认可度,以此激发人才的创新意识和创新潜能。其二,应深化国家科技奖励制度的改革,即可通过优化结构、减少数量、提高质量的方式,来强化奖励的荣誉性和对人的精神和物质的双重激励,最终获得建设人才强国的加速度。

六、加强人才跨平台上流动

创新日益强化的技术综合性和集群性在科技全球化背景下表现为创新资源的国际化流动。中国要想构筑创新高地,必然要求实现人才在二十国集团平台上的"引进来"和"走出去",结合编制流动与借用智力,从而优化人力资本配置,提高创新效率。一方面,应实施更加开放的创新型人才政策,探索柔性引智机制。例如探索建立二十国集团平台上的技术移民制度,放宽科研事业单位对二十国集团成员外籍人员的岗位限制,吸引南北方各国懂经营、会管理、熟悉高新技术的复合型人才。另一方面,应进一步完善留学生培养支持机制以及创新人才维权援助机制,在优化留学生结构、鼓励来华留学生和在海外留学生以多种形式参与创新活动的同时,鼓励科研人员丰富在二十国集团各成员不同类型伙伴国家的学习和研究经历,以此获得显性和隐性知识水平的双重提升,进而助力提升中国创新竞争力。当然,这就要求中国借助二十国集团平台主动发声,呼吁南北方国家合作开展国民之间的创新科普活动、短期培训以及国家之间的科技政策交流会议、联合创新等,以期在二十国集团平台基础上构建创新协作网络,最终实现二十国集团各成员创新型人才的人尽其才、才尽其用、用有所成。

第四节　强化创新政策法规,营造保护和激励创新的良好生态

一、强化创新法治保障

首先,应整体推进科学立法、严格执法、公正司法、全民守法,积极发展社会主义民主政治,同时加大全民普法力度,建设社会主义法治文化,以此作为创新法治的基础保障。其次,较之于二十国集团中创新竞争力较强的主要发达国家,中国在创新相关领域法律的全面性、针对性以及执行力还有待提高。故而强化创新法治保障必然要求综合政界、学界以及广大群众的智慧和建议,修改不符合创新导向的法规文件,废除制约创新的制度规定,构建综合配套法治保障体系。与此同时,还应研究起草规范和管理政府科研机构、科技类民办非企业单位等的法规,合理调整和规范科技创新领域各类主体的权利和义务关系。最后,在结合国情的基础上,应借鉴二十国集团创新法治水平较高的美国等伙伴国家的经验,进一步加快创新薄弱环节和领域的立法进程,例如在中央层面上,研究起草科学数据保护与共享法规、加快修订《国家科学技术奖励条例》、推进《中华人民共和国科学技术进步法》《中华人民共和国促进科技成果转化法》《中华人民共和国科学技术普及法》等的落实;在地方层面上,鼓励地方结合实际,修订制定相关科技创新法规,从而最终优化整体创新法治保障环境。

二、支持创新的普惠性政策体系

创新是引领发展的第一动力。要想提高中国在二十国集团各成员中的整体创新竞争力,必然要求构建完整的支持创新的普惠性政策体系。为此,一方面应坚持逐步将国家对企业技术创新的投入方式转变为以普惠性财税政策为主。可通过落实加大研发费用加计扣除、高新技术企业税收优惠、固定资产加速折旧等政策来支持和鼓励众创空间、企业技术中心、国家实验室等创新载体的发展;同时进一步加大国家自主创新示范区和高新区的扶持和补贴力度,以此吸引大量创新型企业集聚,发挥规模效应、溢出效应,从而获得更高创新效益。另一方面,在新产品、新技术的市场化和规模化应用上,应进一步落实税收优惠、保险、价格补贴和消费者补贴等,例如,可通过政策强化政府购买来支持企业创新,以二十国集团各成员之一的美国为例,其在硅谷、波士顿和奥斯汀设立办公室,利用风险投资等新型商业模式,整合创新资源,助力快速将民用新兴前沿技术成果引入国防科研体系;而且通过小企业创新研究计划让研发经费超过 1 亿美元的联邦政府部门(包括国防部)将其中的 2.5% 留给小企业完成;这些政策有力地支持了不同规模的创新主体的创新活动。当然,中国在借鉴二十国集团各成员相关的创新政策体系时应注重落实引进技术的消化吸收和再创新政策,及时总结区域创新改革试点政策。此外,还应加强研究新兴产业、新兴业态相关的政策等,从而最终构筑完善的支持创新的普惠性政策体系。

三、落实知识产权战略

首先,应通过融媒体、高等教育等途径倡导创新文化,强化企业等创新主体的知识产权意识,鼓励其在知识产权被侵犯时及时拿起法律的武器;同时积极引导广大民众重视知识产权的创造、保护以及运用等,以此规范和监督市场更加尊重产品的原创性,不以价格为唯一标准,自觉对毫无创新点的"山寨品"说"不"。其次,应设立以及完善全国范围的统一的知识产权信息平台,整合现有的专利以及创新成果信息,避免企业重复研发;同时,鉴于目前针对初创小微企业知识产权保护制度审核周期过长的问题——例如,在软件著作权漫长的注册审批过程中,产品和设计就很容易被复制和模仿——除了要求进一步落实《中共中央国务院关于深化体制机制改革加快实施创新驱动战略的若干意见》,尽快缩短专利申报实质审查时间,简化办理手续之外,也可以通过该信息平台的电子政务进行申报。最后,应深化知识产权领域改革,强化知识产权司法保护。为此,一方面应加强建设和管理知识产权人才队伍,另一方面应提高侵权损害赔偿标准,并将侵权信息纳入社会信用记录。此外,在二十国集团这一非正式对话机制下,二十国集团间的协同创新活动活跃,但倘若知识产权无法明晰,将导致"孤岛效应",而该效应在不同国家创新制度环境不一以及当今盛行的新贸易保护主义的语境下可能加剧,进而阻碍中国提升创新竞争力,为此,中国亟须建设和完善知识产权跨境维权援助机制,并灵活利用二十国集团各成员的行业组织进行知识产权维护,唯此,方能助力加快建设知识产权强国,提升创新竞争力。

四、推进技术标准战略

标准在技术创新中具有引导作用,故而中国要想提升在二十国集团各成员中的创新竞争力,必然要坚定不移地实施技术标准战略。首先,针对创新研发过程,应支持计量、标准、检验检测、认证认可等技术研发,全面推进实验动物标准化和质量控制体系建设,以此支持和维护基础研究的稳定性和持续性。其次,为了进一步推进科技、标准、产业协同创新以及将科研成果转化为技术的相关机制,要求加快研制新兴和融合领域的技术标准,健全科技创新、专利保护与标准互动支撑机制。具体来说,一方面则要求及时更新标准,强化强制性标准制定与实施;另一方面则需要培养一批技术经纪人,引导技术交易机构向专业化、市场化发展。此外,为贯彻习近平总书记关于"加快推动军民融合深度发展"的相关理念,跨越资源配置上"此多彼少"的零和博弈困境,统筹资源在经济建设和国防建设之间的双向流动,应致力于推动军用标准和民用标准双向转化,促进军用标准和民用标准兼容发展。最后,为能开拓国际创新协作网络以及创新市场,中国可利用二十国集团平台推动中国标准"走出去",支持我国企业、联盟和社会组织参与或主导国际标准研制,从而提升中国标准国际影响力,最终在扮演标准"领跑者"角色的同时获得创新的先天优势。

五、加强政策统筹协调

与二十国集团各成员中的主要发达国家不同,中国政府往往通过战略、规划、政策、法规以及项目等多种形式来较大程度、较为具体地参与创新,但不能因为本身创新竞争力相对落后于主要发达国家而盲目迷信和模仿西方。只有结合本国国情,在正确认识到举国体制的创新以及西方更为自由的创新体制的优劣势的基础上进行政策统筹协调,才能真正提高创新效率。为此,中国可在担当具体创新政策制定者的同时,探索将更多创新资源交于企业和市场。即可牵头搭建开放创新平台,集聚企业、用户、高校和相关科研机构共同参与创新活动。进一步地,为提高企业的创新效率,政府出台的相关创新政策之间应互相补充,并与财税、金融、社会治理等政策协同,由此避免彼此冲突而导致执行力不足。故而,未来中国应在广泛听取企业和民众意见的基础上,进一步建立和完善创新政策协调审查机制,同时加强中央和地方的政策协调,及时评估和调整政策,真正发挥社会主义制度的优越性,最终助力提升中国的创新竞争力。

第五节　完善创新管理机制,建立健全相应的绩效评价和监督机制

一、深入推进科技管理体制改革

目前,中国的科技管理效率较之二十国集团各成员中的主要发达国家还

有一定差距,而历史表明,机制改革能释放活力和创造力,是历次重大危机后世界经济实现复苏的根本。因此,应深刻认识到改革是发展的强大动力,强调尊重科学研究规律和创新周期,通过加快完善各方面体制机制,破除一切不利于科学发展的体制机制障碍,为发展提供持续动力。具体来说,首先要进一步完善市场机制和科技成果转移转化机制,破除地方保护主义,突破利益固化的藩篱,让创新产品公平竞争,接受市场检验。其次,为能形成多元参与、协同高效的创新格局,要求建立和完善现代大学制度和科研院所制度等,以期构建高水平的科技创新智库体系,发挥高水平专家、企业家以及行业协会在创新活动以及体制改革的积极性,最大限度地凝聚共识,形成改革合力。最后,在中央科技管理体制改革精神的带领下,要求以完善国家科技决策咨询制度来激发地方政府的主观能动性,从而切实做好任务的分解和落实,并且定期向中央反馈真实进度以及报告区域创新动向,就重大科技创新问题提出咨询意见,以期最终完成中央掌控全局、地方各有侧重和特色的体制改革,释放创新活力。

二、完善创新导向的评价制度

要想占据二十国集团各成员中的创新高地,中国亟须完善创新导向的相关评价制度,以此引领全社会开展有科学价值、技术价值、经济价值、社会价值以及文化价值的创新活动。为此,首先应将评价内容向前瞻性基础研究倾斜,通过明确创新的大方向来使举国体制的创新更为有力地加快建设科技强国、智慧社会,从而提升自主创新能力,减少对二十国集团平台成员的某些关键性技术的依赖。其次,追赶二十国集团各成员主要发达国家的创新水平,必然要求中国改进当前存在一定缺陷的创新评价标准,继续推进实行中长期目标导向的考核评价机制,强调研究质量、原创价值和实际贡献,将创新绩效以及研发收入作为重要指标,并依据相应评价结果提供适当的财政支持;同时,还应增强对非共识创新的包容性。最后,评价制度的完善还应体现于制度维护方面,即应将第三方评价纳入考察范围,探索构建政府、社会组织、公众等多方参与的评价机制,从而使得评价结果符合社会整体利益,真正产生创新驱动经济高质量发展的作用力。

三、加强规划实施监测评估

当前,相较于二十国集团各成员中的主要发达国家,我国企业的创新能力较弱,故而经常实施以政府为主导的创新规划,以期集中资源、提高研发效率,并且利用税收优惠和政府购买等手段支持企业开展创新活动。然而,该过程给非寻租造成便利,这一方面导致创新规划可能无法实质推动社会创新发展,另一方面也在一定程度上挫伤了企业家精神。为此,要求加强规划,实施检测评估。在规划制定的开端,要求广泛听取社会各界的意见,集民智以发挥社会主义制度的优越性,同时党政应坚持重遏制、强高压、长震慑,坚持受贿行贿一起查,避免不良政企关系的产生。在规划实施的过程中,应着重强调加强事中事后监管,建立统一的国家科技计划监督评估机制,利用市场、信用、法治等手段协同监管,贯通民主监督、司法监督、群众监督、舆论监督等等。此外,政府还应适时开展规划实施中期评估和期末总结评估,以便在该基础上根据最新变化动态调整规划指标和任务,最终真正达到提高创新竞争力的规划终极目标。

四、强化规划协调管理

一方面,创新规划的编制应以"十三五"国家科技创新规划为统领,并将大规划细化为各项小规划,构建完整的国家科技创新规划体系;与此同时,要求加强不同规划间的有机衔接,避免出现规划重复、规划缺位、规划矛盾等问题;之后,应围绕规划部署实施科技重大任务、重大项目和重大措施,以期真正达到规划目标。另一方面,为能动态监控和评估规划效果,要求建立对应的规划审查机制,从而及时对不合理的规划进行调整。而鉴于区域特性,要求进一步健全部门之间、中央与地方之间的工作会商与沟通协调机制,以期加强年度计划与规划的衔接,以及使得规划的实施能更加因地制宜,确保任务落到实处。此外,在科技全球化的背景下,中国应更加有效地利用二十国集团等国际平台开展对话,加强研究世界科技强国的重大问题,适时启动新一轮中长期科技创新规划战略研究与编制工作,从而最终让科学规划成为提升创新竞争力的第一步。

五、加大结构性改革力度

中国要想提高在二十国集团各成员中的创新竞争力,一方面要对二十国集团有深刻的认识。其必须意识到二十国集团先天的非正式性在带来高度灵活性而助力达成共识的同时,也导致了该平台执行力匮乏,且内部存在利益分化、权力不均等一系列隐患。在"后杭州峰会"时代背景下,为实现党的十九大"打造国际合作新平台,增添共同发展新动力"的目标,要求中国以及二十国集团其余各成员加大结构性改革力度,使其从短期危机应对平台转型为长效治理机制,进而提升整体创新竞争力。为此,中国应继续坚持互利共赢原则,加强二十国集团平台上的创新能力开放合作,且在重大国际问题上"不缺席""做到位",适当采取补充式的话语来拓展思路,寻求各国之间的利益交汇点,逐步提升自身在二十国集团平台上的话语权,从而为结构性改革以及提升创新竞争力发出中国声音,提出中国方案,贡献中国智慧。另一方面,当前二十国集团成为中美博弈的重要平台之一,中国应利用该平台加强与美国的理智对话,强调"合作共赢""包容发展";同时可以积极提供世界公共品的方式来赢得最大范围内的世界人民的理解和支持。此外,根据"共轭环流"理论,要想提升中国在二十国集团各成员中的创新竞争力,应将战略中心转向第二个环流,即积极引领发展中国家价值链,同时鉴于二十国集团当前缺乏竞争对手的情况,未来中国可推进二十国集团与"一带一路"的联动相通,在迫使二十国集团增强结构性改革动力,克服组织惯性的同时,也有利于提高中国在二十国集团内的博弈筹码,广泛宣传"命运共同体"理念,助力构建全球创新网络,提升创新竞争力。

参 考 文 献

［1］陈劲、阳银娟：《协同创新的理论基础与内涵》，《科学学研究》2012 年第 2 期。

［2］陈劲、尹西明：《建设新型国家创新生态系统加速国企创新发展》，《科学学与科学技术管理》2018 年第 11 期。

［3］陈广仁、唐华军：《供应链企业的商业模式创新机制研究》，《科研管理》2018 年第 12 期。

［4］陈佳丽、戚桂杰、周蕊：《基于开放式创新平台的创新中介能力构建和演进——以众研网为例》，《中国科技论坛》2018 年第 10 期。

［5］傅翠晓、秦敏、黄丽华：《企业向平台型 B2B 电子商务模式的转型策略研究》，《商业经济与管理》2011 年第 8 期。

［6］郭毅夫、赵晓康：《资源基础论视角下的商业模式创新与竞争优势》，《贵州社会科学》2009 年第 6 期。

［7］花建：《迈向世界文化强国：新里程・新动能・新地缘》，《中华文化论坛》2018 年第 3 期。

［8］黄茂兴：《全面认识全球创新环境的新变化新特征》，《福建日报》2017 年 11 月 6 日。

［9］金锡万主编：《管理创新与应用》，经济管理出版社 2003 年版。

［10］李成娟：《供应链服务的创新——第四方物流》，《软科学》2004 年第 4 期。

［11］李捷、霍国庆：《我国战略性新兴产业技术创新模式初探》，《科技管理研究》2017 年第 23 期。

［12］李天芳：《〈资本论〉中的创新思想及其当代价值》，《马克思主义哲学论丛》2015 年第 4 期。

［13］李永锋:《开放式创新与企业竞争优势》,《科学与管理》2011 年第 1 期。

［14］《马克思恩格斯选集》第 3 卷,人民出版社 1995 年版。

［15］宋养琰、刘肖:《企业创新论》,上海财经大学出版社 2002 年版。

［16］施建军、夏传信、赵青霞、卢林:《中国开放型经济面临的挑战与创新》,《管理世界》2018 年第 12 期。

［17］石书玲:《先行先试视域下国家自主创新示范区创新政策体系设计——基于系统经济学视角》,《河北学刊》2018 年第 5 期。

［18］汪澄清:《马克思与熊彼特创新思想之比较》,《马克思主义与现实》2001 年第 3 期。

［19］王丹、赵新力、郭翔宇、胡月、杜旭:《国家农业科技创新理论框架与创新能力评价——基于二十国集团的实证分析》,《中国软科学》2018 年第 3 期。

［20］王艻祥、韩周:《创新体系五力模型原理及方法》,《中国软科学》2019 年第 4 期。

［21］王春法:《中国科技全球化政策 40 年》,《科学学研究》2018 年第 12 期。

［22］魏炜、胡勇、朱武祥:《变革性高速成长公司的商业模式创新奇迹——一个案例研究的发现》,《管理评论》2015 年第 7 期。

［23］吴画斌、许庆瑞、陈政融:《数字经济背景下创新人才培养模式及对策研究》,《科技管理研究》2019 年第 8 期。

［24］吴志华:《基于 OEM 的精敏供应链创新——来自联泰的案例分析》,《经济管理》2008 年第 17 期。

［25］叶琪:《我国制造业创新驱动的困境及战略构想》,《统计与决策》2017 年第 14 期。

［26］赵路:《"一带一路"背景下农村创新人才培养模式研究》,《科学管理研究》2017 年第 6 期。

［27］周建军:《在保护和开放之间权衡的知识产权制度》,《光明日报》2019 年 9 月 10 日。

［28］Amit R., Zott C., "Creating Value Through Business Model Innovation", *MIT Sloan Management Review*, Vol.53, No.3, 2012.

［29］Casadesus-Masanell R., Ricart J.E., "From Strategy to Business Models and Onto Tactics", *Long Range Planning*, Vol.43, No.3, 2010.

［30］Chesbrough H.W., "Business Model Innovation: It's Not Just about Technology Anymore", *Strategy and Leadership*, Vol.35, No.6, 2007.

［31］Cohen W., Levinthal D.,"Absorptive Capacity: A New Perspective on Learning and Innovation",*Administration Science Quarterly*,Vol.35,No.1,1990.

［32］Di Gangi P. M., Wasko M.,"Steal My Idea! Organizational Adoption of User Innovations from a User Innovation Community: A Casestudy of Dell Ideastorm",*Decision Support Systems*,Vol.48,No.1,2009.

［33］Freeman C.,*Technology Policy and Economic Performance: Lessons from Japan.*, London Pinter,1987.

［34］Howells J.,"Intermediation and the Role of Intermediaries in Innovation",*Research Policy*,Vol.35,No.5,2006.

［35］Lopez-Vega H.,*How Demand-driven Technological Systems of Innovation Work? The Role of Intermediary Organizations*,2009.

［36］Piller F. T., Walcher D.,"Toolkits for Idea Competitions: A Novel Method to Integrate Users in New Product Development",*R&Dmanagement*,Vol.36,No.3,2006.

［37］Sirmon D. G., Hitt M. A., Ireland R. D.,"Managing Firm Resources in Dynamic Environments to Create Value: Looking Inside the Blackbox",*Academy of Management Review*,Vol.32,No.1,2007.

后　记

　　当前,世界正经历百年未有之大变局,新一轮科技革命和产业变革迅猛发展,创新已然成为当今时代的重大命题,每个国家和地区都是创新的主角,也享受着创新带来的好处。在瞬息万变的创新大潮中,没有一个国家可以成为独立的创新中心,只有强化创新合作才能在优势互补和联合创新中共同推动创新进步,共享创新成果。创新竞争是当前全球竞争的焦点,也是突破经济增长的瓶颈,突破单边主义、逆全球化,强化各国合作的契合点,这一问题研究站在全球创新大系统的角度来构建创新竞争力研究的大视角、大格局,既顺应了创新的规律,又极大地拓展了创新研究的空间。

　　二十国集团涵盖了全球最重要的发达国家和发展中国家,经济总量超过了全球经济总量的85%,是全球治理的重要平台,同时也集聚了全球大部分的创新资源和要素,凝聚着全球最强劲的创新动力。中国积极参与二十国集团全球治理,同时作为创新大国也在致力于推动全球经济增长中参与创新竞争与合作,汲取创新资源与要素,不断提升创新竞争力水平。因此,深化对中国在二十国集团中的创新竞争力战略研究,既是对创新理论和竞争力理论的融合深化研究,也开辟了创新理论研究的新视角和竞争力研究的新领域,具有重大的理论和现实意义。

　　十多年来,我一直在从事竞争力理论与实践研究,特别是在二十国集

新竞争力研究方面也取得了一些前期研究积累,因此,2016 年由我作为课题
负责人申报的国家社会科学基金重点项目"中国在 20 国集团中的创新竞争
力提升研究"成功获得立项资助。经过三年多的科研攻关,形成的最终验收
成果在 2020 年 4 月 30 日全国哲学社会科学工作办公室公布的结项结果中获
得"优秀"等级。本书是该课题项目最终研究成果经过不断修改完善形成的,
为此,我也向参与本项目研究并作出积极贡献的李军军博士、林寿富博士、陈
洪昭博士、王珍珍博士、郑蔚博士、余官胜博士、李成宇博士、韩莹博士表示由
衷的感谢。可以说,本书的出版是上述各位同仁和同事的智慧结晶。

　　本书直接或间接引用、参考了其他研究者的相关研究文献,对这些文献的
作者表示诚挚的感谢。

　　由于时间仓促,本书难免存在疏漏和不足,敬请读者批评指正。

黄茂兴

2020 年 5 月 4 日